KB106140

유교 가부장제와 가족, 가산

2011년도 대한민국학술원 선정

우수학술도서

이 도서는 대한민국학술원에서 선정한
"2011년도 우수학술도서"로서
교육과학기술부의 지원으로 구입 배부한 것임.

유교 가부장제와 가족, 가산

박미해 지음

아카넷

부모님과 가족에게 감사를 전하며

서문

오늘날 16세기 전후의 가족과 친족생활을 연구하는 것은 현대가족연구에 시사하는 바가 크다. 가령 남녀동등권을 향해가는 현대 사회에서 재산이 아들과 딸에게 골고루 상속되고 있는 것은 조선 전기 이전의 사회를 연상시킨다. 또한 기혼 여성이 육아나 경제 면에서 친정으로부터 도움을 받고, 모계 중심의 모임이 더욱 빈번해지며, 처가살이하는 사위가 늘어나는 현대 가족의 모습은 조선 중기 이전의 모습과 매우 흡사하다.

역사 속에서 가족을 보는 것은 현대 한국 사회가 당면한 과제를 시사해 준다는 의의가 있다. 한국 사회에서의 남성과 여성 간의 관계, 가족의 변화와 제반 사회 여건과의 상호성에 대한 통찰을 얻을 수 있기 때문이다. 이러한 통찰은 그동안 이루어진 연구들을 바탕으로 한국 사회 가부장제의 역사적 성격을 규명하고, 이를 비교사회학적으로 검토해 보는 노력에서 얻어질 수 있다고 생각된다. 한국의 가부장제에 대한 역사적 연구는 여성학만이 아니라 전 학문과 사회에 유용한 것이기 때문이다.

이 책은 16세기 전후 한국의 가부장제를 21세기의 공간에서 살펴보고자 한 것으로, 베버의 가산제적 시각을 이해의 도구로 삼았다. 그동안 학계에 가부장제에 대한 논의나 가산제에 대한 논의는 있었으나 우리 역사상에서 이를 실증한 경우는 드물었다. 이 책은 통치이념으로서의 유교가 양반가에서 행해지는 예식으로 구현(具現)되는 것을 조선조 사료들을 활용하여 사회경제사적 시각에서 실증하고 있다.

조선조 가부장제에 대한 분석은 경제체제와 지배구조의 두 가지 면에서 이루어졌다. 경제체제의 운용원리는 혼례, 상례, 제례 등에서 보이는 자급자족적 경제체제의 양상을 검토하는 데에 쓰였다. 다른 한편 남녀, 노소, 상하관계에서의 지배구조는 구성원의 공순을 바탕으로 사회가 어느 정도 가부장적으로 구성되는가를 살피는 기준으로 쓰였다.

막스 베버(Max Weber)의 정의에 의하면 가산제란 전통적 카리스마에 의하여 운영되는 자급자족적인 경제와 가부장적 권력을 기반으로 한 지배체제이다. 가산제의 이러한 지배유형은 중국을 비롯한 동양 사회에 적용되는 것으로서, 유교 사회를 공고히 하려고 한 조선조 사회의 지배질서를 살필 수 있게 해준다. 일찍이 비교문화적 관점에서 사회를 이해하려고 한 베버의 사회학적 이념틀은 이 책에서 의도하는 물질적 기초와 이념적인 지배구조의 성찰을 역사구조적 맥락에서 가능케 하는 것이다.

이러한 방법론을 통해 이 책은 다음의 목적을 이루고자 한다. 첫째, 조선조 16세기 전후의 여성, 가족과 친족생활, 정체성, 유교적 예식, 가족 부양, 상속에 관련된 일차적 사료들을 제공하고, 둘째, 이러한 일차적 사료들을 분석하여 한국 가부장제의 역사성과 그 성격을 규명하며, 셋째, 16세기 전후의 조선 사회를 분석함으로써 현대 한국 사회 가부장제에 대한 이해를 도모한다. 더불어, 가능하다면, 서구 가산제의 개념을 한국 사회에 적용해 동양 사회의 특수성 내지는 보편성을 살펴보는 이론적 시도도 해볼 것이다.

책이 나오기까지 그동안 많은 분들이 애써주셨다. 먼저 지금은 고인이 되신 서울대 사회학과 김진균 교수님께 진심으로 감사드리며, 연구와 집필을 도와주신 박성환 교수님께도 감사드린다. 서울대의 이광규, 최홍기, 김일철, 홍두승, 송호근, 김경동, 안병직, 이영훈, 박병호 교수님, 성균관대의 임형택, 영남대의 고(故) 이수건 교수님, 국사편찬위원회의 이영춘, 김현영, 문숙자, 이성주 선생님과 강독팀 여러분께 감사드린다. 연세대 국학연구원 교수님들과 행정실의 도움으로 한국학술진흥재단의 연구를 마칠 수 있었고, 문사회(問思會)에서 고전을 접할 수 있었으며, 김왕배 교수님 덕분에 원고를 정리할 수 있었다. 책을 마무리할 수 있게 도와주신 서울대 사회대 임현진 학장님, 사회과학연구원의 김세균 원장님과 행정실, 동료 연구자들을 비롯하여 사회학과 교수님들께도 감사드린다. 영어 원고들을 세심하게 살펴주신 도이힐러(Martina Deuchler), 피터슨(Mark Peterson) 교수님께 감사드리며, 조익호 선생님의 건강을 기원한다. 필자의 연구를 지켜봐주신 이이효재 선생님과의 인연에도 감사한다. 책을 준비할 수 있도록 연구실을 제공해 주신 브린튼(Mary Brinton) 교수와 하버드 대학 사회학과 행정실 여러분께도 감사드린다. 학문세계로 나오도록 용기와 격려를 주신 한국이론사회학회 전성우, 이재혁 교수님께 감사드린다. 논문들을 품어주신 한국사회사학회에 특히 감사드리며, 한국사회학회, 한국여성학회, 한국고문서학회, 그리고 하와이 대학교 출판부에도 감사드린다.

끝으로 초고에서 책으로 나오기까지 교정을 봐주신 정성숙 선생님, 캐시 김(Cathy Kim, 김민경)에게 감사드리며 아카넷의 오창남 편집장께서 시종일관 애써 주시고 이끌어주셨음에 감사드린다.

2010년 8월

저자

차례

| 일러두기 |

이 책의 초본이 된 글들은 다음과 같다.

- 「조선조 여성과 가족, 친족생활: 막스 베버의 가산제 검토」. 한국사회학회 전기사회학대회(경북대학교 2008년 6월 20일) 발표집.
- 「16세기 夫權과 婦權의 존재양식: 『眉巖日記』에 나타난 柳希春과 宋德峰의 사례를 중심으로」. 《한국여성학》 18권 1호. 한국여성학회. 2002.
- 「16세기 양반가의 가족관계와 家父長權: 柳希春의『眉巖日記』를 중심으로」.《고문서연구》 21. 한국고문서학회. 2002.
- 「유교적 젠더 정체성의 다층적 구조: 『미암일기』, 『묵재일기』, 『쇄미록』, 『병자일기』를 중심으로」. 《사회와역사》 79집. 한국사회사학회. 2008.
- 「조선 중기의 혼수 · 위요 · 인척관계: 유희춘가의 혼인을 중심으로」. 《사회와역사》 65집. 한국사회사학회. 2004.
- "Pan ch' inyŏng Wedding Rites, Residential Rules, and the Status of Women in Sixteenth-Century Chosŏn: An Analysis Based on Miam-ilgi, the Diary of Yu Hui-ch'ŭn". *Korean Studies* vol 31. University of Hawaii Press. 2007.
- 「조선 중기 이문건가의 천장례(遷葬禮) 준비: 『묵재일기』를 중심으로」. 《사회와역사》 68집. 한국사회사학회. 2005.
- 「조선 중기 천장례에서의 유교적 공순(恭順): 이문건의 『묵재일기』를 중심으로」, 《사회와역사》 70집. 한국사회사학회. 2006.
- 「조선중기 예송(例送) · 증송(贈送) · 별송(別送)으로의 처가부양: 오희문의 『쇄미록(瑣尾錄)』을 중심으로」. 《한국사회학》 42집 2호. 한국사회학회. 2008.
- 「조선 중기 수령의 가족부양으로 본 長子의 역할과 家의 범위: 오희문가의 평강생활(1596-1600년)을 중심으로」. 《사회와역사》 75집. 한국사회사학회. 2007.
- 「17세기 養子의 제사상속과 재산상속」. 《한국사회학》 33집. 한국사회학회. 1999.

서론

현대사회와 가부장제 연구

한국에서 가부장제는 이제 일상생활의 용어로 자리 잡았다. 그런 만큼 관련 연구도 많이 이루어져 국회도서관의 전자시스템에 의한 자료검색(2010년 3월 기준)에 의하면, 가부장제를 주요 논제로 쓴 단행본은 163권, 학술논문은 603건이나 된다. 특히 주목할 만한 연구로는 개념적 혹은 제도적 연구인 가장권에 대한 연구[1]를 비롯하여, 중국과 일본의 가장권과의 개념 비교를 시도한 연구,[2] 가부장권에 대한 법제적 연구,[3] 역사적 관점에서의 연구 필요성을 제기한 연구들[4]을 꼽을 수 있다. 근래에는 조선조에서 신분상승을 지향한 여성들이 재가금지 및 효부열녀의 이데올로기를 내면화하

1) 김두헌(1969), 『한국 가족제도 연구』, 서울대 출판부.
2) 이광규(1975), 『한국 가족의 구조분석』, 일지사.
3) 박병호(1988), 「한국 가부장권 법제의 사적 고찰」, 『한국여성연구 1』, 청하.
4) 조옥라(1988), 「가부장제에 관한 이론적 고찰」, 『한국여성연구 1』, 청하; 조은(1988), 「가부장제와 경제」, 『한국여성연구 1』, 청하; 조혜정(1988), 「가부장제의 변형과 극복」, 『한국여성연구 1』, 청하.

면서 한국적 가부장제가 완성되었다고 보는 연구가 나왔으며,[5] 일군의 여성학자들은 조선 전기 가부장제의 성격을 규명하려 하였다. 가령 가부장적 지배구조 형성에는 여성의 물적 토대의 약화와 어머니권의 강화가 있었음을 지적하기도 했고,[6] 조선 전기 일부일처제의 규범이 여성의 성을 통제하고 부계를 강화하는 수단이 되었다고도 보았으며,[7] 일부일처제, 이혼, 간통 등의 혼인제의 변화를 고려에서 조선조까지 고찰한 연구결과도 나온 바 있다.[8]

그러나 실제적이고 이론적인 면에서 조선시대 가부장제에 대한 이해에 진전을 보인 연구는 많지 않다. 다소 추상적인 수준에서 논의가 이루어졌으며, 더욱이 다수의 연구자가 참여해 조선 전기 유교의 강화와 여성의 지위를 고찰했음에도 논의가 충분히 수렴되지 못한 경우도 있었다.[9] 최근 들어 활발한 생활사 연구들에서도 조선조의 시기를 구분하여 가부장제의 구체적인 모습을 살펴보거나 가부장제를 이론적, 분석적으로 고찰한 경우는 찾아보기 힘들다.[10] 조선조 가부장제의 성격은 그 역사성뿐만 아니라 사회적 이데올로기와 그 이념을 떠받치고 있는 물질적 기초와도 연관되는 만큼, 구체적인 물적 토대와 추상적인 이념이라는 두 단계로 나누어서 의미체계로서의 가부장제를 분석하는 것이 필요하다.

5) 이이효재(2003), 『조선조 사회와 가족』, 한울아카데미.

6) 조은(1999), 「모성의 사회적 · 역사적 구성」, 《사회와 역사》 55집; 조은(2004), 「가부장적 질서화와 부인권의 약화」, 『조선 전기 가부장제와 여성』, 아카넷.

7) 이재경(2000), 「조선 전기 혼인규제와 성의 정치」, 《사회와 역사》 58집.

8) 장병인(1997), 『조선 전기 혼인제와 성차별』, 일지사.

9) 최홍기 외(2004), 『조선 전기 가부장제와 여성』, 아카넷 참조.

10) 이런 점에서 조은(2004)의 연구는 여성 지위의 물적 측면을 살폈다는 점이 돋보인다.

1. 가부장제의 개념과 베버의 가산제

가부장제와 관련된 용어가 한국에서 가장 빈번히 사용된 것은 1970년대 이후이다. 여성학을 도입함으로써 활발해진 한국의 여성운동은 가부장제를 사회에 고답적이면서 타파해야 할 일체의 대상으로 설정하고 있었다. 그러나 엄밀하게 말하면, 가부장제라는 용어가 학문적 검토 과정을 거쳐서 우리에게 들어온 것은 아니다. 서구 여성학적 관점에서 쓰던 'patriarchy'라는 영어 단어가 '가부장제'라고 번역되면서 자연히 일상에서도 빈번하게 쓰이게 된 것인데, 그 후로도 우리는 가부장제의 정의조차 비판적 관점에서 살피지 않고 있다.

가부장제의 원형이라고 할 수 있는 서구 로마의 가부장제(patriarchy)는 가족 중 노예와 여성, 아이들에 대한 생사여탈권을 가지는 가부장의 권한을 내포하고 있다. 가부장이 가족원에 대하여 이처럼 절대적인 지배권력을 가질 수 있었던 근거는 처는 남편의 육체적, 정신적 힘보다는 열등하며, 어린이는 클 때까지는 도움이 필요하고, 노비는 어릴 적부터 주인의 권력에 복종하는 태도가 생활에서 함양되어 있기 때문이라는 것이다.[11]

여성학자들에게 가부장제는 남성에 의한 여성의 지배 또는 억압구도를 일컫기도 한다. 하트만(Hartmann)은 가부장제를 남성의 위계질서와 결속력을 바탕으로 여성 또는 연하자를 지배하는 체계로 규정하고 있다.[12] 우에노 치즈코(1994)는 가부장제를 인간관계에서 파생되는 지배구조로 정의해, 가부장제의 성적 지배는 남녀 사이에도, 친족 집단 속의 남성 구성원과 여

11) "Under Roman law even in historical times the master could designate by testament a slave as his heir and sell his own child into slavery (…) The two basic elements of patriarchal authority then are piety toward tradition and toward the master."〔베버(1981), 『지배의 사회학』, 금종우 · 전남석 옮김, 한길사, 74쪽〕

12) Hartmann(1981), "The Unhappy Marriage of Marxism and Feminism", ed. Lydia Saigent, *Women and Revolution*, Boston: South End Press.

성 구성원 사이에도, 더 넓은 사회 영역 속에서도 존재한다고 보며, 일부 여성학자들은 가부장제를 가내제 생산양식(domestic production)을 성립시키는 지배구조로 보기도 한다.[13)]

사회경제사적 시각은 이러한 이념체계뿐만 아니라 물적 토대로서의 경제적 토대를 기초로 하고 그 토대 위의 사회구조를 분석하는 시각으로서, 대상을 치우치지 않게 볼 수 있게 한다. 이러한 시각에서 가부장제를 보고 있는 것으로는 막스 베버의 가산제 이론을 들 수 있다. 베버는 가부장제를 가산제적 지배유형이 나타나기 전의 단계로 보고 있다. 가부장제, 즉 원시가산제는 합리적 지배인 관료제가 출현하기 전에 나타나는 전통적인 지배체제라는 점은 가산제와 공통되지만, 개인적인 행정 간부가 있게 되면 가부장제가 가산제로 변화한다는 것이다. 베버는 가부장제를 대개 가정 내에서 세습규칙에 따라 정해지는 개개인이 지배를 행사하는 상태로 보았다.[14)]

베버가 사용한 이상형적인 구조개념인 가산제(patrimonialismus)는 통상적으로 일체의 관계를 개인적 특권 및 은총부여로 규제하는데[15)] 그 물질적

13) 우에노 치즈코(1994), 『가부장제와 자본주의』, 이승희 옮김, 녹두, 64~70쪽.

14) 베버(1997), 『경제와 사회』 1, 박성환 옮김, 문학과지성사, 434~435쪽. 가부장제 유형에서는 개인적인(가산적인) 행정간부가 없으나, 우두머리의 개인적인 행정간부가 생겨나게 되면 전통적인 지배는 가산제로의 경향을 보이며, 우두머리의 권력이 최고도에서 전제군주제로의 경향을 나타낸다.

15) 베버가 사용한 '가산제(patrimonialismus)'라는 이상형적인 구조 개념을 칭얼레(Arnold Zingerle)는 다음과 같은 표로 제시한 바 있다. Zingerle(1981), *Max Weber und China. Herrschafts und religionssoziologische Grundlagen zum Wandel der chinesischen Gesellschaft*, Berlin, 50쪽. 박성환(1999), 『막스 베버의 한국사회론』, 울산대학교 출판부, 29쪽에서 재인용.

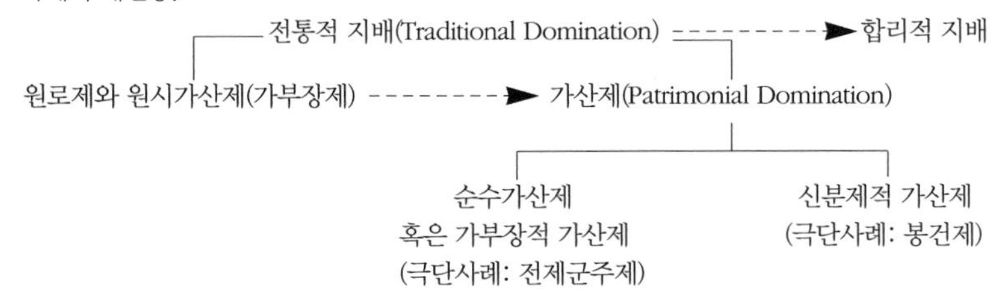

기초는 가내경제에, 이념적 기초는 가부장제에 있다. 가산제적인 지배는 자급자족적인 대가계(Oikos)와 가부장적 권력(patriarchal power)하에서 가능하기 때문이다.[16] 서구에서 가부장의 엄격한 통제하에서 노복을 부려서 운용되는 자급자족의 가내경제, 즉 오이코스(Oikos)는 요역과 공납의 의무가 있는 정치단체의 성격을 가지며[17] 지배자의 수요를 충족하고자 하는 대규모의 권위적인 가계를 일컫는다.

가산제적 지배에서 지배-복종 관계는 원시가산제인 가부장제에서도 존재하던 공순관계(pietät)였다. 이러한 가부장적 지배구조는 가족공동체 내부의 태초부터의 공동운명과 공동 의식주 생활에서 비롯한 것인데,[18] 이 지배구조가 최초에는 일방적인 지배의 형태였다고 하더라도 곧 지배자와 피지배자 간의 상호성이 요구되어 주인도 복종자에 대해서 관습상의 의무를 졌다. 반면에 복종자는 채무를 면제받고, 주인 딸 혼사 비용 마련, 주인을 포로에서 찾아오기, 종자, 마부, 종군 등의 역할을 해야 했다.

가산제적인 국가에서는 직위가 우두머리의 은총에 의해 수여되는 관료 개인의 권리로 인식되어[19] 사법(私法)적인 지배권의 성격을 띠게 되었고 사적인 영역과 공적인 영역의 구분이 존재할 수 없었다. 그리하여 대상이 마치 자기의 개인적인 소유물이나 권리인 것처럼 매도, 세습 가능하게 전유(專有, appropriation)됨으로써[20] 가산적(家産的) 성격을 띠게 된다. 이러한

16) "Patrimonial domination is developed on the basis of the oikos and therefore differentiated patriarchal power" [Weber(1978), *Economy and Socieity*, eds. Guenther Roth and Claus Wittich, Unversity of California Press, Chap. XII].

17) 이집트는 가산제적으로 통치된 파라오의 단 하나의 오이코스 같은 것으로서, 가산제적 관리들은 군주의 개인적인 가계수요에 맞추어서 편성되었다.

18) 베버(1981), 74쪽.

19) 근대적인 관료제와 달리 가산관료제에는 즉물적인 규칙에 따른 고정된 관할권, 확고한 합리적 위계서열, 자유로운 계약에 의하여 규제되는 임명과 일정한 규정을 통해 규제되는 승진, 규범으로서의 전문교육, 그리고 때로는 고정 봉급이나 화폐로 지불되는 봉급 등이 일반적으로 다소 결여되어 있다.

행정 수단의 전유 여부가 역사적으로 유효한 가산제적 국가의 유형을 구분하는 결정적인 기준이다. 왜냐하면 가산제적인 국가에서는 특히 행정수단과 행정권이 지배자〔王權〕와 행정간부〔臣權〕 중에서 누구에 의해, 어떤 형태로, 그리고 어느 정도 전유되는가에 따라 권력구조에 차이가 나타났기 때문이다. 가부장제나 원로제와 다르게 가산제에서는 전통에 의한 속박보다는 우두머리에 의한 자의(arbitrariness)의 비중이 더 크다.

베버가 가부장제를 원시가산제의 개념으로 쓰고, 이것이 확대된 지배체제를 가산제로 보았다면, 이 책에서는 가부장제를 하나의 큰 틀로서의 정치지배체제로 보고, 가산제적 속성을 띠는 경제체제(이하 '가산제적 경제체제')와 가부장적 지배로 구성된다고 본다.[21] 그러므로 이 책에서의 가부장제는 다소 추상적인 의미체계이고, 가산제적 경제체제는 더욱 구체적이면서도 실질적으로 검증 가능한 물적 기초에서 파악되는 체계이다. 이 체계를 통해 조선조의 가부장제에서 베버의 가산제적 속성이 어느 정도 반영되는가를 검토할 수 있을 것이다.

오늘날 한국에서 가부장제는 patriarchy보다 훨씬 더 폭넓은 의미로 사용된다. 가부장제는 일종의 억압상황을 가리키는데, 좁게는 특히 연장자인 남성이 연하자인 여성에게 가하는 권력의 저항할 수 없는 상태 또는 불이익을 뜻하는 한편,[22] 넓게는 성별, 연령과 상하관계에 따른 억압과 복종의 상태라는 의미까지 포괄한다. 사회 전반에 걸쳐서 발생하는 남녀, 노소, 상

20) 사전적으로 어떤 사물을 제 것으로 만든다는 뜻이 있는 appropriation은 배타적 점유(占有)의 성격을 뜻한다는 점에서 전유(專有)로 번역하는 것이 베버의 사회학적 정의에 적합하다.〔박성환(1999), 32~33쪽〕

21) 베버도 가부장제적 지배구조의 특수한 경우, 집안 자식이나 다른 종속적인 가내예속자에게 토지 및 때로는 농기구를 대여함으로써 분권화된 집의 권력을 '가산제적 지배'라고 하였듯이, 지배구조를 나타내는 말로 가산제적 가부장제라는 용어를 쓸 수 있다.〔베버(1981), 81쪽 참조〕

22) 사전적인 의미의 가부장제는 '가장이 가족성원에 대하여 강력한 권한을 가지고 가족을 지배, 통솔하는 가족형태'이다.(『두산세계대백과사전』 참조)

하 간의 불이익을 가져오는 억압상황의 대부분을 가부장제로 규정하고 있는 것이다. 그리고 우리는 지금 역사적으로 여성에 대한 억압이 과거, 특히 조선 왕조에서 유래했다고 믿고 있다. 그러나 우리에게 익숙한 조선조 가부장제가 어떠한 경로를 거쳐서 구조화되어 온 것인지에 대해서는 밝혀진 바가 없다.

현대에 살아 있는 가부장제를 우리의 역사 속에서 조선조에 한해서 반추해 보고자 하는 것이 이 책의 의도이다. 어쩌면 서구의 가부장제와 다른 우리의 가부장제를 달리 불러야 하지 않을까도 생각된다. 이것은 한국의 역사와 여성에 대한 새로운 인식을 가져올 뿐 아니라 가족과 친족에 대한 과거로의 회귀라는 미래 사회의 변화를 볼 수 있게 해준다는 점에서도 필요한 작업이라고 생각된다.

2. 16세기 전후 유교와 가부장제

이 책에서 중점적으로 조명하고 있는 16세기 한국 사회의 유동적 특징은 주로 남귀여가혼, 균분상속, 윤회봉사 등에서 찾을 수 있다. 사위의 처가살이와 자녀의 균분상속, 그리고 외손이나 딸들이 제사를 모시는 전통은 처계나 모계가 부계와 차별받지 않는 배경이 되었다. 외가와 처가까지도 친족에 포함되는 정도로 친족의 범위가 넓어서, 종법을 기반으로 한 엄격한 부계사회보다는 사회적 유동성의 여지가 있었으며 여성의 지위도 낮지 않았다.[23]

16세기 한국 사회는 여러 점에서 연구자들에게 매우 흥미로운 시기이다.

23) 조선시대 여성의 지위에 변화를 가져오게 한 원인으로 이순구는 종법(宗法)에 주목하고 있다.〔이순구(1994), 「조선초기 종법의 수용과 여성지위의 변화」, 한국정신문화연구원 한국학대학원 박사학위논문〕

유교 문화에 접목되어 있던 사대부층에서는 조선의 제도문물과 관습이 중국과 다르다고 인식하고 있었다. 가령 명종 때 사헌부에서는 조선을 다음과 같이 인식했다.

> 삼강(三綱) 오상(五常)은 비록 중국과 다를 바 없으나 기후, 풍토가 상이한 것처럼 제도 문물 가운데는 다른 점이 많다. 중국의 친영례(親迎禮)와 대가족제는 우리 민간에서는 수용되지 않았고 중국에 없는 양반(士族)제도와 노비세전법(奴婢世傳法) 및 여묘제(廬墓制)가 조선에는 존속되고 있다. 특히 중국은 가옥의 구조상 다세대의 주택 형태를 취한 데서 대가족제의 유지가 가능하지만 우리나라는 가옥구조상 고부(姑婦) 또는 형제자매마다 각기 자기 노비(奴婢)를 갖고 있는 노비상속법상 대가족제는 그 유지가 불가능하다.[24]

위에 인용한 바와 같이 조선조 관료들이 중국과 자국을 차별적으로 인식했음에도 조선의 사회적 질서에서는 중국과 유사한 점을 많이 발견할 수 있다. 그것은 전근대 한국 사회의 관료제는 구조적으로 중국에서와 같은 가산제적 특징을 지니고 있었기 때문이다.[25] 우두머리에 의해 언제라도 파면될 수 있었던 중국의 관료에게 지배자에 대한 유교적 공순이라는 가산제의 덕목은 필수였다.[26] 가산관료제의 성격을 띤 조선 사회에서는 지배자인

24) "竊視我國邈處 土地旣異 風氣不同 故三綱五常 雖無異於中國 而其間制度文爲 則有不得不異於中國者矣 是以 士族之制 中國則無之 而我國則有焉 奴婢之法 中國則無之 而我國則有焉 (…) 婦歸夫家 順禮也 而我國則夫歸婦家 守墳居廬 非古也 而我國則居廬三年 (…) 中國造家之制 各爲一照 故非徒兄弟 至於八九代同居者有之 我國則雖大家 皆爲一照 故雖兄弟 不得同居 其勢然也 況有奴婢之輩 各自分邊 互相造言 鬪狠不已 故兄弟雖欲同居 而兄弟之妻 不能相和 必至於分産 況叔侄之間乎."(명종실록 권 17, 명종 9년 9월 乙丑條) 이수건(1995), 88쪽에서 재인용. 박병호도 종법적 가족과 관련하여 이를 인용하고 있다.〔박병호(1996), 57쪽 참조〕

25) 베버는 중국에 대한 자신의 저서 『유교와 도교』에서 가산제는 중국의 관료제에 나타나는 포괄적인 구조적 특성이라고 밝히고 있다.〔박성환(1999), 36쪽 참조〕

왕은 공순을 바탕으로 한 관료층의 도움으로 권력의 중앙 집권화를 유지했고 그 대가로 양반 관료층은 왕으로부터 독점적인 신분권을 획득할 수 있었다.[27] 결국 정치적 전통주의가 초래되었는데, 이것은 과거에 언제나 존재했던 것에 대한 공순에 그 토대를 두고 있는 정신이었다.[28]

가산제적인 지배구조와 조선조 통치이념인 유교 사이의 친화관계는 발생론적으로 볼 때 가산제가 가장의 권위에 대한 자녀의 공순이라는 관계에서 생겨났듯이, 유교도 부모에 대한 자녀로서의 순종과 복종이라는 덕목에 종속관계의 토대를 두고 있는 것에서 비롯한다. 조선조의 가부장적인 권위에 대한 공순은 가장 기본이 되는 의무로 가내에서도 받아들여졌을 뿐만 아니라 모든 정치, 사회적인 윤리는 공순관계가 변형된 것이었다. 그리하여 의리를 기반으로 한 상호교환이 일상생활의 유교적 의례와 농경사회의 토대가 되었다.[29]

즉 조선 왕조는 베버의 가산제적 지배구조의 이념적 측면, 즉 공순과 순응의 원리에 상응하는 부자간의 효(孝)와 충(忠)을 강조하고 이것이 친친(親親)의 개념으로 확장되기를 원했기 때문에, 어쩌면 조선 후기 가부장제는 베버가 생각했던 가부장적 가산제의 원형보다도 더 강한 가부장성을 띠었을지도 모른다.

유교적 공순을 가져오는 물적 기반의 변화에 대해서는 베버의 가산제 개념과 연관하여 면밀하게 살펴볼 필요가 있다. 그간의 연구들에서는 조선조 관료들의 생활에 관하여서는 많이 밝혀지지 않았다. 특히 관료들의 경제생활의 내부, 특히 오이코스와 가내경제, 그리고 의리를 기반으로 한 관리들간의 부조, 생활에서의 모든 종류의 기회를 전유하는 관료신분의 특권 등

26) 박성환(1999), 36쪽.
27) 박성환(1999), 55쪽.
28) 박성환(1999), 56쪽.
29) 박성환(1999), 104쪽.

은 구체적으로 다루어지지 않았다.

조선조의 가산제적 특징을 양반관료들의 경제생활에서 구체적으로 보기 위해 이 책에서는 조선조 양반가의 혼인, 장례, 제례, 부모 봉양, 일가 부양, 상속 등을 살펴본다. 이러한 가산제적 경제체제를 통해 가부장적 지배구조인 남녀, 노소, 상하 관계에서 어떤 특성이 나타나는가를 보려는 것이다.

조선조 가부장적 지배구조를 살펴보기 위해 가족관계에서 도출되는 권한들, 즉 가부장권, 여성권, 부권(夫權), 부권(婦權), 장자권(長子權) 등을 분석함으로써 가족과 친족 내의 관계에서의 가부장제적 성격을 파악하고자 한다. 가족과 친족이라는 울타리 안에서의 가산제의 운용원리가 16세기 전후의 국가지배체제의 원리와 어떻게 연관되는가를 생각해 보고자 하며, 이는 곧 가족과 친족의 범위와 유교적 덕목이 어떻게 설정되는가를 밝히는 작업이기도 하다.

16세기 전후 한국의 가족과 친족생활을 가산제적 관점에서 검토하면 가부장제의 물질적 토대를 밝히고, 그에 대한 역사적, 구조적 설명을 상세화할 수 있다. 한편으로는 한국 가족과 친족, 여성의 역사적 경험이 다른 외국 사회들과 어떤 점에서 일치하고 어떤 점에서 특수한지를 파악하기 위한 것이기도 하다. 한국 사회가 아직도 가산제적인 성격을 띠고 있다는 점을 전제로 하면, 베버의 매력은 이 책에서 의도하는 가산제의 물질적 기초와 이념적 지배구조를 구분해서 역사 구조적 맥락에서 이론적 성찰을 가능케 해준다는 점에 있다.

이 연구에서는 가족과 가산의 관념, 위계적 가족관계, 가의 영속성과 관련해 조선 중기 가부장제의 성격을 분석할 것이다.[30] 가부장제의 연구에

30) 조선조의 시기 구분은 학자들의 관심과 주제에 따라서 차이가 있다. 대체로 조선 전기는 조선 건국 후에서 임진왜란 전까지의 14세기 말에서 16세기 말까지, 중기는 16세기와 17세기를 포함해 사림의 세기 또는 사림적 가치가 우세한 시기로, 그리고 조선 후기는 18세기와 19세기를 포함해 명명하기도 한다. 기존의 조선 전 · 후기라는 시기 구분 외에 '조선 중기'를

활용되는 자료는 기존의 사회사 연구들의 자료들과 더불어 일기를 비롯한 원전(原典)들이다. 16세기의 자료들은 선조조의 성리학자인 미암 유희춘(1513~1577)의 『미암일기(1567~1577)』, 명종조 묵재 이문건(李文楗, 1494~1567)의 『묵재일기(1535~1567)』, 선조조 오희문(吳希文, 1539~1613)의 『쇄미록(1591~1601)』, 인조조 남이웅(南以雄)의 부인인 남평 조씨(1574~1645)의 『병자일기(1636~1640)』이다. 17세기 이후에 대한 연구를 위해서는 『조선왕조실록』과 『계후등록』, 분재기를 비롯한 고문서를 주로 살펴볼 것이다.

『미암일기』는 조선 중기를 연구하는 여러 학문 분야에서 골고루 활용되어 왔는데, 이 책에서는 혼례와 가족관계 부분을 주로 살펴보았다. 당대 최고의 성리학자이자 선조의 스승이기도 한 유희춘은 을사사화에 연루되어 종성에서 18년간, 다시 은진에서 2년간 유배생활을 했으며, 대사헌, 홍문관부제학, 이조참판 등을 역임하였다. 슬하에 1남 1녀를 두었으며 손자들을 데리고 딸 내외와 담양에서 거주하고 있던 유희춘은 일기에서 자신의 해배 이후부터 맏손자가 혼인한 후의 1년간, 그리고 사망하기 전까지의 생활을 기록하고 있다. 이 책에서 인용 자료로 삼은 『眉巖日記草』는 1938년 조선사편수사에서 탈초한 판본이며, 『미암일기』는 담양향토문화회에서 발간한 한글 번역본이다.[31]

따로 설정하고자 하는 학계의 움직임은 1990년대 이래 진행 중이다. 친족제도를 연구한 최재석(1983)은 17세기를, 사족 지배체제를 주장하는 김성우(2008)는 조선 중기를 16-17세기로 규정하고 있다. 반면에 소빙기를 주장하는 이태진(1999)은 15세기 후반에서 18세기 중반까지를, 양자와 입양을 연구한 피터슨(1999)은 임진왜란 후부터 1724년까지를 조선 중기로 보고 있다. 이러한 시기 구분과 관련된 자료는 최재석(1983), 『한국가족제도사연구』, 일지사; 김성우(1993), 「사회경제사의 측면에서 본 조선중기」, 《대구사학》 46; 이태진(1990), 「개요」, 『한국사 30—조선 중기의 정치와 경제』, 국사편찬위원회, 1-10쪽; 피터슨(2000), 『유교사회의 창출』, 김혜정 옮김, 일조각; 김성우(2008), 「'조선 중기'를 바라보는 두 개의 관점—한국과 미국 역사학계의 비교」, 제1회 규장각 한국학 국제심포지엄 발표문을 참조할 것. 이 책에서는 조선조의 시기 구분을 가부장제의 성격과 그 형성이라는 주제에 한정해 논의했다.

1535년부터 1567년까지 이문건이 자신의 일상생활을 정리한 『묵재일기(默齋日記)』는 16세기를 연구하는 학자들이 애용한 자료로서, 다양한 분야에서 조선 중기를 조망해 주는 역할을 했다. 이문건은 승정원주서, 시강원사서 등을 거쳐 청요직인 이조좌랑에 추천되기도 한 명석한 성리학자로 성주 이씨 가문 출신이다. 조상들은 이조년(李兆年)을 비롯하여 고려 때 개국공신, 시중(侍中), 대제학 등의 최고위 관직을 지냈다. 이문건은 당시의 세도가인 안동 김씨와 혼인하고 처조카딸이 인종의 비가 되어 왕실과 인척관계였으며 조카 이휘가 안동 김씨와 혼인하여 겹사돈을 맺고 있었다.[32] 이문건이 중앙정계에서 활약한 시기는 중종 말년과 인종대였으며, 대윤(大尹)과 소윤(小尹)의 갈등 속에서 대윤의 중요인물이던 이문건은 소윤이 득세하자 정계에서 물러나게 되었다. 이 책에서는 이문건 부친의 천장(遷葬) 준비와 천장례를 중점적으로 살펴보았다. 윤탁(允濯)의 3남 2녀 중 막내인 이문건이 부친의 천장을 맡아서 진행하고 있는데, 그 시기는 이문건이 노

31) 『미암일기』를 자료로 한 연구로는 다음과 같은 것들이 있다. 具玩會(1985), 「조선 중엽 士族孼子女의 贖良과 혼인」, 《경북사학》 8; 鄭在薰(1993), 「미암 유희춘의 생애와 학문」, 《남명학연구》; 池承鍾(1993), 「조선 전기 노비신분에 관한 사회사적 연구」, 서울대 박사학위논문; 김호(2001), 「16세기 후반 京·鄕의 의료환경: 『미암일기』를 중심으로」, 《대구사학》 64; 송재용(1996), 「미암일기 연구」, 단국대 박사학위논문; 송재용(1996), 「미암 유희춘의 생애와 학문」, 《퇴계학연구》 10집, 단국대학교 퇴계학연구소; 宋宰鏞(1997), 「여류문인 송덕봉의 생애와 문학」, 《국문학논집》 15, 단국대 국어국문학과; 李成妊(1995), 「16세기 조선 양반관료의 仕宦과 그에 따른 수입—유희춘의 『미암일기』를 중심으로」, 《진단학보》 145; 李成妊(1995), 「조선 중기 어느 양반가문의 농지경영과 奴婢使喚—유희춘의 『미암일기』를 중심으로」, 《진단학보》 80; 李成妊(1995), 「조선 중기 유희춘가의 물품구매와 그 성격」, 《한국학연구》 9, 인하대학교 한국학연구소; 이성임(2001), 「조선중기 양반의 경제생활과 재부관」, 『한국사시민강좌』 29; 李成妊(2001), 「16세기 이문건가의 수입과 경제생활」, 《국사관논총》 97, 국사편찬위원회; 이성임(2003), 「조선중기 양반의 성관념과 그 표출양상」, 『조선시대 양반사회와 문화III: 조선시대 사회의 모습』(이성무정년기념논총); 이성임(2003), 「16세기 양반관료의 外情」, 《고문서연구》 23, 한국고문서학회; 이성임(2003), 「16세기 유희춘가의 海南造舍와 物力동원」, 《인하사학》 10.

32) 전반적인 해제는 김현영(2001), 「16세기 한 양반의 일상과 재지사족」, 《조선시대사학보》 18 참조.

원에서 시묘살이를 하던 1536년 1월 말부터 1536년 2월까지이다. 한글 번역본이 나오지 않아 『묵재일기(默齋日記)』 원문을 인용 자료로 삼았다.[33)]

『쇄미록(瑣尾錄)』은 오희문이 임진왜란이 일어나기 전인 선조 24년(1591) 11월부터 사회가 안정되어 가던 동왕 34년(1601) 2월까지 피난하면서 쓴 일기이다. 이 자료는 왜의 침입으로 혼란스러웠던 당시의 상황과 난리를 겪어가는 양반가의 실상을 기술하고 있기 때문에 그동안 많은 관심을 받아왔다.[34)] 해주 오씨인 오희문은 연안 이씨인 이정수(李廷秀)의 딸과 혼인하

33) 『묵재일기』는 양반가의 주종관계, 무술, 점술, 의술 등을 다루고 있어 민속학적으로도 가치가 높은 자료다. 이 일기에 대한 선행 연구는 다음과 같다. 김경숙(2000), 「16세기 사대부 집안의 제사설행과 그 성격—이문건의 『묵재일기』를 중심으로」, 《한국학보》 98; 김경숙(2001), 「16세기 사대부가의 상제례와 여묘생활—이문건의 《묵재일기》를 중심으로」, 《국사관논총》 97; 김동진(2001), 「16세기 성주와 임천지역의 관둔답 경영—이문건가와 오희문가를 중심으로」, 한국교원대 대학원 석사학위논문; 김인규(2002), 「16세기 경북 성주지역의 匠人 연구—이문건의 『묵재일기』를 중심으로」, 서강대 대학원 사학과 박사학위논문; 김성수(2001), 「16세기 향촌의료실태와 사족의 대응」, 《한국사연구》 113; 김성우(2001), 「16세기 중반 국가의 군역 동원 방식과 성주 사족층의 대응」, 《조선시대사학보》 18; 김소은(2001), 「16세기 양반가의 혼인과 가족관계—이문건의 『묵재일기』를 중심으로」, 《국사관논총》 97; 김현영(1998), 「『묵재일기』해제」, 국사편찬위원회; 김현영(1999), 「조선시기 '사족지배체제론'의 새로운 전망: 16세기 경상도 성주지방을 소재로 하여」, 《한국문화》 23; 김현영(2001), 「16세기 한 양반의 일상과 재지사족」, 《조선시대사학보》 18; 남미혜(2003), 「16세기 사대부 이문건가의 양잠업 경영에 대한 一硏究—『묵재일기』를 중심으로」, 《조선시대사학보》, 조선시대사학회; 심희기(2001), 「16세기 이문건가의 노비에 대한 체벌의 실태분석」, 《국사관논총》 97; 안승준(2000), 「16세기 이문건가의 노비사환과 신공수취—묵재일기를 중심으로」, 《고문서연구》 16 · 17(남풍현 · 이수건 교수 정년기념특집호); 이복규(1997), 「조선전기의 출산 · 생육 관련 민속—묵재 이문건의 『묵재일기』 · 『양아록』을 중심으로」, 《한국민속학보》 8; 이복규(1997), 「조선 전기의 사대부가의 점복과 독경」, 《한국민속학보》 10; 이상필(1998), 「『묵재집』해제」, 《남명학연구》 7; 이성임(2001), 「16세기 이문건가의 수입과 경제생활」, 《국사관논총》 97; 이성주 역주(1997), 『양아록—16세기 한 사대부의 체험적 육아일기』, 태학사.

34) 피난일기라는 뜻의 『쇄미록(瑣尾錄)』의 제목은 시경(詩經)의 패풍(邶風) 모구장(旄丘章)에 나오는 시구 "보잘것없는 우리 떠돌아다니는 이들이여(瑣兮尾兮 流離之子)"에서 따온 것이다.〔이민수(1990), 「『瑣尾錄』해제」, 해주오씨추탄공파종친회〕 『쇄미록』을 자료로 한 연구로는 김성희(2000), 「쇄미록에 나타난 16세기 가장의 역할」, 《한국 가정관리학회지》 18(4); 미야지마 히로시(1996), 『양반: 역사적 실체를 찾아서』, 노영구 옮김, 도서출판 강; 전경목(1996), 「일기에 나타나는 조선시대 사대부의 일상생활—오희문의 『쇄미록』을 중심으로」,

여 4남 3녀를 두었으며, 이중에 맏아들로 오윤겸(吳允謙)이 있고, 그 밑으로 윤해, 윤함 그리고 막내아들인 윤성과 세 명의 딸이 있었다. 피난 시절 오희문의 생활형편은 매우 어려웠으므로 맏사위와 딸에게 생계를 의존하다가 후반에는 오윤겸에게 기대게 된다. 오씨 일가는 농사와 잠업, 낚시 등을 해 자체적으로 식량을 마련하기도 하지만 주곡을 비롯하여 양식과 부식 등은 아들에게 공급받았다. 이 책에서는 오희문가의 임천과 평강 생활을 중심으로 딸과 사위가 부모를 봉양하는 방식과 아들의 일가 부양, 그리고 가(家)의 범위를 고찰하고 있다. 『쇄미록』이라고 쓴 것은 한글 번역본을 인용한 경우이고, 『瑣尾錄』이라고 쓴 것은 한문 원문을 인용한 경우이다.

『병자일기』는 인조 때에 좌의정을 지낸 춘성부원군 남이웅의 부인인 정경부인 남평 조씨가 인조 14년(1636) 12월부터 인조 18년(1640) 8월까지를 기록한 한글 필사본이다. 병자호란으로 임금을 호위하는 남편을 떠나보내고 양반가의 부인이 각종 사건과 일상생활의 대소사를 4년간에 걸쳐 기록한 것이다. 남편인 남이웅은 병자호란 때에 인조를 남한산성으로 호종했고 소현세자가 심양에 인질로 갈 때 모시고 가서 1년 반 동안 청나라에 억류되었다가 귀국 후에는 대사헌, 형조판서, 한성판윤, 예조판서 등을 역임했다. 『병자일기』의 인용 자료로는 한글 번역본을 이용했다.[35)]

《정신문화연구》 65; 백승철(1996), 『조선 후기 상업론과 상업정책—17세기 국가재조방략과 관련하여』, 연세대학교 사학과 박사학위논문; 이성임(1999), 「조선 중기 오희문가의 상행위와 그 성격」, 《조선시대사학보》 8 등이 있는데, 이들 연구는 주로 오희문가의 봉제사와 접빈객 관련 일상생활 및 상행위, 그리고 가장의 역할에 관한 것이다.

35) 『병자일기』를 자료로 활용한 연구로는 이순구(1998), 「조선 후기 양반가 여성의 일상생활 일례 I」, 『조선시대의 사회와 사상』, 조선사회연구회; 金京和(2004), 「『병자일기』에 대한 여성문학적 연구」, 서울대 대학원 석사학위논문.

1

조선 전기의 가족과 가산

유교적 개혁을 추진하는 조선 전기에는 전 왕조의 불교적 유습을 줄이려는 노력이 여러 방면에서 경주되었다. 왕실이 주축이 되어 중국의 종법적 가족의 혼상제례를 전파하려는 노력을 하였으나, 유교적 예제가 사회적으로 파급되는 데에는 다소 시간이 걸렸다. 중국의 예제는 부계친족을 중심으로 한 것이었으므로, 균분상속과 처가살이가 행해지던 조선 전기의 가족생활과는 다소 거리가 있는 것이었다. 조선 전기 가족 관계의 이러한 경향은 양자를 들이기보다는 외손이나 사위를 통해 제사나 가계 계승을 꾀한 데서도 보인다. 조선 전기 가부장적 지배의 특성은 이 시기에 재산상속에서의 개별성을 존중하여 균분상속을 했다는 것에서부터 찾아야 할 것이다.

제1부에서는 가부장제의 속성을 보기 위해 가족의 이념과 실제, 가산의 관념과 범위에 관한 기존의 연구를 살펴보았다. 조선 전기의 가산제적 경제체제와 가부장적 지배구조에 대한 구체적인 자료는 다루지 못했다. 다만 16세기 이후의 자료들을 이해하는 데에 필요한 가부장권, 장자권, 여성권, 가산 형성과 운용 등의 개념을 정리했다.

1장

가족

조선 왕조를 개창한 사대부들은 생활에서 『주자가례』와 『소학』을 중심으로 유교윤리를 실천하고자 했으며, 여성들에게는 『소학』과 『내훈』 등을 주입하려 했다. 조선 전기의 이러한 노력은 세종조에 『삼강행실도』를 편찬해 효자와 열녀를 칭송하는 한편 사회 전반으로 군신, 부자, 부부 등의 관계가 위계질서로 구축되도록 한 데서도 읽을 수 있다.

이러한 밑바탕에는 중국의 가족제도를 본받아서 행하고자 하는 유학자들의 노력이 깔려 있었다. 구성원들과 가장 간의 위계와 복종, 가산에 기초한 강력한 가부장의 권한은 유교에서 지향하는 가부장적 가족에서 이상시되었다.

1. 가족의 이념형

고려 왕조가 붕괴된 것이 불교 때문이라고 본 조선조의 지배층들은 고대 중국의 제도를 이상시한 주자의 유교사상을 실현하고자 했다. 건국을 주도한 유학자 집단들은 한 개인을 성별과 나이, 그리고 부계집단에서의 관계와 지위로 규정하고자 했다. 혼상제례의 반복을 통해 점차적으로 부계친의 중요성을 제도화하고자 한 것이다. 이러한 제도의 기저에는 종(宗)을 세우기 위해 유교식의 제례를 엄격히 시행하는 것과 가계 계승자인 장자를 우대하는 것이 이상으로 자리하고 있었다.

중국의 가부장적 가족은 위계성과 예속성을 중점으로 하고 집합성과 공산성을 중시하는 것이었다.[1] 박병호가 정리한 가부장적 가족제도의 이념형은 첫째, 조상숭배에 입각한 가(家)의 영속성을 중시하며, 둘째, 가부장이 강대한 가부장권을 가지고 가족을 대표하며, 셋째, 가부장을 정점으로 해 존비(尊卑), 장유유서, 남녀유별이라는 지배, 복종의 상하 위계질서가 확립되어 있고 사회 전체가 이를 지지하며, 마지막으로 가부장권의 강화, 유지를 위한 기초는 조상으로부터 계승해 온 가산(家産)이라는 것이다.

가족의 위계성과 예속성은 남자인 아버지와 자식의 관계에서 드러난다. 아버지와 남편은 하늘에, 어머니와 부인은 각각 땅에 비유되어 여자는 인격적 독립성을 부여받지 못하고 남자인 아버지와 남편의 소유물로 규정된다. 여자에게는 삼종지도와 정조가 강조되는 반면, 남자는 일부다처, 중혼, 축첩은 물론 부인을 팔거나〔賣妻〕 빌릴 수 있는〔貸妻〕 특권을 누린다. 남편에게는 공손치 못한 부인을 내쫓을 수 있는 칠거(七去)가 법률상 보장되어 처는 남편에게 철저히 예속된다. 가족 간에 장유(長幼), 존비의 위계와 질서가 강조되며, 자녀는 부모에게, 아우는 형에게 공순하고 복종하는 효제(孝悌)가 강조된다. 위계질서 아래서 가족원의 예속이 강요되는 것이다. 군

1) 중국 가족에 대해서는 人井田陞(1967), 『中國社會の法と倫理』, 清水弘文堂書房, 1~44쪽에 나온다. 박병호(1988), 「한국 가부장권 법제의 사적 고찰」, 『한국여성연구』 1, 청하, 149쪽 참조.

신, 부자, 부부, 장유, 붕우의 오륜관계는 부자, 형제가 중시된 관계이며, 가족의 연대적 성격을 강조한다.

이러한 가부장적 가족제도의 경제적 기반에는 가산이 있었으며, 이 가산은 가장과 가족의 동거공재(同居共財)의 원리에 의해서 유지되었다. 같이 사는 동거(同居)에 의해서 가족의 집합성이, 재산을 공유하는 공재(共財)에 의해서 가족의 공산성이 존재하며 이러한 집합성과 공산성 위에 가장의 권위가 존립한 것이다. 가산은 가장이 관리하지만, 분할할 경우에는 제자균분(諸子均分)이어야 했다.

끝으로 가부장적 가족은 조상 숭배를 위해 제례를 지냈는데, 이러한 조상 봉사는 가(家)의 영속성을 의미하는 것이었다. 적장자를 후계로 세우며, 아들이 없으면 입양을 해서라도 가(家)를 지속시키는 것을 의무로 삼았다.[2)]

고대 중국 사회에서의 가장의 역할에 대한 언급은 『소학』에서 볼 수 있다.

> 사마온공은 이렇게 말했다. "무릇 가장이 되어서는 반드시 예와 법을 삼가 지켜서 여러 자제와 집안의 비복들을 통솔하여야 한다. 직임을 나누어주고 일을 맡겨주어 그 성공의 책임을 지우며, 재용의 절도를 제정하여 수입을 헤아려 지출하며, 가산의 유무에 맞추어 윗사람과 아랫사람의 의복과 음식 및 길사와 흉사의 비용을 지급하되, 모두 품절이 있어 균일하지 않음이 없게 하며, 쓸데없는 비용을 제재하여 줄이며, 사치와 화려함을 금지하여, 항상 모름지기 조금 여유를 남겨두어 뜻밖의 일에 대비하여야 한다."[3)]

2) 박병호(1996), 『근세의 법과 법사상』, 도서출판 진원, 254~255쪽.

3) "司馬溫公日 凡爲家長은 必謹守禮法하여 以御群子弟及家衆이니 分之以職하고 授之以事하여 而責其成功하며 制財用之節하여 量入以爲出하며 稱家之有無하여 以給上下之衣食과 及吉凶之費 하되 皆有品節而莫不均一하며 裁省冗費하고 禁止奢華하여 常須稍存贏餘하여 以備不虞니라." 『小學集註』, 성백효 역주(2005), 전통문화연구회, 325~326쪽.

2. 가족의 실제

15세기 말까지 조선 왕조에서는 유교적 의례가 정책적으로는 권장되었지만, 실제 사회에서는 쉽게 수용되지 못하고 있었다. 유교 정치를 적극 추진한 태종과 세종조에서는 고려식의 가족 · 친족제도, 복제, 혼례, 상제례 등이 주자학적 의례로 개혁되어 갔으나 사회 전반에 실현되지는 못했다. 성리학을 새 통치이념으로 채택했지만 고려식의 사회제도와 불교 의식 및 토속적인 관행이 남아 있었기 때문이다.

1) 가장의 제한적 권한

조선조 가장권에 대한 박병호의 연구[4]를 통해 가장에 대한 용어와 법제적 해석과 실제권한 등을 고찰해 보자. 조선조에서 가장은 가족에 대한 지휘통솔자 내지 가족의 대외 대표자인 집의 어른을 뜻했다. 그러나 가장이라는 개념은 법률상으로나 실제에서 큰 의미는 없었다. 대내적으로는 자녀에 대한 부권(父權), 처첩에 대한 부권(夫權)이 있었다. 그리고 대외적으로는 가(家)의 최존장으로서 국가에 의해 개별 가(家)의 책임자 혹은 호주, 가장으로 파악되었을 뿐이다.

『경국대전』 성립기까지만 하더라도 가족관계를 조부모 · 손자녀, 부모 · 자녀, 부처 관계로 파악할 뿐, 가장 · 가속 관계로 파악하지 않았다. 가장이라는 용어는 『경국대전』에서 세 곳에 사용되었을 뿐이다. 첫째, 혼인 적령의 딸을 혼인시키지 못한 경우에 가장을 무겁게 다스린다. 둘째, 첩과 부(夫) 사이는 가장과 가속 관계로 파악되고 있다. 셋째, 가장은 주로 첩에 대한 부(夫)로, 가족의 일원으로 간주되던 노비나 고공에 대한 주인으로 지칭

4) 박병호(1996).

되고 있다.[5]

가부장의 소유 재산은 조상 전래 재산과 자기 취득 재산으로 구성되었으며 대부분 토지, 가옥 같은 부동산과 노비였다. 상속으로 취득한 조상 전래 재산인 조업(祖業)을 타인에게 매도하는 경우에는 불효죄와 함께 비난을 받았다.[6] 조업 관념과 자손의 상속 기대권을 가진 사회에서는 가부장의 처분권이 제약되었다.

유산은 반드시 제1순위 상속인인 자녀들에게 균분상속되었으며[7] 부조(父祖)의 유언으로도 특정 자손에게 유리한 상속을 할 수 없었다.

전라도 지방에서는 부모 생존 시에 결혼하여 "분가(分家)한다" 또는 "분호(分戶)한다"는 것을 '제금난다'라고 하는데 '제금'은 '자기의 금(衿)'이며 '제금난다'는 '자기의 분재 몫(상속분)을 받아서 나간다'는 뜻이다.[8]

가족원들은 남녀 · 장유 · 혼인 여부를 막론하고 재산을 소유하며 부부의 재산은 명의상으로는 각자의 특유 재산이지만 가정 내에서는 공동으로 관리 · 수익하는 것이며, 이를 처분하거나 부부 중 한 명이 사망한 경우에 각자의 소유권이 표면화되었다.[9] 가족원의 재산은 취득자가 소유권의 주체였으며 가장의 단독 소유나 가(家)의 공동 소유로서의 가산으로 되지 않았다. 다만 경제적 기능 면에서 보면 가족원 전체의 공동 이용에 이바지했다

5) 『경국대전』 단계까지 3개의 조문에 그치는 것은 부조(父祖)나 부(父) 외에 따로 구태여 가장을 제도적으로 인정할 필요를 느끼지 않았고, 이미 『대명률』에 가장의 의무와 책임이 명시되어 있어서 중복해서 규정할 필요가 없었기 때문이다.〔박병호(1996), 262쪽〕

6) 조상의 재산은 다른 사람에게 주지 말며 혈손들이 가지고 대대손손 전하고 오랫동안 몸소 사환하고 갈아 먹도록 하라고〔勿給孫外不得與他子孫傳持 鎭長使換居生耕食〕 당부하였다.

7) 『경국대전』에서는 장자에게는 고유의 상속분의 2할을 봉사조로서 가급하도록 규정하고 있다.〔박병호(1996), 278쪽〕

8) '衿'은 옷깃 금 또는 맬 금으로 쓰인다.〔『漢韓大字典』, 민중서림(2003), 1857쪽〕

9) 『경국대전』을 비롯한 각 법령의 유산상속에 관한 규정에서도 피상속인의 재산을 "가산" 또는 "가재"처럼 포괄적으로 일체로서 표현하지 않고, "父母田宅", "父母 · 祖父母田宅", "父奴婢", "嫡母奴婢", "前母 · 繼母奴婢", "夫妻奴婢", "夫之物"과 같이 소유권자를 명시해 표현하고 있다.〔박병호(1996), 270쪽〕

고 볼 수 있다.

2) 여성 권한의 존재

여말선초 사회에서 강력한 가장권이 없었다는 것은 상대적으로 여성들의 권한과 지위가 있었음을 보여준다. 균분상속과 사회적 여건으로 인해 여성들이 재산권을 행사할 수 있긴 했으나, 고려조와 같이 열성적으로 경제적인 부를 치부하는 수준에서는 멀어지게 되었다.

15세기 이전의 족보에서는 고려조의 호적 기재 양식이 반영되어서 아버지에서 아들 못지않게 아버지에서 딸로 이어진 자녀 양계가 동일한 비중으로 호적에 등재되다가 15세기 중반부터는 대체로 4조 범위 내에서 기재된다. 또한 상속 면에서도 여말선초에는 장자에 대한 특별한 재산은 상속되지 않고 대체로 형제 상속이었으며, 귀족의 지위가 방계친, 외족, 처족에게 상속되었다.

『경국대전』에서는 딸과 며느리 등을 봉사와 입후에서 배제하고 있으나 조선 전기에 딸들은 여전히 상속권을 갖고 있는 등 고려 때의 풍습은 법으로도 쉽게 바뀌지 않았다. 종법에 의한 구조와 의식은 아직 잘 발달하지 못했으며, 혼인의 거주지 면에서는 압도적으로 처가 거주제〔婦處制〕가 지속되었다.

조선 전기의 관습에 따르면 아들 없이 죽은 장자의 부인을 총부(冢婦)라고 불렀는데, 총부는 봉사를 물려받아서 남편의 후사를 지명하는 권리를 가졌다. 그러나 의례에 대한 총부의 권위가 축소되면서 총부는 더 이상 토지와 노비에 대한 권리를 주장할 수 없었으며, 조상의 재산은 남편의 형제들에게 분배되었다. 총부의 특권에 대한 반대는 16세기 중반에 조상에 대한 의식이 점차 부계친 쪽으로 몰리고 있었음을 나타낸다. 1746년에 출간된 『속대전』은 총부의 소멸을 확정했다.[10]

그동안 여성들에게 경제적 안전망의 역할을 하던 균분상속도 점점 장자에게 비중을 두는 방향으로 변화했다.[11] 무게중심이 부계친으로 기울어짐에 따라 모계, 처계 친족들의 왕래가 줄어들고, 여성들은 기존에 가지고 있던 재산권, 총부의 권한, 외손 봉사 등에서 설 자리를 점차 잃게 되었다.

3) 친족관계의 균등성

16세기 이전 한국 사회의 친족과 가족 생활에 대한 해석은 여계와 남계를 동일시하였다는 주장과 여계가 상대적으로 중시되었다는 주장으로 나누어진다.[12] 예를 들면 김두헌은 고려 말기에는 『주자가례』의 수용으로 관혼상제의 예교가 더욱 강화되고 부계조상의 제사를 중심으로 가부장제 가족이 나타나게 되었다고 보며, 박병호는 유교를 받아들이기 전부터 가부장적 가족제도가 존재하고 있었고 역사적으로 가부장적 가족제도가 강화된 방향으로 나아갔다고 보며, 최홍기도 부계적 가족의 연속선 상에 있었다고 본다. 반면에 노명호는 고려의 친속관계는 여계도 중시되는 친족형태였다고 한다. 도이힐러는 신라부터 부계집단이 시작되어 고려 초 2세기 동안에 강해져서 여말선초에는 남성과 여성, 양쪽의 출계집단이 유지되었다고 했다. 최재석은 친족 구성의 형태와 상속에서 여계도 동일한 비중이었음을 강조했으며, 이광규는 한 · 중 · 일 가족을 비교하면서 가족을 매개하고 있는 여성의 지위와 역할에 주목했다.[13]

10) 도이힐러(2003), 『한국사회의 유교적 변환』, 이훈상 옮김, 아카넷, 221~225쪽.

11) 도이힐러는 일본의 헤이안시대(10~12세기)와 고려와는 유사성이 있는데, 경제적 독립을 기초로 한 여성의 높은 지위라는 점에서 유사하다고 본다.〔도이힐러(2003), 126쪽〕

12) 한편 균등한 친족관계를 나타내는 용어들로는 쌍계적〔이수건(1995), 「조선 전기의 사회변동과 상속제도」, 『한국친족제도연구』, 일조각〕, 방계적〔최재석(1983), 『한국가족제도사연구』, 일지사〕, 양측적〔노명호(1979), 「산음장적을 통해 본 17세기 초 촌락의 혈연양상」, 《한국사론》 5〕, 양변적(bilateral)〔도이힐러(2003)〕 등이 있다.

처계나 모계친과의 관계가 그만큼 친밀했던 것은 당시의 혼인이 남귀여가혼(男歸女家婚) 또는 서류부가혼(壻留婦家婚)의 형태였기 때문이다.[14] 이수건에 따르면 17세기 이전에는 혼인과 동시에 처가에 정착하는 경우가 대부분이어서 모계친이 부계친보다는 훨씬 가까웠다.[15] 조선 전기에는 고려의 유제를 답습해 아들이 없으면 친자식처럼 여기던 사위 또는 외손이 봉사하게 하는 것이 일반적이었다. 가산이 반드시 자녀 또는 내 · 외손 등 혈손에게 전계되어야 한다는 의식과 함께 양자(養子)를 타인으로 간주하는 관념이 강했기 때문이다.

1476년에 편찬된 『안동권씨성화보』에는 딸들이 그들 각각의 자손들과 함께 기록되고 있다. 외손이 친손보다 많으며, 자녀들은 출생순으로 기록되었고, 후사가 없더라도 양자를 들이지 않았으며, 서자 표시도 없다. 여성의 재혼은 상세히 서술했으나 남성들의 결혼 정보는 단지 그 부인들의 기록만으로 알 수 있었다.

이렇게 남성과 여성의 친족 집단이 유지되는 상황에서 과거 응시자들에게 부, 조부, 증조부, 외조를 사조(四祖)로 요구하는 것은 독특한 것이었다. 호구는 가구 또는 세대와 상통하며, 세대주, 아들, 형제, 조카, 사위, 노비들을 포함했다. 왜 가구 구성이 복잡한가에 대해서 도이힐러는 남녀균분상속은 서로 함께 모여 살도록 동기를 부여했을 것이라고 추측한다.[16] 부변친과의 혼

13) 김두헌(1969), 『한국가족제도연구』, 서울대 출판부 ; 박병호(1996) ; 최홍기(1997), 『한국호적제도사연구』, 서울대 출판부; 노명호(1979), 「산음장적을 통해 본 17세기 초 촌락의 혈연양상」, 《한국사론》 5, 서울대 국사학과; 도이힐러(2003); 최재석(1983), 『한국가족제도사연구』, 일지사; 이광규(1975), 『한국 가족의 구조 분석』, 일지사; 이광규(1977), 『한국 가족의 사적 연구』, 일지사.

14) 『삼국지 위지 동이전 고구려조』에는 남귀여가혼속이 고구려에서 유래했음을 추측하게 하는 기록이 있다. 중국 문화와의 부단한 접촉에도 불구하고 17세기까지 한국의 본질적인 가족 문화인 미작 문화적 요소로서의 균분상속은 변용되지 않았음을 보여준다.[박병호(1996), 282쪽]

15) 이수건(1995).

16) 도이힐러(2003).

인은 불법이었으나 여말까지도 모변친과의 혼인은 큰 영향을 받지 않았다.

새로운 남자 구성원 영입은 정치적 · 사회적 이익을 획득하는 것이었는데, 특히 사촌과의 혼인은 경제적 이해관계를 증진하고 친족 간의 유대를 더욱 강화했다. 아들이 없고 딸만 있는 집에서는 종종 사위와 함께 살았는데, 이때 사위는 처가의 대소사를 책임지는 경향이 있었다. 1397년에 반포된 『경제육전』에서는 아들이 없는 외조부모에 대한 제사를 속의(俗義)에 따라 외손에게 맡겨야 한다고 명기하고 있으며 외손 봉사는 16세기에도 유지되었다. 사위는 처가의 중요한 구성원으로서 처가의 사회적 · 경제적 위치로 이득을 보며 재산 상속자가 될 수도 있었다.[17] 중년이 되어 남자가 본족, 외족, 처족 중 어디를 선택하는가는 정치적 · 경제적 이해관계에 관한 문제였다.[18]

4) 유교식 혼상제례의 미정착

당시 이념적으로는 부계친족 위주의 가족관계를 지향하고 이를 위해 혼례 후에 신부의 거주지를 신랑의 집으로 옮기는 친영을 장려했으나 실제는 그와 달랐다. 세종 때 왕실이 모범이 되어서 친영례를 행했음에도 반친영의 혼례가 조선 중기에야 행해지는 것은 사대부들에게조차 중국의 예제가 쉽게 받아들여지지 않았음을 보여준다.

조선조 지배층들이 유교 사회 확립을 위해 중시한 것은 상제례였다. 제사(祭祀)는 종법(agnatic principle)을 사회 기반으로 이식하는 것이자 산 자와 죽은 자를 하나의 부계집단으로 묶어주는 가장 적절한 방법이라고 생각되었다.[19] 여기서는 상복을 입는 기간과 친족 범위를 규정한 오복제(五服

17) Deuchler(1992), *Confucian Transformation of Korea*, Harvard University Press, 106쪽.

18) Deuchler(1992), 123쪽.

19) 주자는 『근사록』에서 정이의 이야기를 인용해 "가계혈통을 분명히 하고 세족(世族)을 수합

制)에 대한 마르티나 도이힐러의 연구[20]를 소개한다.

고려 상복제도의 특징은 부친은 물론 모친에 대해서도 3년상을 치르는 것이다. 외조부모도 조부와 같이 1년 동안 상을 치렀다. 사위는 실제 아들과 같은 역할을 맡았으며, 처가 거주로 인척과의 유대는 매우 강했다. 조선 전기의 입법가들은 이러한 모계친족의 오복을 비판하며 종법에 맞추려 했다. 외조부모 상으로 상복을 입는 기간은 『경국대전』에 규정된 바와 같이 5개월 소공으로 줄였다. 이후 1430년에 마침내 왕명으로 장인 상으로 상복을 입는 기간을 3개월로 고정했다.

조선 전기의 오복제(五服制)는 『의례』와 『예기』의 고전적 모델을 기초로 삼아 크게 개정하는 과정을 거쳐, 『주자가례』를 기본 교과서로 하는 유교적 상장례에 대한 기본 지식을 제공했다. 조선조에 상복을 입을 의무가 있었던 친척은 당내(堂內)인데 이는 위아래로 4대까지이며, 방계는 육촌까지로 한정되었다. 당내 친족집단은 상복 의무를 기반으로 균형을 유지했으며 종법의 대들보가 되었다. 이러한 오복제는 부계친을 특히 강조하며 비부계친과 모계친, 그리고 아내의 친족은 중요하게 여기지 않았다.[21]

새 왕조의 건국 이후 수년이 지나지 않아 만들어진 『경제육전』에 상장지례(喪葬之禮)라는 조항이 설정된 것과 문익점(1329~1398)이 3년간 시묘살이를 한 것이 효행으로 천거되었던 것을 보면, 조선 전기에는 여전히 고려의 전통이 널리 퍼져 있어서 유교식 상장례가 지켜지지 않았음을 알 수 있다. 특히 여성들은 고려의 불교식 전통에 따라 백일이 지나면 상복을 벗어 버렸다. 그러나 남성 관리들에게는 3년상을 지내라는 정부의 압력과 불효한 아들은 충성스러운 관리가 되지 못한다는 사회적 인식이 있었기 때문

하여 종자(宗子)의 법을 확립해야 한다"고 하였다. 주자는 종(宗)을 확실히 하고, 장(長)을 세우며, 제사를 제도화할 것을 주장했다. 그리고 이 세 가지가 사회적 · 정치적 안정을 지탱하는 절대적인 버팀목이라고 생각했다.〔도이힐러(2003), 187쪽〕

20) 도이힐러(2003).

21) 도이힐러(2003), 263~267쪽.

에, 부모의 상은 단지 사적인 문제만이 아니라 공적인 문제이기도 하였다. 16세기 초반에는 상례를 3년상으로 준수하는 사람이 거의 없었다.[22)]

5) 장자 상속의 도입

고려에서는 형제 상속의 관습이 보편적이었다. 고려조 왕건은 적장자로 이어지는 상속을 강조했으나 현실에서는 형제에게 상속되었으며, 귀족의 지위는 방계친, 외족, 처족에게 상속되었다. 입양은 가계 계승보다는 주로 경제적 요인 때문에 이루어졌으므로 입양된 아들의 역할을 데릴사위가 맡기도 했다.[23)] 여말선초에는 장자로서의 지배권위가 강력히 나타나지 않았다. 비록 『경국대전』에서는 승중자가 부모의 토지와 노비의 5분의 1을 받도록 규정하고 있지만, 조선 전기에는 종법이나 봉사의 관념이 충분히 발달한 것 같지 않으며, 제사를 치르는 비용을 충당하도록 따로 토지를 마련하는 일도 드문 것으로 보인다.

조선 전기에는 대를 잇는다는 승중(承重)의 개념은 모호하다가 1437년 처음으로 승중의 개념을 정하기에 이른다. 고대 중국의 용어인 입후(立後)라는 용어를 인용하여 직계 아들이 없더라도 적합한 세대 중 가까운 친족에 의해서라도 가계가 유지되어야 하는 것으로 규정했다.[24)] 가계 계승에 장자 상속을 도입한 것은 조선 사회가 고려의 전통에서 벗어나는 첫 걸음이었다. 1471년에 만들어진 『경국대전』에서는 지가(支家)가 희생을 치르더라도 본가(本家)를 영속화하는 수단으로서 적장자의 원칙을 처음으로 밝혔다. 실제 적용에서는 고려 사회의 특징들이 상속과 오복규정에서 두드러지

22) 도이힐러(2003), 270~273쪽.
23) 도이힐러(2003), 70쪽.
24) 방계구도(collaterality)를 강조하는 봉사규정은 조상 중심의 직계구도(lineality)를 강조하는 입후규정을 위협했다.〔도이힐러(2003), 200~204쪽〕

게 나타났으며, 100년 이상의 시행착오를 거친 뒤에야 장자상속이 비로소 자리 잡기 시작했다.

2장

가산

14~15세기 조선의 양반들에게 중요한 경제적 원천은 노비와 토지의 관리에서 파생되는 수입이었다. 관료인 경우 녹봉이 지급되고 있었으나 이는 양반들의 전체 경제생활에서 주요한 수입은 아니었다.

양반의 생활에 필요한 물품들은 하층민인 노비에 의하여 조달되고 있었다.[1] 노비들은 가내노비와 외거노비로 구분되었으며, 이들은 주인집에 각종 물품을 납품하고 각종 일을 처리해 주는 존재로 양반의 수족 역할을 했음이 14~15세기 노비에 대한 연구[2]에서 확인되고 있다. 이들 노비는 토지의 경영에도 사환되어 양반들은 토지의 수확과 관리에서 수입을 얻을 수 있었다.

조선 전기 가산의 형성과 변화를 보기 위해서 이 장에서는 가산의 형성과 증식, 가산의 균분상속, 혼반 형성과 상속을 기존 연구성과들에서 살펴본다.

1) 지승종(1995), 『조선 전기 노비신분연구』, 일조각.
2) 김용만(1997), 『조선시대 사노비연구』, 집문당.

1. 가산의 형성과 증식

가산으로 규정할 수 있는 주종은 노비와 토지이며, 가옥 · 가축 · 과목(果木) · 가구(家具) · 제기(祭器) · 서책(書冊) · 가묘(家廟) 등도 가산에 포함된다.[3] 15세기에서 17세기까지의 각종 상속문서와 매매명문을 정리해 보면, 조선 초기에는 노비가, 임진왜란 이후에는 토지가 재산으로서 중요해진다.[4]

조선조의 가장 중요한 재산 형성원은 조상으로부터의 상속이나 혼인, 또는 매득, 개간 등이었다. 양반들은 공로와 관직 또는 권력을 매개로 노비와 토지를 획득하거나, 부변 · 모변 · 처변의 상속과 혼인에 의해 재산을 물려받았다. 이러한 방법을 통해 형성된 재산은 또 상속에 의해 후손들에게 전해졌다.

노비는 세대로 상속되는 노비세전법(奴婢世傳法)과 기존 노비의 양천교혼(良賤交婚)에 의해 더욱 늘어갔다. 조선 초기부터 노비의 매매가 활발했음은 노비 가격을 일정량의 면포(綿布)로 정하고 이를 법제화하자는 『실록』 상의 논의에서 알 수 있으며, 『경국대전』에도 노비 가격에 대한 규정이 수록되어 있다.[5]

토지의 경우 여말선초의 과전법 시행 당시에는 매매 행위가 금지되었으나 세종 6년(1424) 3월에 토지 사유가 법률상 허용되었다. 임진왜란 이후 양반들은 토지 매득을 통한 재산 운영으로 경제적 기반이 확고해지면서 사

3) 김두헌(1969), 『한국가족제도연구』, 서울대 출판부, 238쪽; 이수건(1995), 「조선 전기의 사회변동과 상속제도」, 『한국친족제도연구』, 일조각, 90쪽.

4) 이수건과 김용만은 16세기 이래 사회 · 경제적 발전과 민중의 의식 향상 및 왜란 · 호란으로 인한 시대적 · 사회적 변동이 고정적인 전답의 유실보다는 유동적인 노비의 도망이 더 심각했기 때문에 일어났으며 양반의 노비지배체제가 근본적으로 동요됨으로써 노비보다는 토지의 생산성이 더욱 제고되어 갔다고 보고 있다.〔이수건(1995); 김용만(1983), 「조선시대 균분상속제에 관한 일연구—그 변화요인의 역사적 성격을 중심으로」, 《대구사학》 23〕

5) 이수건(1995), 95쪽.

회적인 영향력을 행사할 수 있게 되었다.[6] 양반들이 토지를 늘려가는 방법에는 하층민의 전답을 매입하거나 겸병하는 것이 대부분이었다. 특히 신공을 바치기 어려운 천민들은 재산을 방매하거나 상전에게 바치기도 했다.[7]

2. 가산의 균분상속

조선조 양반 집안에 명목상으로는 가산이라는 관념이 존재했지만, 실질적으로는 가족 구성원의 개별 소유권이 있었으므로 이는 공동체가 갖는 엄밀한 의미의 가산보다는 법률상 사유재산에 가까웠다.[8]

상속 면에서 조선 전기가 17세기 이후와 대비되는 점은 남녀의 성별에 관계없이 각자가 혼인 후에도 소유권과 처분권을 확보하도록 재산을 상속하고 있었다는 점이다. 재주의 생전과 사후를 통하여 균분과 균할의 원칙으로 상속 재산이 분배된 것이다.

6) 소유물 또는 소유권을 "내 물건〔己物〕"이라고 표현하였는데, 이 점에서도 소유권의 사권성(私權性)이 분명히 드러나고 있다.〔박병호(1996), 『근세의 법과 법사상』, 도서출판 진원, 230쪽〕 노비는 토지매매에 관여하여 상전의 위임장인 배자(牌子) 또는 배지(牌旨)를 들고 가서 매수인에게 주며 계약을 체결하였다. 계약서상에는 모댁 노모(某宅奴某)라고 했는데 이러한 관습은 거래를 천히 여겨서 직접 나아가지 않는다는 양반의 생각을 반영한 것이다.〔이수건(1995); 박병호(1996)〕

7) 법전상으로는 『경제육전』에서부터 법인된 농지의 상속 가능성은 『경국대전』에 이르러 더욱 구체화되어 형전(刑典) 사천조와 호전(戶典) 매매한조에 의해 법률상 상속과 매매의 자유가 허용되었다. 매매의 지급 수단으로 조선 전기에는 저화(楮貨)가 사용되었으나 숙종 때(18세기 초)까지는 은(銀), 정조(正租), 백미(白米), 목면(木棉) 혹은 우마(牛馬) 등의 물품화폐를 통한 물물교역이 이루어졌다. 이후 경종 때까지는 물물교환과 함께 동전이 사용되었고, 영조 때부터는 주로 동전이, 드물게는 은도 사용되었다.〔박병호(1996), 207쪽〕

8) 형제 · 고부(姑婦) · 동서 등이 자기 몫의 노비와 토지를 보유하게끔 상속이 이루어졌는데, 이것은 중국과는 다른 조선 전기 사회의 특수성이다.〔김일미(1969), 「조선의 혼속(婚俗)변천과 그 사회적 성격」, 《이화사학연구》 4〕

토지와 노비 등의 가산을 배분하는 데에는 철저한 균할주의를 적용하고 있었다. 각처에 산재한 전민(田民)을 거주지 또는 소재지별이나 노비호 단위로 여러 자녀에게 배정하기보다는 각처 소재의 토지와 노비를 세분해 대상 자녀 또는 내외손 수대로 분급한 데서 이를 알 수 있다. 이러한 방식은 가산이 타인에게 넘어가는 것을 방지하고 자녀들이 공동 관리해 수조(收租)·수공(收貢) 체제를 유지하며, 토지의 분실이나 노비의 저항과 도망을 예방할 수 있다는 점에서 효과적이었다.[9)]

3. 사족들의 혼반과 상속

가산의 균분제는 남귀여가 혼속으로 인한 통혼권의 확대와 사족의 저변 확대와 부의 확산이란 효과를 가져왔다. 조선 건국 이래 공신·종실·외척 및 재경관료들은 토지·노비·가옥 등 제반 특권을 배타적으로 점유하였다. 한편 지방 출신 사족들은 부유한 재경세력과의 혼인을 통해 부를 상속받음으로써 학문적·정치적 영향력을 발휘할 수 있었다. 이맹현·권벌·유성룡 등과 같은 지방 출신 관료들이 서울에서 사회적 성공을 거두는 데에는 각기 처가 또는 외가로부터 경제적 도움을 받은 바가 컸다. 상경, 낙향 등 지역적인 이동이 활발하면서 자녀균분 상속제하에서 경제적 기반을 갖춘 지배층의 저변이 급속히 확대되어 갔다.

한편 장기적으로 균분상속으로 인해 가산이 자녀들에게 개별적으로 상속되자 양반들은 대를 이어서 부(富)를 물릴 수 없게 되었다.[10)] 이것은 조선

9) 한 곳에 전(田) 또는 답(畓)이 1결 있다고 가정할 때 이를 한 사람에게 전급(專給)하지 않고 분금(分衿) 대상자 수대로 분할해 각기 얼마씩 배정했다. 1명의 비에 소생 노비가 5명 있다면 이를 한 자녀에게 전급하지 않고 대상자 수대로 1~2명씩 나누어 주는 것이 하나의 관례였다.〔이수건(1995), 101쪽〕

시대 왕실과 양반 간의 상호보험적인 관계를 설명한다. 왕실에서는 왕위를 위협하는 권력자의 대두를 예방하는 동시에 왕권을 호위하고 있는 양반의 균형 있는 생활을 보장해 주기 위하여 노비세전법 등을 용인했다. 왕실은 사족들에게 사회적 특권을 제공하면서도 균분상속제에 의하여 혼인과 함께 가산이 분산되게 함으로써 사족들에게 권력이 집중되지 못하게 할 수 있었다.[11] 사족 가산의 이러한 영세화는 정치적 입지에서 왕권을 덜 압박했을 것이며, 왕권과 신권의 유동적 상황을 보여주는 조선 전기의 가산관료제를 형성했을 것이다.

4. 가부장적 이념형과 16세기의 전조

앞에서 서구에서 강력한 가장권을 행사할 수 있었던 토대는 우두머리에게 가산에 대한 전권이 위임된 것이라고 보았다. 그러나 가산의 개별적 소유권에서 볼 수 있듯이, 조선조의 가장의 권한은 지극히 제한적이었다. 조선조 가장권은 생사를 좌우할 수 있었던 로마의 가장권이나 가산을 전반적으로 지배할 수 있었던 중국의 가장권보다는 약화된 형태였으며 그 기저에는 균분상속과 이에 대한 사회적 기대감이 작용하고 있었다.

고려조를 이은 조선 전기 사회에서는 장자 우대나 강력한 가부장권보다는 다소 유화된 모습이 보인다. 상속, 혼례, 제사 등에서 보이는 균등성과 완만성은 강력한 부권에 입각한 수직적 지배를 기대할 수 없는 사회를 보여주고 있다. 이러한 사회에서의 의식 또한 위계적이라기보다는 수평

10) 이수건은 균분제는 결과적으로 생산력의 저하와 사회의 빈곤화를 초래했다고 본다.〔이수건(1995), 107쪽〕 유교적 물질 경시주의와 검약에 젖은 사림이 치산이재(治産理財)를 등한시하고 봉제사와 접빈객에 가산을 탕진하여 영세화를 가져왔다는 것이다.

11) 이수건(1995), 106쪽.

적인 모습이라고 볼 수 있을 것이며, 여기에는 고려 왕조의 잔재들이 보이고 있다.

현실적으로 조선조의 유교화가 진행되는 과정에서 조선 전기 가산체제의 이러한 특징들은 부계 위주의 정책들에 의해 바뀌어간다. 『주자가례』에 입각한 부계 우위의 정책은 기존의 총부 봉사권, 외손 봉사, 재산권 등을 후퇴시키거나 약화시켰다. 조선 전기에 주입하려던 위계적 가족제도가 생활에서 점차로 모습을 드러내는 것은 다소 시간이 지난 후였다. 조선조를 통해 주입된 충효와 공순의 윤리는 장자 위주의 재산상속과 가계상속으로 나아가도록 틀을 잡는다. 특히 조선의 역대 왕들은 충효의 통치이념을 보급하기 위해 효도를 적극적으로 권장하는 정책을 끊임없이 시행했다. 효행을 특별 천거 기준으로 삼는 인재등용제도나 효자에 대한 조세와 부역의 감면제도, 부모와 조부모의 상례나 제례 때 관리에게 특별휴가를 주는 제도, 그리고 효 윤리의 권장과 보급을 위한 정책적 입법은 왕들의 주요 관심사였다.[12)]

12) 박병호(1996), 「효윤리의 법규범화와 그 계승」, 『근세의 법과 법사상』, 507~529쪽.

2

조선 중기의 가부장제와 가족

제2부에서는 조선 중기 가부장제의 성격을 양반들의 일상에서 보이는 가족의 모습을 통해 규명한다. 부부관계와 친족관계, 남녀관계에서 가족 구성원들 간의 권한-억압 관계, 지배-복속 관계, 정체성 등을 도출하는 한편, 가부장인 남성에게 부여되는 남편, 아버지, 집안 어른, 장자로서의 권한 등을 통해 남성의 정체성과 가부장적 지배의 성격을 파악하고, 이를 부인, 여성으로서의 권한, 정체성과 대비해 본다.

특히 제2부에서는 균분상속과 재산권이 지속되는 조선 전기 사회의 여성들에게서 볼 수 있던 활달한 모습이 조선 중기에도 그대로 유지되었는지를 주목해야 한다. 이는 유교 이념이 여성과 남성들에게 어떻게 내면화, 구조화하는가 하는 문제이기도 하다.

1장

부부관계와 부권(夫權), 부권(婦權)

전통적 가장에 대한 기존의 인식과 남편 · 아내의 도리에 대한 교훈과 이념들은 실재하나 구체적인 부권(夫權)과 부권(婦權)을 생활사를 통해 밝혀주는 연구는 없었다. 가족에 대한 기존의 역사적 연구는 주로 제도사적인 차원에서 이루어졌기 때문이다. 남녀동등권을 향해 나아가고 가족 내의 부계적 요소가 희석되고 있는 즈음에 이전 사회의 모습을 짚어보는 것은 미래 사회에서의 부부 관계에 대한 통찰력을 제공한다는 측면에서도 매우 긴요하다.

이 장의 중심자료인 『미암일기』는 선조 즉위년인 1567년부터 1577년에 걸쳐 유희춘〔1513~1577, 자(字)는 인중(仁仲), 호는 미암(眉巖), 인재(寅齋)〕이 작성한 친필 일기로 당시 양반가의 부부생활을 살펴볼 수 있는 매우 중요한 사료이다. 유희춘은 당대를 대표하는 성리학자였으며 부인 송덕봉(1521~1578)도 당시에 뛰어난 문인으로 인정받았다.[1] 유희춘의 처가는 홍주 송

1) 송재용(1997), 「여류문인 송덕봉의 생애와 문학」, 《국문학논집》 15집(사계 이재철 선생 정년 기념호).

씨이며, 유희춘의 장인 송준은 연산군대에 대사헌과 전라감사 등을 역임한 이인형(李仁亨)의 딸과 혼인해 중종 2년(1507) 생원시에 합격하고 음서로 사헌부감찰·단성현감 등을 역임했다. 부인은 부제학을 지낸 송준(宋駿)과 함안 이씨의 둘째 딸로 태어나 16세 때인 중종 31년(1536) 유희춘과 혼인했다. 유희춘은 부인 송씨와의 슬하에 경렴(景濂)이라는 아들과, 윤관중(尹寬中)과 혼인한 딸을 두었다.

유희춘의 외가는 탐진 최씨이며, 외조부인 최부(崔溥, 1454~1504)[2]는 연산군 4년에 실정(失政)을 극간하는 상소를 올려 좌천된 인물로서 『표해록(漂海錄)』의 저자이다. 유희춘의 친가는 풍족한 집안은 아니었으나 아버지인 유계린이 최부의 사위가 되어 해남으로 이주하면서 호남에 경제적 기반을 마련하게 된다. 유희춘의 친가, 외가, 처가는 호남에 근거를 둔 사림파 가문이었다. 일기는 유희춘이 해배 복직된 후를 시작으로 하는데, 이미 당시에 유희춘의 집안은 쇠락하여 친지들로부터 도움을 받으며 생활하다가, 유희춘이 복직하면서 생활이 점차 나아지고 있었다.[3]

유희춘 부부를 연구하면서 유희춘의 20여 년간의 귀양, 남편 부재 시의 부인의 주도적 역할, 부인이 명망 있는 문인이었다는 점 등에 유념한다면, 이들 부부의 생활 사건들의 맥락을 더욱 잘 알 수 있을 것이며, 이 토대 위에서 다른 양반가의 부부들에 대한 추론도 가능하리라 본다. 이 장에서는 유희춘과 부인의 부부관계를 먼저 보고 이들의 생활에서 보이는 부부 권한의 범위를 부권(婦權)과 부권(夫權)으로 나누어 분석해 본다.

---

2) 崔溥의 발음에 대해서는 '최보'와 '최부'로 혼선을 빚고 있다. 이것은 보의 한자가 '넓을 보', '펼칠 부'로 뜻과 음이 갈리기 때문이며 이 책에서는 최부로 발음한다. 김영봉(2008), 「한자이음연구」, 《한국한문학연구》 41집, 554쪽 참조.

3) 유희춘의 가계와 경제에 대해서는 이성임(1995), 「16세기 조선 양반관료의 사환과 그에 따른 수입」, 《역사학보》 145집 참조.

1. 부부관계의 양상

유희춘의 부부관계에서 나타나는 특이한 점은 동료애를 근간으로 한 애정과 갈등의 양상이다. 동지 관계, 애정 관계, 갈등 관계로 나누어 그 관계를 고찰해 본다.

1) 동지 관계

유희춘 부부의 경우에서 동지적 관계를 나타내는 사건들은 공동의 생일, 동료애, 학문 자문, 손자 교육, 부인 존중이다. 특히 부부가 생일을 공동으로 치른 것은 신선하기까지 하다. 유희춘의 생일이 12월 4일[4]이고 송덕봉의 생일이 12월 20일[5]인데, 경오(庚午)년에는 중간 날짜인 13일에 처가친족과 유희춘의 조카, 문생, 이웃들을 불러다 생일잔치를 한다.

> 이날 잔치를 베풀었다. 나의 생신이 초4일이고 부인의 생신은 20일이기 때문에 적당히 오늘을 잡은 것이다. 겸하여 절친한 사람들을 모아 회포를 풀려고 부인의 동생 3촌, 4촌, 5촌 조카까지 불렀다.[6]

4) 생일을 각각 차리는 경우에는 남편의 생일상은 부인이 술과 과일로 차렸으며 장인의 비첩, 부인의 6촌 남매, 며느리, 손자녀들이 참석하여 버선, 속옷, 생선 등을 선물로 바쳤다. 안방에는 유희춘 부부가, 며느리 방에는 부인의 친족, 장인의 비첩이 앉고 외청에는 손자가 주인이 되어 객을 맞았다.〔『眉巖日記草』 권2, 庚午(1570) 12월 4일; 권5, 乙亥(1575) 12월 4일〕 때로는 아들이 아버지를 위한 생일상을 차리기도 하였다.〔『眉巖日記草』 권3, 壬申(1572) 12월 6일〕

5) 부인의 생일에는 딸과 사위가 술자리를 마련했는데 부인의 친정 친족들뿐 아니라 사위, 딸, 서녀, 손자녀, 이웃집 부인, 심부름하는 노 등이 왔으며, 이들은 술, 숭어, 낙지, 과일들을 직접 들고 오거나 보내왔다.(『眉巖日記草』 권3, 壬申(1572) 12월 20일; 권4, 癸酉(1573) 12월 20일; 권5, 乙亥(1575) 12월 20일)

6) "是日設宴 以余生辰在初四日 夫人生辰在念日 酌取今日 兼爲會敍切親 以夫人同生三寸四寸至五寸姪也."〔『眉巖日記草』 권2, 庚午(1570) 12월 13일〕

공동 생일은 같은 달에 한 번 치르게 됨으로써 경제적 합리성이 엿보이며 동시에 이것은 이들 부부에서 부인이 차지하는 비중을 알게 해준다. 유희춘은 부인에게 학문에 대해 자문하는 것과 시를 지을 때 도움을 청하는 것에도 전혀 거리낌이 없다. 서로가 지기(知己)라는 동반자 의식을 가지고 있었는데, 이는 시(詩)를 주고받을 수 있었던 부인의 개인적 자질에 좌우된 점이 많다. 유희춘은 번역할 때에도 아내에게 자문하고[7] 부인 송씨가 남편의 서책을 정리해 주자 책 찾기가 쉬워졌다고 고마워한다. 시를 지을 때에도 부인의 의견을 반영하고 이를 존중한다.

> 희춘이 선계를 기술하여 시 1구를 지었더니 부인이 나에게 말하기를 시를 짓는 법이 작문하듯 직설적이어서는 안 된다며 산에 오르고 바다를 건너는 것으로 기(起)를 하여 끝에 가서 벼슬한 이야기를 해야 한다고 한다. 나는 깜짝 놀라 그 말을 따라 다시 시를 지었다.[8]

이런 면모는 유희춘이 송덕봉을 얼마나 신뢰했는가를 보여준다. 실제로 유희춘은 부인을 동료라고 부르고 있다.

> 전일에 상서(尙書)를 교정하는데 "마치 술을 만들 때면 네가 국벽(麴蘗, 누룩과 엿기름)이 되라"에서 전(傳)에 '술에 누룩이 많으면 쓰고 엿기름이 많으면 달다'고 했는데 관중(館中)에서 벽(蘗)이 무슨 물건인지 몰라 어제 내가 부인에게 물어보니 부인이 대답하기를 "벽은 보리나 밀을 물에 담갔다가 짚섶에 담아 따뜻한 곳에 놓아두면 자연 싹이 트고 그것을 햇볕이나 불기운에 말려 찧어서 가

---

7) "余飜譯類合下卷 多咨於夫人而改正."〔『眉巖日記草』 권4, 甲戌(1574) 3월 27일〕

8) "希春述先戒 作詩一句云 夫人謂余日 詩之法 不宜直說若行文 然只當起登山渡海 而說仕宦於其終可也 余卽矍然從之 遂作詩云云."〔『眉巖日記草』 권5, 丙子(1576) 11월 11일〕

루를 만들고 술을 만들 때 넣으면 달게 되니 조금만 넣으면 좋습니다" 했다. 이 날 새벽에 아내와 내가 동료가 된 셈이다.[9)]

이들 부부는 손자녀의 혼처와 교육도 서로 의논한 후에 결정하고 있다. 부인 송씨는 맏손자 광선(光先)의 혼처가 들어오자 가풍이 좋고 형편이 넉넉한 집의 장녀를 정하는 것이 합당하니 자신도 사람을 시켜 알아보고자 한다며[10)] 혼처 결정에 참여한다. 그리고 부인이 손자에게 어려운 책보다는 『소학』 등을 먼저 읽히자고 하자 유희춘이 이를 귀담아듣고 있다.

부인이 어젯밤에 나에게 말하기를 "광연의 성품이 총명하고 말에 기가 있으니 『추구』나 『양몽대훈』이나 『소학』 등의 글을 읽혀야 하는데 벌써 『신증유합』같이 어렵고 깊은 문자를 읽히고 있으니 마치 견고한 성 아래서 군사의 기운만 손상시키는 격입니다. 일부러 늦춰주어 글로 이루어진 책을 읽도록 하는 것이 낫지 않겠소" 하므로 나는 이 말을 듣고 깨달았다.[11)]

이들 부부는 중요한 의사결정을 할 때에 주로 점을 치거나 꿈을 맞추어 보았다. 유희춘이 새벽에 일어나서 하는 주된 일은 본인과 부인의 꿈을 비교해 보고 앞날의 길흉을 판단하는 것이었다. 때로는 아들, 손자녀들이나 첩, 노비들이 집안에 관계된 꿈을 꾸면 유희춘에게 아침에 직접 와서 알리곤 하였다. 일기에 기록된 꿈들은 대개 길몽이고 흉몽은 거의 없으며,[12)] 부

9) "頃日 校正尙書若作酒醴 爾惟麴蘗傳曰 酒麴多則苦 蘗多則甘 館中未詳蘗之爲物 昨日余以問夫人 答曰 蘗 乃大小麥 浸水裏藁石 置之熱處 自然生芽 取以曝乾 或火乾 擣爲末入酒則甘 暫和麴末爲佳 余當以此曉同僚."〔『眉巖日記草』권4, 甲戌(1574) 5월 1일〕

10) "余歸語夫人 以爲此婚似當 令申鴻往通云."〔『眉巖日記草』 권3, 壬申(1572) 9월 28일〕

11) "夫人 昨夕語余曰 光延 性聰敏有詞氣 可讀聚句及養蒙大訓 · 小學等書 而今之讀新曾類合艱深之字 譬若頓兵堅城之下 盍姑緩之而令讀成文之書乎 余聞言而悟."〔『眉巖日記草』 권5, 丙子(1576) 1월 11일〕

부의 건강, 남편의 관직, 아들과 사위의 벼슬, 태몽 등이 주요 내용이다. 부인은 자신의 꿈이나 남편이 꾼 꿈을 풀이했는데 그 해몽이 비교적 잘 맞았다.[13] 꿈풀이만큼 빈번하지는 않지만 점(占)을 보는 것도 이들 부부의 의사결정에서 중요한 역할을 한다. 점을 보는 것은 아마도 맹인 점쟁이를 불러다 하는 듯하며 해남으로 내려갈지를 놓고 부인과 팽팽히 맞서게 되자 유희춘은 점을 쳐서 여부를 결정하기로 한다.

> 어제 저녁에 부인이 금년에 내게 남방이 오귀(五鬼)의 방(方)이라면서 가서는 안 된다고 아주 간곡하게 말했으나 나는 금년에 남쪽이 오귀의 방이기는 하지만 서울에서 해남으로 가는 것은 충방(沖方)이 되니까 해가 없다고 했다. 그러나 점으로 결정을 하자고 하여 김민(金敏)을 불러다가 점을 쳐보기로 했다.[14]

그러나 이들 부부가 매사를 점이나 무술에 의존하지는 않은 듯하다. 한양에서 남의 집을 빌려 남편과 함께 생활하고 있던 부인 송씨는 선조 2년(1569)에 앓아눕게 된다. 이때 딸이 어머니의 쾌차를 위해 무녀(巫女)를 부르려 하자, 목이 아픈 병이 분명하다며 무녀를 부르는 것을 허락하지 않았다.[15] 부인이 굿을 거절한 것을 두고 유희춘은 현명한 판단이라며 칭찬하고, 부인의 의견을 존중한다.

12) 꿈이 길몽인 것은 미암이 의도적으로 길몽만을 기록했기 때문일 수도 있겠고, 이들 부부의 긍정적 바람이 길몽으로 나타난 것인 듯하다.

13) "夫人夢見家人以家貲 升置高樓之上 夫人解之 此公加資升遷之兆云."〔『眉巖日記草』 권4, 甲戌(1574) 6월 24일〕

14) "昨夕 夫人以余今年南乃五鬼之方 不可歸 言之甚懇 余以爲 今年是五鬼之方 而自京歸海南 則忡方無害 然當以筮決 而可招金敏占之."〔『眉巖日記草』 권4, 甲戌(1574) 6월 4일〕

15) "女子爲夫人 欲請巫女 夫人不許曰 咽喉明病 豈關於巫祀 斷不可請 其明斷如此."〔『眉巖日記草』 권2, 己巳(1569) 6월 23일〕

2) 애정 관계

이들 부부의 각별한 애정은 여러 면에서 볼 수 있다. 장가든 날의 감격, 남편이 보낸 술, 장기, 부인의 나들이, 타인들이 인정하는 금슬 등이다. 유희춘은 자신의 결혼기념일을 기억하며 그때의 기쁨을 일기에 적고 있다.

> 오늘 저녁은 병신(丙申)년 내가 장가든 날이다. 그때의 큰 기쁨이 떠오른다.[16]

유희춘은 부인을 위하여 홍시를 구하기도 하고, 임금이 주신 배를 아내와 나누어 먹으며 그 기쁨을 시로 노래하고 있다.[17] 1569년 유희춘이 승지로 있으면서 6일 동안 집에 가지 못하자, 집에 있는 아내에게 시 한 수를 지어 술 한 동이와 함께 보낸다.

> 모주(母酒) 한 동이를 집에 보내며 시(詩)를 남기니, "눈 내리고 바람은 더 차가우니 당신이 추운 방에 앉았을 것을 생각하오. 이 막걸리가 비록 하품(下品)이지만, 당신의 언 속을 따뜻하게 해줄 수 있으리라."[18]

이에 부인 송씨도 술을 보내준 데 대한 고마움을 담아 시로써 화답했고,[19] 6일간 떨어져 있다 만난 것을 서로 기뻐하였다.[20] 유희춘은 나이가 들면서 금슬이 더욱더 돈독해지며 태평을 부인과 함께 누리는 즐거움을 언

16) "今夕 乃丙申入丈之日 重歡可記."〔『眉巖日記草』 권2, 庚午(1570) 12월 11일〕
17) 『眉巖日記草』 권3, 壬申(1572) 11월 11일.
18) "以母酒一盆送于家 遺成仲詩曰 雪下風增冷 思君坐冷房 此醪雖品下 亦足煖寒腸."〔『眉巖日記草』 권2, 己巳(1569) 9월 1일〕
19) "夫人和詩來云 菊葉雖飛雪 銀臺有煖房 寒堂溫酒受 多謝感充腸."〔『眉巖日記草』, 권2, 己巳(1569) 9월 1일〕
20) "與夫人六日相離 相見歡喜."〔『眉巖日記草』 권2, 己巳(1569) 9월 2일〕

급하고 있다.[21]

부인은 궁극에는 남편과 같이 고향에 돌아가서 살고자 했다. 유희춘이 부인과 새로 집을 지을 것을 결정한 것은 선조 즉위년(1567) 12월 초였다.[22] 해남의 서문 밖과 창평 수국리에 새로 집을 짓는 동안[23] 이들 부부는 잠시 집을 빌려 이사하는데, 유희춘은 이사 온 기념으로 받은 선물 중에서 부인 몫으로 그릇과 수저를 따로 봉해 놓고 기다린다.[24] 이들 부부의 금슬은 다른 사람들에 의해서도 확인되고 있다. 다음은 박계현(朴啓賢)이 사위를 맞을 때 촛불을 켜는 것을 유희춘에게 부탁한 것에 대한 기록이다.

> 신부 집 대사헌의 부자(父子)가 촛불을 켤 사람을 논의하다가 유동지만 한 이가 없다 여겨 나더러 촛불을 켜달라고 했다. 나는 첩이 있다고 사양을 했더니 박계현이 말하기를 "그런 첩은 있어도 없는 거나 마찬가지다"며 "영공의 부부간 금슬 좋기가 비할 데가 없으니 사양치 마시오" 하므로 나는 따랐다. 전일 노극신(盧克愼)의 집에서 켠 것과 합해 두 번째 촛불을 켰다.[25]

당시 촛불을 켜는 것〔燃燭〕은 신혼부부를 축복하는 것으로서, 아마도 기혼 부부 중에서 금슬이 특히 좋은 사람을 골라서 했던 듯하다.

유희춘 부부는 더불어 함께 즐길 줄 알았으며 같이 장기도 자주 두었

21) "與夫人相賀同享太平之樂 和氣懽然 琴瑟之調 晩年尤甚."〔『眉巖日記草』 권3, 壬申(1572) 10월 20일〕

22) 『眉巖日記草』 권1, 丁卯(1567) 12월 1일.

23) 유희춘은 해남이 왜구 출몰이 잦은 곳이라 하여 선조 5년 12월부터 처가 근처인 창평 수국리로 이사하려고 계획을 세웠다.〔이성임(1995), 「16세기 朝鮮 兩班官僚의 仕宦과 그에 따른 收入」, 《歷史學報》 145집〕

24) "余郎一鉢 · 一匙 · 一筯 爲夫人封而待之."〔『眉巖日記草』 권3, 辛未(1571) 1월 26일〕

25) "婦家大憲父子 共議燃燭之人 以爲無若柳同知 請余燃燭 余辭以有妾 啓賢曰 其妾縱有如無 令公好合無比 宜勿辭 余從之 通前日盧克愼家 爲再燃燭矣."〔『眉巖日記草』 권5, 丙子(1576) 10월 9일〕

다.[26] 부부 사이가 좋았던 것은 유희춘이 자상한 남편이었던 데도 기인한 듯하니, 부인과 말다툼을 한 때에도 유희춘이 먼저 사과한다.[27] 부인이 아플 때 보이는 자상한 관심과 병이 나았을 때의 기쁜 심정 등은 남편이 아내에게 쏟는 애정을 보여준다.

3) 갈등 관계

서로 동지적 애정을 가지고 있는 유희춘 부부에게도 갈등이 없지는 않았다. 유희춘이 부인에 대해 갖는 불만보다는 부인이 유희춘에게 갖는 갈등과 저항이 더 크게 느껴진다. 갈등은 처부모 대접 소홀, 귀향, 독숙 자랑에 대한 반박, 남편의 혼외관계에 대한 저항 등이다.

특히 부인 송덕봉이 '딸의 의무'를 주장하고 '며느리의 의무'를 남편에게 권리로 내세우는 점은 신선하다. 친정 부모를 둘러싼 의무와 권리를 당당히 주장하는 데서 당시 여성의 위상을 볼 수 있다.

1571년 7월 부인 송씨는 유희춘이 전라감사로 있을 때, 친정아버지의 묘에 비석을 세워줄 것을 청했다. 유희춘은 관아에서 도와주는 것은 폐단이므로, 부인 형제들이 알아서 개인 비용으로 추진하기를 원했다. 부인은 처의 부모이기 때문에 남편이 소홀한 것 같다며 좋은 사위를 얻었다고 기뻐했던 친정아버지에게 죄스러워한다. 본인은 시모의 3년상을 정성스럽게 치러서 도리를 다했으나 사위로서 친정에 대한 남편의 정성이 부족하다고 토로한다. 그녀의 절규는 '착석문(斲石文)'이라는 제목으로 남편의 일기에 실려 있다.

26) 『眉巖日記草』 권1, 戊辰(1568) 1월 11일; 권5, 乙亥(1575) 11월 15일; 권5, 乙亥(1575) 12월 27일.

27) "去夜 與夫人語 余小錯 夫人不悅 尋解 以余謝過故也."〔『眉巖日記草』 권3, 辛未(1571) 2월 7일〕

> 당신은 인인(仁人), 군자의 마음을 품어, 어렵고 물에 빠진 사람을 구해주고 건져줄 힘을 가지고 있으면서, 나에게는 동복(同腹)끼리 준비하면 그 밖의 일을 도와주겠다고 편지를 보내시니 이는 무슨 마음입니까? 아마도 청덕(淸德)에 누가 될까 봐 그런 것이겠지요? 처의 부모에게 차등을 두어서 그런 것인가요? 우연히 살피지 못해 그런 것인가요? 또 가군(家君)께서 당신이 장가오는 날 "금슬백년(琴瑟百年)"의 시구를 지은 것을 보고 좋은 사위 얻었다고 몹시도 좋아하셨는데 당신은 그것을 반드시 기억하고 있을 것입니다. 하물며 당신은 나의 지기(知己)로서 백년을 함께 늙자고 하면서 불과 4~5곡의 쌀이면 일이 될 것을 이렇게 귀찮아하니 통분해서 죽고만 싶습니다. (…) 시모님이 작고했을 때에 진심 갈력하여 장례를 예(禮)대로 하고 제사도 예대로 지냈으니 나는 사람의 며느리로서 도리에 부끄러운 것이 없습니다.[28]

담양의 석물(石物)을 소홀히 하지 말라는 부인의 요구[29]에 유희춘이 응한 것으로 보이는데, 이는 송씨 형제가 담양의 비석에 관하여 유희춘에게 알려오는 데서 알 수 있다.[30] 그 후에 유희춘이 장인의 묘소에 어떠한 조치를 취했는지는 알 수 없지만 유희춘이 해배 후 복직되어 장부모의 묘소를 찾는 것[31]이나, 장인의 비첩(婢妾)에게서 난 자식의 종량(從良)을 허락해 주는 명문을 작성하는 것[32] 등은 이 시기 사위와 장인의 가까운 관계에서만 보이는 것일 것이다. 유희춘이 진주목사에게 부탁해 처외장조인 이인형(李仁亨)의 분묘를 수리하자 문중과 부인이 감격하게 된다.[33]

부인 송씨가 남편에게 하는 힐난과 주장, 요구는 부인이 혼인 기간에 해

28) 「斲石文」『眉巖日記草』 권5, 辛未(1571) 7월.
29) "奉家書來 夫人書極陳潭陽石物 不可緩忽之理."〔『眉巖日記草』 권3, 辛未(1571) 7월 5일〕
30) 『眉巖日記草』 권3, 辛未(1571) 9월 1일.
31) 『眉巖日記草』 권1, 丁卯(1567) 11월 27일.
32) 『眉巖日記草』 권5, 丙子(1576) 2월 25일.
33) 『眉巖日記草』 권5, 丁丑(1577) 2월 27일.

온 여러 집안일을 일종의 권리로 생각하는 데서 나온다. 일기의 필자가 남성이라는 점을 감안한다면 일기에 부부간의 갈등과 여성의 고뇌가 다 담겨 있다고는 할 수 없을 것이다. 그러나 부덕(婦德)으로 승화되고 감추어져야 할 부인의 성적(性的) 고뇌들 또한 드러나고 있다. 이러한 면은 확연히 드러나지 않고 은근한 심리적 갈등으로 그려져 있어서 해석에 조심스러운 면이 없지 않다. 유희춘은 홍문관교리로 서울에서 벼슬하면서 4개월 동안 독숙할 때 여색을 가까이하지 않았으므로 갚기 어려운 은혜를 입은 줄 알라고 부인에게 편지한다. 이에 대해 부인은 혼자 지낸 것이 자랑할 것이 못되며 당연한 것이라고 답장하고 있다.

> 형처(荊妻)는 옛날 자당(慈堂)의 상 때 사방에 돌아봐주는 사람도 없고, 당신은 만리 밖에 있어 하늘에 부르짖으며 슬퍼하기만 하였습니다. 그래도 지성으로 예를 따라 장례를 치러서 남에게 부끄럽지 않게 했으니 주위 사람들이 말하기를 "성분(成墳)함과 제례(祭禮)가 비록 친자라도 더할 수 없다" 하였습니다. 3년상을 마치고 또 만리의 길을 나서 멀리 험난한 길을 갔는데 이것을 누가 모릅니까. 내가 당신에게 한 이처럼 지성한 일이 바로 잊기 어려운 일입니다. 공이 몇 달 동안 독숙한 공을 내가 한 몇 가지 일과 비교한다면 어느 것이 가볍고 어느 것이 중합니까?[34)]

이에 대해 유희춘은 부인의 말과 뜻이 다 좋아 탄복을 금할 수가 없다는 반응을 보인다.[35)] 편지에서 부인은 남편이 홀로 지낸 것만큼이나 본인이

34) "荊妻昔於慈堂之喪 四無顧念之人 君在萬里 號天慟悼而已 至誠禮葬 無愧於人 傍人或云 成墳祭禮 雖親子無以過 三年喪畢 又登萬里之路 間關涉險 孰不知之 吳向君如是至誠之事 此之謂難忘之事也 公爲數月獨宿之功 如我數事相肩 則孰輕孰重."〔『眉巖日記草』 권2, 庚午(1570) 6월 12일〕

35) "夫人詞意俱好 不勝嘆伏."〔『眉巖日記草』 권2, 庚午(1570) 6월 12일〕

홀로 지내는 것에 대해 남편에게 무언의 압박을 느끼게 하고 있다. 부인 편에서는 기생과의 관계에 대하여 유희춘에게 주의를 주고 심통도 부리지만[36] 드러나게 투기하지는 않으므로 유희춘은 기생과 로맨스를 즐기고 있다. 남편의 건강에 대한 염려로 부인 송씨는 벼슬을 그만두고 고향으로 돌아가기를 남편에게 여러 번 권유한 적이 있다. 유희춘이 한양에서 동지의금부사로 있을 때 부인은 해남에 있으면서 남편과 서로 떨어져 있어야 하는 양반 부인의 애달픔을 편지에 써서 보낸다.

> 편지에서 부인이 홀로 지내는 것에 대해 탄식을 했기에 나는 나무라며 풀어주었다.[37]

부인의 이러한 편지는 여성의 성적 고백이라고 생각된다. 남편의 독숙자랑에 대해 힐난하면서 한편으로 본인의 수절과 외로움을 나타내고 있는 것이다. 이것은 남편이 누리는 성적 자유의 대상, 즉 무자(戊子)라는 첩과도 연관되어 본부인과 첩 간의 갈등으로 이어진다.

> 해남에서 부인이 편지하기를, 무자(戊子)가 성질을 잘 내고 불손하다니 가증스럽다.[38]

유희춘이 첩과 부인 사이의 갈등을 줄여보려는 예방 조치들을 취하고 있는 사례에서 부인 송씨의 불만을 미루어 짐작해 볼 수 있다. 가령 유희춘이 서녀들을 돌보아주는 부인에게 감사하는 것[39]이라든지, 부인이 온다고 하

36) "夫人疑我留此而有他意 發怒 而只簡于景濂."〔眉巖日記草』권2, 庚午(1570) 10월 22일〕
37) "夫人書 有獨在之嘆 余責而解之."〔『眉巖日記草』 권3, 辛未(1571) 12월 2일〕
38) "夫人書來 戊子忿恚不遜云 可憎可憎."〔『眉巖日記草』 권3, 辛未(1571) 6월 18일〕
39) 『眉巖日記草』 권2, 己巳(1569) 9월 17일; 권3, 壬申(1572) 9월 17일; 권3, 壬申(1572) 9월 22

자 얼른 첩을 집으로 돌려보내는 것 등에서 중간에서 둘의 분쟁을 막으려는 유희춘의 의도를 읽을 수 있다. 유희춘 자신이 학자로서 첩을 둔다는 것에 대해 떳떳지 못하다고 여기고 있고 그만큼 첩을 둔다는 것은 어느 부인에게나 마음에 상처를 준다는 의미였기 때문이다. 부인은 첩 앞에서 겉으로는 부덕을 발휘해 아랫사람을 너그럽게 거느리는 양반 부인으로 칭송받아야 하는 위치에 있었던 것이다. 이후에 부인은 유희춘이 예전에 비(婢)와 희롱하던 것을 꿈에서 보았다며[40] 남편의 혼외관계에 대해 무의식 세계에서도 자유롭지 못함을 드러낸다.

유희춘과 송덕봉의 부부관계는 주위 사람들이 인정하는 금슬 좋은 사이였으며 둘은 동지적 관계를 맺고 있었다. 그러나 이들 부부에게도 불만과 갈등이 내재하는데 그것은 유희춘의 성생활에 대한 부인의 반감과 친정 부모에 대한 유희춘의 무관심에서 비롯된다. 당시의 남귀여가혼으로 친정에서 사는 기간이 길었기 때문에 부인들이 비교적 자유로이 주장할 수 있었던 듯하다. 그러나 친정에 살았더라도 성생활 면에서·남편들의 혼외관계를 부정하거나 거기에 저항하지 못하는 부인들의 한계는 분명히 보인다. 이런 면에서 당시 성적 관계는 다른 어떤 면보다도 불평등한 부부관계를 나타낸다.

2. 부권(夫權)과 부권(婦權)

16세기 유희춘의 부부관계에서 보이는 갈등은 남편에 대한 부인의 권리 항변 내지는 저항, 주장, 불만의 표출이다. 기존 연구들에서는 부인의 이러한 권한을 '주부권(主婦權)'이라 하고 이에 대비되는 개념을 '가장권(家長

일; 권5, 乙亥(1575) 12월 19일.

40) 『眉巖日記草』권5, 丙子(1576) 1월 7일.

權)'이라 했다.[41] 주부권은 가사의 소비권이며, 직접적인 운영권으로 의식주에 대한 실권 등을 내용으로 하며, 가장권은 가사 전반에 대한 지배관리권으로 대표권, 가독권, 재산권, 제사권을 포괄한다. 이 절에서는 부인의 요구가 주장되고 허용되는 범위를 '부인권한' 내지 '부권(婦權)'이라 하고 남편의 권한을 '부권(夫權)'이라 하여, 이들을 각각 살펴본다.

1) 부권(婦權)

부인 송씨가 집안에서 가지는 부권(婦權)은 살림을 주관해 실제 관리하는 권리, 친정을 돕는 권리, 나들이의 권리 등을 포괄한다.

부인은 남편이 귀양이나 벼슬로 인하여 본가를 떠나 있을 때에 가계의 실질적 관리를 맡는다. 부인은 친지들의 도움으로 어려운 살림을 꾸려가고, 제사 음식을 준비하고, 술을 빚고, 필요한 병풍을 장만하기도 한다. 남편이 없을 때는 쓰러져가는 집을 고치고 남편의 옷도 지어 보낸다.

> 담양의 김란옥이 올라와서 아내의 언문 편지를 받아 보았다. 행랑 13간을 이미 세웠고 또 옆에 3간을 붙이는데, 덮을 기와가 없어 장차 기와를 굽겠다고 했고, 배자와 겹직령 한 벌을 보내왔다.[42]

> 아내가 무명 갑방의(甲方衣, 겹바지인 듯), 갑봉지(甲捧地, 겹버선인 듯), 단천익(單天益, 홑官服)을 갖추어 보냈다. 아내가 밖으로 성조(成造)하는 데에 시달리면서 안으로는 옷을 짓는 데 애쓰니 그 고초가 심하다.[43]

41) 이광규(1975), 『한국가족의 구조분석』, 일지사, 129~141쪽

42) "潭陽金蘭玉上來 見細君諺書 行廊十三間 已竪起 又造橫附三間 但恨無蓋瓦 將燔瓦云 單褡 褸袂直領一來."〔『眉巖日記草』 권1, 戊辰(1568) 4월 3일〕

43) "細君備送木棉甲方衣 · 甲捧地 · 單天益來 細君外勞於造成 內勞於裁衣 其苦甚矣."(『眉

부인이 때로는 필요한 물품을 구입하기 위해서 장에 가서 부인이 직접 짠 무명과 바꿔 오기도 하며, 손자녀의 혼인에 필요한 물품을 구입하기도 하고, 땅을 송씨 형제들과 매매하거나 교환한다. 부인은 물품의 출입을 기록해 두었다가 남편에게 알리고 뇌물이라고 여겨지는 것들에 대해서도 준 사람과 품목을 기록하여 남편에게 보고한다. 부인은 유희춘이 고향에 왔을 때 그동안의 가계와 재산 기록을 남편과 함께 대조해 본다.

> 저녁에 등불 밑에서 부인과 가계에 대해 상의했는데 부인이 담양에 있는 전답을 차근차근 셈해 내가 부인의 사집책에다 적어보니 대충 논이 7석 9두락지, 밭 태종이 1석 18두락지이다.[44]

부인은 남편이 없을 때는 첩과 노비도 통제하고 관리한다. 첩에게 부인은 남편의 옷을 지어 오라고 명령하고,[45] 제사에 쓸 그릇이 모자라자 첩의 집에서 가져오게 한다.[46] 유희춘이 첩에게 일해 주는 사람이 없어 궁색한 것을 보고 밥 짓고 물 긷는 하녀를 보내고도 이를 본부인에게 나중에라도 알려 동의를 구하고 있는 것[47]은 아내가 관할하는 집안 살림에 대한 남편의 예우일 수도 있겠고 또한 당시 부인의 위치가 남편 마음대로 전횡하는 만만한 것이 아니었음을 나타낸다.

서울에서 벼슬살이를 할 때 첩이 서울 집 살림을 맡아서 하다가 부인이 온다고 하니까 피하는 모습에서나[48] 부인이 남편에게 편지해 첩인 무자(戊子)

巖日記草』 권1, 戊辰 4월 22일)

44) "夕燈下 與夫人議家計 夫人歷數潭陽田畓 余因記于夫人私集册 大概沓全七石九斗落只 田太鍾一石十八斗落只爾."〔『眉巖日記草』 권5, 乙亥(1575) 11월 16일〕

45) "潭陽細君送衣資于妾 而令妾裁送于此也."〔『眉巖日記草』 권1, 戊辰(1568) 6월 13일〕

46) "夫人以祭用器皿太乏 遣婢取來于小家."〔『眉巖日記草』 권3, 辛未(1571) 2월 10일〕

47) "以妾有子息而無婢 可憐 昨日給婢芙蓉 今日通于夫人."〔『眉巖日記草』 권2, 己巳(1569) 11월 20일〕

가 성질을 잘 내고 불손하다며 불평하는 모습에서 보이는 바와 같이 본처와 첩은 항상 갈등 관계였다. 유희춘이 첩이 부인에게 불손했다고 크게 화를 내는 것은 본부인에게 무례한 가솔들을 가장이자 남편으로서 통제하는 것이다.

조선 전기에 부인의 사찰 출입을 법으로 금지하고 있었으나, 송씨 부인의 나들이는 가까운 이웃집 부인과의 왕래에서부터 불교 행사나 왕의 행차 구경에 이르기까지 그다지 제약이 있었던 것 같지 않다. 부인이 이웃 부인들과 서로 집을 왔다 갔다 하며 놀기도 하고 때로는 딸의 성화로 며칠 이웃 집에 묵고 오기도 한다. 이에 대하여 유희춘은 송씨 부인이 후대를 받았다고 기뻐하고 있다. 부인이 임금 행차 구경을 나갔을 때도 유희춘은 부인이 춥지 않도록 아들에게 구경 장소에 미리 불을 지펴놓도록 하고 있다.[49]

부인 송씨는 친정 형제가 가난해 제사 준비를 하지 못하자 대신 친정의 증조(曾祖) 제사를 지내기도 한다.[50] 부인 송씨가 남편 유희춘에게 친정 일에 소홀하다고 당당하게 말하는 등 부권(婦權)을 확보할 수 있었던 것은 집안일에서 겪는 노고와 귀양살이를 거치면서 얻게 되는 병치레들로 인해 부인의 발언권한이 커졌기 때문으로 생각된다. 시부모(侍父母)와 봉제사(奉祭祀)라는 며느리 역할을 충실히 한 부인은 시어머니의 3년상을 마친 후(1560년) 남편을 뒷바라지하기 위해 단신으로 유배지 종성으로 찾아가면서 다음과 같은 시를 지었다.

가고 또 가니 마침내 마천령에 이르렀구나

48) 『미암일기』 권3, 辛未(1571) 2월 5일.
49) "夫人夕歸來 具言今午得觀綵綵棚輪棚諸戲及百官侍衛乘輿龍亭之盛 恍然如到仙境 言不能形 平生奇觀 莫之能及云."〔『眉巖日記草』 권3, 壬申 10월 28일〕
50) 『眉巖日記草』 권5, 丙子(1576) 4월 6일.

동해는 아무 동요 없이 맑기만 하네
만리를 부인이 무슨 일로 왔는가
삼종의리가 이 한 몸보다 무거우니[51)]

이 시구에서 보듯 부인 송씨는 삼종(三從)을 잘 수행하는 것을 유교적 이상형으로 삼고 있다. 집안 살림을 꾸리는 한편 정성으로 시어머니를 봉양해 시어머니가 며느리의 효심에 감동한다.[52)] 이러한 여성의 부덕(婦德)은 특히 남편의 혼외관계를 묵인해야 하는 고통을 내재하는 것으로서, 이는 남편의 성적 전횡과 부인의 암묵적 저항으로 귀결된다.

2) 부권(夫權)

부권(婦權)에 상대되는 부권(夫權)의 범위는 겉보기에는 크게 드러나지 않는다. 남편은 집안 살림에 있어서는 물품의 출입과 관리에 대한 최종 허가 및 상징적 관리를 담당한다. 즉 귀양 갔을 때나 한양에서 벼슬살이를 하고 있는 동안에는 집에 들어오는 물품을 유희춘이 관리하지 못하지만 담양으로 돌아와서는 부인으로부터 출입을 보고받는다. 말을 잘 안 듣는 노비에게 유희춘이 직접 매를 때리고 있으나 남편의 권위로 부인을 누르거나 지배하는 것은 보이지 않는다. 오히려 남편의 관직에 허물이 생기지 않도록 뇌물[53)]이나 분에 넘치는 대우를 거절해 부인 송씨가 남편의 권위를 세워주고 있다.

51) "行行遂至摩天嶺 東海無涯鏡面平 萬里婦人何事到 三從義重一身輕."(『眉巖日記草』 권5)
52) "夫人 夢見萱堂 蓋太夫人晩年 感此婦之孝誠 曾通簡于北荒."(『眉巖日記草』 권3, 壬申(1572) 9월 17일]
53) 『眉巖日記草』 권3, 辛未(1571) 4월 1일; 권4, 甲戌(1574) 4월 22일.

> 아내가 딸자식을 데리고 담양에서 출발할 때에 딸자식이 약해서 말을 탈 수가 없으므로 어떤 사람이 딸도 가마에 태우라고 했으나 아내는 집안 어른의 명이 없었다 하여 사양을 하고 감히 태우지 않았다.[54]

또한 유희춘은 남편의 권한보다는 부인을 보호하는 의무를 이행하고 있다. 부인이 담양에서 한양으로 올 때라든가 임금의 행차를 구경하기 위해 나들이를 할 때에 부인을 보호해 준다. 또한 처가 쪽 송씨 친족과의 분쟁이나 성난 딸로부터 부인을 보호하기도 한다.[55] 그러나 유희춘이 부인을 보호할 수 있었던 이면에는 그가 현직 고위관료로서 지닌 경제력과 권위가 있었음을 간과할 수 없다. 유희춘은 고위관료로서 농지 소유와 경영, 노비 소유와 사환 등 경제생활 전반에 걸쳐 영향력을 가지고 있었다. 이러한 경제적 우위는 부인과의 성적 관계에서 그가 우위를 점할 수 있게 해주는 기제가 되었을 것이라 추측할 수 있다.

부권(婦權)과 부권(夫權)의 대비는 여성이 남편에게 자기 주장을 할 수 있었음을 보여준다. 유희춘 부부만 하더라도 20여 년에 걸친 귀양과 재복직 후의 상경으로 남편이 집을 떠나게 되자 부인이 집안 살림을 꾸리고 관리하면서 부권(婦權)이 상당히 강해졌다고 하겠다. 그러나 최종 결정에서는 부권(夫權)이 여전히 유효했고 부인에 대한 성적 지배 권한을 남편이 가지고 있었는데, 그 이면은 부도(婦道)라는 양반 여성의 이데올로기로 무마되고 억압되어 있었다.

54) "細君率女發潭陽也 女子羸 不能騎馬 人或勸女子亦乘轎 細君以非家翁之命 辭不敢." 〔『眉巖日記草』 권1, 戊辰(1568) 9월 29일〕

55) 『眉巖日記草』 권4, 甲戌(1574) 6월 29일.

* * *

유희춘 · 송덕봉 부부는 상대방을 서로 존중하고 위해 주는 조화롭고 금슬 좋은 부부였다. 집안 살림과 자녀 교육에 대한 결정을 같이 하고 공동으로 생일잔치를 하는 것은 유희춘 부부가 일방적 관계로 살아가지 않았음을 보여준다. 생활에서의 즐거움을 함께 누리고자 한 유희춘의 부부생활은 무던한 유희춘의 성품[56]과 무관하지 않으며, 또한 유희춘이 자문을 할 정도였던 부인의 학문적 소양도 작용한 듯하다.

부인의 지위가 자율적이고 능동적인 가운데서 남편과의 관계가 설정되고 있다는 점에서 유희춘 · 송덕봉 부부의 경우는 연구 사례로서 매우 흥미롭다. 가령 부인 송씨는 무조건 남편에게 순종하지 않고, 남편이 처가에 소홀한 것에 섭섭해하며 자신은 시가에 최선을 다했노라고 성토한다. 그러나 부인의 이러한 주도적 권한은 유교적 도리를 다하는 칭송받는 여인의 역할을 수행한 가운데서만 가능한 것이었다. 여성의 부덕(婦德)은 특히 남편의 혼외관계를 묵인해야 하는 고통을 수반하고 있으며, 이것은 부부관계에서의 남편의 성적 전횡과 부인의 암묵적 저항으로 귀결되는 셈이다.

한편 남편인 유희춘에게 부여되는 부권(夫權)은 상징적이며 포괄적이다. 부인의 권한이 상대적으로 가내의 실질적인 관리를 포함하는 데에 비하여 가장의 부권은 대외적이며 결정권한을 갖는 셈이다. 그 기저에서 유희춘의 경제권과 송덕봉의 부덕이 부권(夫權)과 부권(婦權)의 존재를 가능케 하였다고 볼 수 있다.

유희춘 부부의 모습은 부인 송씨와 유희춘의 개인적 요소에도 많이 좌우된다고 볼 수 있다. 왜냐하면 남편이 귀양살이를 하는 동안 부인 송씨가 집안 살림을 도맡아 해서 부인의 권한도 커졌을 것이며, 또한 부인이 학문적

56) 유희춘은 주자의 신봉자로 중(中)을 중시해 정치, 학문, 처신 등에 적용했으며 중립(中立), 중정(中正), 중도(中道), 중행(中行)의 합리적 태도를 높이 평가하였다.〔송재용(1996), 232쪽〕

으로 뛰어났기에 동반자적 부부관계가 가능했을 것이기 때문이다. 물론 16세기의 사회 상황, 사회 일반에 남귀여가의 혼속이 있었던 사실,[57] 사대부 부인의 지위 등을 감안하면, 양반층의 다른 부부관계에서도 여성의 위치가 결코 낮지 않게 평가되었을 것이라 짐작할 수 있다.

57) 이수건(1995), 「조선 전기의 사회변동과 상속제도」, 역사학회 편, 『한국친족제도연구』, 일조각.

2장

친족관계와 가부장권

현대와 같이 사회단위가 세분화되지 않았던 조선조 가족의 모습은 당시의 사회상을 보여주는 중요한 단서이다. 역사적 맥락에서 볼 때 부계직계 가족으로의 변화는 단순한 외형상의 변화가 아니라 가족 구성원들의 내적 관계에서의 변화도 수반했을 것이다. 가족관계 연구는 외적으로는 가족 성원의 역할을, 내적으로는 가족 성원의 심리적 유대를 파악하고 아울러 가부장권의 전반적인 성격을 규명할 수 있게 한다. 이 장에서는 유희춘(柳希春) 내외를 제외한 나머지 가족 간의 관계를 살펴보면서 이들 구성원들과의 관계에서 나타나는 유희춘의 가내 역할과 권한이 어떠했는지 알아보고자 한다.

유희춘은 친가뿐 아니라 처가나 외가의 친인척들과도 매우 돈독한 관계를 유지하고 있는데 『미암일기』로 이러한 유희춘 집안 식구들의 정황을 살필 수 있다. 종법적 질서가 성립되기 전의 모습을 통해 조선 중기 가족관계와 가부장권의 한 전형을 볼 수 있을 것이다.

1. 가장과 아들 · 며느리의 관계

유희춘은 부인인 송씨와의 사이에 1남 1녀를 두었는데 아들이 경렴(景濂)이다. 경렴은 우활하고 용렬한 인물로 표현될 만큼 뛰어나지도 못하고 재주도 없었다. 유희춘은 경렴에게 그리 큰 기대를 하지 않는다. 그저 낮은 벼슬자리라도 얻으면 다행이라고 생각하고 있었다. 참봉(參奉)에 천거되자 천거해 준 사람에게 사례하고, 영능참봉[1]이 되었을 때는 가문의 커다란 경사라고 기뻐하였다.[2] 경렴이 편지로 능참봉을 그만두고 고향에 돌아가겠노라고 했을 때에도[3] 유희춘은 아들이 자기 자신의 능력을 알고 있다며 의연해하고 있다.

그러나 아들을 생각하는 아버지로서의 마음은 여느 부모와 다름이 없다. 경렴이 대외적으로 대접을 받지 못하자 이를 안타까워하고 있다. 경렴이 하인의 처소에서 먹고 자자 이를 한스러워하고, 옷을 빨아줄 하녀조차 없다는 소식을 듣고 의복을 손질할 부인을 구해 주고 있다. 경렴은 관직에 나가거나 처가가 있는 장성(長城)에 거주하며 유희춘이 살고 있는 담양(潭陽)에 왔을 때는 가내 대소사를 담당하기도 했다. 집 수리하는 것을 감독하기도 하고 아버지를 대신해 문상을 다녀오거나 중국 가는 사신에게 책을 부탁하기도 했다.[4]

유희춘은 자기 며느리를 '김부(金婦)'라고 부르는데 그는 울산 김씨로,

1) 능참봉은 조선시대 품관 관료 중 최하위인 종9품이다. 이들은 주로 생원 · 진사과에 합격하였거나 유학(幼學)일 경우 천거(薦擧)에 의해 임용되었다. 조선시대 능참봉제도에 대해서는 김효경(2002), 「조선 후기 능참봉에 관한 연구—『이재난고』 莊陵參奉 자료를 중심으로」, 《고문서연구》 20을 참고할 만하다.

2) 『眉巖日記草』 권2, 庚午(1570) 11월 12일.

3) "男性本昏拙 百事未能 (…) 不如還家鄉教子孫."〔『眉巖日記草』권3, 辛未(1571) 5월 20일〕

4) 『眉巖日記草』 권2, 己巳(1569) 10월 13일; 권2, 己巳(1569) 11월 9일; 권2, 己巳(1569) 윤6월 18일; 권2, 庚午(1570) 8월 9일; 권5, 丁丑(1577) 11월 27일; 권3, 辛未(1571), 4월 26일.

하서 김인후(金仁厚, 1510~1560)의 딸이다. 유희춘과 김인후는 김안국(金安國)의 제자로서 호남을 대표하는 사림(士林)이었다. 절친한 친구 사이이던 이들이 사돈이 된 데에는 일화가 전해 온다.[5] 유희춘 내외의 며느리 사랑은 각별해서 며느리의 사산(死産) 소식을 전해 듣고는 친정에서 조리하고 있던 며느리에게 감귤과 전복을 보낸다. 며느리는 유희춘의 생신에 버선을 선물로 드리고 있다.

관직 생활로 시부모가 상경했을 때 담양 집 살림은 며느리가 주관하며 때때로 그는 노(奴)를 통해 가내 대소사를 유희춘에게 전달한다. 며느리는 온순했으나 아들 광선(光先)을 혼인시키는 과정에서 혼사가 수년이나 미루어지자 예(禮)를 무시하고 부(富)만 좇는 상대방의 처사가 못마땅해 혼사를 물리치기도 했다.[6]

김부가 담양의 시댁으로 돌아온 후에는 별로 나들이를 하지 않다가 시집온 지 4~5년 만에 처음으로 집 밖으로 나가자 족친들이 모두 놀란다.[7] 유희춘은 며느리가 외출을 삼간 것은 몸이 심약해지고 정신이 혼미해진 데에 원인이 있다고 적고 있다.[8] 이는 당시 여성들의 나들이가 그다지 심하게 금지되지 않았음을 보여준다.

김부는 유희춘 내외를 대신해 토지를 매득(買得)하기도 한다. 선조 6년(1573) 정월에 논과 기와집 12칸을 맞바꾼 것이다.[9] 결국 이는 김부가 계산을

5) 유희춘과 김인후는 과거 보기 전에 성균관에서 같이 공부하였는데 김인후가 염병에 걸려 위급하게 되자 유희춘은 김인후를 자신의 숙소로 옮겨 와 지극히 간호하여 살려 내었다. 김인후는 이 은공을 잊지 않고 유희춘이 을사사화(乙巳士禍)로 귀양을 가게 되자 "그대가 이제 먼 곳으로 귀양가는데 처자들이 의지할 곳이 없을 것이다. 그대의 어린 아들은 내가 사위로 삼을 것이니 그대는 걱정하지 말라"고 위로하였다. 그는 똑똑하지도 못하고 나이도 맞지 않는 유희춘의 아들을 사위로 삼게 되었다.(『燃藜室記述』 권9, 「仁宗朝故事本末」 金麟厚條)

6) 『眉巖日記草』 권4, 癸酉(1573) 12월 10일.

7) 『眉巖日記草』 권5, 乙亥(1575) 12월 12일.

8) "金婦昏孱 守宅四五年 范然不能修理一物 但執禮不出入耳."〔『眉巖日記草』 권5, 丙子(1576) 3월 24일〕

잘못해 생긴 일로 2년 후에 유희춘이 다시 사들이게 된다. 당시 며느리도 경제적인 부분에 참여하고 있었음을 알 수 있다.

유희춘 내외의 보살핌이 각별했음에도 불구하고 아들 내외는 그리 사이가 좋지 못했던 것으로 보인다. 아들은 아내가 늙어가며 정신이 혼미한 것이 심해지자 비(婢)에게 옷을 짓게 해야겠다고 유희춘에게 편지를 한다.[10) 여기에는 첩을 얻고자 아버지에게 허락받으려는 뜻이 내포되어 있다. 마침내 경렴은 비 복수(福壽)를 첩으로 취해 얼자를 두게 된다.[11) 『유경렴분재기(柳景濂分財記)』에서 복수와 연문이 장자인 광선(光先)의 몫으로 분급하고 있는 것으로 보아 이들은 유경렴의 자기비와 그 소생이었던 것으로 보인다.

이들 시부모와 며느리 사이에서는 흔히 말하는 고부 갈등을 찾아보기 힘들다. 시어머니 송씨는 나들이할 때 딸과 며느리를 함께 데리고 다니면서 즐거움을 나누었다.[12) 추운 겨울에 며느리가 친정어머니를 뵈러 가자 유희춘은 가마꾼을 구하고 가마 안에 개가죽을 둘러 따뜻하게 해주는 등의 배려를 아끼지 않았다. 이때 큰손자만 데리고 가게 되자 둘째 손자가 떼를 쓰며 울었는데 유희춘은 따뜻한 정으로 손자를 달래기도 했다. 며느리가 돌아올 때면 가마꾼을 족친에게 부탁하고 하인을 보내 행차를 맞이했다.[13) 며느리는 오고 가는 길에 유희춘의 도움으로 여러 사람으로부터 대접을 받았다.[14)

9) 『眉巖日記草』 권5, 乙亥(1575) 11월 18일.
10) 『眉巖日記草』 권4, 甲戌(1574) 6월 21일.
11) 선조 16년(1583)에 유경렴은 세 명의 자식에게 재산을 분급하고 있는데(萬曆十一年癸未 三月十三日三子息亦中分給明文) 그의 첩인 복수(福壽)와 얼자 연문(衍文)을 장자 광선금(光先衿)으로 하고 있다.〔전남대박물관(1983), 『고문서』 1冊, 90~93쪽〕
12) 『眉巖日記草』 권5, 丙子(1576) 4월 10일.
13) 『眉巖日記草』 권5, 丙子(1576) 1월 6일; 권5, 丙子(1576) 1월 7일.
14) 『眉巖日記草』 권5, 丁丑(1577) 2월 5일.

유희춘의 아들 경렴은 부모를 극진히 모시는 효성스러운 아들이었으나 가문을 빛낼 인물은 아니었다. 그는 짧은 벼슬살이 후에 낙향하는데, 자신의 능력 부족 때문이기도 했지만 아버지 뒷바라지에도 바빠 굳이 벼슬할 필요를 느끼지 못했던 듯하다. 며느리와 시부모의 관계에서 시부모는 며느리를 보호하고 사랑해 주는 입장이었다. 며느리는 고루하다고 여겨질 만큼 바깥 출입을 삼가고 예를 지키려는 인물로 상당한 부덕(婦德)을 지녔던 것으로 보이나 마뜩지 않은 혼사는 물리자고 청하는 당당함을 지니기도 했다.

2. 가장과 딸 · 사위의 관계

일기에는 아들 · 며느리보다는 딸 · 사위에 관련된 기록이 훨씬 많다. 이는 혼인 후에 사위가 처가에서 자식을 키우며 생활하는 것이 당시에 일반적이었기 때문이다. 딸은 혼인을 했음에도 부모와 긴밀한 유대를 가지고 있었으며 반면에 사소한 일에서조차 부딪치기도 한다.

유희춘은 사위를 '윤서(尹壻)', 혹은 '윤관중(尹寬中)', '관중(寬中)'이라고 부른다. 윤관중은 유복한 해남 윤씨 윤항(尹巷)의 아들이다. 윤항은 아들이 머물고 있는 사돈집에 쌀, 목화, 생선 등을 보냈으며, 유희춘 집안이 어려울 때는 윤관중이 윤씨 본가에 도움을 청하기도 했다. 때로 윤항은 유희춘이 집을 짓는 데 필요한 물품과 노(奴)를 보내거나, 빌린 집의 내청(內廳)을 유희춘이 쓸 수 있도록 알선해 주며, 유희춘이 귀양 가 있는 동안에는 책을 맡아주기도 한다. 이렇게 도움을 주는 윤항에게 유희춘이 해주는 것은 인사 부탁을 들어주거나 장지(壯紙)를 보내는 정도이다. 윤항이 아들의 달라진 모습에 대해 "감격하오니 어떻게 영공의 은혜를 갚아야 할지 모르겠습니다"[15]라고 한 것을 보면 사위는 장인의 보살핌 아래서 학문과 인격을 닦고 있음을 알 수 있다. 윤항은 달라진 아들의 모습에 기뻐하며 아들에게 노비와 토지를 별급(別給)하기도 한다.[16]

윤관중이 유희춘의 집에서 하는 일은 대체로 가토 · 제사 · 심부름 · 책 정리 · 마중 · 동행 · 짐 싸기 · 조사(造舍) 감독 등이다. 윤관중은 처가의 선산에 필요한 석물을 운반해 가토를 하고 제사를 지낸다. 장인이 집으로 돌아올 때쯤에 노복과 함께 장인을 마중하고 퇴계 선생 댁으로 장인의 심부름을 가거나, 유희춘의 이삿짐을 싸거나, 책 정리를 하기도 한다. 사위는 장인에게 집안의 안부와 한 해의 수확, 집 짓는 공정의 진척 상황 등을 보고하며 종손인 광룡의 비리를 고하기도 한다. 처가살이하는 동안 윤관중은 아들 경렴과 더불어 가내의 대소사를 감독하게 된다. 마뜩지 않던 사위지만 선대의 제사를 모시고 가토(加土)를 하자 이를 칭찬하기도 한다.

> 관중이 전일에는 자못 신의가 없고 처사에 일정함이 없었는데 이제 묘에 가토하고 울타리 만드는 두 가지 일은 말한 대로 실천을 잘하고 있으니 아주 기쁘다.[17]

유희춘 내외는 사위에 대한 배려를 아끼지 않으며, 사위의 친인척을 융숭히 대접하고 그들을 자신의 친인척과 마찬가지로 대했다. 사위가 떠날 때나 돌아왔을 때에도 장인 · 장모는 술자리를 베풀고, 노복을 보내 맞아오곤 했다. 술과 안주로 생일상을 차려주고 사위가 아플 때는 약을 구하며 해남에 있는 사위에게 딸이 만든 명주옷을 보내주기도 한다.

윤관중에 대한 유희춘 내외의 배려는 아들 하나를 맡아 교육시키는 것과 같았다. 유희춘 내외는 사위가 선전관(宣傳官)이 되자 온 집안과 함께 기뻐

15) 『眉巖日記草』 권4, 癸酉(1573) 8월 25일.

16) 『眉巖日記草』 권4, 癸酉(1573) 9월 21일.

17) "寬中 昔日殊無信義 處事無恒 今玆培墓 · 籬園二事 可見踐言之實 深喜深喜."〔『眉巖日記草』 권4, 癸酉(1573) 9월 5일〕

하며 사위의 면신례(免新禮)에 필요한 술과 안주를 준비해 준다. 그러나 윤관중은 그리 뛰어나 인물은 아니었는지 결국 파직되고 만다.

> 윤관중이 파직당하고 해남으로 가다. (…) 관중이 선전관으로 36개월 근무하는 동안 그의 직을 빼앗고자 하는 자가 관중을 일컬어 "키도 작고 문벌도 낮다" 했는데 마침내 몸과 재주가 약하여 무릎을 꿇고 말았으니 흙 삼태기를 다 채우지 못하고 공이 무너진 셈이다. 매우 가석하다. 탄지(坦之, 윤항)를 위해서 아주 한스럽다.[18]

파직되기 전에도 윤관중은 첩 문제로 유희춘 내외와 갈등이 있었던 것으로 보인다. 유희춘은 사위가 장맛비를 무릅쓰고 첩을 찾아 먼 길을 떠나자 "몹시 안타깝다, 한스럽다"라고 표현하기도 한다.[19] 당시에는 첩을 두는 것이 양반 남성들에게 용인되었으나 부인이나 같이 살던 장인·장모로서는 이를 받아들이기 어려웠을 것이다. 아들이 첩을 들이게 되었을 경우 며느리에 대한 마음이 안타까움이라면 첩을 그리워하는 남편을 둔 딸에 대한 감정은 그보다 더한 것이었으리라 짐작된다.

> 어제 윤관중이 중풍 증세가 있다 하여 감군(監軍)에 나가지 않았기에 나는 병조(兵曹)와 본청(本廳)에 도모해 주고 그에게 의원과 약을 보냈다. 오늘 아침에 들으니 초9일 밤에 그 처와 조금 다투고 사랑의 찬 데서 누워 있다가 귀에 바람이 든 것을 그렇게 말했다 한다.[20]

18) "尹寬中辭歸海南 (…) 寬中以宣傳官 勤仕至三十六朔 以謀奪其職者 謂寬中身短門卑 竟坐身材孱劣 所謂功虧一簣也 可惜可惜 爲坦之深恨."〔『眉巖日記草』 권5, 乙亥(1575) 11월 13일〕

19) 『眉巖日記草』 권4, 癸酉(1573) 7월 17일.

20) "昨日 尹寬中 稱中風 不進監軍 余圖于兵曹及本廳 遣醫與藥 今朝 聞初九日夜 與其妻小詰 臥於斜廊冷地 因此耳受風而云然也."〔『眉巖日記草』 권4, 癸酉(1573) 10월 11일〕

사위가 전일 그 처와 조금 다투어 추운 밤에 사랑에서 잤다 하므로 부인이 직접 가보았는데 시간이 한참 흐른 후에 자기 방으로 돌아갔다. 괴이한 일이다.[21]

위의 기록은 딸과 사위가 다투는 모습을 보여준다. 친정 부모의 입장에서 딸과 말다툼을 한 사위가 곱지는 않았을 것이다. 반면에 사위의 입장에서는 처부모의 권위에 눌려서 부부간에 말다툼조차 편하게 못하는 처지가 답답했을 것이다.

유희춘 내외의 마음 씀씀이는 딸에게 아픈 곳을 세세히 치료하도록 약과 침을 주는 유희춘의 심정에서 드러나며 딸도 수시로 부모에게 편지한다. 유희춘이 부제학으로 한양에 있을 때 딸은 새로 지은 해남 집에서 아버지에게 편지를 보내 성주(城主)와 수사(水使)의 도움을 받고 있으며, 혼자 있으면서 노(奴)들의 싸움에 놀란 일 등을 보고하며 지속적으로 연락을 주고받는다.

딸의 가족이 모두 상경하여 같이 살게 되면서 이들 부녀는 더욱 친밀하게 된다. 유희춘이 교서관 제조(提調)로 있으면서 간행한 『내훈(內訓)』을 딸에게 주자 딸은 좋아하며, "삼가 귀중하게 보다가 은우(恩遇, 외손녀)에게 전하겠습니다" 한다.[22] 부모와 같이 사는 만큼 딸은 술상을 차리거나 명절에 술과 과일을 부모에게 대접한다. 그러나 딸과 친정 부모 간에 갈등이 전혀 없는 것은 아니었다. 딸은 때때로 친정 부모에게 대들어 유희춘의 심기를 불편하게 했다.

우리가 딸을 대할 때는 극진한 사랑을 베푼다. 그러나 딸의 성격이 사납고 못

21) "尹壻頃日與其妻小詰 冷夜宿斜廊 夫人親往良久 移時乃還入其室 其可怪也."〔『眉巖日記草』 권4, 癸酉(1573) 10월 13일〕

22) "女子大喜 卽稱謹當寶玩 傳之恩遇云."〔『眉巖日記草』 권3, 癸酉(1573) 3월 6일〕

되어 어제 비(婢)에게 화내고 제 어머니에게 욕을 하였다. 나에게 꾸지람을 듣고는 또 지나친 말을 했다. 아내가 이렇게 사납고 못된 딸년하고는 함께 살 수 없다 하니 내가 (딸을) 크게 꾸짖어 꺾었다.[23]

위의 기록처럼 딸의 성격이 사납고 못되어 그런 것일 수도 있다. 그러나 이것은 결혼 후에도 친정 부모와 같이 지내게 되면서 나타나는 갈등일 수 있다. 사위의 처가살이만큼이나 딸의 친정살이도 편치만은 않았던 것이다. 이후에 이들 부모와 딸은 화해를 위해 술자리를 같이한 듯하다.[24] 딸은 유희춘이 담양에 내려간 후에도 한양에 남아서, 아버지의 영향력을 동원해 남편의 관직을 도모하기도 한다.

딸의 편지에 승지 신담(申湛)이 김귀영(金貴榮)에게 친히 물어 답하기를 "윤관중이 비록 6품의 대가(代加)가 나오기는 했지만 현재 사과(司果)를 지내지 않았기에 부장(部將)의 망에는 넣을 수 없다" 했습니다. 저는 2월 4일 내려가려고 하니 모든 일을 속히 도모해 주십시오.[25]

유희춘은 사위의 재취직에 적극 나서고 부인 송씨는 사위가 복직되는 꿈을 꾸기도 한다.[26] 사위를 가까이 생각한 것은 주위의 인물들도 마찬가지였던 것으로 보인다. 이조판서 강사상(姜士尙)은 사위 윤관중이 친자제임

23) "父母之待女子 寵之至矣 女子性行悖戾 昨日 發怒於婢 辱及於母夫人 及被余罵 又發自溢之言 夫人以如此暴悖之女 不可同居 余大罵以折之."〔『眉巖日記草』 권4, 甲戌(1574) 6월 29일〕

24) 『眉巖日記草』 권4, 甲戌(1574) 9월 7일.

25) "女子簡云 申承旨湛 親問于兵書金公貴榮 答日 尹寬中雖出六品代加 時未經司果 故部將望 未得擬之云云 女將以二月初四日下歸 凡事速圖云."〔『眉巖日記草』 권5, 丙子(1576) 1월 16일〕

26) 『眉巖日記草』 권5, 丙子(1576) 3월 8일.

에도 벼슬이 없으니 종손인 광문(光雯)보다는 관중을 먼저 와서(瓦署) 별좌(別座)에 천거하고 있다.[27]

윤관중과 딸 사이에 소생은 은우(恩遇)라는 손녀뿐이었다. 유희춘 내외는 이들 사이에 아들이 더 있었으면 하는 생각을 한 듯하다. 사위의 꿈을 풀이하면서 "이는 아들을 낳을 징조이니 윤문(尹門)의 경사가 이보다 큰 것이 없다"[28] 하는 것에서 이를 알 수 있다. 딸이 아들을 낳으면 경사라고 하나 특별히 아들을 낳도록 종용하지는 않는다.

이상에서와 같이 사위 윤관중에 대한 유희춘 내외의 마음 씀씀이는 아들과 별 차이가 없었다. 오히려 더 각별한 측면이 있었는데, 이는 같이 생활하는 기간이 길었기 때문으로 생각된다. 당시 유희춘 내외는 딸을 출가외인이라고 생각하지 않았다. 딸은 아버지의 권세를 이용해 남편의 관직을 도모하는 적극적인 면을 지니기도 한다. 사위는 장인의 권세에 눌려 딸과 말다툼 한 번 제대로 할 수 없었으며, 첩을 얻었으나 자유롭게 찾아보지 못했던 것으로 보아 사위의 처가살이도 그리 쉽지만은 않았던 듯하다.

3. 가장과 손자·외손녀의 관계

손자들에게 유희춘은 자상한 할아버지이면서 엄한 스승이기도 했다. 자신이 문과 급제했을 때 받은 어사화를 광선(光先)·광연(光延)에게 꽂아주면서 이들이 가문을 빛내주기를 바랐다.

맏손자 광선은 어려서부터 영민하다는 소리를 들으면서 자란다. 조모인 송씨에게서 서책 정리를 배워 집안일을 돕기도 했다. 광선의 생일에는 유

27) "吏判姜公士尙 欲於瓦署別坐之望擬光雯 以爲未知資級有無 且尹寬中以親子弟 而時未付職 不可不先 遂擬寬中瓦署副望 而未受點."〔『眉巖日記草』 권5, 丙子(1576) 1월 30일〕
28) 『眉巖日記草』 권4, 甲戌(1574) 9월 20일.

희춘 내외가 중미(中米) 1석을 내리기도 한다.[29]

유희춘 내외가 광선에게 화를 내는 경우는 드물었다. 그러나 어린 광선이 사위에게 무례하게 굴자 기둥에 묶어 때리기도 하고, 광선에게 노비들이 삼 베는 것을 감시하도록 했으나 광선이 그 말을 어겨서 부인이 화를 낸 적도 있었다.[30] 광선은 선조 9년(1576)에 김장(金鏘)의 여식과 혼인한다. 유희춘은 혼담에서부터 혼서, 혼수 준비를 도맡아 수행한다.

손자들을 사랑하는 마음은 여느 할아버지와 다름이 없었다. 맏손자는 의젓함이 있었고, 둘째 손자는 총명하였다. "손자 흥문(興文, 광연)이 나의 무릎에 올라오고 기상(氣象)이 사랑스럽다", "김 교리 댁에서 흥문이 나를 보자마자 내 품에 안긴다"[31]라는 기록에서 할아버지와 손자 간의 정을 느낄 수 있다. 반면 어린 것의 늠름한 면을 발견하고 대견해하기도 한다. 광연이 여덟 살 되던 해 아버지 경렴이 첩을 취하려 하자 그는 과거에 급제하여 어머니를 구하겠노라고 글공부에 전념하기도 했다. 또 멀리 떨어져 계신 아버지를 보기 위해 새가 되고 싶다고 했다. 유희춘은 손자들의 이런 효심 어린 행동을 시로 짓기도 했다.

> 과거에 올라 모친 구한다며 산사로 가고
> 눈물 흘려 아비 생각해 날개 돋기 생각했네
> 강하 땅의 황동란(黃童蘭)처럼 이미 자라니
> 후일에 벼슬하면 너 때문에 기쁘리라[32]

29) 『眉巖日記草』 권2, 己巳(1569) 10월 16일.
30) 『眉巖日記草』 권1, 戊辰(1568) 10월 30일.
31) 『眉巖日記草』 권1, 戊辰(1568) 1월 12일.
32) "登科救母趨山寺 垂淚思爺願羽翰 江夏黃童蘭已茁 他年華袞荷君歡."〔『眉巖日記草』 권4, 癸酉(1573) 7월 22일〕

담양에서 올라온 사위가 "손자들이 이제 장인의 가르침을 받을 만하다"[33] 라고 하는 것으로 보아 유희춘은 손자들에게 직접 글공부를 시킨 것을 알 수 있다. 광선 · 광연 형제는 어렸을 때는 외가에서 자라다가 글공부를 할 때에 친가로 돌아온 것으로 보인다. 유희춘은 둘째 손자인 광연이 총명하기는 하나 자주 말썽을 부리자 매를 든다.

흥문(광연)이 너무도 거만하고 사나워서 불러도 안 오므로 내가 화를 참지 못해 머리채를 잡고 주먹으로 볼기를 쳐서 똥을 싸게까지 하였다. 부인과 며느리까지 와서 말리므로 놓아주었다. 광선이 그 아우가 자꾸만 나를 화나게 하고 동심(動心)하게 한 것을 미안해한다.[34]

광연은 이후에 할아버지를 무서워하며 글공부에 힘쓴다. 유희춘은 광연에게 『신증유합(新增類合)』과 『양몽대훈(養蒙大訓)』을 가르치며 인격 형성에 힘쓰도록 한다. 이것은 기품과 예를 아는 사람이 되기를 바라는 할아버지의 뜻이었다. 유희춘이 광연에게 자주 목욕하는 것이 건강에 좋지 않다고 하자 광연은 할아버지의 뜻에 따른다. 광연이 열세 살 때에 외조 김인후(金仁厚)의 기일(忌日)에 소식(素食)하자 유희춘은 손자가 예를 알며 두 할아버지의 기품을 지녔다고 좋아한다.[35] 혼인한 광선이 남원의 장가(丈家)로 돌아가는 것을 광연과 봉례(奉禮)가 눈물을 흘리며 슬퍼하자 형제간에 어렸을 때부터 우애가 깊다고 기뻐한다.[36] 친손녀 봉례에 대한 언급은 태어났을 때와 홍역을 앓을 때[37] 두 차례뿐이니, 이는 떨어져 있어서 일기에 자

33) 『眉巖日記草』 권4, 甲戌(1574) 3월 29일.
34) "興文太傲 召之不來 余不勝怒 猝其髮 而以手拳其臀 至於放矢 夫人及金婦亦來救 余尋放之 光先以其弟不孫 屢致余怒氣動心 爲未安."〔『眉巖日記草』 권5, 丙子(1576) 4월 19일〕
35) 『眉巖日記草』 권5, 丁丑(1577) 1월 16일.
36) 『眉巖日記草』 권5, 丙子(1576) 4월 27일.

주 등장하지 않기 때문일 것이다.

반면에 외손녀 은우(恩遇)는 일기에 자주 언급되고 있는데 이는 같이 생활하는 기간이 길었기 때문이다. 외손녀의 생일에 딸은 술과 떡을 준비하여 집안 식구들을 부르기도 한다. 유희춘은 손녀가 홍진으로 아픈 것이 마음에 쓰여서 병의 시작에서 회복까지를 기록하고 있다. 유희춘은 본인의 생일에 외손녀가 아프다는 이유로 술과 고기로 상을 차리지 않게 하고, 여의(女醫)에게 부탁해 큰 수박을 가져다주기도 한다. 유희춘은 세 살 된 은우의 효성을 칭찬하며, "슬기롭다", "나날이 더욱 총명하고 지혜로워진다"고 감탄한다. 어머니로부터 꾸중을 듣고도 화내지 않고 밥을 먹는 은우를 보고 도량과 지식이 원대하다며 과일을 상으로 주기도 한다.[38] 유희춘은 외손녀가 친소(親疎)·존비(尊卑)를 구분한다고 기특해하며 고모의 재가불가(再嫁不可)를 말한 것에 대해 칭찬을 아끼지 않는다.

외손녀의 영특함이 남다르니 함께 놀던 소비(小婢) 말덕(末德)이 손가락을 다쳐 우는데 곁에 있던 소비 죽매(竹梅)가 "아가씨는 왜 같이 울지 않나요?" 하자 은우가 "만약 어머니가 우신다면 내가 함께 울지만 종이 우는데 내가 왜 우느냐" 했다 하니 친소와 존비의 등분을 이렇게 분간할 줄을 아니 어찌 기이하지 않은가.[39]

여덟 살의 은우가 해성의 상부(喪夫)한 일을 두고 "사람의 남편은 하나이다. 이미 혼인했으니 어찌 두 남편의 이치가 있겠느냐" 하니 그 말이 늠름하다. 참으

37) 『眉巖日記草』 권4, 甲戌(1574) 6월 5일.
38) 『眉巖日記草』 권4, 甲戌(1574) 3월 16일.
39) "外孫女恩遇 穎悟過人 同遊小婢末德 指傷而泣 傍有小婢竹梅曰 阿只氏 盍亦同泣 恩遇曰 若母氏泣 則我當泣 婢子之泣 我何同泣 其分辨親疎尊卑之等第 高出尋常 豈不奇哉."〔『眉巖日記草』 권3, 癸酉(1573) 2월 19일〕

로 기특한 여(女)요, 문호를 빛낼 자다.[40]

아직 어린 나이임에도 상하존비(上下尊卑)·불경이부(不更二夫)를 언급하는 것으로 보아 이들 양반가의 경우 여식들에게 어려서부터 유교화 교육을 시킨 것을 알 수 있다. 여아의 유교화 과정은 유희춘의 딸이 아버지로부터 『내훈(內訓)』을 받아들고 은우에게 잘 전하겠다고 한 데서도 나타난다.

빼놓을 수 없는 조손(祖孫) 관계는 종손인 광문에게서도 보인다. 광문은 유희춘의 형 유성춘의 손자로, 조부모와 부모를 일찍 여의고 종조부(從祖父)인 유희춘에게 와서 같이 생활한다. 그가 주로 하는 일은 이사 갈 집을 둘러보고, 노(奴)와 함께 물을 길어 오고, 유희춘 대신 문상과 문병을 가고, 책을 정리하는 것 등이었다. 유희춘은 광문이 글공부하는 것을 적극 지원한다. 광문의 글방으로 책·옷·식량 등을 보내주고, 공부하러 간 곳의 목사에게 광문의 양식을 부탁하기도 한다. 생원진사 초시에 광문이 백지 답안을 내게 되자 유희춘은 제자인 허봉(許篈)·허성(許筬)에게 청해 이를 면하게 하고 있다. 광문이 취재(取才)에 합격하자 유희춘은 마치 어린애의 홍진을 치르고 난 뒤와 같다며 기뻐하였다. 광문의 생일에는 딸과 함께 떡과 술을 차려준다.

광문은 선조 3년(1570) 12월에 고즙(高楫)의 딸과 혼인한다. 이때에도 유희춘은 이 혼사를 주관하게 된다. 그러나 자신의 맏손자 광선의 혼사 때같이 화려하게 치르지는 않았다. 조(祖)와 종조(從祖)라는 입장이 서로 같지는 않았던 것이다. 혼인 후에 광문은 장인 집과 유희춘의 집을 왕래하며 생활한다. 유희춘은 광문과 그의 가족들이 오가는 길에 불편함이 없도록 여러 가지 배려를 한다. 광문은 혼인 후에 유희춘에게 고기, 떡, 술 등을 바치며

40) "恩遇又言及海成喪夫事曰 人之夫一也 旣爲婚姻 豈有二夫之理 其言亦凜凜 信乎奇異之女 光耀門戶者也."〔『眉巖日記草』 권4, 甲戌(1574) 5월 12일〕

감사한다.

> 광문이 송진에게 말하길 "내가 어려서 부모를 잃고 의지할 곳 없어 열세 살에 종성에 갔으니 (…) 가서 그 궁한 속에서 할머니가 손수 옷을 만들어 나에게 먼저 입히시고 본인은 겹저고리 치마를 입고 추위를 견디셨으니 이 은혜를 어찌 잊는다는 말이오" 하며 감정이 격해 눈물을 흘렸다.[41]

위의 사실로 보아 광문은 어려서부터 유배지 종성에서 유희춘 내외와 같이 생활했음을 알 수 있다. 광문이 자신의 친형제가 살고 있는 진원(珍原)으로 옮겨 가고자 하니 유희춘 내외는 이를 허락한다. 광문이 떠나게 되자 부인 송씨는 진원으로 돌아가는 종손부(從孫婦)에게 젓가락, 수저, 국자 등을 챙겨준다. 진원에 도착한 광문이 형 광운(光雲)이 자신을 위해 잔치를 베풀어준다는 소식을 듣고 유희춘은 형제가 있어 덜 외로울 것이라고 스스로 위안한다.

이상에서 살핀 바와 같이 유희춘가의 조손관계는 부자관계보다 더 밀접했던 것으로 나타난다. 어릴 때의 교육에서 혼사까지 모든 일을 조부모가 주관하고 있다. 이들 손자들은 어려서는 외가, 커서는 친가에서 엄한 교육을 받았다. 손자와 달리 손녀에게는 글공부를 강요하지 않으며 양반가에서는 여아에 대한 유교적 사회화를 상당히 진척시켰음을 알 수 있다.

41) "光雯於宋震日 光雯遺失父母 無所依賴 年十三 到鍾城 (…) 至如在鍾城困窮之中 大母主親製我衣 先以衣我 躬著袂裙 苦楚以度寒 此恩何可忘也 因感極泣下."〔『眉巖日記草』 권5, 丙子(1576) 2월 7일〕

4. 가장과 누이들의 관계

유희춘의 부(父) 유계린은 탐진 최씨와의 사이에 2남 3녀를 두었다. 그러나 유희춘이 해배되었을 당시에는 해남의 오자(吳姉)와 남원의 한매(韓妹)만이 생존해 있었다. 오자란 오천령(吳千齡)과 혼인한 손위 누이이고, 한매란 한사눌(韓士訥)에게 출가한 손아래 누이이다. 특히 유희춘은 해남에 사는 오자와 긴밀한 관계를 유지한다. 해배되어 복직한 유희춘은 그동안 누이가 모셔온 부모의 신주를 자신의 집으로 옮기면서 자신이 아들의 도리를 하게 되었다고 생각한다.[42]

누이는 남편과 일찍 사별해 경제적으로 그리 넉넉하지 않아서 많은 부분을 유희춘에게 의탁해 생활했다. 특히 유희춘이 오자를 대신해 벌인 허관손(許寬孫)과의 송사는 유명하다.[43] 이 송사는 노〔甫南〕의 소유권을 둘러싸고 시작되는데 그는 유희춘의 외증조부 정귀감(鄭貴瑊)의 처삼촌인 차헌(車軒)의 얼산이었다. 결국 유희춘은 자신의 영향력과 인간관계를 통해 이 송사에서 승소하게 되고 그 공으로 누이로부터 3구의 비(婢)를 받는다.

누이는 가사를 신축하면서 거기에 필요한 기와를 유희춘에게 부탁하기도 한다.

> 누님이 편지를 보내기를 "새로 집을 짓기는 했지만 헌 기와가 많이 깨져서 덮을 수가 없네. 우수사에게 공물인 기와가 있다고 하니 편지를 보내서 내게 주라고 청해 주게. 나에게는 아들 하나가 있으나 어리석어 사람 노릇을 하지 못하니 그저 동생만을 하늘처럼 믿네."[44]

42) 『眉巖日記草』 권1, 丁卯(1567) 12월 12일.

43) 이에 대해서는 구완회가 자기 비첩 소생의 보충대 입속과 속량에 관하여 살펴본 바 있다.〔구완회(1985), 「조선 중엽 사족얼자녀의 속량과 혼인—『眉巖日記』를 통한 사례검토」, 《경북사학》 8, 58~63쪽〕

이에 유희춘은 전라우수사에게 편지를 넣어 누이의 남편이 명종 10년(1555)에 전사(戰死)했다는 이유를 들어 기와를 보내주도록 주선한다. 누이는 생활에 필요한 다양한 물자를 유희춘을 통해 얻고 있다. 유희춘이 누이에게 보내는 물품들은 쌀, 콩, 고기 등에서부터 노루, 배, 종이, 신발, 기름, 꿀, 누룩, 약, 다시마, 장, 초, 보약 등이었다.

유희춘은 누이의 집에 여러 가지 경제적 도움을 줄 뿐만 아니라 집안일도 두루 살펴주었다. 조카 오언상(吳彦祥)은 자신의 집안 근황을 자주 유희춘에게 알리고 외가의 대소사를 돕고 있다. 외할아버지인 유계린의 묘에 대신 제사를 지내기도 하고, 유희춘의 첩에게 곡식을 전달해 주기도 한다. 또한 외삼촌이 집을 지을 때 감독을 해주었다. 유희춘은 오언상에게 신발을 보내기도 하고, 임질 처방을 해주기도 한다.

유희춘의 손아래 누이 한매는 남원에 거주하고 있었다. 유희춘이 순행(巡行) 길에 한매에게 들르자 버선발로 뛰어나와 반기는 것을 보면 이들 남매의 정이 돈독했음을 알 수 있다. 다만 지리적으로 떨어져 있어 오자와 같이 친밀한 관계를 유지하기가 어려웠던 듯하다. 유희춘은 전라감사 시절 누이동생에게 봉여(封餘)[45]를 비롯한 여러 가지 물품을 보내주었고, 누이는 이에 대한 보답으로 떡 · 곶감 등을 보내왔다. 이때에 "누이의 노(奴)가 연일 오니 우습다"[46]라고 하는 것으로 보아 이들의 왕래는 매우 빈번했음을 알 수 있다. 누이동생은 유희춘에게 노비를 탈취한 자를 수감하기를 청하기도 하고, 도서(圖書)를 도둑맞았으니 이를 찾아달라고 하기도 했다.

유희춘은 손수 부친, 형, 누이, 자신의 시문 등을 책으로 만들어 누이에

44) "吳姊書云 雖改築室 舊瓦多破 無以蓋覆 右水使道 有屬公瓦 願簡請給之 余有一男 癡不如人 只仰娚氏如天耳."〔『眉巖日記草』 권4, 癸酉(1573) 12월 6일〕

45) 임금에게 바치고 남은 것을 벼슬아치들이 나누어 가지는 것.〔단국대 동양학연구소(2002), 『한국 한자어 사전』 권2, 99쪽〕

46) 『眉巖日記草』 권3, 辛未(1571) 4월 16일.

게 전해 주고 있다.[47] 유희춘은 기본적으로 시문 작성을 비롯한 여성의 학문 활동에 대해 그리 폐쇄적인 생각을 갖지 않았다. 그러나 남원 누이가 편지해 "비록 중문 밖이라도 함부로 나가지 않아 몸을 조심하고 내외를 엄금해 가문을 바로 함을 천만 번 생각하겠다"[48]고 한 것은 유희춘이 누이동생에게 몸가짐을 바르게 하기를 당부하고 있었기 때문이다. 이러한 사실을 통해 유희춘도 엄격한 유교 성리학자 중의 한 사람이라는 사실을 확인할 수 있다.

유희춘은 누이들이 혼인한 후에도 그들과 경제적 · 정서적 유대를 지속한다. 누이들은 유희춘을 통해 어렵고 힘든 일들을 해결하고 생활에 필요한 물자를 그에게서 얻어내고 있다. 유희춘은 이들 누이의 든든한 후원자인 것이다. 더구나 그들의 소생인 조카들 또한 어려운 일은 외삼촌을 통해 해결하고 있다. 결국 혼인 이후에도 이들의 유대는 지속되고 있는 것이다. 이들에게서 친정으로부터의 출가외인이라는 차별 의식을 찾아보기는 어렵다.

5. 가장과 이종사촌의 관계

유희춘가에서 외조 최부(崔溥, 1454~1504)가 미치는 영향력은 절대적이다. 최부는 원래 나주에 거주했으나 해남 정씨 정귀감(鄭貴瑊)의 사위가 되어 처가의 부(富)를 물려받는다. 이는 최부가 호남 사림의 학문적 구심점

47) "裁空册 手書家門詩及先夫人手掌生氣福德圖 以貽妹氏 卽先君子詠項羽詩 · 先伯氏及第出都城 · 第二姑氏和姪希春詩 · 裂互奴傳 · 吳姊幽憤詩及希春山堂讀書自期文等作也."〔『眉巖日記草』권5, 丙子(1576) 10월 25일〕

48) "南原韓妹家送簡云 (…) 雖中門之外 未嘗輕出以戒身 嚴禁內外 以正家門 千萬勿慮."〔『眉巖日記草』 권2, 己巳(1569) 10월 17일〕

이 되는 데에 결정적인 기여를 한다. 본처에게서 딸만 두었던 최부의 세 사위는 유계린(柳桂隣), 나질(羅晊), 김무(金霧)였으며, 유희춘의 아버지는 첫째 사위였다. 유희춘은 최부의 외손이라는 사실을 늘 자랑스러워해 중국 사신에게 조선의 10대 유학자 중 한 사람으로 자신의 외조를 천거하기도 했다.[49]

유희춘은 이종인 나사훤(羅士愃)·나사돈(羅士惇)·나사침(羅士忱) 등과 매우 긴밀한 관계를 유지한다. 이들은 나주 지역의 명문가로 일찍부터 외가에서 함께 생활한 것으로 보인다. 따라서 유희춘은 일찍이 이들의 자제를 가르치기도 했다. 외조 최부의 제사는 유희춘이 담당했고[50] 이종형제들은 제수(祭需)를 보내곤 했다.

> 나사훤이 전일 기일제에 백미를 보내더니 오늘 또 청외 15개, 나물을 보냈다.[51]

한번은 유희춘이 경렴을 이모(나질의 처)의 제사에 대신 보냈는데, 이종들은 유희춘이 직접 오지 않은 것을 섭섭해했다.[52] 따라서 이들 이종 간의 교류도 매우 빈번했음을 알 수 있다. 유희춘은 관직에 있는 동안 나씨 형제들이 억울한 일을 당하지 않도록 하고[53] 그들을 관직에 천거도 했다.[54] 같이 관직 생활을 하던 나사훤이 병이 들어 작고하자 유희춘은 처음부터 끝까지 그의 상례를 주관한다. 관(棺)을 구입하는 일에서부터 상여를 나주에

49) "外祖錦南先生 學問該博 尤精於性理之學 議大行廟號疏 亦甚精密 不可預於是選 亦已草錄矣."〔『眉巖日記草』 권1, 戊辰(1568) 6월 28일〕

50) 『眉巖日記草』 권1, 戊辰(1568) 10월 22일; 권1, 戊辰(1568) 10월 24일.

51) "羅僉正(士愃)宅 頃日聞余有忌日祭 送白米二斗 今又送靑苽十五介·蔓靑菜來."〔『眉巖日記草』 권2, 己巳(1569) 6월 5일〕

52) 『眉巖日記草』 권3, 辛未(1571) 4월 18일.

53) 『眉巖日記草』 권1, 戊辰(1568) 5월 17일; 권1, 戊辰(1568) 5월 18일.

54) 『眉巖日記草』 권3, 壬申(1572) 10월 27일.

보내는 일까지 처리하고 있다. 대상(大祥)이 끝나고 행해진 가산 처분에도 관여하고 있다.

다시 3년 후에 유희춘은 나사돈의 부음을 접하게 된다. 이때에도 유희춘은 상례를 적극 돕고 있다.

> 나사돈이 목족(睦族)의 의리를 알았고 천거를 감사히 여겨 후의를 보였으므로 우리 부부가 깊이 감사했는데, 그가 죽으니 내 어찌 그 부인과 아들을 친형제처럼 돌보지 않으리오.[55]

> 나사돈의 장일(葬日)이다. 슬픈 생각이 다시 든다.[56]

나주 나씨 이종형제들과 유희춘의 관계는 매우 돈독했다. 최부의 외손이라는 정서적 공감대가 공유되고 있었다. 어려서부터 외가에서 같이 자라난 데다 외조의 제사를 같이 받들게 되면서 이들 사이에는 친형제 이상의 우애가 형성되었다고 생각된다. 더구나 관직 생활을 같이 하게 되면서 관계가 상보적(相補的)으로 변환되어 이들은 빈번하게 왕래하며 교분을 유지했다. 유희춘은 나주 나씨 이종형제 자제들을 군역에서 제외시켜 주고 있다. 특히 이종들이 죽었을 때 유희춘이 그들의 상을 주관하는 것은 단순한 호의 때문이라기보다 당시의 친족 범위가 외가의 친족들까지도 포함하고 있었기 때문이라고 하겠다.

55) "羅仲厚頗知睦族之義 又感余有薦拔末官之志 致厚者前後不一 吾夫婦感之深矣 今其死矣 吾豈可不恤孤孀如親兄弟乎."〔『眉巖日記草』 권3, 壬申(1572) 10월 26일〕

56) "羅仲厚葬日 亦爲之慘怛."〔『眉巖日記草』 권3, 癸酉(1573) 2월 10일〕

6. 가장과 처가의 관계

유희춘은 전라도 해남에서 출생했으며 귀양에서 해배(解配)된 후에도 상당 기간 그곳에서 거주한다. 선조 8년(1575) 10월부터는 담양 근처 창평(昌平) 수국리(水菊里)에 집을 새로 지어 그리로 옮겨 간다. 이유가 해남에 왜구 출몰이 잦기 때문이라고 유희춘은 말하고 있으나, 더 실제적인 이유는 처가 인근에 형성되어 있는 경제적 · 친족적 기반 때문이었을 것으로 추측된다.

그전에도 처가와 소원한 것은 아니었지만 유희춘이 담양으로 옮겨가면서 그들은 더욱 친밀하게 된다. 처가 친족과 유희춘은 수시로 서로 드나들면서 가정의 대소사를 의논한다. 이들 송씨들은 유희춘의 조(祖)와 부(父)의 제사에 참례했으며, 유희춘도 마찬가지였다. 특히 처남인 송정수(宋廷秀) · 송정언(宋廷彦)과는 친밀한 관계이다. 유희춘은 송정수 장녀의 혼사에 관여해 조경중(曺景中)을 사위로 맞도록 주선하고, 송정수의 둘째 사위인 이방주(李邦柱)가 무장현감에 천거되도록 해준다. 밤 이경(二更)에 이방주의 처가 유희춘에게 와서 무장현감에 천거될 수 있도록 급히 손을 써달라고 하자, 유희춘은 이 일로 잠을 이루지 못한다.[57] 송정언의 외아들 송진(宋震)은 윤항(尹巷)의 사위이기도 한데, 그는 고모인 송덕봉의 시를 모아 책으로 만들기도 했다.

유희춘은 담양에 있으면서 부인 쪽 친족들이 방문하면 초면일 경우 상대의 나이, 부계(父系), 외계(外系), 처계(妻系)를 물어서 자신과의 촌수를 따져본다.[58] 촌수가 멀 경우에는 인사만 받고 보내지만 가까운 경우에는 안으로 불러 술과 밥을 대접하기도 한다. 유희춘 내외는 송씨 집안일에 깊이

57) 『眉巖日記草』 권3, 辛未(1571) 11월 20일.
58) 『眉巖日記草』 권1, 丁卯(1567) 12월 24일.

관여해 일이 원만하게 해결되도록 노력한다. 즉 재산권을 둘러싼 송사에도 관여해 시시비비를 가렸는데, 그러면 그들은 별 이견 없이 그대로 따라주었다. 송진은 유희춘에게 사당을 지을 땅을 내놓기도 한다. 유희춘 내외를 존신(尊信)하고 있는 것이다.

> 송대복(宋大福)이 제전(祭田)을 찾겠다고 송 좌수(송정수)의 처 안씨(安氏)에게 송사를 걸었다. 안씨가 전일 제사답(祭祀沓)을 주지 않고 대조동(大鳥洞)에 있는 논 4마지기와 쌀 1섬, 벼 2섬을 준다며 화해를 하자고 했으나 대복이 따르지 않아 나는 비(婢)를 보내 꾸짖었다. 그리고 대복이 오늘 아침에 또 와서 가르침을 받들어 삼가 따르겠다며 갔다. 이는 우리 부부가 싸움을 말린 것이다.[59]

이와 같이 유희춘이 처가의 일에 전심했음에도 그는 부인으로부터 처부모에게 소홀하다는 비난을 받게 된다.

사실 유희춘이 장인 · 장모의 제사나, 묘역의 가토(加土)에 다소 소홀한 점도 있었다. 장인의 기일을 잊고 하루 지난 뒤에 서둘러 추행(追行)하거나[60] 이듬해에야 제사를 지내는 것 등[61]에서 이를 알 수 있다.

유희춘의 경우, 처가 인척들과의 관계가 자기 이종형제들과의 관계만큼 긴밀하지는 않았던 듯하다. 또한 장인 · 장모에 대한 대우도 자신의 부모와 같지는 않았다. 혼인으로 인해 처가와 가깝게 지낸다 하더라도 어려서부터 친밀하게 우애를 나누며 지낸 친가나 외가 친척들과는 기본적으로 달랐던 것이다.

59) “宋大福 以推得祭祀田事 起訟於宋座首妻安氏 安氏不給前日祭祀之沓 乃以大鳥洞沓四斗落只 · 米一 石 · 租一石 爲和論之給 而大福不肯從 余遣婢責之 大福今朝來 又承教謹依而去 此乃吾夫婦解兩鬪也.”〔『眉巖日記草』 권5, 丙子(1576) 3월 4일〕
60) 『眉巖日記草』 권1, 丁卯(1567) 11월 20일; 권1, 丁卯(1567) 11월 27일.
61) 『眉巖日記草』 권1, 戊辰(1568) 1월 4일; 권1, 戊辰(1568) 10월 14일.

* * *

유희춘이 지닌 가부장권의 성격은 딸, 사위, 아들, 며느리, 손자, 누이들, 이종사촌, 처족들과의 관계에서 드러난다. 유희춘은 집안을 다스리는 가부장이다. 자녀들에게는 가내(家內)의 부(父)요, 족친들에게는 가내의 장(長)이다. 유희춘의 가내 역할은 가부(家父)로서, 가장으로서, 이에 더해 실질적인 장자(長子)로서 두드러지게 나타난다. 가족관계를 통해 보면, 유희춘은 철저한 통제가 아닌 융통성하에서 가부로서, 가장으로서, 장자로서 보호하고 도모하는 역할을 한다.

먼저 가부로서의 유희춘의 역할은 아들과 며느리, 사위와 딸, 손자녀들과의 관계에서 나타나며, 주로 애정을 주고 교육을 담당하는 역할을 한다. 유희춘은 아들에게 많이 기대하지 않으며 친구의 딸인 며느리를 아끼고 사랑해 준다. 유희춘 내외는 사위도 아들처럼 대해 주나 사위의 처가살이도 쉽지 않은 것이었다. 혼인 후에도 계속 친정에 사는 딸은 비록 부모와 갈등을 보이기도 하나 출가외인으로 차별받지는 않는다. 손자들은 대개 어려서는 외가, 커서는 친가에서 생활하는 것으로 보인다. 유희춘은 친손자들에게는 학문에 힘써 가문을 빛내주는 것을 기대하나 여아에게는 학문적인 소양 대신 유교적 덕목을 갖추기를 바란다.

유희춘은 혼인한 누이와 조카들에게 가장으로서 공경을 받으며 경제적 도움과 관직 천거 등을 통하여 유대를 갖는다. 손위 누이가 맡았던 부모의 신주를 되돌려 받고 누이들 집에 생활에 필요한 물자를 공급한다.[62] 이종형제들은 유희춘과 친밀하게 지내며 처가 형제들보다도 가까운 편이다. 최부의 외손이라는 정서적 공감대가 이들 사이에는 공유되고 있었

62) 『미암일기』 권1, 戊辰(1568) 5월 4일. 결국 당시 기혼여성이 친정 부모의 묘를 돌보고 친정일에 적극적이었으나 제사와 부모의 묘소를 돌보는 것은 아들 몫이었으니, 여성은 명분적이고 의례적인 역할에서 주도적이지 못했음을 알 수 있다.

다. 유희춘은 처족과의 관계에서도 구심점이 되어서 성심성의껏 도와주고 있다.

장자로서의 권한은 친족관계에서 힘을 유희춘에게 실어주고 있으나 아직 사회적으로 장자의 위치가 확고하지는 않은 듯하다. 유희춘은 형인 유성춘이 일찍 죽자 실질적인 장자 역할을 맡게 된다. 그런 만큼 유희춘은 처가나 외가보다도 친가의 위선사업(爲先事業)에 진력한다. 유희춘은 전라감사가 되면서 선대 3대를 추증하게 되는데 그 기쁨을 조상에게 돌리고 있다. 그러나 제사를 지내는 것에서도 다소간의 융통성을 보이고 있다. 본인이 아프면 제사를 지내지 않거나[63] 연기하며,[64] 제사가 여러 개 겹쳐 있으면 조고(祖考)의 기일제를 지내지 않기도 했다.[65] 59세가 되자 소식을 그만두기도 했다.[66] 집안 제사에서의 이러한 융통성은 장자의 위치가 아직 철저하지 않았음을 보여준다.

유희춘이 가부로서, 가장으로서, 장자로서 가족 성원에게 행하는 역할과 권한들은 정형화되지 않은 당시 가부장권의 일면을 보여주며, 집안 내에서 유희춘이 영향을 미치는 친족의 범위는 당시의 고위관료인 양반 남성의 가부장권의 범위를 고찰할 수 있게끔 단서를 제공한다. 집안 어른인 유희춘에 대한 공경이 처가와 외가의 광범위한 인간관계를 바탕으로 나타나며 그만큼 유희춘이 돌봐야 할 족친의 범위도 넓어진다. 유희춘이 해배되어 해남에 도착했을 때 가족과 친족들이 그를 맞는 장면은 가부장으로서의 유희춘의 위상을 짐작하게 한다.

해가 지기 전에 태곡리(太谷里)에 도착하니 가속들의 환영이 형용할 수 없을

63) "乃祖妣忌 而以余氣寸不快 未能設祭."〔『眉巖日記草』 권2, 庚午(1570) 8월 11일〕
64) "以祭先退定于十一日 故更 通于光州."〔『眉巖日記草』 권2, 庚午(1570) 12월 1일〕
65) "祖考忌日 而前後皆有祭 故姑未行忌日祭."〔『眉巖日記草』 권5, 乙亥(1575) 12월 9일〕
66) "夕開素 以在行祭後 而又五十九故也."〔『眉巖日記草』 권3, 辛未(1571) 1월 8일〕

정도이다. 너무 기뻐 우는 자도 있었다.[67]

유희춘은 대개 친가와 처가의 8~9촌 이내를 족친으로 여겼던 듯하다. 이들과는 빈번히 왕래하며, 어려운 일을 서로 도와주고 있다. 친가나 처가, 외가 모두 공동의 조상을 모시며, 관직으로의 진출, 군역 면제를 돕고 경제적인 상호 부조를 하고 있다. 집안의 대소사에 유희춘의 영향력이 미치지 않은 곳이 없었으나 그중에서도 친가에서의 영향력이 가장 컸다고 하겠다.

67) "日未落 入太谷里 家屬懽迎 不可形容 或有喜泣者."〔『眉巖日記草』 권1, 丁卯(1567) 11월 25일〕

3장

유교적 젠더 정체성

전통사회에서 여성은 누구였는가는 한국 페미니즘 연구의 가장 핵심적인 논제 중 하나이다. 그동안 많은 논의가 있었지만 조선조에 여성은 지배당하고 억압받았는가 아니면 일정 부분 주체적이었는가는 아직 풀리지 않고 있다.

역사 속 여성과 남성의 상호 관계를 규명하는 것은 단순한 호기심을 넘어서 학문적으로도 그 함의가 매우 크다. 역사 속에서 여성이 주체임을 확인하는 작업은 여성 지위가 역사적으로 변천되어온 과정을 보여준다는 점에서 의의가 있다.[1] 또한 전통사회 여성이 차지하고 있던 위치에 대한 규명은 현대사회에서 남녀 간의 갈등이 파생되었던 분기점을 제시하고 그간 막연히 제기되어 온 가부장제 관련 논의를 성숙시킨다는 점에서 중요하다.

1) 스콧은 여성을 역사의 주체(active agent of history)로 만드는 것이 필요하며,〔Scott(1988), *Gender and the Politics of History*, NY: Columbia University Press〕 여성들의 역사를 실현하는 것은 정치와 젠더 간의 구성을 분석하는 역사를 쓰는 것이라고 했다.(27쪽)

더욱이 역사적 주체로서의 한국 여성의 모습을 발견할 수 있다면 한국 페미니즘의 지평을 넓히는 데에 기여할 수 있을 것이다.[2)]

시공간의 차이는 있지만, 현대에도 남성은 이성적이며 활동성과 능동성을 대표하는 것으로, 여성은 수동적이며 감성적인 것으로 여기는 것이 일반적인 통념이다. 조선조에는 여성 개인의 욕망은 유교 이데올로기에 매몰되어 개별적인 정서는 대체로 간과되었다고들 본다. 그러나 이렇게 조선조 여성들의 삶을 규정하기에는 고려조 여성들이 자유분방했던 것처럼 보이며, 조선 중기까지도 친정에 머무는 혼속, 남성과 차별 없이 받았던 재산상속, 그리고 윤회제사는 여성들에게 어느 정도의 자율성을 보장해 주고 있었다.

실제로 여성학자들과 사학자들은 조선 후기 여성의 지위가 조선 전기 혹은 중기와는 다를 것이라는 막연한 생각을 하고 있지만, 이를 남성과의 관계를 통해 실증적으로 입증한 것은 없다. 그런 만큼 남성과 여성의 정체성에 관하여 좀 더 알아볼 필요가 있다.

2) 조선조의 양반 여성으로 한정하고 살펴보아도, 그 지위나 이미지에 대해서는 다소 상반된 연구결과들이 나왔다. 여성이 유교에서 차지하고 있는 위치는 박용옥이 음양의 상보적인 논리에서 추론하고 있다.〔박용옥(1985), 「유교적 여성관의 재조명」, 《한국여성학》 창간호, 한국여성학회〕 이순구와 소현숙이 제기한 여성의 자의적 선택으로서의 열녀는 여성의 주체적인 면을 부각하고 있다.〔이순구 · 소현숙(2005), 「역사 속 여성의 삶」, 『새여성학 강의』, 도서출판 동녘〕 이숙인은 양반 여성의 유교적 성격을 제시하였으며,〔이숙인(2000), 「유교의 새로운 여성 이미지는 가능한가」, 《전통과 현대》 여름호〕 정옥자 등의 대담은 양반 여성들이 억압 속에서 자율을 누렸음을 보여준다.〔정옥자 · 이순형 · 이숙인 · 함재봉(2000), 「조선 여성은 억압받았는가」, 『전통과 현대』 전통과 현대사〕 이 연구들이 일정 부분 여성의 지위에 대한 통찰력을 제공해 준 점은 인정되나 기존의 연구성과들〔이배용(2000), 「조선시대 유교적 생활문화와 여성의 지위」, 《민족과 문화》 9; 한희숙(1994), 「양반사회와 여성의 지위」, 『한국사시민강좌』15; 이효재(1990), 「한국가부장제의 확립과 변형」, 여성한국사회연구회 엮음, 『한국가족론』, 까치; 최홍기(2004), 「친족제도의 유교화 과정」, 『조선 전기 가부장제와 여성』, 아카넷〕과 같이 주로 제도적인 혹은 추론적인 연구에 치중했다고 볼 수 있다. 이순형은 인터뷰를 통해 종부(宗婦)의 주체적 생활을 제시했으나 이 논의는 다른 양반 여성의 삶에도 일반화될 수 있는가라는 논점을 안고 있다.〔이순형(2000), 『한국의 명문 종가』, 서울대 출판부〕 김소은은 기생과의 외도와 축첩으로 인한 부부간의 불화를 보여주고 있으나, 여성의 주체적 시각에서 분석한 것은 아니다.〔김소은(2001), 「16세기 양반가의 혼인과 가족관계」, 《국사관논총》 97〕

이 장에서는 지금껏 여성성 또는 남성성으로 나뉘어 설명되었던 각 성(性)의 고유성, 즉 정체성[3]을 조선 전기와 후기의 중간 지점에서 살펴보고 또한 여성과 남성을 비교 분석할 것이다. 여성의 정체성을 상대방인 남성과 대비하여 분석하는 것은 음양(陰陽)의 상보적 관계를 중시하는 동양의 사유에 근거하는 것이다. 또한 만물의 생산자인 대지가 갖는 여성성과 더불어, 음과 양이 함께 중시되던 농경사회의 역사적 성격을 고려하려는 것이다.[4] 이것은 페미니스트인 스콧 등의 젠더(gender) 개념,[5] 즉 남성과 여성 또는 동성 간에 인지되고 사회문화적으로 규정된 성보다도 한층 포괄적이라고 할 수 있다.

이 장에서 젠더 정체성은 여성과 남성의 이상형, 종교적 역할, 사회적 실현, 성 인식에 대한 남녀의 차이 혹은 남성 자신 또는 여성 자신이 생각하는 고유한 성질을 포괄한다.[6] 남성과 여성의 정체성 구조화 과정을 통하여 여성이 어떻게 인지된 존재였는가 또는 고유한 능동적 성질인 주체성을 드러내고 있는가에 주목했다. 이것은 젠더 정체성을 바라보는 구성주의적 입장, 즉 성은 사회문화적 상황에 따라 변화되어 구성되는 것이라는 인식의 타당성을 검토해 보려는 것이기도 하다.

필자는 반사회적 요인으로서의 개인적 욕망과 여성의 권한 등이 사회가

3) 조현순은 젠더를 교육과 학습을 통해 얻어지는 것, 즉 문화적 습득의 결과로 보며, 사회문화적으로 구성된 성(性)으로 정의한다. 조현순(2005), 「여성성과 젠더 정체성」, 『새여성학 강의』, 도서출판 동녘, 96쪽 참조.

4) 동양 사회의 여성의 지위에 대한 철학적 고찰은 김용옥(1986), 『여자란 무엇인가』, 통나무 참조. 유교에서의 여성의 지위는 박용옥(1985), 「유교적 여성관의 재조명」, 《한국여성학》 창간호 참조.

5) Scott(1988) 참조.

6) 코넬(Rober Connell)은 서구 사회에서 젠더가 실현되는 다층적인 구조를 권력관계, 생산관계, 정서적 욕망구조로 나누고 있다. 가령 남성 사이에서도 여러 집단 간에 예속, 공범, 주변화의 원칙에 따라 권력관계가 형성된다는 것이다.〔발터(2002), 「젠더, 성, 남성연구」, 크리스티나 폰 브라운 · 잉에 슈테판 엮음, 『젠더연구』, 탁선미 · 김륜옥 · 장춘익 · 장미영 옮김, 나남출판〕

설정한 이상형과 개인의 현실적 대응 사이에서 잔여물 또는 변수로 나타나는 것은 조선조의 젠더 간 지배구조를 반영한다고 본다. 권한의 반대편은 억압이며 지배의 반대에는 피지배가 존재하지만 억압을 보는 동시에 여성의 주체적 인식을 보고자 하는 것이다. 아울러 젠더 정체성이 형성될 수 있었던 물질적 기반과 이념적 배경을 살펴보고자 한다.[7)]

이를 위해 이 장에서는 조선조 16~17세기의 양반들이 기록한 일기들을 중심으로 개인의 주체성이 집단에 매몰되어가는 과정에 주목할 것이다. 명종조 이문건의 『묵재일기(1535~1567)』, 선조조 유희춘의 『미암일기(1567~1577)』, 선조조 오희문의 『쇄미록(1591~1601)』, 그리고 인조조 남평 조씨의 『병자일기(1636~1640)』를 중심으로 살펴본다.

이들 자료 중 『병자일기』를 제외하면 모두 양반 남성들이 쓴 일기자료로, 관심 소재와 영역이 다소 남성중심적일 수 있으나 젠더 정체성을 인지할 수 있게 해줄 것이다.[8)]

1. 여성상과 남성상

조선 후기에 정형화된 여성의 순종적 · 타율적 이미지는 과연 조선 중기에 어느 정도 구현되고 있었는가, 남성이 이상적으로 생각하던 여성상과 이에 상응하는 남성의 모습은 무엇인가, 조선조 남성상과 여성상은 고정되

7) 여성학 연구자들은 억압의 의미나 성질에 관해 계급과 젠더가 모두 결정적인 요소라고 주장한다.〔스코트(1998)〕 조선조에서는 성보다 양반이라는 계급이 더 중시되는 면이 있기 때문에 양반 여성의 억압의 강도는 그리 크게 느껴지지 않을 수도 있다.〔정옥자 · 이순형 · 이숙인 · 함재봉(2000), 「조선 여성은 억압받았는가」, 『전통과 현대』, 전통과 현대사〕

8) 일기에는 특정 부분만이 돌출되거나 기록자의 인성적인 측면도 보여지나,〔정구복(1996), 「조선조 일기의 자료적 성격」, 《정신문화연구》 65호〕 이미 유교적 사고가 내면화된 양반 여성의 경우보다는 오히려 양반 남성을 통해서 여성의 모습이 더 객관적으로 관찰될 수 있다고 본다.

어 있었던 것인가 아니면 변화되어 온 것인가를 보고자 한다. 유교 이데올로기가 남성과 여성에게서 어느 정도 내면화되어 가는가와 여기에서 발견되는 개인의 욕망과 감수성 간의 괴리를 살펴본다.

조선 중기 남성들은 현명(賢明)한 여성을 이상적이라고 생각했던 듯하다. 『미암일기』에는 현명함에 대한 예찬이 여러 번 나온다. 마음이 어질고 사리에 밝다는 뜻인 현명에 반하는 것은 어리석고 이간질하는 우매함이다. 선조의 스승이던 유희춘은 여성과 내시는 늘 이간질을 하므로 임금 스스로 간사한 말을 끊을 줄 알아야 집안과 나라가 평안해진다고 임금에게 간했다.[9] 가령 유희춘은 명종 왕비인 인순왕후가 『안씨가훈(顏氏家訓)』을 인용하며[10] 정사에서 물러난 것을 두고, 현명하게 처신했다고 칭송한다.[11] 왕후가 사대부가에 금혼령을 내려서 좋은 가문의 현녀(賢女)를 선조의 빈으로 맞아들이라고 하자[12] 유희춘은 이 또한 매우 현명한 발상이라고 했다.

현명은 일반 부인이나 친족 부인을 칭찬할 때도 언급되었다. 유희춘은 병인이 분명하므로 무당을 부르지 않겠다는 부인의 판단을 명단(明斷)이라고 평가하고 있다.[13] 죽은 전처에게 받은 문답을 처남의 부인이 전처 소생에게 돌려주자 유희춘은 그를 현모(賢母)라고 칭찬하고 있다.

현명은 사람됨을 긍정적으로 말할 때와 가끔 남성을 칭찬할 때에도 언급되었다. 오희문은 막내아들의 신붓감이 현철(賢哲)하다고 전해들으며,[14] 혼

9) 『미암일기』 권1, 戊辰(1568) 8월 29일.

10) 『小學』에 나오는『顏氏家訓』은 다음과 같다. "『顏氏家訓』日 婦主中饋라 唯事酒食衣服之禮耳니 國不可使預政이며 家不可使幹蠱니 如有聰明才智識達古今이라도 正當輔佐君子하여 勸其不足이니 必無牝鷄晨鳴하여 以致禍也니라."〔『小學集註』, 성백효 역주, 전통문화연구회(2005), 316쪽〕『미암일기』 권1, 戊辰(1568) 2월 24일.

11) 『미암일기』 권1, 戊辰(1568) 2월 25일.

12) 『미암일기』 권1, 戊辰(1568) 3월 13일.

13) 『미암일기』 권1, 己巳(1569) 6월 23일.

14) 『쇄미록』 丙申(1596) 5월 1일.

인식 후에도 신부가 "결코 어리석고 용렬하지 않을 것 같아 기쁘다"[15]라고 안심한다. 맏아들의 첩에게도 같은 기준을 적용하는데,[16] 이를 보면 자녀들의 배우자를 선택할 때에 유념하는 조건 가운데 하나가 현명임을 알 수 있다.[17]

현명함은 일을 처리할 때 여성이 자율성을 어느 정도 보장받을 수 있는 조건으로, 집안일을 맡아서 하는 부인의 권리가 이를 통해 인정되었다고 할 수 있다. 이런 사실은 유희춘이 장손의 혼사를 부인과 의논하고[18] 오희문이 집안일을 부인과 상의하는 데서 알 수 있다. 둘째 딸에게 후처 자리가 주선되었으나 전실 자식이 둘이나 있어 오희문의 부인이 절대로 부당하다고 하자 결국 혼사가 성사되지 않았다.[19] 이것은 조선 중기 부인이 가장과의 관계에서 종속적이지만은 않았고 주체적인 권한도 가지고 있었음을 보여준다.

그러나 시간이 흐르면서 현명함을 바탕으로 한 능동성보다는 현실에 순응하는 부덕(婦德)이 여성에게 강조된다. 유교적 부덕은 16세기 후반 오희문의 집에서는 요조숙녀(窈窕淑女)[20]와 승순(承順)이라는 개념으로 강조되고 있다. 난리 중에 오랜만에 만난 형수와 조카딸들을 오희문은 "몸매가 단정하고 맑으며 행동이 온아(溫雅)해서 참으로 요조숙녀다"[21]라고 칭찬하고 있다. 순종적인 여성의 이미지는 오희문이 난리 중에 헤어진 딸들을 떠

15) 『쇄미록』 丙申(1596) 5월 30일.
16) 『쇄미록』 戊戌(1598) 10월 11일.
17) 『쇄미록』 庚子(1600) 3월 4일.
18) 『미암일기』 권1, 丁卯(1567) 11월 8일. 유희춘에 대해 동료들은 "다른 사람이 옳게 말하면 자신의 소견을 고집하지 않고 선을 따르기를 물 흐르는 듯하다."라고 하였다. 이를 보면 그가 부인에 대해서도 온화한 태도를 견지했을 것으로 생각된다.
19) 『쇄미록』 丙申(1596) 10월 24일.
20) 『詩經』의 관저(關雎)에는 "窈窕淑女 君子之逑"라고 되어 있다. 요조(窈窕)는 그윽하고 고요함〔幽閒〕이며, 숙(淑)은 선(善)한 것이며, 여(女)는 시집가지 않은 여자를 칭한다.
21) 壬辰南行日錄. 『쇄미록』(上).

올릴 때에도 그려진다. "위로 두 딸은 부도(婦道)에 못 미치는 일이 없어서, (…) 어버이의 뜻을 승순하여 한 가지 일도 거역하지 않으므로"라며 딸들을 회상한다. 병으로 죽은 막내딸을 오희문은 온아, 총명, 효도, 우애, 승순의 개념으로 떠올리고 있다.

오희문 집안에서 칭송되던 여성상은 자율성을 어느 정도 인정받는 현명한 존재였다가, 양순(良順) 또는 승순에 맞는 여성상 쪽으로 점차 옮아간 것이라고 생각된다. 이것은 이미 조선 중기 유학자 유희춘 집안의 여성에게서 발견되는 모습이기도 하다.[22]

16세기 중반 미암의 부인인 송덕봉은 시모의 3년상을 홀로 치른 유교적 부덕을 지닌 여성이었다. 그 친정도 절행과 학식으로 이름이 난 양반 가문이었으므로 이미 그는 자기 정체성을 효부로 생각하고 있었다. 그 외 비교적 자유롭게 행동하던 유희춘의 누이가 오빠가 꾸짖자, 내외를 언급하고 가문을 위해 바르게 행동하겠다고 다짐하는 것이나[23] 외손녀가 서고모의 재가를 반대하는 발언을 하는 것을 보면, 재가 금지와 부덕이라는 절행이 조선 중기에도 이상시되었음을 알 수 있다. 유희춘이 맹씨 처의 절행(節行)을 기록하고 있는 것은[24] 여성의 절행을 이상시했음을 보여주는 것이다.

이러한 여성들의 유교 윤리 내면화는 변화하는 혼속과도 관련지어 생각해 볼 수 있다. 남귀여가혼이 약화되고, 처가에 머무는 기간이 점차 짧아지는 등 유교식 혼례가 강화되는 분위기에서 여성들도 남성중심적 문화에 순응하도록 요구받았을 것이다. 16세기 후반 유희춘 집에는 기혼의 딸이 머물고 있지만, 이들보다 후대인 오희문 집의 경우에는 딸들이 혼인식 후 수일 내에 시집으로 돌아가고 있다. 시간이 흐를수록 여성은 혼인 파기 문제에서 인내하거나 불리함을 견뎌야 하는 열악한 위치에 놓이게 되었다. 오

22) 유희춘 집안은 이 책의 2부 1장과 2장 참조
23) 『미암일기』 권2, 己巳(1569) 10월 17일.
24) 『미암일기』 권1, 丁卯(1567) 10월 14일.

희문이 맏딸을 재취시켜 놓고 "혼인의 끝이 어떠할지 모르겠다"라고 걱정하는 것[25]과 시댁으로 간 둘째 딸이 오희문에게 남편과의 불화를 암시하는 것[26] 등은, 당시 상황이 전란 중이었음을 감안하더라도, 시간이 흐를수록 여성이 혼인에서 불안정한 지위에 놓이게 되었음을 암시하는 것으로 생각된다.

여성이 억압받았다는 것을 전제로 한다면 조선시대 남성은 강력한 독재자로 인식될 수밖에 없다. 그러나 다소 자율적인 여성상을 좇다 보면 이에 상응하는 양반 남성상은 너그러운 인간형으로, 한편으로는 온화하며 감성적인 면모를 가진 것으로 드러난다. 조선조 남성상은 헌헌장부(軒軒丈夫)와 군자(君子)와 문사(文士)의 모습과도 상응할 수 있을 것이다. 오희문이 순창군수와 처음 대면하면서 "전일에 알지는 못했으나 말과 행동이 온아해서 무부(武夫)의 태도가 아니니 또한 좋은 사람이다"[27]라고 하는 데에서 양반은 문부(文夫)를 이상형으로 생각했다는 것을 알 수 있으며, 이것은 강건한 전제자의 이미지와는 거리가 있다.

온화한 양반 남성의 이미지는 부부가 서로 사랑하고 배려하는 것을 도리로 여기는 데서도 볼 수 있다. 집안일에 무관심하다고 힐난받은[28] 오희문도 부부의 도리는 애린(愛隣)이라고 알고 있다. 전쟁 중에 버려진 모자(母子)를 보고는 "부부는 인륜의 사랑하는 바로서 비록 새, 짐승이라도 모두 사랑하고 불쌍히 여기는 것인데"[29]라고 한탄하고 있는 데서 이를 알 수 있다.

남성의 온화한 모습은 군림하는 가부장이 아니라 따스한 부정(父情)을 지닌 아버지의 면모에서 더 잘 드러난다. 임진왜란으로 굶어 죽는 자가 즐

25) 『쇄미록』 甲午(1594) 8월 21일.
26) 『쇄미록』 庚子(1600) 10월 2일.
27) 『眉巖日記草』 권3, 癸酉(1573) 3월 6일.
28) "與家人 因言語不關之事 反脣相詰 良久舌戰 可笑可笑."〔『瑣尾錄』 乙未(1595) 11월 25일〕; "與家人 因不關事 良久舌戰 可歎可歎."〔『瑣尾錄』 丙申(1596) 10월 4일〕
29) 『쇄미록』 癸巳(1593) 7월 15일.

비하고 배고픔에 인육(人肉)을 먹는다는 소문에 오희문은 서로 헤어져 노모와 처자의 생사를 모르게 되자 자나 깨나 그들을 생각하고 있다.[30] 맛있는 것을 먹을 때마다 시집보낸 맏딸을 떠올리는[31] 장면에서도 자상한 아버지의 모습을 볼 수 있다. 둘째 딸이 황해도로 가 이제 못 볼 것 같다며 슬퍼하는 오희문의 모습에 엄부(嚴父)는 없다.[32] 오희문은 두 딸에게 줄 작은 거울을 만들어 인편에 보내기도 한다.[33] 그리고 정성을 들여 키운 막내딸이 병을 얻어 죽자 오희문은 "가슴과 창자가 쪼개지는 것 같다"[34]라고 표현한다. 아들과 오랜만에 재회한 후 헤어지자 아들을 향한 그리움이 아버지의 눈물로 나타나고 있다. "맏아들이 문을 나가는데 불현듯 눈물이 흘러 옷깃을 적시는 것도 깨닫지 못한 채 하루 내내 산란하여 총총하게 시간을 보냈다"라고 적고 있는 것이다.[35]

남성의 눈물은 흔한 것이 아니었으나 살아남아야 하는 절박한 전쟁 상황에서 흘리는 남성의 눈물은 감성적이면서도 진솔한 것으로 이해될 수 있다. 오희문은 누이와 헤어지면서 언제 만날지 몰라서 울고, 가족의 생사를 모르는 남성들과 서로 붙잡고 소리 내어 운다.[36] 물론 감정을 드러내는 것이 남성적인 것이 아니었음은 가족을 잃고 술만 마시면 울어대는 어느 남성을 여성이 비웃고 있는 것에서 알 수 있다.[37]

조선조를 통해 남성의 이미지가 경직화되는 것은 조선 후기로 갈수록 가계 계승자로서 남아가 더욱 중요해지는 것과 무관하지 않은 듯하다. 오희문

30) 壬辰南行日錄. 『쇄미록』(上).
31) 『쇄미록』 丙申(1596) 11월 16일.
32) 『쇄미록』 丙申(1596) 12월 12일.
33) 『쇄미록』 丙申(1596) 8월 19일.
34) 『쇄미록』 丁酉(1597) 7월 7일.
35) 『쇄미록』 丙申(1596) 9월 11일.
36) 壬辰南行日錄. 『쇄미록』(上).
37) 『쇄미록』 丙申(1596) 9월 12일.

의 집안에 고대하던 장손이 태어나자 오희문은 드디어 제사를 이을 후계자가 생겼다며 매우 기뻐하고, 조상을 볼 면목이 생겼다고 이야기한다.[38] 16세기 후반 오희문 집에서 아들은 가계를 계승하는 상징적 존재로서 여아와는 구별되고 맏손자는 다른 손자들과 다르게 인식된다. 든든한 가계 계승자라는 남성의 이미지는 여성이 남편을 버팀목으로 생각하는 데서도 확인된다. 17세기의 『병자일기』에서 남평 조씨는 외지로 떠난 남편을 꿈에서만이라도 보는 것을 마음 든든해하지만[39] 반면에 친정 부모의 제사에도 참석하지 못하는 '딸자식'인 자신은 쓸모없는 존재로 생각하고 있다.[40]

조선 중기 양반가의 사례에서 보이는 젠더 정체성은 다소 복합적이다. 여성의 순종만이 아니라 현명함을 바탕으로 한 자율성 등이 이상시되었다는 점에서 그러하다. 이 시기에 이미 유교적 내면화를 철저히 거친 여성은 부덕과 승순을 지배적 개념으로 삼아 정체성을 형성하고 있으며, 남성은 강건한 부계적 우월성을 체화하여가고 있었으나 아울러 감성적인 면도 보여주고 있다.

2. 종교 의례의 성역할 분담

남성이 무속을 멀리하고 기도를 꺼린 것은 『논어』[41]에도 나타나 있듯이

38) 『쇄미록』 戊戌(1598) 5월 2일. 오희문은 장손을 집안을 이어갈 천리구(千里駒)라고도 칭하고 있는데, 이는 어린애를 칭찬해서 부르는 말이다.〔이민수(1990), 「『瑣尾錄』해제」, 해주오씨추탄공파종친회〕

39) 『병자일기』 戊寅(1638) 3월 14일.

40) 『병자일기』 戊寅(1638) 9월 5, 6일.

41) 공자가 병이 위중하자 자로(子路)가 신에게 기도할 것을 청하는데, 이때 공자가 신에 기도하는 것을 매우 마땅치 않은 것으로 보는 것에서 이 점을 알 수 있다. "子疾病 子路請禱 子曰 有諸 子路對曰 有之誄曰 禱爾于上下神祇 子曰 丘之禱久矣."〔『논어』의 「술이(述而)」〕

상당히 오래된 일인 듯하다. 조선 사회에서 종교적 역할 분담은 자연스러운 것인가 혹은 남성과 여성의 종교적 심성이 다른 데에서 연유하는가를 짚어보자.

일상에서 가장 비중 있게 치러지는 유교 의례는 남성이 주관하는 제례이다. 귀양에서 돌아온 유희춘이 후손으로서 제일 먼저 염두에 둔 것은 제사와 조상 묘를 돌보는 것이다. 이문건은 부인이 준비한 제수가 못마땅해하자 노(奴)에게 제수를 더 사오라고 해 다시 제사상을 차리기도 한다. 몸소 세세하게 챙기는 이문건의 섬세한 정성은 부친의 천장례(遷葬禮)에서도 고스란히 드러난다.

혼례, 천장례 등의 유교식 의례나 이사의 진행 과정에서 양반 남성들은 길흉을 점쳐서 날짜를 정했다. 유희춘의 사돈은 점쟁이의 말을 믿고 혼인 날을 미루거나 이사를 정하고 있고, 부친의 천장을 거행하면서 날짜를 잡을 때 이문건도 점을 치고 있다.[42] 당시 남성은 점을 보는 것을 꿈을 해몽하는 것과 더불어 창피한 일이라거나 무엇에 현혹되는 헛된 것으로 여기지 않았던 듯하다. 심리적 위안을 얻기 위해 때로는 양반들이 모여서 점을 치기도 했다.

오희문은 임란 중에 자주 점을 치고 있으나 크게 믿거나 의지하지는 않는다. 이복령이라는 점쟁이에게 자기와 아내, 어머니의 단순한 길흉 점과 아이들의 병이 언제 나을 것인가를 묻고 있다.[43] 그는 맏아들 벼슬길의 길흉과 맏딸의 임신 사실에 대하여 점쟁이에게 들은 바를 후일에 대조해 보려고 기록한다.[44] 그러나 오희문의 둘째 딸이 매우 아팠을 때 점괘는 맞지 않았고 결국 딸이 죽자 그 뒤로 오희문은 점에 대한 언급을 일기에 남기지 않는다.[45]

42) 『미암일기』 권5, 丙子(1576) 3월 27일; 『默齋日記』 1535년 11월 3일.
43) 『쇄미록』 乙未(1595) 3월 6일.
44) 『쇄미록』 乙未(1595) 6월 21일.

유교를 국시로 하는 조선에서 유일하게 허용된 다른 종교는 전통적인 주술이었다. 지배층은 불교와 도교를 비롯한 전래의 민간신앙을 경멸하면서도 순치(順治)를 위하여 일반 백성들의 혼령신앙을 묵인하거나 관용했다.[46] 유교가 지배하는 공적 영역에서 배제된 여성들에게는 토속적인 종교행위인 무속과 굿 또는 산신제 등을 지내는 것이 허용되었다. 여성들은 비공식적 의례를 맡아서 지냄으로써 집안의 정신세계를 맡게 되었다고 할 수 있다.[47]

오희문은 여성의 기도나 굿을 방관했으며, 때로는 비자발적으로나마 허용하고 있다. 집안에 병자가 생겨서 생사를 알 수 없을 때, 식구들이 굶주림에 허덕일 때 오희문의 집안에서는 부인, 며느리, 어머니, 여종들이 기도와 굿을 하고 있다. 딸이 아프자 오희문의 부인이 늙은 여종으로 하여금 돈과 밥을 바쳐 귀신을 물리치게 했으나 효과는 없었다.[48] 돌림병으로 부인이 아프게 되자 여종들이 자발적으로 기도하는 것을 오희문은 막지 못한다. 그는 주위 사람들이 산신에게 제사를 지내면 사냥감을 잘 얻는다고 하자 여종을 시켜 제사를 지내게도 한다.[49]

유희춘과 오희문은 모두 무당과 기도가 헛된 것이라고 생각했다. 유희춘이 무당을 부르지 않는 부인을 칭찬하는 것은 무술이 어리석다고 여겼기 때문이다. 오희문은 부인이 딸의 병을 낫게 하려고 점쟁이를 불러서 경(經)을 읽히고 잡귀를 쫓게 허락한 것을 후회하고 있다.[50] 무당이 잘 알아맞히

45) 『쇄미록』 甲午(1594) 9월 15일. 오희문은 부술(符述)을 두 아이에게 시험해 보았으나 더 아픈 것을 보고 효험이 없음을 깨닫기도 한다.
46) 박성환(1999), 『막스베버의 한국사회론』, 울산대 출판부, 104쪽 참조.
47) 조희선은 조선 전기 여성들이 민간신앙에서 주체적 역할을 담당하였다고 해석한다.〔조희선(2004), 「유교화와 여성의 신앙생활」, 『조선 전기 가부장제와 여성』, 아카넷〕
48) 『쇄미록』 丙申(1596) 9월 20일.
49) 『쇄미록』 己亥(1599) 9월 12일.
50) 『쇄미록』 丙申(1596) 12월 18일.

는 것을 한편으로 신기해하면서도 결국은 어리석은 풍속에 현혹되었음을 탄식하는 것이다. 오희문의 모친이 손자가 아프게 되자 무당을 불러다가 기도해 회복하기를 바란 것이나[51] 딸이 죽은 지 백일(百日)이 되자 부인이 무당을 부르는 것을 두고 "허사인 줄 알면서도 애통한 나머지 자애(慈愛)의 정에 쫓겨서 그대로 허락하고 금치 않았다"[52]라고 말하는 것에서도 그의 후회와 탄식을 읽을 수 있다.

오희문은 집안 식구가 아픈 경우뿐만 아니라 호미를 씻는 마을 주술 행사 때도 여성의 종교 행위를 허용했다. 초가을에 마을에서는 범을 물리치고자 무당을 불러다가 하루 내내 냇가에서 북을 치면서 신에게 비는 연례 행사를 벌였다. 이 행사에 참가한 오희문의 여종들이 술과 떡을 가져오자 온 집안이 함께 나누어 먹기도 했다.[53]

여성이 정신세계를 담당하는 것은 17세기의 남평 조씨에게서도 볼 수 있다. 조씨가 올리는 기도는 세자를 모시고 중국으로 간 남편이 무사히 돌아오게 해달라는 축원으로서 매일 아침과 저녁에 해와 달에게 간절히 비는 것이었다.[54] 한국의 전통적 어머니 상이라고 표현되는 이러한 여성의 모습은[55] 여성이 집안의 정신적 지주 역할을 했음을 드러낸다.

종교적 의례에서의 젠더 간의 차이는 여성들에 의해 행해진 기도와 굿 등이 남성에 의해서 허용되는 데에서 볼 수 있다. 특히 인간의 심약함이 극도로 노출되는 전쟁이라는 상황에서는 이성적 판단을 내세우는 남성이라도 정신적 구원에 대한 갈망이 컸을 것이다. 유교의 현세적 가치관으로 해결되지 않는 정신적 공황 때문에 남성들도 위안을 받고 싶었을 것이며, 이

51) 『쇄미록』 癸巳(1593) 1월 6일.
52) 『쇄미록』 丁酉(1597) 5월 11일.
53) 『쇄미록』 庚子(1600) 8월 6일.
54) 『병자일기』 丁丑(1637) 9월 16일. 일월성신(日月聖神)은 옥황상제의 다음의 위치를 차지하는 한국의 신령이다.〔조흥윤(1997), 「한국신령의 체계와 성격」, 《동방학지》 101집〕
55) 전영대 · 박경신(1991), 「『병자일기』 작품해제」.

것은 남성 자신들이 헛된 것으로 여기는 무속과 굿을 여성들을 통해서 비자발적으로나마 허용한 것에서도 드러난다.

3. 여성의 대리적 실현과 남성의 소극성

남성이 관직을 얻거나 사회에 진출할 수 있었던 데 반해서 조선 중기 여성은 여류 시인으로 알려진 신사임당이나 허난설헌의 경우를 보더라도 밖으로 이름을 드러낼 기회가 제한되어 있었다. 여성의 사회 활동 모습과 대리적 실현의 구체적인 사례를 보며 이와 대비되는 남성의 모습도 살펴보자.

남성들이 관직에 진출하는 것은 과거시험을 보는 경우와 조상의 덕으로 추천되는 음직(蔭職)으로 취직하는 경우로 대별되는데, 음직의 경우에는 다양한 네트워크가 필요했다. 취직하려는 남성들도 대부분 본가와 처가 등의 친족관계를 이용했으며, 때로는 아들이 아버지를 추천하기도 했다. 이러한 가운데 여성들은 친정의 후광을 활용하여 대리적 실현이라는 구도를 취함으로써 남편을 출세시키고 집안을 꾸려나갔다.

시인으로 인정받은 유희춘의 부인 송덕봉은 남성과 동등하게 교육을 받아 문학적 소양을 키울 수 있었는데, 이는 드문 경우이다. 대부분의 여성에게 집안을 부흥시키고 자신이 만족할 수 있는 길은 남편 또는 아들의 출세로부터 비롯되는 것이었다. 가령 고위관료의 부인은 남편을 따라 궁중의 연회에 참석할 수 있었는데 이는 남편의 지위에 수반되는 부인의 명예였다. 유희춘의 부인은 명나라 천자가 왕비의 책봉서를 내린 것을 축하하는 잔치에 참석하여 외명부(外命婦)의 자격으로 "부제학 유희춘의 처 숙부인 송씨"라고 쓰인 단자(單子)를 받는데 이는 남편의 벼슬로 인한 것이었다.[56] 유희춘이 귀양 갔다 와서 복직된 후에 벼슬이 올라가게 되자 죽은 부모에게도 작위가 내리는데 비록 사후에라도 아들 덕분에 지위가 상승

했다. 양반 관료의 부인과 어머니는 물론이고 첩과 서녀들, 처조카딸까지도 서울로 올라오는 행차 시에는 관으로부터 후한 대접과 호송을 받고 있었다.[57] 이러한 사회적 인정과 보호가 여성으로 하여금 아들을 선호하게 하고, 아들과 남편을 출세시키려고 노력하게 하는 동인이 되었음을 부인할 수 없다.

유씨 집안 여성의 활약은 남편을 취직시키려는 유희춘 딸의 적극적인 노력에서 볼 수 있다. 딸은 한양에 있는 아버지 지인인 내금위 병조정랑을 비롯한 관료들을 만나는 등 남편을 취직시키기 위하여 노력한다. 그리하여 남편이 부장(部將)으로 추천을 받았으나[58] 결정은 다음 해 인사이동에서 된다는 말을 듣는다.[59] 그러자 딸은 아버지에게 일을 도모해 줄 것을 부탁한다.[60]

유희춘의 인맥을 통하여 남편의 취직을 부탁하는 또 다른 사람은 유희춘의 처남인 송정수(宋廷秀)의 딸이다. 그는 고모부인 유희춘에게 밤에 편지를 보내어 무장(茂長) 지역의 수재(守宰)가 대간의 탄핵을 받았으니 그 자리에 자신의 남편인 이방주(李邦柱)를 새로이 추천해 줄 것을 부탁한다.[61] 이 일로 유희춘은 밤새워 편지를 써서, 해당 참판으로부터 취직을 힘껏 도모해 보겠다는 매우 흡족한 답변을 듣게 된다. 이 두 사례에서 보면 유씨 집안의 여성들은 일이 결정되기를 기다리는 것이 아니라 과정에 적극적으로 개입해 일을 성사시키고 있다.

56) 淑夫人은 정3품 문무관의 처에게 내리던 봉작.
57) 『미암일기』 권3, 壬申(1572) 9월 14일
58) 『미암일기』 권5, 乙亥(1575) 12월 25일.
59) 『미암일기』 권5, 丙子(1576) 1월 3일.
60) "女子簡云 申承旨湛 親問金貴榮 答曰 尹寬中雖出六品代加 時未經司果 故部將望 未得擬之云云 女將以二月初四日下歸 凡事速圖云云."〔『眉巖日記草』 권5, 丙子(1576) 1월 16일. 이 책의 2부 2장에서 재인용〕
61) 『미암일기』 권3, 辛未(1571) 11월 20일.

여성이 남편의 출세를 위해 적극적으로 움직이는 것을 사위 또는 남편은 매우 자연스럽게 받아들이고 있다. 유희춘의 사위를 보면 공부와 취직에 처부모와 처가 총동원되고 있는데도 정작 본인은 매우 소극적이다. 사위는 선전관(宣傳官)이라는 음직을 장인의 도움으로 얻고, 장인 · 장모가 직장에서의 신고식인 면신례(免新禮)까지 준비해서 치러준다. 그러나 사위가 직장에서 오래 견디지 못하게 되자 유희춘이 매우 실망하고 있다. 윤관중의 사촌 되는 참판 윤의중(尹毅中)이 와서 음탕하고 사냥이나 하는 놈에게는 붓이나 먹이 필요 없을 것이라고 호통을 친 적도 있는데,[62] 이는 윤관중의 게으르고 소극적인 면을 보여주는 것이다.

여기에서 보이는 것은 젠더의 상반된 이미지이다. 여성은 적극성과 활달함이 돋보이는 반면 남성은 수동적이며 소극적이다. 유희춘 집안의 여성들은 남편의 구직 활동을 적극적으로 펼쳤으나 남성은 이에 비해 다소 소극적이었다. 여성의 적극성이 비록 남편, 오빠, 아버지를 위시한 가부장의 권위에 기대어 표출된 것이기는 하지만 조선조 여성은 수동적이라는 기존의 인식을 재고해 볼 필요가 있다.

4. 성에 대한 젠더 간 인식 차

전 시기인 고려조의 여성이 성애의 표현을 적극적으로 한 데 반해, 정녀(貞女)로 대표되는 조선 후기 여성상은 조선 중기 여성에게 어느 정도까지 내면화되었는지, 성적 욕망은 존재했는지, 그리고 남편의 혼외관계에 대한 여성의 인식과 저항은 어떠했는지를 살펴보자. 아울러 남성 편에서는 일방적인 성적 욕망과 축첩을 어느 정도 당연하게 생각했는지와 남성과 여성의

62) 『미암일기』 권2, 庚午(1570) 12월 21일.

성적 억압 및 이의 구조화에 대해서도 살펴보자.

조선 중기 양반 여성들은 대개 남편의 혼외 성관계에 암묵적으로 저항하거나 거세게 반항하기도 했는데 이들의 표현에는 강약이 존재했다. 남편의 혼외관계에 적극적으로 반항한 경우로는 이문건의 부인 김씨와 오희문의 친지 부인을 들 수 있다. 첩을 두지는 않았으나 평소에 기생을 가까이한 남편 때문에 이문건의 부인은 이부자리를 칼로 찢어 불에 태우고[63] 남편과 맞고함을 치면서 말다툼을 했으며 심한 화증과 복통, 흉몽에 시달렸다.[64] 남편의 혼외관계에 대한 부인의 적극적인 반대 의사는 이후 이문건이 관기(官妓)들과 관계를 끊겠다고 맹세함으로써 형식적으로나마 반영될 수 있었다.

오희문과 알고 지내는 소즐(蘇騭)의 부인은 좋아하는 여자 때문에 남편이 오랫동안 집을 비우자 싸움을 하고 망건과 옷을 찢으며 외도에 적극적으로 반대했다.[65] 전쟁 중에 인륜이 무너진 탓일 수도 있으나 여성 측에서 먼저 남편을 버리는 경우도 있었다. 오희문과 가까이 지내는 허찬(許鑽)의 아내는 호장(戶長)과 간통하고 남편을 죽일 기회만을 노렸다. 그러자 그 남편은 언제 죽임을 당할지 몰라 여러 곳으로 떠돌면서 걸식했다.[66]

그러나 유교적인 부덕이 강조되고 질투가 제한되는 사회적 분위기 속에서 대부분의 여성들은 눈물과 한탄으로 남편의 성적 편력을 감수할 수밖에 없었다. 수발을 들어주는 비(婢)를 유희춘의 아들 유경렴이 첩으로 들이려 하자 본처인 김씨는 속수무책으로 한탄만 하고 있다.[67] 결국 3년 후 경렴은 첩을 들인다.

63) 『默齋日記』 1552년 10월 5일.

64) 김소은(2001), 「16세기 양반가의 혼인과 가족관계」, 《국사관논총》 97집.

65) 『쇄미록』 癸巳(1593) 7월 6일.

66) 『쇄미록』 乙未(1595) 2월 14일.

67) "孫男興文 年纔八 聞其父議取妾 慨然以其母生理爲憂 嘆曰 吾不登第 無以救母."(『眉巖日記草』 권4, 癸酉(1573) 7월 22일.

여성에게 남편이 거느리는 첩은 더 이상 간섭할 수 있는 영역이 아니었다. 유희춘의 외조카인 오언상의 경우 이미 첩을 두 명이나 두었음에도 다른 집의 여종을 간한다. 그러자 그의 어머니가 여종 네 명을 젖값으로 치르고, 그의 처는 다만 슬퍼하고 남편을 원망할 뿐이었다. 오언상은 버티다가 결국 주위 사람들의 수군거림을 이기지 못하고 외삼촌인 유희춘의 회유를 받아들여 여종을 포기한다.[68]

유희춘의 처사촌 사위인 조경중(曺景中)이 첩만 데리고 한양에 올라가는 경우에도 처와 처모는 서로 붙들고 울 수밖에 없다. 유희춘의 고종사촌인 이억복(李億福)의 처가 남편과 같이 살게 해달라고 유희춘에게 편지를 보내줄 것을 호소하는 것은 남편과 의사소통이 차단된 면을 보여준다.

남편의 성적 편력에 대한 적극적 반항과 묵종의 중간에 유희춘 부인의 은유적 메시지가 있다. 송덕봉은 양반 부인으로서 비첩과의 관계에서 품위를 지키려고 하지만 남편의 기생 편력은 항상 예의주시하고 있다. 유희춘이 집을 떠나 부제학으로 혼자 몇 달 동안 지내는 것을 한탄하자 부인은 색(色)을 멀리하는 것이 남편 자신의 몸에 좋은 것이라고 일침을 놓고 있다.[69]

이 무렵 유희춘은 동지의금부사로 한양에 있고 송덕봉은 홀로 해남에 남아 있는 처지였는데 부인이 홀로 지내는 것을 탄식하자 남편은 도리어 이를 나무란다.[70] 여성이 은유적으로나마 강력히 성에 대한 욕망을 표현하여도 남성 우위의 사회에서는 받아들여질 수 없다는 것을 여기에서 알 수 있다. 송씨 부인은 남편이 딴 뜻을 두고 있는가에 항상 주의하고 있다.[71] 이

68) 『미암일기』 권4, 癸酉(1573) 8월 4일.

69) "若如是獨處 於君保氣 大有利也 此非吾難報之恩也."〔『眉巖日記草』 권2, 庚午(1570) 6월 12일〕

70) "夫人書 有獨在之嘆 余責而解之."〔『眉巖日記草』 권3, 辛未(1571) 12월 2일〕

71) "夫人 疑我留此而有他意 發怒."〔『眉巖日記草』 권2, 庚午(1570) 10월 22일〕

것은 유희춘이 전라감사 시절에 총애하여 집에 들인 기생을 명종(明宗) 국기일(國忌日)에도 생각하고 있었기 때문이었다. 자나 깨나 기생에 빠져 있던 유희춘은 급기야 임질(淋疾)을 부인에게 전염시키기에 이른다.[72] 송덕봉은 기생과의 로맨스를 즐기고 집에 돌아올 생각을 하지 않는 남편에게 "월녀가 한 번 웃으면 삼 년을 머무른다는데 당신이 사직하고 돌아오기가 어찌 쉽겠소"라고 은유적인 편지를 띄운다. 이에 유희춘은 학자가 잘못 생각할 이유가 있겠느냐면서 부인에게 양해를 구한다.[73]

여성이 성적 욕망을 표현하는 것은 개인적인 성향에도 기인하지만 다분히 이들이 자란 집안 배경 때문이라고도 할 수 있다. 이문건이 첩을 들이지 못한 데는 부인의 적극적 저항이 강했다는 점과 부인이 안동 김씨 권세가 출신이면서 세자빈과 사촌 간이라는 점도 작용한 것으로 보인다. 부인의 위세는 남편과 그 친족의 관직생활에 큰 영향을 미칠 수 있었기 때문에 이문건도 김씨를 소홀히 대할 수 없었을 것이다.

축첩에 대한 조선 중기 양반가 남성의 생각은 성리학적 이념에 의한 선비의 이상과는 모순되었으므로, 남성 측에서는 오로지 개인적인 양심에 의해서만 성적 욕망을 제어할 수 있었다. 가령 첩을 둔다는 것은 16세기에도 당사자나 가족, 특히 부인에게 그리 떳떳한 행동은 아니었던 것으로 보인다.[74] 유희춘이 지인의 혼사에서 신혼부부를 위해 촛불을 켜는 것을 사양하는데, 그 이유는 자신이 첩을 두고 있어서이다.[75] 이는 스스로가 귀감이 되지 못한다는 그의 양심을 표현한 것이라고 해석된다.

축첩을 성적 욕구 해소 방책뿐 아니라 생활의 편리함 또는 사치품으로

72) 『미암일기』 권3, 辛未(1571) 8월 26일.

73) "越女一笑三年留 君之辭歸豈易乎."〔『眉巖日記草』 권3, 辛未(1571) 9월 19일〕

74) 첩은 성리학적 이념에 의한 선비의 이상과는 모순되었으나 남성 중심의 가족 질서를 유지하는 상징으로 존재하였다.〔정지영(2004), 「조선 후기의 첩과 가족질서—가부장제와 여성의 위계」, 《사회와 역사》 65〕

75) "請余燃燭 余辭以有妾."〔『眉巖日記草』 권5, 丙子(1576) 10월 9일〕

여겼기 때문에 축첩은 더욱 확대되었다. 장인 덕분에 음직을 얻어서 임금을 가까이 모시게 된 유희춘의 사위인 윤관중이 "내가 평일에 첩이 없어서는 안 된다고 했는데 그것이 내 몸에 유익함이 없다는 것을 알았다"[76]라고 한 것은 고생 없이 자란 양반 자제에게 첩 하나쯤은 필수적이었음을 짐작하게 한다. 오희문의 맏아들인 윤겸이 수령직에 있으면서 두 명의 첩을 들이는 것은 관리가 부와 명예를 가졌을 때 생기는 욕심으로 보인다. 첩의 유산 사실까지 부에게 알리는 것은 사사로운 일이 아니라 집안일이라고 여겼기 때문일 것이다.[77] 첩은 쉽게 얻은 만큼 쉽게 버려지기도 했다. 유희춘의 서녀처럼 병이 난 경우에, 그리고 오윤겸의 비첩처럼 다른 집 하녀였기 때문에 재산 문제가 얽혀 돌려보내는 경우에 자연스럽게 버려지고 있다.

남성 측에서는 다른 사람의 첩일지라도 죽은 남편을 위하여 정절을 지켜주기를 바랐다. 임진왜란 이후인 16세기 후반의 일기에서는 생계를 위해 첩이 개가(改嫁)하는 것이 흔히 나타난다. 마침내 처남의 첩이 개가를 하지 않자 갸륵하게 여겼으나 노(奴)에게 시집을 가고 노가 다른 여자를 얻자 첩이 질투하기에 이르는데, 오희문은 이를 두고 '사람의 부끄러움 없는 것이 이에 이르는가'라고 탄식한다.[78] 여기에는 개가하지 않아서 전남편에 대한 정절을 지켜주었으면 하는 남성의 막연한 심리와 그러한 현실을 막지 못하는 한탄이 보인다.

더욱이 여성이 난리 중에 목숨을 부지하느냐 정절을 지키느냐에 직면해서는 대체로 사는 것을 택한 것으로 보인다. 이는 오희문의 일기에서 볼 수 있는데, 오희문은 전쟁 중에 정녀(貞女)가 거의 없어 매우 실망하고 있다. 그는 적군에 의하여 강제로 실절을 당한 여성들을 동정하다가도 자기 집안

76) "尹寬中謂 億貞日 余平日 以妾爲不可無 今乃知其無益於吾身也."〔『眉巖日記草』 권3, 癸酉(1573) 4월 4일〕
77) 『쇄미록』 己亥(1599) 8월 1일.
78) 『쇄미록』 己亥(1599) 정월 29일.

과 관계된 여성의 실절에 대해서는 매우 단호한 태도를 취한다. 이것은 오희문 집과 혼사 말이 오갔던 집의 어머니가 난리 초에 실절하자 주위 양반들도 혼사를 진행하는 것이 옳지 못하다고 해[79] 혼사가 중단되는 것에서 알 수 있다. 남성이 여성들에게 정절을 기대하는 것은 명분과 의리를 중시하는 성리학적 사회에서 여성들이 순응하게 되는 집단 이데올로기로 자리잡게 되었을 것이다.

성에 관한 젠더 간의 인식 차는 조선 중기 양반가의 사례에서 확연히 드러난다. 여성들은 남편의 혼외관계와 성적 편력을 대부분 참고 견디고 있으나 간혹 적극적인 반항을 하는 경우가 있었으며 나아가 자신의 성적 욕망을 표현하는 여성도 있었다. 남성이 축첩에 대하여 다소 미안해한 것은 본처에 대한 의리 때문이라고 생각된다.

5. 여성 정체성의 물질적 기초와 유교적 제약

앞에서 오희문 딸의 친정 부양에 대하여 살펴보았듯이,[80] 조선 중기 양반집 여성들의 당당한 행위에는 물질적 독립이 뒷받침되고 있었다. 이들은 균분상속 관념 속에서 남자들과 다소 동등하게 자란 세대였다.

오희문 집안의 생활을 살펴보면 여성의 주체성이 느껴지는 물질적 기반들이 소규모로나마 존재하고 있다. 여성들이 가족의 생계를 위하여 활약하는 것은 여성들의 관계망을 통한 식량 마련과 누에치기, 길쌈, 농사, 음식 만들기, 첩의 봉양, 조모의 양식 요청 등에서 볼 수 있다.

오희문의 부인은 자신의 다양한 친족관계를 활용해 식량을 구하고 제수

79) 『쇄미록』 丙申(1596) 2월 23일.
80) 오희문가 딸의 일가 부양은 이 책의 3부 5장 참조.

용품을 조달하고 있다. 관직 덕분에 생기는 물품이 사위로부터 조달되기 전 매우 곤궁한 시기에, 임천에 사는 부인의 사촌조카인 임극(任克)이 도움을 주지 않자 오희문은 인정으로 차마 할 수 없는 일이라며 매우 실망한다.[81] 태수 부인이 환상곡을 많이 내어 주도록 부인에게 편지를 쓰게 해 환상곡 2석을 받는다.[82] 또한 오희문의 부인은 태수인 서집(徐輯)의 부인에게서 제수(祭需)로 찹쌀 3되, 꿀 5홉을 받고,[83] 제수를 청하여 묵은 보리 5두도 받는다.[84] 이것은 당시 16세기 말에도 경제적으로 어려운 시기에는 여성들이 친족관계 망을 이용해 식량을 얻기 위한 노력을 기울이고 있었음을 나타낸다.

오희문의 아들 윤해의 경우에서는 굶어 죽는 딸의 가족들을 장인이 불러들여서 숙식을 해결하게 하는 것을 볼 수 있는데, 이는 여성의 친족 라인이 처가살이라는 방편으로 가동되는 것이라 할 수 있다. 물론 오희문이 자신이 자식들을 다 거두어서 먹이지 못하는 것에 강한 죄책감을 보이는데 여기서 당시에 이미 부계친족 의식이 강했다는 것이 나타나고 있다. 그러나 난리 중에서 살아남는 생존 전략으로서의 모계, 처계의 활용은 면면히 지속되고 있었다는 것을 볼 수 있다. 이렇게 본다면 조선 후기에도 남성의 권한은 관직을 통해서 획득되고 여성에게는 친족관계가 중요했을 것이라 짐작된다.

딸, 며느리, 부인, 여종 등의 노동력을 활용한 누에치기와 길쌈, 떡 만들기 등은 여성의 노동력을 활용한 가내 부업으로 여성들의 경제활동이 이루어지고 있었음을 보여준다. 오희문의 부인이 떡을 쪄서 장에 내다 팔려다가 비가 와서 할 수 없이 가족들이 먹게 되자 오희문이 아까운 쌀만 소비했

81) 『쇄미록』 癸巳(1593) 9월 12일.
82) 『쇄미록』 乙未(1595) 3월 16일; 3월 17일.
83) 『쇄미록』 乙未(1595) 4월 24일.
84) 『쇄미록』 乙未(1595) 7월 4일, 7월 5일.

다고 한탄한다.[85] 여종들을 시켜 뽕을 따서 누에를 먹이고 부인, 며느리, 딸들이 누에를 치는데, 각각 17두, 13두, 8두를 땄다.[86]

딸과 며느리가 근친 동안의 양식을 가지고 오는 것, 자기 집에 아버지가 들렀을 때 남편과는 별도로 딸이 자신의 명의로 양식과 선물을 드리고 있는 것 등은 혼인 후에도 부모를 봉양하는 딸의 효성과 함께 여성들의 독자적인 경제적 기반을 감지하게 해준다. 윤겸의 첩이 시댁에 근친 올 때마다 어물(魚物) 등을 가져오는 것은 윤겸이 근친을 전후해서 보내는 양식과는 별도이다. 가령 어물은 간성(杆城)에 지사(知事)로 있는 아버지에게서 얻어 온 것이라고 했다.[87] 다음 해에 윤겸의 첩이 남편을 따라 방문했을 때에도 중박계(中朴桂), 감당(甘糖) 등을 만들어 가지고 왔으며 곰의 포 3첩도 가져온다.[88] 이를 보면 첩의 지위도 아버지의 지위에 따라 차등이 있었을 것임을 짐작할 수 있다. 그리고 윤겸의 첩과 오희문의 딸의 경우로 유추해 보면 보내는 물건들을 부부가 따로따로 준비하는 것은 전통적인 습속이었던 것으로 추정된다. 그러나 왜 부인 명의의 몫을 따로 보내는지에 대해서는 의문이다.

오희문의 모친은 서울 작은아들 집에 머물거나 누이 집에 머물더라도 맏아들인 오희문에게 양식을 청한다. 어머니의 이러한 요청을 받으면 오희춘은 노(奴)를 시켜서 포목을 은전과 백미와 밭쌀로 바꾼다. 그러고는 그것을 누이 집에 두어서 어머니가 오시면 양식으로 쓰게 한다.[89] 물론 그 이면에

85) 『쇄미록』 甲午(1594) 3월 11일.
86) 『쇄미록』 戊戌(1598) 5월 19일.
87) 『쇄미록』 戊戌(1598) 10월 11일.
88) 『쇄미록』 己亥(1599) 9월 23일.
89) 어머님께서는 새달 초생에 들어오시어 남매(남상문의 처)의 집에 계시고자 양식 쌀 4두 5되, 붉은 팥 8두, 밭쌀 2두를 준비해서 남매의 집으로 보내기를 원하신다.〔『쇄미록』 庚子(1600) 1월 27일〕 광노(光奴)를 시켜 포목 12필을 바꿨는데, 1필에 은 2돈 2푼, 혹 2돈 넘게, 은 1돈 5푼으로 백미 2두 2되, 또 1돈 3푼으로 밭쌀 2두 8되를 바꾸어 모두 남매의 집으로 보내어 두었다가 어머님이 오시기를 기다려 양식으로 쓰게 했다.〔『쇄미록』 庚子(1600) 1월 28일〕

서 양식을 실제로 주선해 주는 것은 장손인 윤겸이다. 윤겸이 다달이 양식과 찬을 준비해서 보내드리기로 해 아우로 하여금 서울로 어머니를 먼저 보내게 한 경우에서도 이를 알 수 있다.[90] 할머니는 손자인 오윤겸이 급제하자 자신의 몫을 별급상속하는데 이러한 재산권 행사와 독자적 양식 마련은 가장권의 비호하에 여성들이 자율성을 확보하는 기제였을 것이다.

유희춘가의 여성들에게서 보이는 물질적인 독립은 여성의 재산 처분권에서 볼 수 있다. 유희춘의 누이가 소송을 해결해 주자 소비(小婢) 3명을 상으로 주고자 하는데, 이것은 여성이 재산권을 주도적으로 행사할 수 있었기에 가능한 일이었다. 누이와 여동생들도 필요할 때에는 노복을 보내어 남동생의 집안일을 돕는다든가 아니면 물질적으로 부조하고 있다.

다음 자료들은 장자보다도 후실(後室)에게 죽은 남편의 재산을 처분할 권리가 상당히 있었음을 보여준다. 유희춘이 이종형인 나사훤(羅士愃)의 상을 치른 후 그의 처에게 재산에 관하여 조언하는 것과 처사촌의 후실이 장남이 받는 재산을 차지하려 하지 않는 것에서 그 사실을 알 수 있다.

> 형수 서(徐)씨에게 말하기를 전실 자식들과 화목하고 세 시숙과 일심으로 상의해 재산 중 4분의 3을 가지고 전실 자식에게 4분의 1을 줄 것.[91]

> 송중량의 후실 안(安)씨가 장남 송진(宋震)이 받는 사당, 전토, 노비를 차지하려 하지 않는다.[92]

90) 『쇄미록』 丙申(1596) 9월 16일.

91) "言於嫂徐氏日 下去之後 宜與前子等和睦 與三叔一心同議 凡米穀之在本宅者 與前子分之 而以祭祀凡事 故四分內占三分 而給一分."〔『眉巖日記草』 권2, 己巳(1569) 7월 19일〕

92) 경렴이 영릉으로부터 와서 전하길 "宋生員妻安氏 不據執宋震應受祠堂田民云".〔『眉巖日記草』 권3, 癸酉(1573) 3월 17일〕

전실 자식에게 악하게 대하려는 후처라면 마음먹기에 따라서는 장남의 상속분을 차지할 수도 있었던 것이다. 안씨와 서씨의 이러한 자료는 남편 사후에 장자보다는 모(母)에게 재산 처분 권한이 있었음을 나타낸다. 그러나 후실이기 때문에 부(父) 사후에 분쟁을 없애기 위해 미리 재산을 분배했는지는 알 수 없다. 이전에 유희춘이 송정수 부부와 중량의 후실인 안씨와 송진을 모아놓고, 안씨에게 송진의 생모인 조씨(趙氏)의 전답 등을 송진이 부쳐 먹을 수 있게 하라 하자 안씨가 따랐고, 이에 유희춘이 기뻐했다.[93] 『미암일기』에 나오는 다음 자료는 아들에게 가야 할 재산을 어머니가 차지하고 있자 법적 논란이 인 경우를 보여준다.

> 초10일 형조에 좌기(坐起)했을 때에 판서 강공사상(姜公士尙)과 내가 모두 이필(李必)의 처 구씨(具氏)가 판결이 났는데도 계속 점유를 하고 있는 것이지만 정상(情狀)으로 보아서는 합집(合執)[94] 전리(專利)이니, 율관으로 하여금 「합집전리」에 관한 형법을 적용하라고 해 형조에 잠시 보류해 두고 즉시 장예원에 공문을 보내지 않았다. 어제 사헌부가 헌부의 「합집전리」에 관한 법을 따르지 않고 강등하여 법을 적용했으니 이는 사(私)를 좇고 공(公)을 멸(滅)한 것이므로 형조의 당상관을 추고하고 색랑(色郎)을 파직하라고 주장하자 임금이 이를 따라 정랑(正郎) 남전(南佺)이 파직되었다.[95]

93) "祭畢, 食後, 宋君直夫妻及仲良後室 · 宋震 皆至 余請仲良後室安氏 以宋震母趙氏田畓 · 移買之田畓給震 令耕食 安氏從之 通前日所給 凡畓三石八斗落只 綿田一斗五升落只 皆許之 可謂賢繼母矣 君直發怒 多有怨言而徑出 諸內室亦不食而去 夫人深恨 君直昏復來謝失言之罪 兩解而去."〔『眉巖日記草』 권2, 己巳(1569) 10월 21일〕

94) 『고법전 용어 사전』에는 "합집"을 부모의 유산을 규정대로 분배하지 아니하고 장자(長子)가 독점하는 것으로 정의되어 있다.

95) "初十日刑曹坐起 判書姜公士尙及余 皆以爲李泌妻具氏 據執於決後 迹雖決後仍執 情則合執專利 令律官以合執專利照律 姑留于曺 不卽移文掌隷院 昨日 憲府以不從憲府合執專利之律 降等照律 徇私滅公 堂上推考 色郎罷職爲論 上從之 正郎南佺 罷職."〔『眉巖日記草』 권4, 甲戌(1574) 9월 22일〕

> 사헌부의 공사(公事)를 취해다 보니 20일에 처벌 등급을 결정하고 형조가 다시 판결한 후에도 계속 점유하고 있어서 논단을 했다 했으니 아마도 「합집 전리하면 국가에서 몰수하는 법」을 엄하게 하지 않은 것으로 내(유희춘)가 생각하는 것과는 다르다. 형조판서 강사상이 견제받는 바가 있어서 간사한 것을 힐책하고 나쁜 짓을 막는 도리를 잃은 것이다.[96]

위의 사례는 불법이라고 비록 처벌받기는 했으나 모(母)가 재산을 처리할 수 있는 권한이 있었음과 모(母)가 재산을 독차지하고자 할 때 사회적으로 제재가 엄하지 않았음을 보여준다. 이러한 예들은 부계의 남성들이 중심이 된 문중이 형성되기 전에 가능했던 현상이라 하겠다. 기존의 총부권(冢婦權), 입후권(立後權) 등과 함께 재산 처분에서의 여성권(女性權)을 시사하는 것이며 당시의 가부장권의 유동성과 맞물리는 현상으로 해석된다.

당시 여성들에게는 재산을 처분하는 권한과 함께 유교적 제약이 복합적으로 나타나고 있었다. 가령 술을 마실 때 내외를 하여 부부가 남자 편, 여자 편으로 갈라지는데, 부인과 딸들은 내방(內房)에 앉고 남자들은 외방(外房)에 앉는다. 유희춘의 경우에서 유희춘 조카가 주도하는 술자리 모임에는 부인들과 딸, 사위가 같이 참여하고 있다.

> 사시(巳時)에 이유수가 술자리를 베풀었는데 부인은 내방에 앉고 박수사의 대부인과 이유훈의 처씨와 오언상의 처씨 그리고 딸이 옆에 앉았다. 부인이 박의 대부인(大夫人)을 모셨고 나는 외방(外房)에 앉았다.[97]

96) "取憲府公事觀之 則二十日決等, 刑曹更以決後仍據執論斷 蓋未嘗嚴合執專利屬公之法 與希春同議不同 蓋姜有所牽制 而失詰姦防邪之道也."〔眉巖日記草』 권4, 甲戌(1574) 9월 22일〕

97) "巳時 李惟秀 設酌 夫人坐內房 朴水使大夫人及李惟訓妻氏 · 吳彥祥妻氏及女子侍坐 夫人敬禮朴大夫人 余則坐外方."〔『眉巖日記草』 권3, 辛未(1571) 2월 15일〕

부인 송씨와 7촌이 되는 사돈의 송별연에서도 부인 딸, 사위, 아들이 모두 참여하고 있으나 술상은 남녀로 나누어진다.[98] 가까운 기혼 여자 친족은 안으로 불러서 담화하거나 부인 송씨와 술자리도 같이하고 있지만 내외하는 때도 있었다. 또한 유희춘은 아래와 같이 귀가 도중 족친의 부인을 피해 이웃집에 있다가 그 부인이 돌아갔음을 알고서야 집으로 돌아오기도 한다.

> 미시(未時)에 집에 돌아오니 때마침 이중호의 부인이 우리 집 부인을 찾아왔기에 나는 피해서 들어가지 않고 (…) 유시(酉時)에 이르러 이(李) 부인이 가므로 걸어서 집으로 돌아왔다.[99]

이처럼 내외 관습은 점차적으로 집단 이데올로기로서 남성과 여성 양편이 지켜야 할 규범으로 강화되고 있었다. 한편으로는 물질적 독립이 존재하고 있었으나 유교 이데올로기의 내면화는 양반 여성들을 부계 위주의 사회에 편입시키고 있었다.

* * *

양반 남성들이 쓴 일기에서 여성 읽기를 시도함으로써 이 장에서는 양반 여성들이 주체적 욕망을 어느 정도 가지고 있었다는 점을 확인하고, 조선조 젠더 정체성을 구성주의적 시각을 중심으로 조망해 볼 수 있음을 보았다. 결국 남성성과 여성성은 고정된 것이 아니라 사회가 추구하는 이데올로기에 따라 변화되어 구성되는 것임을 알 수 있다. 유교라는 이데올로기가 내면화되면서, 여성과 남성이 갖는 고유한 성격으로 통용되는 이미지가

98) "府使李公 夫人七寸親也 自昨願留 故爲之留一日 食後 設宴于郎廳房(…) 府使出妾于東軒 侍夫人坐 夫人率女相對."〔『眉巖日記草』 권2, 己巳(1569) 9월 29일〕

99) "未時歸舍 李潭陽仲虎夫人 來訪吾夫人 故余避不入舍 (…) 至酉時 李夫人乃去 余乃步歸舍."〔『眉巖日記草』 권4, 甲戌(1574) 6월 14일〕

점차 형성된 것으로 보인다.

이 장의 내용들은 조선조 양반 여성에 대한 기존의 통념이 재고되어야 함을 보여준다. 남성만의 특징으로 여겨지던 활동성과 적극성이 조선 중기 양반 여성에게 존재했고, 여성만의 특징으로 생각되던 감성적, 수동적 면이 양반 남성에게도 보이고 있다. 그러나 자율성과 적극성, 활달함을 가지는 조선 중기 여성들 사이에서도 부덕을 갖춘 유교적 여성상이 점차 이상시되고, 남성들은 부계친족을 중심으로 한 가문의 계승자라는 정당성을 부여받아 성적 방종을 당연시하고 있음도 아울러 확인할 수 있었다.

조선 중기 일기에서 보이는 남성상은 덜 권위적이면서 온화하다. 양반 가장에게서도 자녀에 대한 부성애를 발견할 수 있었으나, 남성들은 가문을 위한 존재로 인식되어 점차 개인적인 감성을 억누르도록 사회화되었을 것이다. 한편 여성들 사이에서는 자율을 인정하는 현명한 여성상이 이상시되다가 결국 조선 후기로 갈수록 여성들도 승순의 개념을 적극적으로 내면화했을 것이며, 특히 친정에서 시집으로 생활 기반이 옮겨감에 따라 여성들은 개체성보다는 집단을 향한 순응적 정체성과 공순을 형성하도록 유도되었을 것이다.

불교 외에 다른 민간신앙도 행해진 고려조와 달리 조선조에는 사회적으로 금기시된 무속과 불교의식 등이 가내에서 여종이나 집안 여성들에 의해 행해졌다. 양반 남성들은 점을 보는 것은 자신들이 행해도 되지만 무속은 헛된 것으로 여겼다. 그러나 여성들이 하는 것은 묵인하거나 허용했다. 남성들은 본인들이 주관하는 유교식 제례를 더 가치 있는 것으로 여겨, 감성적인 존재인 여성, 합리적이며 이성적인 존재인 남성이라는 종교적 젠더 정체성을 구성해 가고 있었다.

조선 중기 양반가의 여성들은 대리적 실현이라는 구도를 통하여 남편을 출세시키고 집안을 꾸려나가는 활달함을 보이고 있다. 이것은 남편과 친정 아버지, 오빠 등의 상징적 역할과 여성 자신의 친족관계를 활용해 발휘된 능동성이었다. 반면에 여성들의 친족관계에 의지하는 남성들은 수동적이며 나약한 존재인데도 성적 자유를 누리고 있다.

16세기 양반 남성의 성적 편력을 보건대 축첩은 남성의 개인적 양심으로 제재되기도 했으나 조선 중기 여성에게 성적 결정 권한은 거의 없었다. 결국 양반 남편의 혼외 성관계에 여성들은 대개 관여할 수가 없었다. 그러나 집단 이데올로기에 매몰되어가면서도 한편으로는 개인의 성적 욕망을 감추지 않는 양반 여성들이 일부 보이고 있다. 즉 부인이 권문세가 출신이거나 저명한 학자 집안 출신이라는 점은 남편이 부인을 소홀히 못하는 요인이 되었을 수 있기 때문이다.

역사의 연속선 상에서 유추해 본다면, 지속적인 유교 이데올로기의 주입은 여성의 종속과 남성의 주도라는 유교적 젠더 정체성을 구조화했을 것이다. 유교에서 강조하는 남녀의 상보성에도 불구하고 여성에 대한 성적 억압으로 인해 여성은 남성의 성적 방종에도 투기할 수 없게 되었고 대를 이어주는 도구로 취급되었다. 정절의 이념화가 강화되어 여성의 성적 욕망은 거세당하고 억압된 반면에 남성의 성적 방종은 조장되고 묵인되었다. 군림하는 남성과 지배받는 여성이라는 젠더 정체성은 남성 위주의 유교적 교화와 정책들로 더욱 구조화되었을 것이다.

따라서 조선 후기에 고착되는 열녀와 정녀의 여성상도 이러한 맥락에서 볼 수 있다. 임진왜란과 병자호란을 거친 후 조선 사회는 무너진 기강과 강상을 다시 세우기 위해 양반 여성에게 정녀와 열녀로 추앙받기를 강요했다. 양반 남성이 기대한 대로 양반 여성들은 자신의 적극성과 현명함을 활용해 유교적 이념을 철저히 내면화했고, 그리하여 양반 사회를 일으키는 구원투수 역할을 했다. 이것은 여성이 가시적이고 명목적인 자아실현의 기회를 제공받은 것이기도 했다. 비공식적 세계에서 아들이나 남편에 의한 대리적 실현에 그쳐야 했던 데서 벗어나 유교적 정체성을 적극 실현하는 길이었던 셈이다.

소결론

조선 중기 사회의 가부장적 지배구조

조선 사회 가족 내에서 이상시되던 유교적 덕목은 가장에 대한 공순, 가족 간의 화목과 형제우애, 가문의 명예에 관련된 남녀의 내외 등이었다. 제2부에서는 조선 사회 가부장제의 이념적 기초이던 가부장적 지배구조가 실제로 조선 중기 양반가의 생활에서 어떻게 나타나는가를 살펴보았다. 가부장의 권한 행사와 구성원들의 공순의 정도를 기초로 한 가부장적 지배구조를 부부관계, 친족관계, 젠더 정체성의 측면에서 확인할 수 있었다.

유희춘의 부부관계에서 나타나는 부권(婦權)은 자율적이고 능동적인 데 비해 부권(夫權)은 상징적이며 포괄적이었다. 남편의 부재 시에는 부인이 권한을 대행하기도 하지만 부인의 권한은 주로 집안 내에서 살림을 하고 가솔을 통솔하는 데 한정되는 반면에, 남편의 권한은 대외적이거나 중요한 사항을 결정할 때 쓰였다. 유희춘이 행사하는 가부장권은 명목적으로는 남편이 주도하고 부인이 추종하는 식의 지배구조를 보이며, 그 기저에는 남편의 경제권과 칭송받는 부인의 부덕(婦德)이 자리했다. 그리고 유교적 도리를 다하는 아내의 역할을 수행해야만 성립할 수 있는 부권(婦權)에는 남편의 성적 방종을 감내해야 하는 고통이 뒤따름을 볼 수 있었다.

가장이 외가나 처가들, 기혼 누이들과 갖는 지속적인 유대는 균등한 친족관계의 모습을 보여주며, 가부장권은 강요 없이 구성원들에게 온화하게 행사되었다. 유희춘의 가부장권은 가장, 가부, 장자의 면모에서 파악될 수 있는데, 유희춘은 아들과 며느리, 사위와 딸, 손자녀들에게는 자상한 가부로서, 혼인한 누이와 조카들에게는 가장으로서 도움을 주며, 죽은 형을 대신해 조상 제사와 위선사업을 하는 장자 역할도 맡아서 하고 있다. 가부장권이 영향을 미치는 친족의 범위는 친가와 처가의 8~9촌 이내였는데, 이들은 서로 빈번히 왕래하며 제사에도 참여하고 관직 진출과 군역 면제를 도모하며 경제적인 상호부조도 하고 있다.

양반가의 젠더 정체성을 살펴보면서, 여성과 남성이 갖는 이미지는 고정된 것이 아니라 유교적 교화에 따라 형성되어 온 것임을 확인할 수 있었다. 조선 중기 여성들은 활동적이면서 적극적이었던 반면에 남성들에게서는 감성적이며 수동적인 이미지와 함께 따뜻한 부성을 지닌 모습도 볼 수 있었다. 조선 중기 여성은 점차 유교적 여성상과 승순을 내면화하려고 했으며, 남성 또한 군자의 모습을 이상시하고 있었다. 성적 욕망을 감추지 않는 양반 여성들도 일부 보이지만 남성 위주의 가부장적 성적 지배와 억압은 군림하는 남성과 지배받는 여성이라는 젠더 정체성을 더욱 고착화했을 것이다.

조선 중기 가부장적 지배구조는 남편과 부인, 남성과 여성 또는 아들과 딸의 권한을 대비해 보는 데서 더욱 선명하게 드러난다. 부인의 발언권과 비교적 자유로운 나들이, 재산 소유와 처분, 남편을 대신한 구직활동과 적극적 성애 표현 등은 가부장의 지배가 제한될 수밖에 없었던 상황을 설명해 준다. 그럼에도 성적 권한과 사회활동에서 이미 기득권을 가진 남성의 지위와 그를 옹호하는 유교적 이데올로기는 여성의 자유를 지속적으로 제한할 수 있는 사회적 구조를 가져왔으며 남편, 가장, 아버지, 장자로서 행사하는 가부장권은 온화하면서도 강고하게 그 자리를 지키고 있었다.

3

조선 중기의 가부장제와 가산

제2부에서는 가족관계에서 도출되는 가장의 권한을 중심으로 가부장제를 분석해 보았다. 제3부에서는 양반들의 살림살이에서 가산 운용의 방법과 그 기제를 구체적으로 살펴본다. 유교적 예식과 일가 부양에 동원된 인적·물적 자원의 흐름을 살핌으로써 조선 중기 가부장제를 규정하는 경제체제의 성격과 가부장적 지배구조를 파악할 수 있다.

한편 혼례나 천장례가 주자의 가르침을 얼마나 충실히 따르고 있는가를 보면 조선 중기 부계화의 정도와 가부장권의 강도를 알 수 있다. 신혼부부가 처가에 머무는 기간(거주율)과 천장례에서 나타나는 유교적 공순을 통해 가부장제가 어떻게 정착되었는가를 살피고, 딸과 사위의 처가 부양을 통해 여성의 역할과 여성권의 범위를 알아보며, 이에 대비되는 아들의 일가 부양을 통해 장자의 역할, 가(家)의 범위를 실증하며 가장권의 면모를 파악해 본다.

1장

혼수 준비와 인척관계

사회제도사적으로 볼 때 혼속의 변화는 성리학의 이념들이 각 가정에서 어느 정도 실행되고 있는가를 나타내주는 지표로서 조선 사회의 변화를 이해하는 데에 도움을 준다. 혼속의 역사적 변화에 대한 고찰을 예제에 초점을 맞추는 것과 혼인이 갖는 의미를 보는 것으로 대별해 본다면 이 장의 내용은 후자에 속한다. 특히 혼인에 필요한 혼수의 조달 과정과 그로 인한 인적 관계의 측면을 볼 것이다.

집안 간 결합의 성격이 짙은 조선조의 혼인은 혼반(婚班)의 형성을 통해 사족들 간의 유대를 강화하는 것이었다. 이런 측면에서 이들의 인적 교류는 매우 흥미로운 사안이다.[1] 또한 혼인에서의 물적 교류는 혼수 또는 선물의 형태로 두 집안 간에 오고 갔으며 인적 교류와 함께 양가의 관계를 돈독히 하는 역할을 했다. 혼수의 내력을 보면, 고려 시대까지 일반 백성들은

1) 연줄 혼인에 관해서는 조강희(1984), 「영남지방의 혼반연구」, 《민족문화논총》 6집, 영남대학교 민족문화연구소 참조.

단지 주미(酒米)로서 혼인했으나 귀족층에서만 주고받던 선물이 조선조에 『주자가례』가 전래되면서 납채(納采), 납폐(納幣)가 되었다고 한다.[2] 납채[3]에는 일정한 양식의 혼서를 보내고 납폐에는 청홍양단(靑紅兩緞)과 청홍양사(靑紅兩絲)가 쓰였으며 금품, 의류, 식료를 보내기도 했다.[4]

그러나 혼수는 단순한 선물의 형태를 벗어나 사치스럽게 되면서 논란이 일었다. 『경국대전』에서 신부가 혼인할 때에 데리고 가는 노비의 수를 제한했음[5]에도 오히려 부유층에서는 노비를 수십 명씩 데리고 가는 것을 자랑으로 여겼다.[6] 이것은 중종조에 편찬된 『대전후속록』에도 이어져서 가장이 혼수로 사치품을 마련하면 논죄한다는 규정이 실려 있다.[7] 또한 성현은 『용재총화』에서 조선 중기 부유층의 사치스러운 납채와 혼인식을 묘사하며 이를 비판적으로 바라보고 있다.[8]

호화 혼수의 문제는 조선조의 남귀여가(男歸女家)와 균분상속(均分相續)의 전통과도 관련지어 생각할 수 있다. 남귀여가혼으로 신부는 친정에 머물면서 혼수를 준비할 시간을 충분히 가지게 되며,[9] 혼인 시에 딸은 아들과

---

2) 『高麗圖經』 권19, 「宣和奉使」, 民庶. 김일미(1969), 「조선의 혼속변천과 그 사회적 성격」, 《이화사학연구》 4에서 재인용.

3) 납채란 신랑 집에서 청혼을 하고 신부 집에서는 허혼(許婚)을 하는 의례이다. 박혜인(1988), 『한국의 전통혼례연구』, 고려대 민족문화연구소, 21쪽.

4) 김일미(1969).

5) "新婦謁舅姑 酒一盆肴饌五器 從婢三人 奴十人 堂上官女子則 從婢四人 奴十四人."(『經國大典』, 「禮典」, 婚嫁條)

6) 김일미(1969) 참조.

7) 『대전후속록』, 「刑典」, 禁制. 박병호(1996), 『근세의 법과 법사상』, 진원 참조.

8) "옛날에는 혼가의 納采에는 옷 몇 가지만 썼고, 혼례식 날 저녁에는 찾아온 종친들이 모여서 한 상의 음식과 술 두세 잔만으로 그쳤는데, 요즈음은 납채에 모두 采緞을 사용하는데 많은 것은 수십 필, 적어도 수필에 이르며 납채를 쌓는 보도 명주나 비단을 쓴다. 혼례식 날 저녁에도 연회를 크게 베풀어 손님들을 위안하며, 신랑이 타는 말안장도 극히 사치스럽게 꾸미려고 힘쓴다. 또 재물이 든 함을 지고 앞서 가는 자도 있었는데, 나라에서 법을 만들어 이를 금하여 미리 이것을 보낸다"고 하였다.〔成俔(1969), 『慵齋叢和』 권1, 민족문화추진회, 21쪽(『대동야승』 권1)에서 재인용〕

동등하게 재산상속을 받으므로[10] 신부의 혼수가 호화롭게 되었다고 한다.

혼인으로 맺어지는 인척관계는 본족과의 우의만큼이나 깊었다. 조선 초기에 성리학적 질서를 구축하고자 한 위정자들은 상복제나 동성 불혼 등을 통하여 처족 내지는 모족과의 관계를 약화시키고자 했다. 조선조 외가나 처가와의 관계가 어느 정도 깊었는가에 대한 실상은 제도보다는 사례에 대한 연구에서 더 세밀하게 파악할 수 있다.

이 장에서는 조선 중기의 혼인을 『미암일기(眉巖日記)』를 자료로 삼아 살펴본다. 기존에 시도되지 않았던 신랑 집의 혼수 준비와 위요, 인척관계가 주요 연구 대상이고, 주로 다루는 혼인은 유희춘 맏아들의 첫째 아들인 유광선(柳光先)의 혼인이다. 이를 통해 실재한 인물들의 사회적 관계와 그들 간의 물품수수를 볼 수 있다.

이 장의 내용은 크게 세 가지로 나누어진다. 첫째, 유광선의 혼인이 성립하기까지의 과정을 간략히 살펴본다. 둘째, 신랑 집의 혼수 준비와 이를 도와준 사람들, 그리고 위요(圍繞) 부탁, 유대 형성을 본다. 이 과정에서 혼주 유희춘과 부인 송씨의 역할을 대비해 보고, 다른 여성들의 역할도 살펴본다. 마지막으로, 혼인으로 맺어지는 인척관계와 물품 수수를 양가 사돈의 관계, 신랑과 처가, 신부와 시가의 관계로 나누어 살펴본다.

1. 혼인의 성사 과정

유광선의 혼인은 유희춘이 혼주가 되어 치르는 맏손자의 예식이어서, 각별한 관심 속에서 이루어진다. 광선보다 먼저 혼인한 유희춘 형의 조카인

9) 김일미(1969).

10) Deuchler(1992), *The Confucian Transformation of Korea*, Harvard Press, 253쪽.

〈그림 1〉 유희춘과 그 사돈 김장의 가계도

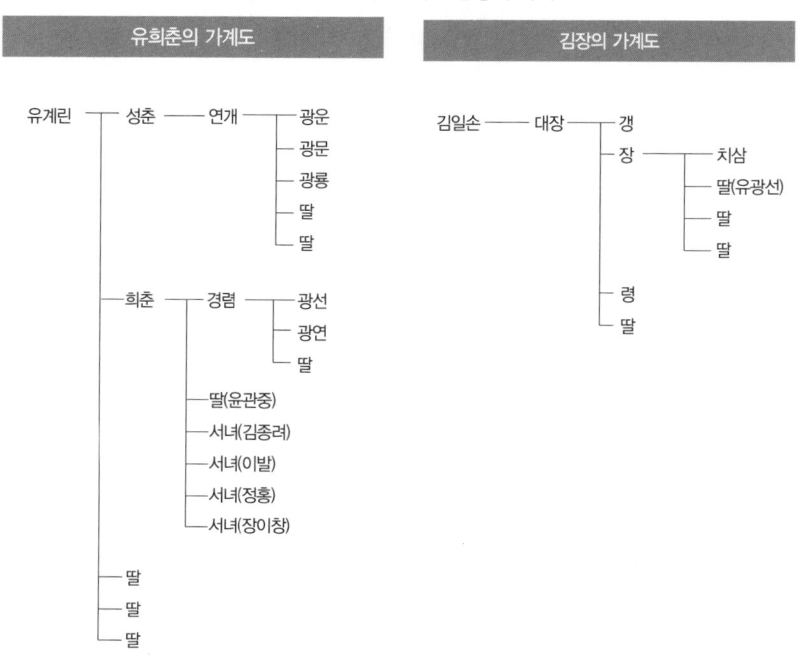

광문(光雯)의 혼인이나 얼녀의 혼인[11] 때보다 유희춘과 부인 송씨가 정성을 많이 쏟았다. 수소문 끝에 거론된 광선의 신붓감은 광선보다 한 살 연상인 김장(金鏘)의 장녀였다.

〈그림 1〉은 양가의 가계도를 구체적으로 보여준다.

당시에 유희춘은 호남에 기반을 두고 대대로 출사한 양반 집안 자손이었다. 반면에 사돈인 김장은 사과(司果)〔오위(五衛)에 든 정6품의 무반 벼슬〕라고 불렸으나 현직 관료는 아니었고, 무오사화로 요절한 김일손(金馹孫)[12]을 조

11) 유희춘은 나중에 첩으로부터 서녀의 혼인 소식을 전해 듣는다.

12) 1464~1498, 본관은 김해, 자는 계운(季雲), 호는 탁영(濯纓), 시호는 문민(文愍). 1486년에 생원이 되고, 식년문과(式年文科)에 급제하여 예문관, 이조정랑을 거쳤다. 성종 때 사관(史官)으로, 이극돈(李克墩)의 비행을 직필해 원한을 샀으며, 1498년에 『성종실록』을 편찬할 때

부로 하며 영남에 기반을 둔 양반이었다. 김장은 전주 유씨 부인과 혼인함으로써 처향을 따라 이주한 듯하다. 김일손 사후에 맏형인 준손(駿孫)의 차자 대장(大壯)이 대를 이으니, 김장은 그의 둘째 아들이다. 기존의 영남학자들의 혼반의 경우에서처럼 유희춘 집과 김장 집의 혼인도 상대가 문벌 있는 양반가여야 함을 기본조건으로 하고 있다.

이 혼인은 거의 혼인 말이 시작된 임신년으로부터 4년 만에 거행된다. 유광선은 선조 9년(1576)에 혼인을 올리는데, 신랑은 18세, 신부는 19세였다.[13] 계유(癸酉)년에 정식으로 말이 나온 혼인은 김장 집의 사정으로 계속 미루어지고 있었다. 이 과정에서 김장 집에서는 노(奴)를 보내서 절에 있는 광선을 불러내어 직접 선을 보기도 했으며,[14] 유희춘도 병자년이 길하다는 점을 전해 듣고 광선의 혼인을 병자(丙子)년으로 생각하고 있었다.[15]

2. 혼수 준비와 위요 부탁

신랑 집에서 신부 집에 예물과 혼서를 주는 납채를 거쳐 본격적인 혼인식은 전안(奠雁)으로 완성되나, 유광선의 혼인이 지연되고 있던 중에도 조부모는 신랑의 혼수를 준비하고 있었으며 신부에게 보낼 채단(采緞)은 오랜 시일에 걸쳐 준비했다. 혼주로서의 유희춘의 위치는 유희춘이 손자들의

스승 김종직이 쓴 『조의제문(弔義帝文)』을 사초(史草)에 실은 것이 이극돈을 통해 연산군에게 알려져 사형되니, 이 무오사화(戊午史禍)로 신진 사림은 훈구파에 의해 제거되었다. 중종반정(1506) 후 신원되어, 목천(木川)의 도동서원(道東書院), 청도의 자계서원(紫溪書院)에 배향되었다. 『탁영문집』이 있다.〔한국정신문화연구원(1999), 『한국민족문화대백과사전』 4, 859쪽〕

13) 신랑은 1559년생, 신부는 1558년생. 조선조 『經國大典』 禮典 婚嫁條에는 "남자의 나이 15세, 여자의 나이 14세가 되면 바야흐로 혼가하는 것을 허(許)한다"라고 되어 있다.

14) 『미암일기』 권4, 癸酉(1573) 11월 12일.

15) 『미암일기』 권4, 甲戌(1574) 9월 7일.

교육을 직접 담당하고 혼인에도 친부보다 많이 관여하는 것에서도 볼 수 있다. 혼인에 필요한 물자와 사람을 선정하여 구하는 것은 조부인 유희춘이 담당했다. 아버지인 유경렴은 희릉참봉(禧陵參奉)으로 밖에서 근무하므로 광선의 혼인에는 망건(網巾), 자지□회대(紫芝□繪帶),[16] 신노(新奴)의 초립(草笠)을 보내왔다.

신랑 집의 혼수 중 유희춘 집안에서 직접 마련하는 것은 납채에 쓸 채단과 혼서함, 신랑이 입는 혼례복, 말에 필요한 물품들과 노복이다.[17] 부인 송씨가 홍화로 면주(綿紬)에 물을 들였고, 광선이 혼인 때 입을 흑단령(黑團領)을 재봉했다. 부인은 납채를 위하여 채단을 재봉해 묶어서 혼함에 넣었다.

부인이나 유희춘이 노(奴)를 시키는 경우 외에도 특별한 기술이 필요한 혼수 물품은 장인에게 주문하여 제작했다. 안공(鞍工)으로 하여금 말안장에 필요한 과(跨)를 만들게 하고, 도배장을 시켜서 혼서함에 푸른 비단을 붙이는 일 등을 시키고 있다. 집안에서는 해남의 노(奴) 2명을 올라오게 했다.[18]

〈표 1〉은 유광선의 혼수 품목 중에서 유희춘의 집안에서 직접 만든 물품들이다.

가장인 유희춘이 혼주로서 서둘렀던 것은 혼수 조달과 위요 부탁이었다. 위요는 혼인식 때 신랑이나 신부 집의 하객으로 참석하는 것으로 유희춘 집에서는 병자 2월의 혼인을 앞두고 멀게는 혼삿말이 나왔을 때부터 가깝게는 혼사 일주일 전에 위요를 부탁하고 있다. 유희춘이 요객(繞客)으로 초청된 다른 혼례식의 경우를 보면 위요를 서는 요객은 신랑이 전안(奠雁)을

16) '□'은 탈초가 안 된 글자를 표시한다.

17) 유희춘이 집 짓는 시기와 신랑의 혼수 마련 시기가 겹치고 있으므로 분명히 혼수로 드러난 경우만 표에 명시하였다.

18) "與夫人 議定光先新奴 小者一雙 石伊 · 末石是也 大者 丙辰及長城邊作雙是也."〔『眉巖日記草』 권4, 癸酉(1573) 8월 26일〕; "海南奴 粉石 · 丙辰 以光先馬直新奴上來."〔『眉巖日記草』 권5, 丙子(1576) 2월 15일〕

〈표 1〉 유희춘의 손자 유광선의 혼수품목 중 집안에서 마련한 부분

혼수 품목	참여 인물	날짜
안공이 과를 만들다	유희춘 집	계유 9. 15
홍화(紅花)로 명주(明紬)를 물들이다	부인 송씨	계유 9. 20
신랑이 혼인에 입을 흑단령	부인 송씨가 재봉	을해 11. 13
망건, 자지□회대 1개, 신랑 노(奴)의 초립 1개	신랑의 아버지 경렴이 보냄	을해 12. 17
도배장을 시켜 혼서함에 청능을 붙임	유희춘 집	병자 1. 9
채단〔현(玄) 1필, 훈(纁) 1필, 홍사(紅紗) 1필, 자단자(紫段子) 1단, 압두록(鴨頭綠) 1단, 청능 1필, 명주 1필〕	유희춘 집	병자 1. 10
해남의 노 2명이 신노(新奴)로 올라왔다	유희춘 집	병자 2. 15

하고 안으로 들어가면 신랑 · 신부 측 양편 요객과 서로 읍(揖)을 하고 물러 나오는 역할을 맡는다.[19]

위요는 친아버지나 친인척과 더불어 덕 많고 신망받는 인물들 중에서 겉으로 드러난 관직과 명예를 중시하여 부탁했다. 유희춘은 맏손자의 혼인 전에 박광옥〔朴光玉, 경원(景瑗)〕, 이원정(李元禎), 정지(丁至), 김종호(金從虎), 김중윤(金仲潤)에게 위요를 부탁하고 있다. 유희춘은 박광옥을 호남 인물 중에 특출한 사람이라고 평하고 있었으므로, 그를 위요로 세움으로써 상대편 집안에 비해 신랑 집안의 위신을 높이고자 하였다. 이것은 "운봉 박경원이 위요로 와주어 광채가 배가 났다"고 언급한 것에서도 확인된다.[20] 이원정의 경우에는 사람이 선량하고, 효령대군의 후예라는 평을 받았다.[21] 찰방 정지는 유희춘 친구의 아들로 유희춘이 집을 짓는 데 필요한 철물을 보냈으며, 위요를 부탁받자 승낙을 하고 옷을 갈아입고 역마(驛馬)를 타고 신부 집에 가겠다고 했다.[22] 이것은 관(官)을 띠고 있다는 것을 나타내어 신

19) "江原監司崔蓋國第 繞其第三男入丈 飮小酌後 繞至大寺洞都正家 上堂繞立 新郎奠鴈再拜入內後 兩邊繞客 相揖卽出."〔『眉巖日記草』 권5, 甲戌(1574) 10월 26일〕

20) "雲峯朴景瑗來繞 光彩倍增."〔『眉巖日記草』 권5, 丙子(1576) 2월 21일〕

21) "余以景陽察訪李元禎善良 而孝寧大君之裔 請爲吾孫圍繞."〔『眉巖日記草』 권5, 丙子(1576) 1월 29일〕

랑 측 위요를 서는 손님들의 권위를 극대화하기 위한 것으로 생각된다.

유희춘은 신랑 아버지인 경렴에게도 사모(紗帽)와 품대(品帶)를 착용하도록 한다. 경렴이 비록 사장(辭狀)은 냈지만 아직 관(官)을 띠고 있으니 권도(權度)를 취해야겠다고 생각하고 있었던 것이다.[23] 광선의 아버지 되는 경렴과 육촌 간인 광문에게는 위요에 대하여 특별히 언급하지 않은 것으로 보아 이들이 위요를 서는 것은 혈족으로서 당연한 일이라 여긴 듯하다. 광문은 혼인 2~3일 전에 광선의 위요를 위해서 진원(珍原)에서 올라온다.[24] 광선이 남원의 신부 집에 입장(入丈)할 때 실제로 위요를 서는 인물은 신랑의 아버지와 육촌 간인 광문(光雯)과, 외삼촌 되는 김종호[25]이다. 김종호는 김인후의 아들로, 누이의 시댁을 방문하여 유희춘에게 인사하는 자리에서 위요를 부탁받자 승낙한다.[26] 김중윤은 부윤(府尹) 김희열(金希說)의 아들로 말에 필요한 물품을 혼수로 보내오기도 하는데 실제로 위요를 서지는 않는다.

이러한 위요는 서로간의 신망을 바탕으로 부탁하는 것으로, 유희춘도 다른 집의 혼인에서 하객이 되어 위요를 서준다.[27] 유희춘은 대사헌 박계현(朴啓賢) 집의 요객으로 초대받아서 사위 맞는 것을 맡고, 노극신(盧克愼) 집의 혼인에서는 촛불을 켜는 것을 맡게 된다.[28]

22) "朝 槩樹察訪丁至過謁 故友璜之子也 余以正月光先受室于南原金司果家時圍繞爲言 至對曰 諾 當迎新郎 宿槩樹 改服乘驛馬 以入丈云."〔『眉巖日記草』 권5, 乙亥(1575) 11월 16일〕

23) "景濂之繞光先入丈也 宜從權著紗帽品帶 以雖呈辭 而尙帶官 於吉事嘉禮 爲長子當變通故也."〔『眉巖日記草』 권5, 丙子(1576) 2월 15일〕

24) "日將暮 光雯來自珍原建洞 爲繞光先也."〔『眉巖日記草』 권5, 丙子(1576) 2월 16일〕

25) "申時 景濂來自南原婚所 問成禮之狀."〔『眉巖日記草』 권5, 丙子(1576) 2월 21일〕

26) 일기에 나타난 두 사람의 교류관계는 유희춘이 김종호에게 후추와 먹을 준 적이 있으며 김종호는 선릉참봉으로 올라가면서 유희춘에게 책을 보낸 것이다.

27) 『미암일기』 권5, 甲戌 11월 22일. 유희춘에게 위요를 부탁한 집은 여혼(呂混), 이사온(李士溫), 윤강원(尹剛元), 최개국(崔蓋國) 등이며 이사온은 사위를 맞는다며 혼인하기 16일 전쯤에 부탁했다. 정탁(鄭琢)의 사위 맞는 데 유희춘이 위요를 서주기로 했으나 어가를 수행하는 바람에 못 갔다.

〈표 2〉 유광선 혼인 때 위요를 부탁받은 사람들

위요	신랑과의 관계	유희춘과의 관계	부탁한 날짜
유경렴	아버지	아들	
유광문	육촌	형의 손자	
김종호	외삼촌	친구 김인후의 아들, 선릉참봉	병자 1. 30
박광옥		지인, 운봉재(雲峰宰)	병자 1. 25
정지		지인 정황의 아들, 오수찰방	을해 11. 16
이원정		지인, 효령대군의 후예	병자 1. 29
김중윤		부윤(府尹) 김희열(金希說)의 아들	계유 10. 24

유희춘은 광선의 혼인을 치르는 한편 둘째 손자인 광연(光延)의 혼인도 추진하고 있다. 호남의 특출한 인물로 평한 박광옥에게 위요를 부탁하고 광연을 보여주고서 흡족한 대답을 듣는 것 등은 새로운 유대관계를 넓혀나가는 데 혼인이 유용한 수단이었음을 보여준다. 또한 당시 양반가의 혼인은 상대 집안이 사회적 지위가 대등해야 한다는 것을 전제로 한 뒤 나이가 맞는 신부를 고르는 것이었으니, 집안과 집안 간에 형성되는 혼인의 사회적 차원도 여기서 알 수 있다. 즉 유희춘은 일단 상대방 집안을 살핀다. 그리하여 박광옥이 딸이 넷 있는데 가훈이 바르고 가정형편도 넉넉하니 사돈을 맺을 만하다고 보았고,[29] 그 후에 광연을 중간에 있는 사람들에게 보여 박광옥의 처자 중에서 을축생이나 병인생이 있는가를 물으니 셋째 딸이 을축생이라고 했다.[30] 이로부터 1년 뒤에 박광옥이 찾아왔을 때 유희춘이 둘째 손자를 보이자 박광옥은 "정신기운이 있다"며 사위로 삼을 뜻을 내비친다.[31] 이것은 위요를 부탁하는 한편 다른 혼인도 추진하여 양반들이 인적 네트워크를 확장하는 것을 보여준다.

혼인에서의 적극적인 혼수 조달과 위요 부탁이 조부의 역할인 데 반해,

28) 『眉巖日記草』 권5, 丙子(1576) 10월 8일.
29) 『미암일기』 권5, 丙子(1576) 2월 2일.
30) 『미암일기』 권5, 丙子(1576) 3월 30일.
31) 『미암일기』 권5, 丁丑(1577) 4월 19일.

부인 송씨는 집안일로 광선의 혼인을 돕는다. 부인 송씨는 사람을 통하여 신부 집에 대하여 알아보고 유희춘과도 상의하고 남편과 함께 광선에게 혼례 절차를 익히게 한다. 김씨는 당시에 정신이 혼미하여 실질적으로 혼인에서 신랑 어머니의 역할은 거의 없었다고 보아야 할 것이다. 간혹 이웃집에서는 외할머니가 적극적으로 혼주 역할을 하는 경우도 있었으니, 윤강원(尹剛元)의 부인은 외손녀를 혼인시킬 때 유희춘에게 위요를 부탁하고 횃불감 등을 청하였으며,[32] 유희춘 집에서 혼수 부조를 보내자 고맙다고 사례하였다. 유희춘이 혼인할 때 납채의 글을 그의 어머니가 쓴 것[33]을 보면 남편이 없을 때는 여성들이 적극적으로 혼사에 개입했을 것으로 짐작된다.

3. 친지들의 혼수 부조

집안에서 직접 마련하는 물품 외의 물품은 빌리거나 외부의 지인들에게 받고 있다.[34] 혼수 준비과정은 유희춘이 인맥을 활용하여 혼인물자를 어떻게 조달했는지를 보여준다. 혼인식에 쓰는 모자들은 한 번만 쓰는 것이므로 굳이 따로 마련하지 않고 이웃이나 지인들 간에 돌려 쓰고 있다.

지인이나 친척들에게는 말과 말에 필요한 물품들, 신랑의 모자, 신발, 궁시(弓矢), 노(奴), 혼인함 실을 것 등을 빌린다. 권영(權詠)에게서는 혼인에 쓸 말의 안피(鞍皮)와 혼함에 장식하는 두석(豆錫) 8냥을, 권우(權遇)에게서

32) 『미암일기』 권4, 甲戌(1574)) 4월 17일.

33) 『미암일기』 권5, 丙子(1576) 2월 11일.

34) 혼수의 내용에 살림살이가 없는 것은 광선의 신부 집에서 마련할 것임을 나타내고 있다. 그러나 분가(分家) 시에는 신부 집이 여의치 않으면 신랑 집에서도 보조를 하니 이것은 조카 손자인 광문이 새로 진원으로 살림을 차리러 떠나는 길에 송씨 부인이 조카 손자며느리에게 숟가락, 곡식 등을 주고 그의 노비들에게도 곡식을 주는 것으로 알 수 있다.〔『미암일기』 권5, 丙子(1576) 2월 5일〕

는 말안장〔鞍甲〕을, 권영의 손자인 권화(權和)에게서는 말을, 윤복(尹復)[35] 에게서는 말의 복부에 드리워 진흙이 튀는 것을 막는 청첨(靑韂)을 빌린다. 궁시는 김계(金啓)에게서, 혼립(婚笠)은 안경남(安慶男)과 유희춘의 제자인 성세장(成世章)에게서 빌린다. 성세장은 그의 아들이 장가가는 데에 썼던 모자 외에도 신랑이 신는 금 박힌 검은 신을 보낸다.

첨지 박인수(朴麟壽)는 혼인함을 싸는 큰 보자기를 빌려주며, 혼인함을 싣기 위해 말 등에 놓는 혼함급(婚函笈)은 진원의 김 목사(牧使)에게서 빌린다. 담양부사이자 친척인 이중호(李仲虎)도 신랑의 입장(入丈)에 쓸 모자〔鬃笠〕와 노(奴) 3명을 보내오는데, 그는 유희춘 사위의 큰아버지인 윤구(尹衢)의 사위이다.[36] 유희춘의 서사위인 김종려(金宗麗)는 신랑이 입장 때 쓰게 될 칠한 부채〔漆扇〕를 보내오고 있다. 혼인식에 즈음해서는 처조카사위인 이방주(李邦柱)와 조경중(曹景中), 그리고 처육촌의 남편인 박명성(朴命星)이 노(奴)와 말을 보내고 있다. 김종려와 이방주는 유희춘이 관직을 구해준 것에 대한 보답으로 집안의 행사 때마다 필요한 물품을 보낸다.[37]

유희춘이 종이나 곡식 등을 보내어 다른 집의 혼수를 부조하고 있으며 이에 대해 답례하는 것을 보면 혼자(婚資) 마련은 상호부조임을 알 수 있다.[38]

35) 윤복은 유희춘의 사위인 윤관중의 작은아버지다. 그가 장흥부사에 제수되는 것을 유희춘이 도왔다.〔『미암일기』 권4, 癸酉(1573) 9월 17일〕

36) 윤항(尹衖)은 윤효정(尹孝貞)의 4남 2녀 중 둘째이다. 유희춘은 윤구(尹衢), 윤항, 윤복(尹復)의 집안과 가깝게 지냈다.

37) 이성임(1995), 「16세기 조선 양반관료의 사환과 그에 따른 수입」, 《역사학보》 145집.

38) 유희춘은 유태호(柳太浩) 집에 부조하고〔『미암일기』 권4, 癸酉(1573) 8월 26일〔유태호의 부인이 혼사를 도와준 것에 주과(酒果)로 사례한다.〔『미암일기』 권4, 癸酉(1573) 10월 28일〕 한편 유희춘은 부인의 사촌의 처씨가 과부로 사위를 맞는 데 부조한다(『미암일기』 권5, 丙子 1월 17일). 조선 후기의 종부 연구에 의하면 집안 공동으로 혼인 물품을 마련해 혼사 때마다 돌려쓰는 경우도 있었다.(박미해, 1997)

〈표 3〉 유희춘의 손자 유광선의 혼수 중 친지 · 친척들이 보내거나 빌려준 것

혼수품목	인물	날짜
혼장안피(婚裝鞍皮)	권영에게서 빌리다	계유 8. 23
혼함에 장식하는 두석 8냥	권영에게서 빌리다	계유 9. 10
말안장[鞍甲]	권우에게서 빌리다	계유 9. 15
말	권화에게서 빌리다	계유 9. 15
궁시	김계에게서 빌리다	계유 9. 15
청첨	윤복에게서 빌리다	계유 9. 16
성세장 아들의 혼립	호판(戶判) 성세장에게서 빌리다	계유 10. 6
혼립	안경남에게서 빌리다	계유 10.16
소흑화협금자(小黑靴夾金者, 신랑이 신는 금 박힌 검은 신)	성세장이 보내다	계유 10.19
혼인대복(婚函大袱, 혼인함을 싸는 큰 보자기)	첨지 박인수에게서 빌리다	계유 10.23
혼함급	김 목사에게서 빌리다	병자 1. 8
입장 때 쓸 발립	담양부사 이중호가 보내다	병자 2. 7
신랑이 지니는 칠한 부채	흥덕재 김종려가 보내다	병자 2. 13
3명의 관노	담양부사 이중호가 보내다	병자 2. 16
노 2명과 말	박명성이 보내다	병자 2. 16
노와 말	이방주, 조경중이 보내다	병자 2. 16

4. 관청의 혼수 부조

유희춘의 맏손자인 유광선의 혼인식은 많은 부분 관력(官力)에 의하여 거행되었다. 당시에 유희춘의 가계가 넉넉한 편이 아니었다는 것도 이유가 되겠지만, 당시에는 서로 도움을 주고 받았는다는 점도 이유가 된다.

관청에 있는 지인들에게 유희춘이 부탁하는 것을 보면, 찰방에게 말안장 덮개와 안장 꾸미개를, 7촌 조카이면서 추피만호(楸皮萬戶)인 전사영(全斯英)과 함흥판관(咸興判官) 윤우신(尹又新)에게는 염초(染草)를 청한다. 순창군수 김대(金玳)는 안장 발걸이, 가죽 주머니, 말린 꿩, 생강정과를 보내왔다. 관찰사 최응룡(崔應龍)은 광선의 혼서지(婚書紙)와 수서(修書) · 정서(正書)할 종이, 장지(壯紙), 먹, 붓 등을 보내온다. 또한 유희춘은 김장 집에서 알려 온 1월의 납채일과 2월의 성혼식에 쓸 기러기를 구한다. 암기러기는

〈표 4〉 유희춘의 손자 유광선의 혼수품목 중 관청에서 보낸 것

혼수품목	관직, 인물	날짜
안장 덮개, 안장 꾸미개〔懸赤〕	청암찰방 박강수(朴崗壽)에게 청함	계유 10.8
염초	추피만호 전사영, 함흥판관 윤우신에게 청함	계유 11.12
안장 발걸이〔鞦皮鐙子〕, 가죽주머니(分套), 말린 꿩(乾雉) 5首, 생강정과(生薑正果) 5승	순창군수 김대(중윤) 보냄	갑술 2. 20
장지 15권, 주지(注紙) 2권, 표지(表紙) 1권, 참먹 20정, 붓 4자루	관찰사 최응룡 보냄	을해 11. 3
암기러기〔雌鴈〕	광주목사 성수익 보냄	병자 1. 12
수기러기〔雄鴈〕	김제수령 정황 보냄	병자 2. 14

광주목사인 성수익(成壽益)이, 수기러기는 김제수령이자 정철의 형인 정황(鄭滉)이 보내주었다. 신랑 집에서 마련하는 혼수들은 납채와 혼인식에 쓸 품목들인데, 여기에 동원된 물품들을 종류, 인물, 날짜별로 나열하면 〈표 4〉와 같다.

유희춘이 집안에서 제조하지 않는 혼수물품을 빌리거나 지인인 관직자들에게서 받는 것을 보면 유희춘이 권력을 활용하여 혼인물자를 어떻게 조달했는지 알 수 있다. 말안장에 관계된 물품들은 찰방을 통해 빌리는 것이 용이했을 것이며, 산 기러기 등은 지방의 수령과 목사들을 통해 조달했다. 유희춘과 권득경이나 성세장, 권우, 이중호[39] 등은 친분 위주로 맺어진 관계이며 찰방, 군수, 목사, 수령 등은 관계(官界)에서 교류하는 인물들이다. 관(官)의 소유물은 사대부들만이 빌릴 수 있었던 것으로, 유희춘이 행사할 수 있었던 특권과 친분 관계를 보여주는 것이라 하겠다.

신랑 집을 중심으로 쓰인 『미암일기』에는 신부 집에서 신랑을 맞기 위한 혼례를 준비하는 과정이 없으나 이를 『묵재일기(默齋日記)』에서 찾아볼 수

39) 유희춘은 며느리가 나들이할 때에 부사 이중호에게 가마꾼을 편지로 부탁하고, 이중호는 노루의 뒷다리를 보낸다.〔『미암일기』 권5, 乙亥(1575) 12월 22일〕

있다. 이문건(李文楗) 손녀의 혼인은 집안 형편이 어려운 가운데서 치러졌으나 혼수 준비 과정은 신랑 집인 유희춘 집의 경우보다 훨씬 정교하고 복잡하다. 이문건은 친지들에게 혼인이 정해졌으므로 더 이상 알아보지 말라 하고 혼자를 도와달라고 했으며, 인근 지방관들에게도 부조해 줄 것을 청했다. 혼사를 도와줄 인력을 구하고, 목수를 불러 집 안을 수리하고, 비(婢)들에게 방을 도배하고 음식을 마련하게 했고, 판관(判官)의 내실(內室)에게서 신부의 복식을 빌려다 놓는다.[40)]

신랑 측인 유희춘 집안과 이문건 집의 공통점으로는 가부장의 친분관계를 통해서 관(官)과 친지들로부터 혼수를 조달한 점[41)]과 위요로 판관과 목사를 청해 집안의 위상을 드러내 보이고자 한 점을 들 수 있다. 차이점은 신부 측에서는 집안을 수리하고 벽지를 바르는 등의 신혼부부를 위한 주거 마련, 혼례 음식 준비, 손님 접대에 많은 시간을 할애하고 있다는 것이다. 혼수 준비 때도 유희춘 집은 친척들에게 적극적으로 도움을 청하지 않으나 이문건 집에서는 혼자를 도와달라고 친지들에게 적극적으로 청한다. 이문건 집안보다는 풍족했을 신부 측 김장 집에서는 이보다 더욱 성대하게 혼인 준비를 했을 것으로 짐작된다.

5. 인척관계와 선물 수수

혼인으로 양가는 새로이 인척관계를 맺게 된다. 사돈 간, 사위와 처가, 며느리와 시가의 관계를 살펴보면서 인척 간의 친밀도와 물품 수수를 살펴본다.

40) 김소은(2001), 「16세기 양반가의 혼인과 가족관계」, 《국사관논총》 97집.

41) 이문건에게 친인척과 각도의 지방관들이 다양한 물품을 지원하고, 궁중의 왕대비전에서도 특별히 전복, 부용 등을 보내온다.

1) 가장의 사돈 관계와 선물 수수

유희춘 집과 김장 집의 혼인은 양반이라는 사회적 지위를 전제로 한 것이긴 하나, 서로 교유가 있던 관계가 아니었으므로 잘 알지 못하는 상태로 치러지게 되었다. 그러나 택일과 혼인식을 통해 양 집안이 상의하고 있는 것을 볼 수 있다. 납채와 혼인식의 날짜를 정하는 데에는 신부 집에서 정해 신랑 집에 통보하는 것이 일반적인 듯하며, 유희춘은 약간의 이의가 있는 듯하나 이에 따르고 있다.[42] 김장 집에서 혼인식을 잘 챙기지 못하자 유희춘은 이에 대하여 탄식하다가 혼례가 끝나고 나자 무사히 혼례를 치렀다며 스스로를 위로한다.[43]

유희춘은 가끔 처가를 왕래하는 손자를 통해 사돈인 김장이 유식하고 응낙을 신중히 하고 신의를 존중한다는 말을 전해 듣는다. 그리고 김장이 주위의 이간질에 흔들리지 않았다고 하는 혼인 후일담도 전해 듣는다. 전하여 들은 것이라고는 하지만 김장 집에 다른 곳으로부터 혼인 말이 들어오고 있었다는 점과 유희춘 집에 의혹을 갖고 있었다는 점은 주목할 만하다. 대외적으로 차녀의 죽음과 노비들의 병 등을 이유로 들어 택일(擇日)을 지연시키며 김장이 굳이 병자(丙子)년을 고집한 것은 장녀의 혼인을 병자년에 하면 부부가 이별하지 않고 길할 것이라는 점쟁이의 말을 믿고 있었던 까닭도 있었다.[44] 김장은 혼인 후에도 점쟁이의 말〔卜說〕에 구애되어 피접소에서 머물며 돌아갈 시기를 점치고 있다.[45] 그러나 김장 스스로 중매인에게 말하기를 병자년이 길하다고 유희춘에게 얘기하면 다른 곳으로 혼사

42) 『眉巖日記草』 권5, 丙子(1576) 2월 16일.

43) 『眉巖日記草』 권5, 丙子(1576) 2월 22일.

44) "問長女之吉凶則 今歲成婚 必有夫婦相離之患 必待丙子年最吉云."〔『眉巖日記草』 권4, 癸酉(1573) 10월 25일〕

45) "金聲遠伻來報 以家人已歸新家 己拘卜說 姑留木洞 開月旬後 詣淸道云."〔『眉巖日記草』 권5, 丙子(1576) 3월 27일〕

를 정할까 염려되기는 하나 본인은 어길 뜻이 없다고 강조하고 있다.[46] 납채와 혼서가 오가기 전이므로 아마도 혼인이 성사되지 않을 수도 있음을 염두에 두고 있는 것이다. 그러나 3~4년이 지연되는 동안 김장이 한편으로는 이 혼인을 주저하고 있었던 것은 아닐까도 추측된다.

당시 양반들에게 혼인은 매매나 증여 등의 경제활동과 더불어 매우 귀중한 재산 증식 수단이었다. 특히 균분상속하에서 혼인으로 인해 신랑 집에 귀속되는 신부 집의 재산은 양반가에서도 매우 절실한 문제였을 것이다. 유희춘이 신부 측을 배려하면서까지 김장 집과의 혼인을 고대하고 있었던 데서는 경제적인 동기를 배제할 수 없다. 특히 맏형 유성춘(柳成春)이 죽고 실질적인 장자로서 조상 봉사를 도맡아야 했던 유희춘으로서는 재산 증식으로 가문을 일으키는 것이 절실했을 것이다. 비록 부유하다고는 하지만 김장의 집 역시 유희춘의 권세가 기울어감을 염려하지 않았을까. 어쩌면 그것은 유희춘이 관직에서 물러나 담양에 와 있는 것과도 관련지어 생각해 볼 수도 있을 듯하다. 서사위가 병든 서녀를 돌려보내자 유희춘은 자신이 사직하고 내려와서 그런가 보다며 무척 통분해하는 상황[47]으로 미루어 보면, 광선의 혼인이 지연된 것도 유희춘이 관직에서 물러난 것과 관련될 수 있을 것이다.

〈표 5〉는 혼인으로 양가가 선물을 주고받는 것을 유희춘과 김장, 광선과 유희춘의 손자며느리의 경우로 정리한 것이다. 물론 이 장에서 관찰할 수 있는 기간이 1년 정도이므로 실제 상황을 다 볼 수는 없다. 유희춘은 김장이 사위에게 후하다고 여기고 있으므로, 이후에도 김장이 광선에게 물질적인 원조를 지속했을 것으로 생각되며, 이처럼 양가가 주고받는 물품들은 새로이 결합되는 신혼부부들을 통해 양가의 유대를 공고히 하는 데에 기여

46) "金鏻自言 卓卜若以今年又不吉云則 但慮令宅以爲太緩 而定爲於他處 我則萬無相負之意云 則其意之靡他名矣."〔『眉巖日記草』 권4, 癸酉(1573) 10월 25일〕

47) 『眉巖日記草』 권5, 乙亥(1575) 11월 14일.

〈표 5〉 유희춘 집과 김장 집의 혼인을 전후한 선물 수수

선물수수 방향	내용	날짜
유희춘 → 김장	역서 채단(〈표 1〉 참조) 후추와 전복 3꼬치 『탁영자집』 호묵(好墨)	을해 11.22 병자 1. 10 병자 2. 29 병자 3. 27 정축 1. 24
김장 → 유희춘	노비들에게 후향(厚餉)하다 음식 마련 목수	계유 10. 18. 병자 2. 24 정축 1. 24
광선 → 유희춘	꿩 2마리	병자 3. 7
유희춘 → 광선	신노 4명 논의 말 1필 붓 1자루 양생대요	계유 8. 26 병자 2. 24 병자 2. 14 병자 3. 22
외조모 → 광선	신노비 4명에게 포 5승 2필을 나누어 주다	병자 2. 28
김장 → 광선(딸)	신노비 각 4명, 마부 2명, 말, 말안장 집을 광선에게 사 줄 뜻이 있다 광선 의복을 보내다 말 한 필을 사서 보내다	병자 2. 23 병자 2. 25 병자 4. 6 병자 6. 6
유희춘 → 손자며느리	소합원(蘇合元) · 구통원(九痛元) · 후추	병자 5. 14

했을 것이다.

〈표 5〉에서 알 수 있듯이, 혼인 후에 유희춘과 김장, 두 집안 간에 오간 선물은 많지 않다. 유희춘 집에서 김장 집에 보내는 것은 채단, 달력, 후추, 전복, 먹 등이다. 채단은 납채 시에 신부 집에 보내는 옷감이었다. 유희춘이 달력을 보낸 것은 광선이 혼인이 미루어진 데 따른 초조함 때문이었다. 김장 집에서 병자년으로 혼사를 미루자고 하자[48] 노심초사한 유희춘은 달력을 중매쟁이에게 전하여 김장이 납채와 전안의 날짜를 잡는 데 쓰도록 한다. 주위의 험담과 구혼에 김장이 흔들리지 않았던 것은 유희춘이 이렇

48) 『眉巖日記草』 권4, 癸酉(1573) 10월 25일.

게 해마다 보내주는 역서(曆書)[49]의 은근한 뜻에 감복을 받았기 때문이라는 말을 유희춘은 전해 듣는다.[50]

유희춘은 남원의 누이 한매(韓妹)에게 보내면서 한편으로 남원의 김장 집에도 후추와 전복을 보낸다. 김장이 유희춘 집에 집 지을 목수를 보내오자 유희춘이 감격하며 좋은 먹으로 사례하였다. 김장은 유희춘에게 편지를 보내, 아픈 것을 호소하며 약을 물어보기도 한다. 유희춘은 김일손(金馹孫)의 문집인 『탁영자집(濯纓子集)』을 교정해서 김장에게 보내면서, 잘 만들어 본인에게도 1본을 보내달라고 했다.[51] 이것을 보면 김장이 조부의 문집 교정을 사돈 유희춘의 학식에 의탁하는 사돈 간의 유대가 형성되고 있음을 알 수 있다.

김장 집에서 유희춘 집에 보내진 물품으로는 유희춘 집으로 직접 전달된 것과 광선이 유희춘 집으로 보낸 것이 있다. 혼인 말이 오갈 즈음에 김장 집에서는 광선과의 혼의가 이루어짐을 기뻐하여 심부름 간 유희춘의 노(奴)를 후하게 대해 주었다. 광선이 남원 장가(丈家)에 있으면서 신노를 보내어 꿩 2마리를 보내왔다.[52] 혼인식 후 광선이 본가에 인사 올 때 김장 집에서 보내온 음식을 광선의 아버지인 경렴이 가까운 친척과 이웃들을 불러 나누어 먹었다.[53] 김장은 신랑의 아버지인 유경렴과 주고받은 편지에서 사

---

49) 『眉巖日記草』 권5, 乙亥(1575) 11월 22일. 당시의 역서는 4000부 정도만 왕실과 고위관직들에게 나누어주던 희귀품이었다. 정성희(2002), 「조선 후기 역서(曆書)의 간행과 반포」, 《조선시대사학보》 23집, 조선시대사학회.

50) "聞宋緣等 誣間金婚 而求婚者如麻 聲遠確然牢定 不爲讒說所搖 又感余歲歲遺歷 日慇懃之意云."〔『眉巖日記草』 권5, 丙子(1576) 2월 24일〕

51) 『眉巖日記草』 권5, 丙子(1576) 3월 27일.

52) 『眉巖日記草』 권5, 丙子(1576) 3월 7일.

53) "景濂 以姻家所送物 招族鄰共飮之."〔『眉巖日記草』 권5, 丙子(1576) 2월 24일〕 혼례를 치른 김원개(金元凱)가 청주 2병, 위반부(胃半部), 대합(大蛤) 10개, 홍시 40개를 가지고 와서 주었다〔『미암일기』 권5, 乙亥(1575) 11월 29일〕는 기록을 보면 혼례 후 술과 음식을 나누는 풍습이 있었던 듯하다.

위를 칭찬하고 있다.[54]

유희춘과 김장의 관계는 유희춘이 기존에 맺은 다른 사돈 관계와는 사뭇 다르다. 며느리의 아버지인 김인후(金麟厚)와는 절친한 친구였으며, 사위의 아버지인 윤항(尹衖)과도 자주 교류하고 도움을 받던 처지였으나, 김장과는 중매인을 통하여 알게 된 사이였다. 비록 이 혼인에서는 살펴볼 수 없었지만, 사돈 간의 유대는 양쪽 집안의 요구를 수용하는 일에서 시작되었을 것이며, 이것은 인척으로 맺어진 사돈 간의 상호부조였을 것이다. 형의 손자인 광문의 경우, 장인이 다른 사람의 노비를 훔쳤다가 남원관아에 갇히게 되자 결국 유희춘이 석방시켜 준다.[55] 윤항은 사돈인 유희춘이 귀양살이할 때와 경제적으로 어려울 때에는 물심양면으로 도움을 주었고 이에 대한 보답으로 유희춘은 윤씨 집안의 문제들과 사위의 관직 천거 등을 고위 관직자들과의 친분으로 해결해 주었다. 만일 새로 맺은 혼가인 김장 집에서도 요청이 왔다면 이러한 맥락에서 유희춘이 권력과 친분을 동원했을 것이다.

2) 신랑의 처가 관계와 선물 수수

혼인으로 남원의 장가(丈家)로 가게 된 광선은 처가에서 새로운 관계를 만들어간다. 광선의 처가 적응은 비교적 순탄했던 듯하니 그의 온화한 성품과 조부모 슬하에서 몸에 익힌 기품이 다른 사람에게서도 좋은 평가를 받은 것으로 보인다. 광선이 노비를 때리는 장인 · 장모를 말리자 노비들이 축수했다는 것은 그의 원만한 성격을 나타내준다.[56] 광선의 인품은 그의 할아버지인 유희춘도 칭찬하는 바였다.[57]

54) "金聲遠書云 鏘病大槪似歇 又與景濂書云 賢胤幼少 情甚可愛云云."〔『眉巖日記草』 권5, 丙子(1576) 3월 7일〕

55) 『미암일기』 권5, 乙亥(1575) 12월 25일.

56) 『미암일기』 권5, 丙子(1576) 3월 1일; 권5, 丙子(1576) 5월 18일.

유희춘은 혼례를 앞둔 손자에게 붓을 주는데 광선이 이미 아버지에게 받았다고 했으나 굳이 주었다[58]는 것이나 유희춘이 손수 양생대요(養生大要)를 수용기(受用記)에다 써서 광선에게 주었다[59]는 것은 몸과 마음을 바로 가지라는 의미라고 생각된다. 혼인 후에 친가에 온 광선에게 유희춘은 말 1필을 준다. 또한 광선의 외조모가 광선의 혼인을 좋아하여 5승 2필을 신노(新奴) 4명에게 나누어 주었다.[60] 유희춘 부부는 광선 부처가 처가에서 돌아오면 같이 살 집을 구상하고 있었다.[61]

혼인 후에 김장은 신랑인 유광선의 예의법도가 단아해서 교만방자한 태도가 없다며, 재상의 집과 혼인하고 또 좋은 사위를 얻으니 온 집안이 크게 기뻐하고 열 아들의 급제가 이처럼 제일가는 사위 얻은 것만 못할 것이라고 했다.[62] 유희춘의 장인도 유희춘이 장가오는 날 좋은 사위 얻었다고 기뻐했던 것으로 미루어 보면, 당시에 신부 집안의 지위를 격상시키는 데에 사위의 출세가 영향을 주었을 것이다.

김장은 혼인 후에 사위에게 의복과 말을 주고 집을 사주려는 등 물질적인 원조를 하고 있다. 〈표 5〉에 나타나 있듯이, 광선이 친가에 왔을 때 신노비 각 4명, 마부, 치장된 말[63]을 데리고 온 것은 가산으로 중시되던 노비[64]를

57) 『미암일기』 권5, 丙子(1576) 2월 14일. 광선이 천 권의 책 속에서 서책을 찾아내고 아주 총명하고 민첩하며 선(善)에 따르는 것도 잘한다고 유희춘이 매우 좋아했다.

58) 『미암일기』 권5, 丙子(1576) 2월 14일.

59) 『미암일기』 권5, 丙子(1576) 3월 22일.

60) "未時 光先還自長城 外祖母喜成婚 以五升二匹 分給新奴四名."〔『眉巖日記草』 권5, 丙子(1576) 2월 28일〕

61) 『미암일기』 권5, 丙子(1576) 2월 23일.

62) "新郎禮度閑雅 性氣端謹 無膏梁驕放之氣 自以爲與宰相結婚 而又得佳壻 一門大喜 以爲十男之登第 未若得第一壻之如此也云云."〔『眉巖日記草』 권5, 丙子(1576) 3월 4일〕

63) "新奴婢各四名 馬直二名 凡衣服治裝 以至鞍馬 莫不具備."〔『眉巖日記草』 권5, 丙子(1576) 2월 23일〕

64) 이수건(1995).

광선의 처가 분배받았음을 뜻한다. 김장은 서울에 집을 마련해 줄 뜻을 광선에게 내비쳤으며[65] 본가에 와 있는 광선을 위해 의복을 완비해 보내기도 하고, 청도(淸道)에서 광선에게 말 한 필을 보내기도 해 유희춘이 후하다고 기뻐했다.[66]

3) 신부의 시가와의 관계와 선물

신부가 신랑 일행을 대면하는 것은 혼인식을 치른 다음 날이었다. 선조 9년(1576) 2월의 혼인식을 치르고 신부와 김장의 가족들은 시부인 유경렴, 김종호, 광문 등의 일행을 만난다.[67] 혼인식에 참석하지 않은 유희춘은 남원에서 돌아온 아들에게서 신부의 용모와 거동이 단정하고 신랑도 단아해 사람들이 양미(兩美)라고 했다는 말을 들었다. 유희춘은 혼인 후에 광선으로부터 처(妻)가 순진하고 얌전하며 집안 살림을 잘해 괜찮은 점이 많다고 전해 듣는다.[68]

유희춘은 손자며느리가 혼인 후부터 두창(頭瘡)이 생겨서 차도가 없다는 말을 듣자, 자초(紫草)를 새로 길은 물에 담가 복용하라고 했다.[69] 또 남원에서 광선이 편지하여 처의 약을 구하자 유희춘이 소합원, 구통원, 후추 등을 보냈다. 이것은 〈표 5〉에 나타나 있다. 유희춘은 더위를 먹어서 아프므로 홍탕에 목욕하고 말똥탕을 마시고 또 말똥 말린 것을 잘 빻아서 새로 뜬 물에 갠 다음 꿀과 함께 마시는 것이 묘방이라고 했다.[70]

---

65) "金司果 欲成置京舍 以給長壻光先之意."〔『眉巖日記草』 권5, 丙子(1576) 2월 25일〕
66) 『眉巖日記草』 권5, 丙子(1576) 6월 6일.
67) 『미암일기』 권5, 丙子(1576) 2월 21일.
68) 『미암일기』 권5, 丙子(1576) 3월 18일.
69) "光先言 其新婦自成婚後數日 頭上有瘡 至今不差 此蓋熱盛上攻也 余以爲當以紫草二兩 浸于新汲水 二鍾子服之則 熱退而差 又聞金司果亦患頭瘡 亦可以此救之."〔『眉巖日記草』 권5, 丙子(1576) 3월 19일〕

유희춘은 첨지중추부사를 끝내고 오는 길에 남원의 사돈집에 들러서 손자며느리를 처음으로 보게 된다. 이때 손자며느리가 성장(盛裝)을 하고 인사하자 유희춘은 일어서서 신부를 맞는데, 이는 장손부(長孫婦)에게 예를 갖춘 것이었다고 한다.[71] 성품상 유희춘 부부가 손자며느리에게 따스한 애정을 베풀었을 것이라 생각되나 일기에는 나타나지 않는다.

* * *

지금까지 조선 중기의 유학자 유희춘의 장손의 혼수 준비와 이를 도와준 사람들, 위요 부탁, 그리고 혼인 후 양가의 인척관계와 물품 수수를 살펴보았다. 여기서 나타난 조선 중기 양반사회에서의 가내제조, 주문생산과 자급자족, 관권 전유 등은 가산제적 특징으로 지적될 수 있다. 조선 중기 유희춘 집안의 혼례에서는 집안에서 직접 제조하거나 친척과 지인들의 도움을 받아 혼수가 마련되었으며 신랑 집에서는 납채와 전안의 혼인예식에 필요한 물품만을 준비했다. 나머지는 친지를 비롯해 관료로 있는 지인들이 보통 사람들이 얻기 힘든 혼수물품들을 관권을 이용해 도와주고 있었다. 유희춘이 고위관료 경력을 통해 쌓은 인맥은 혼수 조달과 위요 부탁을 가능하게 했다.

한편 혼인은 한 집안의 가산과 물적 토대를 통해 장악된 가부장권이 확대 재생산되는 것을 돕는다. 혼인 후에도 손자나 조카손자의 처가의 어려움을 해결해 주는 데서 구성원과 가부장 간의 공순이 보인다. 유희춘은 광선의 혼인을 치르는 한편, 둘째 손자인 광연의 혼인도 추진하고 있다.

장손(長孫)에 대한 배려는 특히 광선보다 먼저 혼인한 조카손자 광문의

70) "末末 南原姻家奴 持光先書來 其妻心腹上下而痛 來乞藥也 余以蘇合元 · 九痛元 · 胡椒等藥爲送 以中暑而痛 令浴紅湯 飮馬糞湯 又令乾馬糞研細 新汲水溫湯 同淸蜜交和飮之此最妙方也."〔『眉巖日記草』 권5, 丙子(1576) 5월 14일〕

71) "新婦盛粧出謁 余起立 敬長孫之婦也."〔『眉巖日記草』 권5, 丙子(1576) 10월 28일〕

혼인 때에 비해 유희춘과 부인 송씨가 정성을 더 많이 쏟고 있는 것에서도 알 수 있다. 가계를 계승해 갈 장손의 출세는 곧 가문의 영광이며, 이 점에서 혼인은 매우 중요했다. 상속은 혼인이 양가의 이해관계가 걸린 민감한 사안이 되게 했으며, 양가는 서로의 경제적 · 사회적 지위를 저울질하여 혼사를 이루게 되는 것이었다. 명예를 가진 유희춘 집안의 장손인 유광선이 명망가이자 부자인 김일손의 후손 되는 집안과 혼인하는 것에서도 이를 알 수 있다.

유광선의 혼인으로 맺어지는 양가의 관계, 즉 사돈 간, 사위와 처가, 며느리와 시가의 인척관계는 이 혼인에서 선물 수수를 통해 더욱 친밀해지고 있다. 비록 신랑에게 주는 선물이지만, 혼인식 후에 광선의 부인이 집, 노비, 옷, 말의 형태로 친정으로부터 상속을 받는 것은 여성들의 경제적 지위를 반영하고 있다고 하겠다. 신부의 상속분은 신랑 집에서는 재산의 증가를 의미하는 것이었으므로 중요하게 여겨졌다. 한편 사위의 사회적 성공은 신부 집에서는 지위의 격상을 의미하는 것이었다.

혼인 준비에서 여성들은 보조적 역할을 맡았으나 때로는 가장의 부재 시에 주혼자가 되기도 했으니 이는 16세기 사회의 유동적인 성격을 반영하는 것이라고 하겠다.

2장

반친영의 절차와 거주율

사회의 예속(ritual)은 문화적으로 규정된 언어와 행위의 상징적 표현이다. 조선조 혼인예속은 사회적 지위를 유지하려는 두 집안의 이해관계[1]가 걸린 문제일 뿐 아니라 국가적으로도 중요한 사안이었다. 법으로 혼인 연령을 정했고, 적령기의 가족 성원을 혼인시키지 않는 가장에게는 제재가 가해졌다. 조선조 혼인예속 중에서도 특히 인습적으로 내려온 남귀여가혼(男歸女家婚)과 새롭게 등장한 반친영은 사대부 지배층의 관심사를 보여줄 뿐 아니라 유교화의 정도를 반영한다.[2] 반친영은 말 그대로 중국식 혼례절차인 친영의 반(半)을 의미하며,[3] 사례(四禮)인 관례, 혼례, 상례, 제례 중에서 혼례는 가장 뒤늦게 유교화된 예식으로 볼 수 있다. 조선 중기 혼인 예

1) 송준호(1987), 「남원에 들어오는 창평의 월구실(維谷) 유씨—양반세계에 있어서 혼인이 의미하였던 것」, 『조선사회사연구』, 일조각, 307~325, 403쪽.

2) Deuchler(1992), *The Confucian Transformation of Korea: A Study of Society and Ideology*, Cambridge: Harvard University Press, 246쪽.

3) Deuchler(1992), 244쪽.

식의 역사적 변화를 고찰하는 것은 사회 관습의 유교화 과정과 그 한계를 보여줄 수 있을 것이다.

1. 반친영 혼례의 등장

1) 친영

조선 초기 신흥 사대부들은 기존의 남귀여가의 혼속을 『주자가례(朱子家禮)』에 의한 친영으로 바꾸고자 했다. 물론 그들도 전래되던 혼속이 지속되는 상태에서 새로운 의례를 도입하기 어렵다는 것은 알고 있었다. 『주자가례』에 나와 있는 유교식 혼례의식은 다음의 절차를 거친다. 혼인을 상의하는 의혼(議婚), 채단을 보내는 납채(納采)(여기에는 혼수를 보내는 납폐(納幣)가 포함될 수 있다), 신랑이 신부를 친히 만나서 신부를 시집으로 데리고 가는 친영(親迎), 신부가 시부모에게 인사드리는 견구고례(見舅姑禮), 신부를 조상의 사당에 참배하게 하는 묘견(廟見) 등.[4)]

이러한 절차에서, 친영은 신부가 거주지를 친정에서 신랑의 본가로 옮기는 것을 나타낸다. 전래되던 조선조 혼인의례는 신부가 혼인 후에도 친정에 머무는 것으로 유교식 모델과는 다른 것이었다. 조선 초 사회 지배층들은 혼인 후에 남자가 처가에 머무는 전통은 남성〔陽〕을 여성〔陰〕에 복속시키는 것이므로 유교식의 친영으로 고쳐야 한다고 주장했다.[5)] 점차로 중국문화가 유입되면서, 유교식 혼례인 친영이 주창되었는데 이것은 부계 중심의 사회질서에 부합하는 것이었다. 비록 왕실에서 친영례를 도입함으로써

4) Deuchler(1992), 244쪽.

5) 정도전, 『三峰集』, 231쪽; 유형원, 『반계수록』 19. Deuchler(1992), 244~245쪽에서 재인용.

모범을 보여가며 사대부들에게도 도입할 것을 독려했지만, 친영은 중종(재위 1506~1544) 이후에도 널리 행해지지 않았다.[6)]

2) 남귀여가

비록 1434년에 사대부들을 위한 친영례가 확정되고 왕실에서 친영례를 행했어도, 16세기 양반들 사이에서도 남귀여가의 혼례가 그대로 행해지고 있었다.[7)] 당시의 혼례에 대한 대신들의 의견은 "근년 이래로 가취(嫁娶)하는 사람들이 고례(古禮)가 바른 줄을 알면서도 간혹 구속(舊俗)의 틀린 것을 섞어 행함으로써 그 예(禮)가 이랬다 저랬다 하므로 무엇을 따라야 하는지 모르니 청컨대 앞으로는 일절 혼례를 주문공(朱文公)의 가례대로 행하게 하소서"였다. 선조(재위 1567~1608)는 이에 대해 "혼례의 경우 향(鄕)에 들면 속(俗)을 따른 예(例)가 있으니 꼭 새로운 것을 시작해 낼 것은 없다"라고 답했다.[8)] 이를 보면 선조 자신은 중종에 이어 두 번째로 국왕 친영례를 행했음에도 불구하고 백성들에게는 친영을 강요하기보다는 남귀여가혼속을 용인했던 듯하다.

처가 거주인 남귀여가혼속[9)]의 기원은 고구려의 서옥제(婿屋制)이다.[10)] 고구려에서는 처가에 서옥이라는 작은 집을 지어 사위 부부가 살게 하고, 자

6) 박혜인(1988), 『한국의 전통혼례연구』, 고려대 민족문화연구소, 44쪽.
7) Deuchler(1992), 251쪽.
8) 『眉巖日記草』 권5, 甲戌(1574) 9월 8일.
9) 박혜인(1988)은 서류부가(婿留婦家)라는 용어를 써서 아이들이 자랄 때까지 사위가 처가에 잠시 머무는 것을 나타내었다. 그러나 이순구(1995)는 남귀여가(男歸女家)가 『조선왕조실록』에 언급되어 있으므로 더 적절한 용어라고 보았으며 이수건(1995)을 통해서도 이를 알 수 있다. 이 연구에서는 남귀여가를 종래의 한국 사회에서 행해졌던 혼속으로 이해했다. 이순구(1995), 『조선 초기 종법의 수용과 여성지위의 변화』, 한국정신문화연구원 한국학대학원; 이수건(1995), 『한국 친족제도 연구』, 일조각, 85쪽.
10) 1부 1장, 주14 참조.

녀를 낳아 장성하면 비로소 남자의 집으로 돌아가게 했다. 이런 고유의 혼인풍속은 부귀부가(夫歸婦家) 또는 서류부가(婿留婦家)라고도 한다.

전래 혼속은 대체로 의혼, 납폐, 전안, 그리고 우례(于禮) 또는 우귀(于歸)[11]로 행해지고 있었다. 남귀여가혼이 친영과 구별되는 것은 신혼부부가 혼인 후에 처가에 얼마나 오래 머무는가라는 점에서였다. 남귀여가혼에서 신부는 대부분 첫아이가 태어나서 자랄 때까지 머물거나 심지어 더 오래 머무는 경우도 있었다.[12]

이러한 남귀여가혼이 지속된 이유로는 경제적인 문제를 들 수 있다. 세종이 왜 친영이 시행되지 않는가를 묻자 이에 대해 대신들은 남귀여가혼은 신부 집에서 신랑 집에 들어갈 때 가지고 갈 살림살이를 준비할 시간을 주고, 물려받은 가산을 가지고 갈 수 있게 한다고 했다.[13] 그러나 경제적인 이유뿐 아니라 사회경제적 요소도 유교식 혼례 도입을 꺼리게끔 하는 데에 한몫을 하였다. 수년간 신부 집에서 머물다가 신랑 집으로 돌아가는 것을 우귀라고 하는데, 우귀가 길어지는 것은 명망 있는 성리학자들의 집안에서도 흔히 볼 수 있는 것이었다. 사위와 처가 식구들의 관계는 남귀여가혼으로 인하여 매우 긴밀했다. 사위는 처가의 재산을 돌보기도 하고 죽어서는 처가의 선영에 묻히기도 했다. 이처럼 혼인을 기반으로 신랑과 신부 양측의 친족이 중시되는 상황은 신혼부부의 거주지를 정하는 데에 일정 부분 유동성을 제공했을 것이다.[14] 결국 신랑 집과 신부 집 중에서 상대적으로 사회

11) 도이힐러에 따르면 우귀라는 용어는 『시경(詩經)』 6번째 시에 나타나는데, 이것은 "이 젊은 처자는 미래의 집으로 가네"이다.〔Deuchler(1992), 251쪽〕 이훈상은 『시경』의 「周南 · 桃夭」에 나온다고 역주했다.〔마르티나 도이힐러(2003), 『한국사회의 유교적 변환』, 이훈상 옮김, 아카넷, 348쪽〕

12) 『한국민족문화대백과사전』 25(1999), 한국정신문화연구원.

13) 『세종실록』 50권, 庚戌 12월. 김일미(1969), 「조선의 혼속변천과 그 사회적 성격」, 《이화사학연구》 4, 8쪽; 박혜인(1988), 158쪽; Deuchler(1992), 66쪽에서 재인용.

14) 송준호(1987), 324쪽.

경제적 자원이 좀 더 풍부한 쪽으로 거주지가 결정되었을 것이다.

3) 반친영

친영과 전래의 혼속을 절충한 반친영을 제안한 것은 16세기 중반 명종(재위 1545~1567) 때의 유학자들이다. 이 안에 따르면 신랑은 신부 집에 와서 교배합근(交拜合巹)을 하게 된다.[15] 교배라는 것은 서로 절을 하는 것이며, 합근은 잔을 서로 주고받는 절차를 말하는 것으로 신부와 신랑이 합방(合房)하기 전에 행해지는 것이다. 신부는 시부모를 신랑의 집에서 다음날 뵈어서 견구고례를 행한다.[16] 이렇게 제안된 반친영의 목적은 혼인 잔치를 하루에 끝나게 하고 정식 혼례를 신혼 초야 전에 올리게끔 하는 것이었다.

유학자들의 의견은 전래 혼례에서 혼례식 전에 합방이 이루어지는 것은 예에 어긋나므로, 부부의 예를 올린 후에 합방을 하도록 하자는 것이었다. 이 반친영은 신부 집에서 혼례식을 한다는 점에서는 전통적 혼례를 따른 것이지만, 신혼부부가 신랑의 친가에 가는 것은 부처제(父處制, patrilocality)를 반영한다는 점에서 부분적으로나마 친영을 따른 것이다.

당시 부유층에서는 신부가 친정에 머무는 기간이 길어지고 있었다.[17] 그리고 묘소의 위치를 검토해 보면, 다수가 고위관료였던 성리학자들조차도 처가살이를 한 경우를 볼 수 있다.[18]

15) Deuchler(1992), 244쪽.

16) 『증보문헌비고(增補文獻備考)』 69권, 禮考6. "明宗朝 士庶家婚禮 稍變前制 婿初到婦家 婦女到婦家 婦出而行禮交拜合巹 明日謁舅姑 謂之半親迎." 박혜인(1988), 173쪽; Deuchler(1992), 246쪽에서 재인용.

17) 김두헌(1969), 『한국 가족제도 연구』, 서울대 출판부, 427쪽.

18) 한반도 남부 지역의 저명한 성리학자 집안들에는 처가살이하는 경향이 17세기까지도 지속되고 있었다. 박혜인은 이들이 김종직(金宗直, 1431~1492), 정여창(鄭汝昌, 1450~1504),

4) 거주율과 여성의 지위

혼인식 후 신부가 시댁에 얼마 후에 가는가는 신부가 부계집단에 얼마나 빨리 소속되는가를 가늠케 한다. 이처럼 결혼 후 부부의 거처를 정하는 규칙을 인류학에서는 'rules of residence' 또는 'residence rule'이라 하는데, 이 용어들은 거주제 또는 거주율로 번역된다. 거주율은 직역에 충실한 개념이고 거주제는 모거제나 부처제라는 후속개념과도 어울리므로 이 책에서는 '거주율' 또는 '거주제'를 썼다.

인류학에서는 거주율이 한 사회의 출계율(出系律)[19]과 맥을 같이한다고 보고 있다. 부처제(patrilocality)는 신랑은 본가에 지속적으로 머무는 반면에 신부는 친정을 떠나 시집으로 옮겨가는 것이다. 반면에 모처제(matrilocality)는 신부가 친정에 머무는 반면에 신랑은 본가를 떠나 처가로 이주하는 것이다.[20] 모처-부처제(matri-patrilocality)는 전래되던 해묵이나 남귀여가혼과 같은 것이다. 신혼부부가 첫해 또는 첫아이가 태어날 때까지 신부 집에 거주하는 것으로, 결국 신혼부부가 신랑 집으로 갈 것을 예정하고 있다.[21] 대부분의 부계 사회에서 거주율은 부처제 또는 모처-부처제로 확인된다.[22] 만일 한 사회의 관습이 모처-부처제에서 부처제로 변화되었다면, 그 사회의 기본성격은 부계로 간주할 수 있다.[23]

김굉필(金宏弼, 1454~1504), 김일손(金馹孫, 1464~1498), 손소(孫昭, 1433~1484), 이언적(李彦迪, 1491~1553), 이황(李滉, 1501~1570), 유성룡(柳成龍, 1542~1607) 등을 포함한다고 했다.[박혜인(1988), 178~186쪽]

19) rules of descent를 번역한 것으로 한 사회의 성원이 어느 출계, 즉 부계 혹은 모계를 따라 이어지는 것인가를 보는 것이다.

20) "Kinship-Residence Rules," University of Manitoba, http://www.umanitoba.ca/faculties/arts/anthropology/tutor/residence/rules.html (accessed May 25, 2007).

21) 박혜인(1988), 89쪽.

22) 박혜인(1988), 225쪽.

23) Murdock(1949), *Social Structure*, NY: Macmillan, 59쪽. 박혜인(1988), 225쪽에서 재인용.

여성의 지위는 순수한 부처제 사회보다는 모처제나 모처-부처제 사회에서 더 높을 가능성이 있다. 왜냐하면 이러한 사회들에서는 여성이 그들에게 상속된 토지와 가산을 이용해 권력을 행사할 수 있기 때문이다. 가령, 조선조에서도 여성들은 상속에서 남성과 동등한 권리를 가지고 있었으며 남편이나 아들을 통해 친정의 가산이 상속되어 외손 봉사나 윤회봉사(輪回奉祀)가 가능했다.[24] 조선 중기에서 보이는 균분상속과 외손 봉사 등의 권한, 그리고 모처제와 모처-부처제의 거주형태는 여성들이 대우받고 있었음을 보여준다.

신혼부부의 거주율을 나타내는 자료가 매우 중요하고, 또 거주율이 여성의 지위에 대해 시사해 주는 점이 있을 것임에도 불구하고 이와 관련한 연구는 진지하게 진행된 바가 없다. 반친영 예식의 절차나 신혼부부의 거주지는 반친영의 성격을 극명하게 드러내주는 중요한 기준이지만, 과거의 연구들에서는 거주율을 분석하지 않거나[25] 근대의 자료로 전통 혼례를 연구하는 등의 한계가 있었다.[26] 남귀여가혼에서 반친영으로의 변천과정 중의 반친영의 성격을 살피면서 조선 중기의 자료를 직접적으로 활용하는 연구는 아직 시도되지 않았다.[27] 조선의 혼례 절차와 거주율, 우귀(于歸)와 관련된 여성의 지위는 원전 자료들로 재검토되어야 한다.

이 장에서는 『미암일기』를 바탕으로 16세기 혼인예속의 구체적인 내용을 보고자 한다. 혼인 후 1년 정도만을 추적할 수 있다는 아쉬움이 있긴 하

24) 이수건(1995), 88~109쪽.

25) 김일미(1969).

26) 박혜인(1988)의 연구는 20세기 중반 자료인 「민속 종합조사 보고서」에서 나타난 자료와 질문지조사를 통해 1900년 전과 1960년대까지 서류부가혼이 행해졌음을 밝혔다.

27) 박혜인이 전통혼례를 분석하면서 모처-부처 거주제(母處-父處居住制)라는 용어를 썼고〔박혜인(1988)〕, 도이힐러가 부처거주제(婦處居住制: uxorilocal residence)가 고려조에서의 모계친이 강조되는 것과 연관이 있음을 언급했으나〔Deuchler(1992)〕, 부처거주제(父處居住制)로 본격 이행되는 것은 조선 후기에 들어서서 종법(宗法)이 엘리트들의 일상생활을 엄격하게 규율하던 때부터일 것이라고 추측되고 있다.

나, 이를 통해 혼인예속을 볼 수 있을 뿐 아니라 혼인 후의 거주지를 날짜별로 추적할 수 있다. 먼저 반친영 혼례의 절차를 살펴보고 혼인 후 신혼부부의 거주지를 보자.

2. 반친영 혼례의 절차

광선의 혼인 절차는 양가의 혼인을 논하는 의혼에서 시작해, 신부 집에 예물을 보내는 납채, 혼인예식인 전안, 그리고 시가로 돌아가는 우귀 등으로 진행된다.

1) 의혼

유광선의 혼인은 유씨 집안 맏손자의 예식인 만큼 각별한 관심 속에서 치러지고 있다. 유희춘과 부인 송씨는 맏손자인 광선이 15세 되던 해 광선의 신붓감을 물색하며 신부의 나이, 집안의 풍족함, 신부의 됨됨이 등에 본격적인 관심을 갖고 사방에 수소문한다. 임신년에 광선보다 한 살 연상인 김장(金鏘)의 장녀가 신붓감으로 거론되나, 다음 해에야 두 집안을 잘 아는 양사형(楊士衡)이 중매인으로 나선다. 양사형은 유희춘에게 신부 집이 조업(祖業)이 있고 자녀가 많지 않으니 서둘러 이 집과 혼인하라고 권한다.[28)]

계유년에 정식으로 말이 나왔으나 혼인은 김장 집 차녀가 죽고 노비들이 병이 나서 계속 미루어지고 있었다.[29)] 전반적으로 이 혼인은 순탄하지 않

28) 『미암일기』 권4, 癸酉(1573) 8월 19일.

29) 『미암일기』 권5, 乙亥(1575) 11월 25일; 권4, 癸酉(1573) 11월 12일. 형제가 죽은 경우에 1년 내에는 혼인할 수 없었다. 이 사항은 『명종실록』 3: 93b~94쪽; 『각사수교(各司受敎)』, 22쪽; 『수교집록(受敎集錄)』, 159쪽 등을 참조. Deuchler(1992), 365쪽에서 재인용.

았다. 중매쟁이는 유희춘이 퇴직해 담양으로 내려온 후로 김장 집에서 소식이 없다며 이상해하고 있었다. 유희춘의 집을 보고 간 김장의 노(奴)가 유희춘이 가난하다고 보고하자 김장이 매를 때렸다고 하니, 유희춘의 경제형편은 혼인을 끌게 한 요인 중 하나였을 것이다.

당시에 유희춘은 20여 년간의 귀양살이를 마치고 복직했다가 선조 8년(1575)에 급유(給由)를 받아 창평 수국리에 55칸 기와집을 짓고 사당과 선친 묘를 수리하고 있었다. 유희춘의 살림은 친인척들의 도움과 임금의 보살핌으로 어려움을 근근이 모면했다.[30] 재출사 말기에 유희춘 집 재산은 밭 500두락지, 논 600두락지, 노비가 100구 정도라고 했으니[31] 이것은 당시 양반의 재산 규모에 비추어 볼 때, 부유한 편도 아니지만 그다지 궁핍한 편도 아니었다.[32] 유희춘의 경제형편은 다른 궁한 사람을 돕거나 누이들에게 설 인사를 하거나[33] 둘째 손자를 위한 집터나 아들 내외를 위한 집을 사는 정도는 되었다. 다만 사직 후의 쓸쓸함과 권세가 기울어감을 느낄 수 있으니, 혼인이 지연된 것도 이러한 맥락에서 이해되어야 할 것이다.

2) 납채

신랑 집에서 신부 집에 예물과 혼서를 주는 것을 납채라 하는데, 이는 본격적인 혼인식인 전안에 앞서 행해지는 것으로 신부 집에 대한 감사의 표시였다.[34] 이 납채는 혼인을 기정사실화하는 것으로서, 일반적으로는 혼인

30) 『미암일기』 권5, 丙子(1576) 1월 30일.
31) 이성임(1995), 「조선 중기 어느 양반가문의 농지경영과 노비사환」, 《진단학보》 제80호.
32) 문숙자(2003), 「16세기 고문서와 경제생활」, 2003년 고문서학회 월례발표회 발표논문.
33) 『미암일기』 권5, 乙亥(1575) 11월 27일; 권5, 乙亥(1575) 11월 30일; 권5, 丙子(1576) 1월 6일.
34) 납채(納采)란 신랑 집에서 청혼을 하고 신부 집에서는 허혼(許婚)을 하는 의례로서 채(采)하는 여자를 채택한다는 뜻이며 선물을 받아들인다[采幣]는 뜻은 아니었다. 약혼이란 남녀 양

한 달 전에 행해지고 있었다.

유광선 혼인의 경우, 우여곡절 끝에 납채와 전안의 날짜를 통보받으면서[35] 신랑 집에서는 본격적으로 채단 준비를 하고 있다. 이때는 혼인 말이 나온 후로 4년이 지난 시점이었다.[36] 유희춘은 다른 사람들에게 조부가 집에 있어 장손자의 혼서(婚書)에 이름을 쓰는 것이 합당한지를 묻자 모두 사례에 온당하다고 하자[37] 다음과 같은 혼서를 작성한다.

> 초봄이 따뜻해지는데 존후(尊候) 어떠하십니까? 우러러 사모합니다. 장손 광선이 이미 장성했는데 짝〔伉儷〕이 없더니 삼가 납채의 예를 행합니다. 살펴보시기 바라고 삼가 장(狀)을 절하며 올립니다.[38]

납채 13일 전인 새해 첫 날에 조상께 인사를 올린 다음 광선의 관례가 행해졌다.[39]

> 묘시(卯時)에 망건(網巾)에다 초립(草笠)을 쓰게 했다. 광선이 신주에 절하고, 우리 부부에게 절했다. 우리 내외는 초립과 망건이 광선에게 맞아서 기뻐했다.[40]

가에서 합의로 이루어져야 하는 것이므로 남가(男家)가 청혼한 것을 여가(女家)에서 혹시 거절할까 두려워하는 의미가 포함되어 있는 까닭에 납(納)이라는 표현을 한 것이라고 한다. 박혜인(1988), 『한국의 전통혼례 연구』, 고려대 민족문화연구소, 21쪽.

35) "未時 南原金司果宅奴子奉書來 其辭曰 頃因家內不平 避寓蒼黃趁未擇日迎達 罪恨罔極 納采正月十三日 奠鴈二月內無吉日 猶定十八日 行相揖禮伏計云云."〔『眉巖日記草』 권5, 乙亥(1575) 12월 19일.〕

36) 『미암일기』 권5, 丙子(1576) 1월 7일.

37) 『미암일기』 권4, 癸酉(1573) 8월 26일.

38) "孟春向溫 謹問尊候何如 仰戀仰戀 長孫光先 年旣長成 未有伉儷 謹行納采之禮 伏惟照鑑 謹拜狀云云."〔『眉巖日記草』 권5, 丙子(1576) 1월 10일〕

39) 관례(冠禮)는 일종의 성인식으로서 장려되기는 했으나 실제로 많이 행해지지는 않은 듯하다.

유희춘은 장손의 관례를 지내고, 새해를 맞아 64세의 생일을 기념하며, 유씨 집안을 계승할 광선을 칭찬했다.

납채를 위해 부인 송씨가 손수 채단을 재봉하여 묶어서 혼함에 넣으니 현(玄)이 1필, 훈(纁)이 1필, 홍사(紅紗)가 1필, 자단자(紫段子)가 1단(10척), 압두록이 1단, 청능이 1필, 명주가 1필이었다. 당시 유희춘 집에서 보낸 채단은 부유층의 사치에 달하는 정도는 아닐지라도 사대부의 위풍을 보여주는 정도였을 것이라고 가늠된다.[41] 혼함과 채단을 가지고 가는 일행으로는 노(奴)를 비롯해 모두 11명이 따랐으며 떠나기 전에 일행은 납채를 조고(祖考)의 신주에 고했다.[42]

납채일인 1월 13일은 날씨가 맑았으며 김장 집의 노비들이 병이 나서 신부와 그 가족들은 피신처에서 혼서를 받았다. 김장은 중간에 험담하는 이들로 인해 유희춘 집이 죽도 못 끓여 먹는다고 의심했다가 보내온 납채가 아름다운 것을 보고 비로소 의혹을 풀었고, 또 신랑의 의복과 알려온 폐백의 척수(尺數)가 틀림이 없음을 보고 유희춘 집안이 예를 갖춘 집안임을 알았다 한다.[43] 유희춘 집안에 대하여 마음을 놓을 수 없었던 그의 속마음을 그제야 보인 것이다. 이로써 알 수 있는 것은 납채는 신랑 집에서 신부 집에 보내는 선물일 뿐 아니라 위엄의 과시였다는 점이다.

---

40) "卯時 令光先加冠 卽著草笠網巾也 旣著而入拜祖考神主前 然後拜於吾二人 光先頭大而耐笠網巾 可喜可喜."〔『眉巖日記草』 권5, 丙子(1576) 1월 1일〕

41) 16세기 문헌인 『용재총화』에 나오는 사치스러운 납채에 관한 언급 참조.〔成俔, 『慵齋叢和』 권1, 민족문화추진회(1969), 21쪽(『대동야승』 권1)에서 재인용〕

42) 비록 일기에는 신랑 집에서 보낸 혼서에 신랑의 출생 날짜와 시간을 알 수 있는 사주(四柱)가 들어가 있는지 확인할 수 없지만, 사주의 중요성에 비추어 김장 집에서 혼인 날짜를 잡을 때 미리 알았을 것이고 유희춘이 기록할 때 사주를 넣는 것은 통상적이므로 일기에 언급하지 않았을 수도 있다.

43) "初以中間讒間之言 疑我家至貧 而饘粥不繼 及見納采之美 始稍解惑 又見新郎衣服 與所通尺數無差池 益知其備禮."〔『眉巖日記草』 권5, 丙子(1576) 3월 4일〕

3) 전안

신부 집에 납채를 보내고, 한 달 후에 광선은 혼인식을 올리게 된다. 유희춘 부부는 혼례식 전날 밤에 등불 아래서 광선에게 예(禮)를 익히도록 하며, 광선에게 좌(左)가 길방(吉方)이므로, 중문(中門)에서 왼발로 먼저 들어가며, 기러기 머리를 좌(左)로 하고, 절을 할 때 왼발을 꿇고, 술잔을 받을 때 왼손을 먼저 내밀라고 주의를 준다.

혼인식을 위해 신랑 일행은 새벽에 첫 닭이 울자마자 조고의 신주에 고하고 출발하여 순창에서 자고 신부 집인 남원으로 향했다. 일행은 인솔자, 신랑, 한 쌍의 늙은 노비와 젊은 노, 그리고 말을 탄 8~9명으로 구성되어 있었다. 신랑과 중방(中房)이 제일 먼저 나서고 신랑 아버지, 광문이 그 뒤를 따랐다. 일행은 혼인식 전날 하룻밤을 남원의 부관(府館)에서 묵었다.

선조 9년(1576) 2월 19일에 행하여진 예식에 유희춘은 참석하지 않았지만, 남원의 혼소로부터 돌아온 경렴에게서 성례(成禮)한 상황을 전해 듣는다.

> 위요는 운봉현감 박광옥과 경렴과 김종호와 광문이었으며 먼저 들어가 자리에 나아가 서 있었고, 신랑이 최후에 중방을 거느리고 들어가 새문(塞門, 샛문)에 이르니 주인 측의 집사(執事)가 흑단령을 입고 문에서 맞으며 들어가자고 읍을 했다. 신랑이 세 번을 사양한 뒤에 집사가 앞서서 인도하고 신랑은 뒤를 따르니 중방이 기러기를 바쳤다. 신랑이 받아 머리가 좌측을 향하게 하고, 들어가서 배석(拜席)의 중도(中道)를 통해 나아가 꿇고 기러기를 자리 위의 왼편에 놓았다. 잠시 엎드렸다가 일어난 다음 조금 물러나서 재배의 예를 행했다. 집사가 손을 끌어주니 신랑이 드디어 중당(中堂)에 들어가 신부의 자리를 향하여 섰다. 신부가 처음 나와 상대하였다. 신부가 신랑을 향하여 사배(四拜)를 하고 신랑은 재배(再拜)로써 답했다. 신랑이 읍을 하여 자리에 나아가 앉기를 청하고, 먼저 나아가 상위(床位)를 대하여 섰다. 신부가 따라서 자리에 나아갔다. 중간에 상을

두고 부부가 상대하여 같이 3잔이 가니 부부가 각기 3잔을 마셨다. 시자(侍者)가 신랑을 인도하여 별막(別幕) 병풍 안으로 가고, 찬부(贊婦)와 유모(乳母)가 신부와 함께 방으로 들어가서 상의(上衣)를 벗겼다. 찬부, 유모가 물러가고 시자(侍者)가 신랑을 인도하여 방으로 들어갔다. 조금 뒤 신부는 안으로 들어가고 신부의 17세 된 남동생이 나와서 대하여 저녁밥을 들었다. 어두울 때에 신부가 다시 방으로 나왔다.[44)]

경렴이 전하기를 신부 집에 묵은 신랑 일행은 다음 날 신부와 그 가족들을 만나 술을 나누었다고 한다. 신부 아버지가 방에 들기를 청하여 경렴, 김종호, 광문이 들어갔는데, 경렴이 제일 먼저 신부의 어머니인 사돈 유씨와 만난다. 신부는 시부 경렴과 김종호, 광문을 뵙고 각기 술을 드린 후, 다시 간단한 머리로 나와 시부를 뵈었는데 경렴에게는 2잔을 올리고 김종호, 광문에게는 1잔을 바쳤다.[45)]

한편 이 혼인을 통해 김장의 집안과 재상 집인 유희춘가의 예(禮)가 대비되는 것을 볼 수 있다.

김장은 혼인을 치르면서 유희춘에게 혼례에 3일의 잔치를 해야 하느냐고 묻는다. 그러자 유희춘은 한양에서도 수년 이래로 당일에 합근의 예를 행하고 다시 3일의 잔치를 하지는 않으니 이것이 간편하고 합당하다고 응답한다.[46)]

이를 보면 대개 양반가에서도 혼인은 신부 집에서 하루 정도의 잔치로 했던 듯하다. 그러나 유희춘은 김장 집이 반친영의 예에 익숙하지 않아서

44) 『미암일기』 권5, 丙子(1576) 2월 21일.
45) 『미암일기』 권5, 丙子(1576) 2월 21일.
46) "南原 金司果鏘 伻書來 問以婚禮三日宴爲否 余答以洛中自數年來 當日行合巹之禮 更不爲三日宴 似爲簡當云."〔眉巖日記草』 권5, 丙子(1576) 2월 16일〕

혼인식을 잘 챙기지 못하고 있다고 보고 있다. "김장댁이 붉은 수건〔紅巾〕, 큰 탁자〔大床〕를 배설하는 것조차 잊고 신랑, 신부가 중당에 들어가 상대한 지 한참이 되도록 과상(果床)이 없었고 겨우 행과상에다 고배(高拜: 높이 고임) 한 벌만 설치했으며 부부가 쇠 술잔을 대하여 들었다"고 한다.[47] 유희춘은 김장이 반친영의 예가 번잡해서 대상을 놓는 것을 잊은 것이라고 보았다. 또 주위에서는 김장 집이 반친영에는 홍건과 대상을 쓰지 않는 것으로 알고 있었다 하고 또는 서울에서 공문(公文)이 오기를 혼비를 간략하게 하라고 해서 그랬다고도 한다. 두 집안 간의 반친영 혼례식에서 일어난 이러한 일들은 새로이 도입하려는 예제를 양반가에서조차 잘 이해하지 못하고 있으며, 당시에 명칭상 반친영을 언급하고 있으나 이 반친영의 예식조차 제대로 정착되지 않았음을 보여준다.

4) 우귀

거주율은 혼인식 얼마 후에 신부가 우귀하는가, 즉 혼속이 친영과 어느 정도 가깝게 되었는가를 보여준다.

앞에서 살펴본 바와 같이, 유희춘과 김장은 그들 집안의 혼인식을 반친영으로 명명하고 있다. 광선의 경우에서 신랑은 몇 번 신부 집에 왕래하고 묵어가는 반면에 신부는 자신의 집에 머물고 있다. 조선 중기 유희춘 집안의 반친영의 성격을 이해하기 위해서는, 신랑인 광선이 할아버지 집에 머무는 동안의 행적을 살펴볼 필요가 있다. 비록 일기가 혼인 후의 1년간만 보여주지만 세세한 부분에서 광선의 자취를 알 수 있게 해준다. 〈표 1〉은 광선이 양가에서 주로 한 일을 정리한 것이다.

〈표 1〉에서 보듯이, 혼인 후 1년간의 신랑의 거주지를 살펴보면 광선이 처

47) 『미암일기』 권5, 丙子(1576) 2월 22일.

〈표 1〉 유희춘의 손자 유광선 부부의 거주율

1576년의 거주기간 (음력)	신부 거주지	신랑 거주지	신랑의 방문 횟수	신랑의 생활 내용
2월 19일~2월 22일	김장 집	김장 집	1회째(초행)	혼례식을 치르다
2월 23일~2월 25일	김장 집	유희춘 집		유희춘에게서 말 1필을 받다
2월 25일~2월 28일	김장 집	외조모 집		외조모가 5승 2필을 신노(新奴) 4명에게 하사
2월 28일	김장 집	유희춘 집		알려지지 않음
2월 29일~3월 17일	김장 집	김장 집	2회째(재행)	알려지지 않음
3월 18일~4월 27일	김장 집	김장 집		유희춘을 도와 여러 가지 일을 하다. 심부름, 통감 공부, 손님 접대, 서책 정리. 장인에게서 옷을 선물받다. 조모의 외증조 제사에 참여.
4월 28일~5월 21일	김장 집	김장 집	3회째(삼행)	신부의 약을 유희춘에게서 받다. 노비 때리는 장인 · 장모를 말리다.
5월 22일	김장 집	유희춘 집		통감 공부
5월 29일~6월 2일	김장 집	외조모 집		알려지지 않음
6월 2일~7월 20일	김장 집	유희춘 집		제사에 아헌, 김장이 말 1필 하사, 삼 베는 것 감시, 광선이 문수사에서 콩 1말과 부채를 받다. 중당에서 조부와 자다. 이방주와 담화에 참여. 이방주의 아들 죽음에 조문 가다. 손님과 술 마시고 동숙
7월 21일	김장 집	외조모 집		어머니를 따라 외조모 간병
10월 28일	김장 집	김장 집	4회째(사행)	처가에서 유희춘을 맞아 신부가 처음으로 인사
12월 25일	김장 집	유희춘 집		신방에서 조부의 손님 접대

음 신부 집을 간 것은 혼인예식을 치른 날이다. 2월 19일부터 처가인 남원에서 3일 머문 후에, 본가인 담양에서 3일, 외가인 장성에서 3일 묵는다.[48] 지도상으로는 장성-담양-남원이 일렬로 수평하게 있기는 하지만 광선이 방문한 순서는 중요도에 따른 것이기도 하다. 광선은 외가에 들렀다가 본가를 거쳐서 순창에서 하루 자고 남원 처가로 돌아갔을 것이다.

광선이 처가를 두 번째 방문한 것은 2월 29일이며, 이때부터 2주 정도 처

48) 『眉巖日記草』 권5, 丙子(1576) 2월 28일.

가에 있다가 3월 18일에는 본가에 다시 와 있다. 광선은 할아버지의 지인들에게 문안 인사를 올리는 심부름을 하고, 통감을 배우며, 유희춘이 박광옥에게 광연을 선보이는 자리에도 합석한다. 김장 집에서 의복을 마련해 보내고 있는데, 이는 4월까지도 광선이 내내 본가에 있음을 나타낸다. 이 동안 광선은 할머니의 친정집 제사에 참여하며 할아버지의 서적을 정리한다.

광선이 장가(丈家)로 세 번째 가는 것은 4월 28일이니, 담양 친가와 남원 처가를 광선은 한 달에 한 번 정도 왕래한 셈이다. 광선이 친가에 와 있는 동안 신부는 줄곧 친정에 있으며, 광선의 신부가 아프게 되자 유희춘은 약을 보내준다. 광선은 다시 한 달 후인 5월 22일에 본가에 와서 7월까지 있으면서 이 동안 외할머니 집에 가서 며칠씩 묵고 온다. 본가에서 광선은 이응량(李應良)과 함께 공부를 배우기도 하고 제사도 지내는데, 유희춘이 초헌을 하고 광선이 아헌을 한다. 광선은 삼 베는 것을 감시하기도 하는데, 그가 공부를 위하여 문수사(文修寺)에 있는 동안 유희춘은 콩 1말과 부채 하나를 보내기도 했다. 광선은 중당에서 할아버지와 같이 자거나 방문한 손님과도 같이 잤다. 조부와 이방주가 담화를 하는 데에도 합석했으며 주과를 가지고 찾아온 손님(진원재 고희안)과 술 마시는 자리에도 합석한다. 이방주의 5남이 죽자 광선은 유희춘을 대신해 조문을 다녀온다. 이후에 유희춘은 광문을 데리고 한양으로 떠나며, 광선은 담양에 머무르는 듯하다. 7월 21일 광선은 어머니가 외조모 간병하는 데 따라가는데, 광선에 관한 그 후의 기록은 10월 28일 일기이며, 여기에는 유희춘이 혼인 후 사돈집을 방문하는 것으로 나타난다.

일기의 기록으로만 본다면 광선은 2월의 혼례식 때, 그리고 2월에서 3월, 4월에서 5월, 10월 네 차례에 걸쳐서 처가에 머문 것으로 나타난다. 광선이 네 번째 처가를 갔을 때 유희춘은 첨지중추부사를 끝내고 담양 대곡리에 오는 길에 사돈집에 들러서 손자며느리가 될 신부를 처음으로 대하게 된다. 안타깝게도 일기가 다음 해 초에 끝나기 때문에 일기에서 신혼부부에 관한 기록을 찾을 수 없다. 다만 이후 12월 25일 기록에 광선이 나타나는데, 그 내용은 담양 대곡리에서 유희춘과 함께 신방(新房)에서 손님을 맞는다는 것이다. 만일 이 신방이 신혼부부가 쓰고 있는 방을 일컫는다면, 혼인식을 하고 10개월 내에 광선 부처가 유희춘의 집으로 돌아왔다고 해석할 수 있다.[49)]

〈표 1〉에서도 볼 수 있듯이 일기에서 관찰되는 1년 동안 광선의 신부는 친정에 기거한 반면에, 신랑은 친가에 많이 머물고 있다. 광선을 가까이 데리고 있으려는 것은 유희춘이 미리 생각한 듯하다. 유희춘이 맏손자의 혼례를 치르고 나서 부인과 상의하여, 새로 집을 지어 아들 경렴 내외에게 살게 하다가 이를 둘째 손자에게 물려주고 자신들은 맏손자 부처를 데리고 살 계획을 세운 것으로도 알 수 있다.[50)] 이를 가지고 추측해 본다면, 1년 내에 신부가 우귀했다고 보는 것도 무리가 아닐 것이다.

광선은 주로 본가에서 생활하고 처가에는 4회 정도 왕래했으며 신부는 이 기간에 친정에 머물고 있는데, 이런 혼례형태는 중국식의 친영이 행해지지 않았음을 의미한다. 같은 16세기라 하더라도 한 집안 내에서도 혼인 후의 거주형태가 다양하게 있었다. 윤관중의 경우, 처가살이를 하면서 공부도 지도받고 집안일도 도와주며 가끔 해남 본가에 갔다 오는데, 이런 형태는 남귀여가에 가까웠다고 할 수 있다. 이문건의 손녀사위 정섭의 경우는 시기상 그보다 조금 이르지만 비슷한 경우다. 그는 처가인 성주(星州)에서 계속 머물러서 여아를 낳아 키운다. 이문건은 사위인 정섭이 집을 그리워하며 돌아가고자 하는 것을 달래어 『논어』를 가르친다. 서울 본가에는 신랑 정섭 혼자서 오갔으며 2개월여 만에 다시 돌아오곤 하였다. 반면에 이문건의 큰아들인 온(熅)의 경우에는 며느리가 며칠 만에 친정에서 돌아

49) '新房'이 신부도 시집으로 왔음을 나타내는지는 확언할 수 없다. 유희춘의 일기가 정축년 5월로 끝나버리기 때문이다.

50) "夫人議明構舍宇相近之地 令景濂夫妻居之 終傳于興文 夫人率光先夫妻而同居 非特夫人 亦余之意也."〔『眉巖日記草』 권5, 丙子(1576) 2월 23일〕

와 시댁에 기거하는 형태를 취한다.[51] 유희춘의 조카손자인 광문의 경우에는 신랑이 처음에 처가에 있다가 나중에 분가하는 것이 나타나는데, 그는 혼인 후에도 할아버지 댁에 드나들며 심부름을 하고 있다.

혼인 후의 거주지는 신랑의 출세에 유리하거나 배움을 받을 수 있는 곳으로 정해진 듯하니, 유희춘이나 이문건이 권력층과의 친분관계가 있었으므로 사위나 손자들이 머물렀을 것이다.[52] 유희춘은 손자를 친가에 오래 머물게 해 권력자들과 교유하고, 공부하며, 제사에 참여하게 함으로써 가문을 계승할 장손의 소양을 넓혀주려 한 것이다.

만일 김장이 유희춘보다도 벼슬 품계가 높았다면, 광선은 처가에 머물렀을 수도 있다. 당시에 광선의 거주지는 그가 장래에 출세하는 데에 필요한 고위관료와의 인맥 형성과 관련되었을 것이다. 신랑의 거주지는 처가가 되었든 본가가 되었든 집안의 사회경제적 요소와 관련된다고 할 수 있다. 조선 중기까지 거주형태는 유동적이었으며, 반친영은 친족관계의 활용에 의거했는데, 그것은 사회적 자본과 출세 기회에 유리한 쪽으로 결정된 듯하다.[53] 유교의 유입으로 부계친족들이 부처제를 강조하게 되면서 이것이 사회 관습으로 정착되었다고 하겠다.

51) 이문건의 손서의 혼인식과 가족관계에 대해서는 김소은(2001), 「16세기 양반가의 혼인과 가족관계」, 《국사관논총》 97집 참조.

52) 17세기 초의 『우곡일기』에는 이경석이 아들의 혼례를 치르는 것이 나오는데, 혼례 전에 관례를 치르고 처가에서 혼례를 치르며 다음 날 바로 신부를 데리고 와서 동네 잔치를 한다. 당시 처부인 이유관은 천안군수였으며 이경석의 형인 이경직은 중앙관청의 관리였다. 이경석은 잘사는 편이었다. 이 혼인은 친영에 가깝다고 하겠다.〔『우곡일기』, 국사편찬위원회(2001)〕

53) 송준호(1987), 「남원에 들어오는 창평의 월구실(維谷) 유씨—양반세계에 있어서 혼인이 의미하였던 것」, 『조선 사회사 연구』, 일조각. 이 연구는 혼인이 양반들 사이에서 사회적 지위를 유지하고 강화하는 수단이었음을 보여주고 있다.(324쪽) 출세나 승진을 위해서는 본인의 문과급제뿐 아니라 좋은 가문과의 혼인이 필요했다.(402쪽)

* * *

유희춘의 일기 분석을 통하여 드러나는 것은 유희춘 집안 반친영 혼례의 절차, 거주율, 그리고 여성의 지위가 갖는 유동적인 성격이다.

유희춘과 김장은 그들이 치르는 혼례가 반친영으로 행해졌다고 언급하고 있으며 당시에 의혼 · 납채 · 전안의 절차로 예식이 행해졌다. 그러나 당시에 반친영에 대한 이해 부족으로 당시의 양반들조차도 준비가 덜 된 상태에서 혼례를 거행했으므로 반친영 도입기의 혼란이 나타나는 것을 볼 수 있다. 많지 않은 경비를 들여서 혼례 잔치를 며칠 동안 할 것인가가 유희춘과 김장의 관심사였다.

광선은 처가에 오래 머물지는 않았으며, 친가와 처가를 왕래했고, 신부가 시가로 돌아가는 우귀는 1년 내에 행해진 것으로 추정된다. 일기에서는 반친영으로 언급하고 있으나 신부의 거주지로 본다면 남귀여가혼의 요소가 많으며 신랑의 거주지로 보자면 이미 친영적 성격이 짙다. 즉 신혼부부의 거주지를 중심으로 살펴보았을 때 조선 중기 유희춘가의 반친영은 친영으로 가는 과도기적 유형이라고 하겠다.

16세기 신혼부부의 이러한 거주율은 일종의 해묵이 형식으로, 신랑이 신부 집에 적응하는 것이 필요한 혼속이었으므로 시집살이에서 여성이 일방적으로 적응해야 하는 상황과는 다르다. 처가살이를 하는 남성 쪽의 적응이 요구되며, 여성들은 상속으로 인해 경제적 권리를 갖기 때문이다. 혼인식 후에 신랑 광선이 집, 노비, 옷, 말 등을 장인에게 선물로 받는 것은 신부가 친정으로부터 간접적으로 상속을 받는 것을 나타낸다. 신부 집의 재산이 신랑 집에 의미하는 바는 신부의 재산이 신랑 집으로 전해져서 후속 세대에 상속되는 것이었으며 또한 신부 집에서 볼 때 신랑, 즉 사위의 사회적 성공은 신부 집의 지위를 격상해 주는 것을 의미했다. 그런 점에서 양가에 혼인은 상속으로서, 지위 상승으로서 의미 있는 것이었다.

요컨대 16세기 양반가의 혼례 절차와 거주율은 유동적이었으며 여기서 나타나는 여성 지위의 면모는 당시의 일방적이지 않은 가부장적 지배구조를 반영하는 것이다. 즉 유교적 습속으로 귀속되는 것이 아니라 내재적인 습속을 지켜가고 있는 측면이 존재하는데, 이는 부계친족이 이익을 가져다 주는 것이 불확실한 시기에는 처가와 본가 사이에서 더 이득을 볼 수 있는 곳으로 거주지 선택을 할 수 있었다는 점 등에서 알 수 있다. 유희춘 집안에서 본가 위주로 신랑의 거주 형태를 정한 주요한 원인은 유씨 집안 후계자인 광선의 사회적 성공에 유리한 곳을 거처로 삼으려 했기 때문이라 할 수 있다. 유희춘이 권력자들과의 교유, 공부, 제사 참여, 견문 확장 등을 통해서 장손에 대한 배려를 했음을 알 수 있다.

이즈음 반친영으로 양반가에서 행해지던 혼속은 점차 시간이 흐르면서 처가에 머무는 기간이 짧아지는 등 부계적 요소를 가지게 되었을 것이다. 그리고 점차 종법적 질서가 확립되고 부계친족 위주의 성리학적 세계관이 구현되어 감에 따라 문중(門中)이 대두되면서 여성들은 배제되고 그들의 사회적 지위는 서서히 낮아졌을 것이다. 반친영에서 우귀의 기간은 상속이나 혼수 준비에 기인한 것으로 생각되나 이 책에서는 구체적으로 살펴볼 수 없었다. 아마도 물려받는 것이 많을 때일수록 신부는 친정에 오랫동안 머물 것이지만, 장자 위주의 상속으로 인해 여성들이 배제되면서, 사위가 처가에 머무는 기간도 짧아졌을 것이라고 추측된다.

양반가의 혼속에 비추어 볼 때, 16세기 조선 사회는 명분보다는 실리, 예보다는 고유의 습속과 전통을 중시하던 사회였다고 해석된다. 16세기 양반가의 혼인예속과 거주지에 대한 연구와 더불어 실록을 바탕으로 한 기존의 연구가 더해진다면 당시의 혼인예속이 더욱 상세히 밝혀질 수 있을 것이다.

3장

천장 준비

이 장에서는 1535년 11월부터 1536년 2월까지 3개월에 걸쳐 이루어지는 이문건(李文楗) 집안의 천장(遷葬) 준비 과정을 살펴보고, 이 과정에서 나타나는 당시 사회의 경제체제와 지배구조를 분석한다. 천장은 새로이 묘를 조성해 시신을 옮겨 매장하는 것으로, 비교적 짧은 시간에 이루어지는 상례의 일종이다.

조선조의 관혼상제 중에서 성리학적 이념을 충실히 따르고자 한 것은 상례와 제례에서였다. 조선조에서 부모에 대한 자녀의 공순(恭順)을 토대로 하고 있는 유교의 효(孝)의 원리는 지배자와 가산관료 간의 관계에서는 충(忠)의 사상으로 나타났으며 지배층과 일반 백성 간의 관계에도 이러한 공순관계가 적용되었다.[1] 그러므로 상례는 곧 국가의 윤리와 기강의 확립이

1) 베버(1997), 『경제와 사회 1』, 박성환 옮김, 문학과지성사; 박성환(1999), 『막스 베버의 한국사회론』, 울산대 출판부; Weber(1978), *Economy and Society*, eds. Guenther Roth and Claus Wittich, University of California Press.

라는 차원에서 유교식으로 장려되었으며, 17세기 이후에는 복제 개정 논의로 이어지는 등 매우 중대한 사안이었다.[2] 또한 조선조에서 유교적 상례는 양반들의 지위와 품위를 유지시키는 중요한 생활양식이었다.

그런데 16세기에는 매우 혼합된 양상으로 상례가 행해지고 있었다. 사례(四禮)에 대한 활발한 논의가 있었던 만큼 성리학적 예제들이 익숙할 것이라고 예상되는 중종 때에도 간혹 불교식 상례가 행해졌다.[3] 16세기 중반 들어 비로소 성리학이 심화되면서 예학이 성립되어 일부 양반들이 매우 성실하게 예제를 준수하여 칭송되기도 하였는데,[4] 이것은 유교식 예제가 16세기 중반까지도 양반들 사이에서 광범위하게 일반화되지 않았음을 의미하는 것이다. 유교식 상례가 서민에게 확대 보급된 것은 16세기 말경이다.[5] 실생활에서 성리학적 이념이 조선조 지배층의 생활양식에 어느 정도 침투되었는지, 또 그들의 사고에 어느 정도 내면화되었는지를 가늠할 수 있는 연구는 많지 않다. 천장 준비 절차에 관해서는 『예서』 등에서 자세히 언급하고 있지만 정작 실제로 조선조 16세기 사대부가에서 어떻게 천장례를 준비했는가는 많이 알려져 있지 않다.[6]

이 장에서는 『묵재일기(默齋日記)』를 중심 자료로 삼아, 이문건이 노원에서 시묘살이를 하던 1535년 11월부터 이듬해인 1536년 2월까지를 주로 다룬다. 당시 이문건은 모친 고령(高嶺) 신씨(申氏) 사후에 시묘살이를 하던 중이었으나 먼저 사망한 부친의 묘소가 있던 영동이 왕실의 묘소에 수용되

2) 지두환(1994), 『조선 전기 의례 연구』, 서울대 출판부.

3) 안호용(1988), 「조선 초기 상제의 불교적 요소」, 『한국사회사연구회 논문집』 11, 문학과지성사.

4) 고영진(1995), 『조선 중기예학사상사』, 한길사.

5) 안호용(1989), 「조선 전기 상제의 변천과 그 사회적 의미」, 고려대 대학원 사회학과 박사학위 논문.

6) 김경숙의 연구는 전체 상제례와 여묘생활의 일부분으로 천장례를 보여준 것으로서 천장례만을 대상으로 한 것은 아니었다.〔김경숙(2001), 「16세기의 사대부가의 상제례와 여묘생활」, 《국사관논총》 97〕

었으므로 부득이 이장을 하게 되었다.

천장례에는 치관 도구를 준비하는 것, 옷을 마련하는 것, 옛 무덤을 여는 것, 새로운 무덤을 조성하는 것 등이 포함되는데,[7] 이 장에서는 관곽 마련과 개장 도구 마련의 과정만 다루고자 하며 시기는 대체로 천장의식을 거행하기 전까지로 한정하였다. 내용은 크게 네 가지다. 첫째, 이문건 집안 내에서 천장 도구들을 준비하고 노비들이 사역하는 과정, 둘째, 집안 내부의 노력과 외부의 도움이 함께 필요한 관곽의 제조와 수송, 셋째, 외부로부터의 물품 조달, 마지막으로 이러한 분배와 부조가 가능했던 당시 사회의 지배구조의 성격을 살펴본다.

1. 집안의 준비

일반적으로 천장을 위하여 우선 준비하는 것은 좋은 땅을 고르고 날짜를 택하여 무덤 자리를 만드는 것이다.[8] 이문건은 풍수를 이용해 무덤 자리와 천장 일시를 정할 뿐 아니라 다른 집의 천장을 견학하고 천장 준비를 감독하며, 손수 비석에 글자를 새겨 넣고, 여러 가지 도구를 제작하도록 노배(奴輩)들을 지휘했다.

1) 천장 일시의 결정과 감독

이문건은 여러 경로로 풍수를 의논해 가장 좋은 날짜와 시간을 점치고

7) 문옥표 외(1999), 「증보사례편람」 개장(改葬), 『조선시대 관혼상제(II): 상례편(1), 한국정신문화연구원.

8) 아내의 갑작스러운 죽음으로 신응순(辛應純)은 빈소를 먼저 차리고 장지를 정하였다.〔정승모(2003), 「省齋 辛應純의 『內喪記』를 통해 본 17세기 초 상장례 풍속」, 《장서각》 10〕

다른 집의 천장을 견학하면서 부친의 천장에 대비하였다. 『주자가례』에는 묘의 위치를 정할 때 점복은 따를 필요가 없다고 하였으나,[9] 풍수는 고려조에서부터 광범위하게 사용되어 16세기 조선에는 매우 혼합된 형태가 존재하고 있었다.[10] 이문건은 서울에 머물면서 관곽을 마련하는 동시에 지관(地官) 김숙손과 천장 일시를 의논했으며, 이때 노(奴)가 김숙손의 집을 왕래하며 논의의 내용을 심부름했다.[11] 이문건은 김숙손과 함께 언덕에 올라가 산의 형세를 살폈는데 수토산(水土山)이므로 별 해는 없을 것이라는 말을 듣고 그에게 점심을 먹여서 보냈다.[12] 한편 맹인에게 점을 치게 해서 12시에 개장(改葬)하는 것이 어떠한가를 물어보기도 한다.[13] 개장일이 정해진 것은 12월경인 것으로 짐작되며, 개장하기 사흘 전에는 집사당에 개장일을 고하려고 조카 휘를 본댁으로 보냈다.

본댁에서 12월 10일에 보러 온다는 말에 이문건은 매우 기뻐했다. 실질적인 일은 이문건이 맡아서 하고 있으나 그는 장손이 아니라 차자이므로 때때로 형식적인 절차를 본댁에 보고하거나 묻곤 했다. 부친의 천장례를 더 잘 치르기 위해 인종의 장인인 박용(朴墉)[14]의 묘소 개장을 견학한 후에

9) 주희(1999), 『주자가례』, 임민혁 옮김, 예문서원.

10) Deuchler(1992), *Confucian Transformation of Korea*, Harvard University Press.

11) "有山還京 令歷告金叔孫宅 請歷論事焉."〔『默齋日記』 1535년 11월 9일〕

12) "適金叔孫來見 率上丘前 考定形勢 則甲坐庚向無疑分明 水土山云云 別無凶害云云 饋點心以送之."〔『默齋日記』 1535년 11월 17일〕

13) "崔繼勳來見 盲人金永昌來謁 問卜之. 午時 使占改葬 則萱草生庭可爲云云. 又邀憲仲 使問之焉 盲謂甲戌生 四十後運多滯 謂奎星壽不齊云云."〔『默齋日記』 1535년 12월 26일〕 실제로 이문건 부친의 묘가 개장되는 것은 진시(오전 7~9시)이므로 아마도 맹인이 점을 본 후에 시간을 바꾼 듯하다.(『默齋日記』 1536년 2월 11일)

14) 1467~1524, 조선 인종(仁宗)의 장인. 자는 중보(仲保), 본관은 반남(潘南). 음보(蔭補)로 은율현감을 지내고 중종 19년(1524) 딸이 세자빈이 되자 종친을 거쳐 첨지중후원사를 지냈다. 인종이 즉위한 뒤 영의정에 추증되고 금성부원군에 추봉되었다.(『중종실록』 50권 19년 3월 기사) 일기에서는 이문건의 부인인 안동 김씨의 이모 집으로 박본댁(朴本宅)이라고 불리고 있는데 남문 밖 용산에 있었으며 안동 김씨가 빈번히 출입했다.〔김소은(2002), 「이문건가의

도 이문건은 말을 달려 본댁에 보고하기도 하고, 사람을 보내어 관에 채울 것과 물품을 준비하도록 했다.[15] 본댁에서는 빈(嬪)이 내린 교시로 순기산(順氣散) 8복과 과물사오색(果物四五色)을 이문건의 집으로 보냈으며, 후에 지문(誌文)도 보냈는데 이문건은 이를 제지관(題誌官)에 전하여 박자영에게 보내도록 했다.[16] 친구인 신정(申珽)에게서 『가례의절(家禮儀節)』[17]을 빌려서 천장예문을 베껴 쓰고, 천장예초기(遷葬禮抄記)를 만들어 본댁에 전하고 산소에도 전하도록 했다. 이문건은 본댁에 들러서 부친의 시신을 옮길 것을 걱정하고 있는 숙모를 위로했다.

이문건은 형제들이 앞서 사망했으므로 조카 휘와 더불어 모친의 시묘살이를 하면서 동시에 부친의 천장 준비를 감독하고 있었다. 1536년 1월 5일 어머니의 첫 기일제에 연제(練祭)를 행했다.[18] 추운 날씨에도 이문건은 비석에 글자를 두세 자씩 새기면서도[19] 돌아가신 부친에게 효성을 다하지 못한 것을 죄송하게 생각하고 있었다. 날씨가 좋지 않거나 혹은 본인의 몸 상태가 좋지 않아서 글자를 새기지 못하면 매우 송구스러워하며 개장에 쓸 나무 비녀인 목잠(木簪)을 만들었다. 그는 관의 제조와 수송을 감독한 후 피로가 쌓인 채 관판 수송을 부탁하러 갔다가 감기에 걸리고 피를 토하기

경제운영과 지출: 괴산입향을 관련하여」, 《고문서연구》 21에서 재인용〕

15) "遂定改棺之事 馳報本宅 使備實棺諸緣."〔『默齋日記』1535년 12월 12일〕

16) 『默齋日記』 1535년 12월 21일. 지문(誌文)은 죽은 사람의 성명과 나고 죽은 날, 행적, 무덤의 소재, 좌향 등을 적은 글.〔『한국 한자어 사전』 권4(2002), 145쪽〕

17) 이의조(李宜朝)의 『가례증해(家禮增解)』에 의하면 천장에 관한 절차는 명나라 구준(邱濬)이 『개원례』를 근거로 『가례의절』에 수록되었으며, 그것을 토대로 우리나라에서는 신의경의 『상례비요』에 수록되었다고 한다.〔『한국민족문화대백과사전』(1999), 한국정신문화연구원〕

18) 연제(練祭)는 소상을 기년인 11개월 만에 제사 지내는 것을 말하며 모(母)가 먼저 돌아가신 경우에 지내는 제사이다.〔『한국 한자어 사전』 권3(2002), 801쪽〕 연제복(練祭服)은 소상이 지난 뒤 대상까지 입는 상복이다.

19) 이 비석은 소위 불인갈(不忍碣) 또는 영비(靈碑)라고 하며 한글로 쓰인 최초의 비석이다. 1926년 학계에 발표된 후 소실되었다가 1952년 재발견되었다. 영비에 관해서는 김현영(2001), 「16세기 한 양반의 일상과 재지사족」, 《조선시대사학보》 18 참조.

도 했으며 근심한 나머지 잠을 잘 이루지 못하기도 했다. 이문건은 노원의 모친 묘소 옆에서 생활하는 중에도 천장을 위해 잡물들을 실어 나르고 봉폐를 검사하는 등 시종일관 감독했고 저동가와 서소문가 그리고 서울과 용산을 왕래했다.

2) 음식과 의복 마련

천장 준비에 쓰일 음식은 이문건의 명에 따라 노비들이 준비했다. 이문건의 고모가 먹을 것을 조금 보조하거나 본댁에서 과물(果物)을 보내고 있다. 고모 집에서 면(麵)을 보내와서 일하는 목수와 포천인을 먹였고, 노(奴)를 한 명 보내와서 일을 돕게 했으며, 탁주 두 동이를 보내왔다. 누이는 만두 한 소반을 보냈다. 술은 집의 비(婢)에게 명하여 누룩으로 탁주를 빚게 해 마련했다. 요리사는 미리 와서 개장일 2주일 전인 1월 25일이나 26일에 과(果)를 만들겠다고 약속하고 돌아갔다. 용인에 사는 이문건의 형수는 느릅나무 껍질 등을 보내왔다.

천장일에 쓸 의복은 부인에게 부탁하여 하인들이 날라 왔다. 이문건 부친의 기일인 12월 25일에 부인은 기일 제사의 제물을 준비했으며, 이후 서소문가에 머물면서 연복(練服)[20]은 부인이, 연관(練冠)은 이문건이 만들었다. 시신에게 입힐 개관(改棺) 의복은 묘를 개장하기 여드레 전에 마련했다. 이문건의 부인이 개관 의복을 노복을 통해 보냈으나 이문건은 의복이 조악하다고 화를 내고, 부인에게 다시 옷과 허리띠, 버선 등을 만들라고 지시하면서 깃직령[21]도 고쳐달라고 전했다. 자신의 뜻대로 의복 등이 구비되

20) 『默齋日記』 1535년 12월 26일. 구씨에 의하면, 연복의 '연(練)'은 오랫동안 물에 익힌 실을 잿물에 삶아 익힌 베로 관복을 만드는 것을 뜻한다.〔『주자가례』(1999), 406쪽〕

21) 직령(直領) 무관의 웃옷의 한 가지로 깃이 곧게 되어 있다.

지 않자 음식을 거의 먹지 못하는 것을 보면[22] 이문건이 부친의 천장을 준비하면서 얼마나 노심초사했는가를 알 수 있다. 그는 부인이 개관 의복을 다시 보내면서 부친 편지에서 공치사를 많이 하고 있다고 하며,[23] 천장을 마친 후 보고하는 제사에 제물을 성대하게 차리지 않은 것을 부인이 지혜롭지 못한 탓으로 돌리기도 했다.[24]

3) 물품의 제작과 노비 사역

이문건에게 노비는 수족과도 같이 천장에 필요한 모든 심부름과 노동력을 제공하고 때로는 식량 등을 납공하고 있다. 천장과 관련해 특히 서울을 오가는 경우에 이문건은 수손에게 자주 심부름을 시켰는데, 이것은 그가 길을 잘 알고 상대방 집안과 잘 알고 지내는 사이였기 때문인 것으로 풀이된다. 개장 전의 제반 준비와 수송은 노 유산, 수손, 양차, 윤산과 비부(婢夫) 군만 등이 맡아서 했다. 이들은 탄과 석회를 나르고, 서울에서 여막까지 필요한 물건을 날랐다. 여막에서는 연손이라는 아이가 이문건의 집을 오가며 옷을 가져다주고 개렴 의복과 음식 등을 나르며 빈소청을 만들 목재를 가져왔다.

이들을 살펴보면 노비들 간에는 일이 분담되고 있었으며, 때로는 상전으로부터 체벌을 당하기도 했다. 비가 와서 노들을 부릴 수 없게 되었는데, 늦게 도착한 통진노 금수가 명령을 듣지 않자 이문건은 코에 물 세 그릇을 부어서 벌을 주기도 했다.[25] 구인 계송은 김중수가 빌려준 구종으로서, 연

---

22) "婦以改棺衣服等物付衆伊出送甚麤 且不具其緣粧者多 布韈亦不整 帶亦不長而短 卽令年孫付韈及帶入送 使改之 且備送衣服緣粧事通曉 又令送吾貼裏一領事 心甚動傷 食不下咽 夕不敢食焉."〔『默齋日記』 1536년 2월 3일〕

23) "年孫自京晚還, 持改棺時衣服所飾. 妻作簡多巧辭."〔『默齋日記』 1536년 2월 4일〕

24) 『默齋日記』 1536년 2월 20일 이문건 부부는 금슬이 좋은 편이 아니었다. 김소은(2001) 참조.

25) "以雨不得役奴 通津奴今守始到 以不聽令罰之 沃三器水于其鼻."〔『默齋日記』 1536년 1

안 숙모 집에 쌀을 빌리러 가는 심부름이나 주인인 김중수에게 가는 심부름을 주로 맡았다. 야차는 짐도 나르지만 주로 숙수(熟手)로서 제사나 소상에 대비한 음식을 만들었으며 야차의 아비도 음식을 만들었다. 비 학금이나 모록대의 처는 용미를 납공하거나 술을 담그고 나무를 베었다. 분동에서 온 모록대, 귀산, 명복 등은 나무를 베어 나르거나 석회를 신는 것을 담당했다. 이문건은 천장에 필요한 사토막을 비부(婢夫)에게 만들게 하고 노(奴)는 자귀 자루인 착이병을 만들게 했으며, 조카 휘는 사토막(沙土幕)과 삽선(翣扇)을 만들었다. 노 윤산은 도구를 만들고, 대장장이로 추정되는 한천석은 쇠못과 삽을 만들고 석물에 관련된 심부름을 했다. 목수 누현은 연추죽(輦推竹)을 만들었다.

천장을 위해 이문건의 집안에서 이루어진 일을 도표로 작성해 보면 〈표 1〉과 같다.

〈표 1〉에서 나타난 바와 같이 이문건 집안에서 개장을 위해 준비하는 것에는 천장 일시를 정하는 것과 다른 집의 천장을 견학하는 것, 천장 준비에 대한 감독, 의복과 음식 마련, 그리고 물품의 제작과 노비 사역이 포함된다. 특히 몸이 불편함에도 불구하고 새로 마련한 묘비에 매일 글자를 새겨 넣으며 천장을 위한 물품들을 손수 마련하는 과정들은 부친에 대한 이문건의 그리움과 효성을 보여준다. 간간이 천장을 견학한다든가 천장예문을 베껴 기록하는 것은 되도록 예에 따라 천장례를 치르려는 성리학자로서의 진지함을 보여준다. 지휘 감독자로서 이문건은 노비와 대장장이를 동원해 필요한 물품들을 가내에서 제작, 공급하고 있다. 부친의 누이인 고모와 이문건의 누이 등 여성의 참여가 보이나 이것은 본댁과 이문건의 집 간의 상호 왕래와 부조에 비해 미미한 수준이며, 다른 부계친족들 간에 정성이나 참

월 28일〕 이문건가의 노비 체벌에 대해서는 심희기(2001), 「16세기 이문건가의 노비에 대한 체벌의 실태분석」, 《국사관논총》 97집 참조.

〈표 1〉 이문건 집안에서의 천장 준비

내용	참여 인물(관계)	날짜
천장 일시 의논	이문건과 김숙손	1535. 11. 3
천장 자리 살핌	김숙손	1535. 11. 17
천장 견학	이문건이 박연과 동숙	1535. 12. 10
『가례의절』	이문건이 신정에게 빌림	1535. 12. 18
천장예초기(遷葬禮抄記) 작성	이문건	1535. 12. 19
풍수	이문건	1535. 12. 27
점쟁이 김영창에게 개장 일시 받음	이문건	1535. 12. 26
본댁에 보고, 관을 채울 것과 연복 지시	이문건	1535. 12. 12
지문	본댁	1535. 12. 21
순기산 8복, 과물사오색	본댁에서 빈(嬪)의 교시로	1535. 12. 22
비석 글자 새김	이문건	1535. 11. 27, 1536. 1. 9, 1. 24, 1. 26
번지석(燔誌石)을 묻음	이문건	1536. 2. 1
목잠 제조	이문건	1536. 1. 29
개렴의연장(改斂衣緣粧), 자리〔席浮〕	이문건	1536. 2. 5
잡물들의 봉폐 검사	이문건	1536. 2. 5
잡물들을 수송(서울에서)	이문건	1536. 2. 6
제사 연복(1월 5일 모친 소상)	이문건의 부인	1535. 12. 26
제사 연관(1월 5일 모친 소상)	이문건	1535. 12. 28
개장 시 복제 의논	이문건과 경참	1535. 12. 29
깃직령	이문건의 부인	1536. 1. 21
개관 의복	이문건의 부인	1536. 2. 4
기름〔油〕	연손	1536. 1. 9
만두 한 소반	이문건의 누이	1536. 1. 16
과 제조	숙수 야차와 야차의 부(父)	1536. 1. 21
죽(麴) 2원(圓)으로 탁주 6두	비(婢) 학금	1536. 1. 29
평계 1상자	이문건	1536. 2. 3
면, 노 1명과 탁주 2동이	고모집	1536. 2. 5, 2. 17
유토궤(柳土簣) 12, 느릅나무 껍질 2속	용인 형수	1536. 2. 6
사토막 제조	이문건의 비부(婢夫)	1535. 11. 21
짧은 도지개, 사토막 다스림	이휘	1536. 1. 23
삽선	이휘	1536. 1. 24
쇠못, 삽 제조	한천석	1536. 1. 19
착이병(자귀 자루) 제조	노(奴) 윤산	1536. 1. 23
빈소청을 만들 재목 15개	노(奴) 연손	1536. 2. 4
연추죽(輦推竹) 제조	누현(목수)	1536. 2. 5

여가 조직적으로 보이지는 않는다.

2. 관곽의 준비와 수송

일반적인 상례에서는 장지를 정하는 것이 치관보다 우선이나, 이문건의 부친 묘는 나중에 사망한 노원의 모친 묘역에 합장하기로 했으므로 관을 새로 마련하는 것이 시급했다. 좋은 품질의 관곽을 구입하기 위해 이문건은 매우 정성을 기울인다. 관은 내관과 외곽으로 나누어져 있었기 때문에 관곽이 별도로 제작되어야 했는데, 이문건은 먼저 내관판을 준비한 다음 외곽판을 준비했다. 관곽의 제조와 구입, 관판의 수송, 목수와 톱의 확보 등은 서로 연관되어 있는 부분이었다.

1) 내관의 준비

관 구입은 천장일 석 달 전쯤에 준비하고 있다. 이문건은 관을 구입하고자 서울로 올라가[26] 다음 날 관목(官木) 15필을 용산에 있는 관곽 제조와 예장(禮葬)을 담당하는 귀후서(歸厚署)[27]에 보냈다. 그는 다음 날 귀후촌[28]에 들러서 관을 둘러보았으나 관판에 백변(白邊)이 있어 사지 않고,[29] 관의

26) 『默齋日記』 1535년 11월 1일.

27) 처음에 관곽색(棺槨色)에서 태종 14년(1414년)에 시혜소(施惠所)로 그 해에 다시 귀후소(歸厚所)로 고쳤으며 세조 이후에 다시 귀후서(歸厚署)로 고쳤는데, 정조 원년(1777)에 혁파해 선공감(繕工監)에 붙였다. 관원으로는 제조(提調) 1인, 별제(別提) 6인이 있었다.〔한희숙(2004), 「조선 전기 장례문화와 귀후서」, 《조선시대사학보》 31 참조〕. 귀후서가 용산에 위치한 것은 아마도 관목의 운송을 위해서였을 것이다.

28) 귀후촌(歸厚村)은 관을 만들고 장례에 관계하는 사람들이 집단적으로 거주한 곳으로 생각된다.

29) 당시 백변(白邊)이 있는 관은 2동 10필이었는데 당시에 1동이 50필이었다. 이문건은 아버지

제조를 책임진 안계손에게 가포(價布)를 맡기며 관이 만들어지면 사겠다고 말하고 길이와 척수를 그려주고 돌아왔다. 이 과정에서 노 수손을 매우 빈번하게 안계손에게 보내서 장목 삼필(長木三匹)을 귀후서에 토목가(吐木價)로 납부하게 한다. 정확한 치수의 관을 만들고자 이문건은 조카를 서울로 보내어 관판을 택하도록 했다. 그리고 한 달 반 후 이문건은 귀후서에서 내관이 만들어진 것을 점검하면서 위판(圍板)과 관 뚜껑은 있으나 본판(本板)이 없자 목면 5필을 선불한다. 보내온 본판이 좋지 않자 이문건은 다음 날 노를 안계손에게 보내어 관판 2엽을 3필을 주고 바꾸어 온다.

2) 외곽의 제조

내관은 이문건이 귀후서에서 구입했으나 외곽은 저동가에서 만든 후에 무덤으로 옮겨 왔다. 외곽을 만들기 위해 이문건이 한양으로 올라간 사이 조카 휘가 여막을 지켰다. 정원사령이 목수 두 명을 데리고 곽제조를 도우러 왔을 때 이문건은 좋은 품질의 판자가 없자 칭념(稱念)[30]을 보내어 좋은 품질의 판자를 이세명에게서 빌려 온다. 왕족인 청원군에게도 판자를 보내달라고 도움을 청했으나 아무런 답장도 받지 못한 채 선물로 약만 보내게 되었다. 이세명에게 빌린 판자 두 개가 도착해 목수들이 일을 시작하려고 했지만 눈이 와서 밖으로 나가지 못했다. 이문건은 외곽 제작을 감독하기 위해 저동가에 머물렀으며 새로 이장하는 묘로 외곽을 옮기기 위해 한성부 판관이 보낸 차부색장의 도움을 받는다. 목수 루현이 외곽의 뒷면을 다듬

에게 쓰기에는 품질이 좋지 않아도 누이가 관을 미리 사두고자 했으므로 가격을 물어본다. 누이는 두함관(豆含棺)을 2동 5필에 샀다.(『默齋日記』 1535년 11월 3일)

30) 칭념(稱念)은 노비를 보호하고 통제한다는 의미로 주로 사용되어 왔으나 『묵재일기』에서는 친우(親友) 간에 마음을 전달하는 "예물"이라는 뜻으로 더 많이 사용되고 있으며, 일종의 정표(情表)로 이해된다.〔이성임(2001), 「16세기 이문건가의 수입과 경제생활」, 《국사관논총》 97집, 국사편찬위원회〕

었으며, 조카 휘가 외곽의 본판에 송진을 지지는 것으로 외곽 제조를 일단락한다. 개장하기 3주일 전에 목수가 와서 박판을 다듬고 내관 뚜껑을 정리하면서 관곽의 제조는 일단 마무리되는데, 그리하여 시신을 운반하기 수일 전인 2월 6일경 내관이 준비되고, 2월 5일에는 외곽이 만들어졌다.

3) 목수와 톱의 확보

관곽 제조에서 가장 중요한 것은 목수를 확보하고 도구를 구비하는 것이었다. 한정된 수의 목수와 톱을 적절한 시간에 맞추어 준비하고 이들을 관리하는 것은 상주의 중요한 역할 중 하나였다. 일기에 따르면 상을 당하거나 집을 짓는 사람들끼리 목수와 톱을 빌려 쓰고 있으며, 이문건도 이웃과 친구들에게 목수와 톱을 빌리고 있다. 관곽 만들기의 시작부터 끝까지 감독자로서 이문건은 매우 많은 심리적 어려움을 겪는데 이것은 대부분 목수들로부터 비롯되었다.

일을 시작하기 전날부터 이문건은 목수들에게 많은 공을 들였는데, 이것은 청성군에게 판자를 구하러 목수와 함께 갔다 온 후 목수에게 술을 대접해 보낸 것에서도 나타난다. 일을 시작하는 날은 정확히 아버지의 무덤을 개장하기 한 달 전인 1월 12일경이며, 이문건은 관 만드는 것을 감독하면서 시내에 있는 저동가에 머물고 있었다. 당시 목수들은 상전들의 말을 그다지 잘 들은 것 같지 않다.[31] 일을 시작하는 첫날, 목수인 석지는 본인 집안의 제사를 핑계로 나타나지 않았고, 다른 한 명의 목수인 대산은 상(喪)을 당한 이웃집에 가버렸다. 결국 이문건의 집은 목수가 없어서 목재를 다스리는 일을 시작할 수 없었다. 새벽에 석지가 왔으나 승묵(繩墨)이 없어

31) 이 일기에 나오는 목수들은 승정원(承政院) 사령이 데리고 온 두 명인데, 이들이 보내진 것은 이문건이 승정원에 근무했기 때문에 부조한 것으로 보인다.

목재를 다스릴 수 없다며 그냥 가버렸다. 날씨 때문에 일을 못하더라도 목수들에게 임금은 일한 날별로 지급되었다. 일을 시작한 둘째 날 곽 일을 시작했으나 다음 날 눈이 와서 밖으로 나갈 수 없게 되자 목수들은 일을 마치지 않은 채 집으로 돌아갔다. 그러나 이문건은 우선 목면 각 1필을 지급한다.[32] 다섯째 날인 1월 15일 외곽이 준비되자 이문건은 목수들에게 술을 먹이고 각각 목면 1필을 지급했다. 다음 날 이문건은 목수 석지에게 관의 본판과 귀퉁이 판을 다듬어줄 것을 부탁하며 음식을 먹이고 목면 반 필을 지급했다. 관판 일은 이문건이 서울에 머물면서 판자를 톱질해 자르도록 시킨 것에서부터 시작되었다. 그러나 비가 내려 일을 진척시키지 못하고 있을 때 목수인 막수지가 와주었다. 결국 하루에 2판과 반 엽을 톱질해 무사히 끝내게 되자 이문건은 매우 기뻐했다.

관곽 제조가 거의 끝날 무렵에도 이문건은 목수와 톱을 확보하는 데 어려움을 겪었다. 사촌형〔이공장(李公檣), 자(字)는 제수(濟叟)〕에게 목수를 보내달라고 부탁했으나 아무런 회답을 듣지 못했고, 귀후서 별좌인 조근에게 부탁해 마침내 비자(牌子)[33]를 받았다. 참판 권경신이 목수와 톱을 아침 일찍 보내왔고 다음 날에는 이문건이 종을 보내어 목수를 불렀지만 즉시 말을 듣지 않아 종이 그냥 돌아오기도 했다. 정오에 목수 한 명이 도착하여 박판을 제련했다.[34] 다음 날에는 목수가 오지 않았고, 이문건이 찾는 본판(本板)을 보내지도 않았는데 그 이유는 강원도에서 양식을 구하는 편지를 목수가 이문건으로부터 받으려고 했기 때문이다.[35] 귀퉁이 판을 자르려고

32) 『默齋日記』 1536년 1월 14일.

33) 『默齋日記』 1536년 1월 18일. 牌旨(패지 또는 비지)라고도 하는데 상전이나 상관 등의 지위가 높은 사람이 낮은 사람에게 공식으로 보내는 편지. '牌子' 또는 '牌字'라고 한다. 최승희(1989), 『韓國古文書硏究』, 지식산업사, 388, 395쪽 참조.

34) "令季松往招木手 不卽聽從云 空還來. 將午木手一人隨到 令鍊薄板."(『默齋日記』 1536년 1월 19일)

35) "木手不來. 張萬千來謁 推本板不許送 其人欲受江原道求粮簡子云云."(『默齋日記』 1536

〈표 2〉 이문건가 천장 준비 시 관곽의 제조와 수송

	일의 내용	참여 인물	지출 내역	날짜
내관 제조·수송	관곽 매입(귀후서)	이문건	관목 15필을 용산에 보냄	1535. 11. 2
	관곽 제조 위탁	안계손	가포를 안계손에게 맡겨 관이 만들어지면 사라고 함	1535. 11. 2
	관판 값(귀후서)	안계손	장목 3필을 지급	1535. 11. 5
	관판을 택하려 상경	이휘		1535. 11. 20
	내관 만든 것을 보다	안계손, 장만천	목 5필 선불	1535. 12. 27
	판자대소 10개 수송(귀후서)	신청중이 거(車)와 거색장을 보내옴	신청중을 12월 23일에 방문하여 미리 부탁함	1535. 12. 27
	관판 2엽을 수송	안계손가에 수손 보냄	3필	1536. 1. 13
	관 본판	목수들	술 먹이고 각각 목면 1필	1536. 1. 15
	관 본판, 우판, 박판	목수 석지 저동가	먹이고 목면 반필	1536. 1. 16
	목수를 보내주고 대거자를 빌림	권경신		1536. 1. 18
	목수 비자(牌字)	조근(별좌)		1536. 1. 18
	톱질(2.5판)	계선, 막수지(목수)		1536. 1. 18
	박판 연마, 내관 뚜껑판	목수, 저동가	먹여 보냄	1536. 1. 21
	관판, 박판 7개, 우판 1개 수송	양주목사가 보낸 차부	태1두 지급, 세 끼 제공	1536. 2. 2
	내관판을 지짐	이문건		1536. 2. 6
외곽 제조·수송	곽을 만들고자 상경	이문건(저동가에서)		1536. 1. 10
	내관 1, 곽판 2엽 보냄	안계손		1535. 1. 10
	곽판 2엽을 빌림	이세명		1536. 1. 12
	가판(假板) 몇 개 보냄	주서(注書) 이씨		1536. 1. 14
	목수 2명	승정원사령		1536. 1. 11
	목수들이 곽 일 시작	이문건의 감독(저동가)		1536. 1. 13
	곽 제조 못했으나 노임 지급	목수들	각각 면 1필	1536. 1. 14
	곽 수송	정경중(한성부판관)의 차부색장	태 1두, 목 1필 지급	1536. 1. 22
	곽을 수송 사토	이휘		
	곽판 뒤 다듬음	루현(목수)		1536. 1. 26
	곽 본판 송지로 지짐	이휘		1536. 1. 28
	곽판 송지로 지짐	이휘		1536. 2. 3, 2. 5

이문건은 새로 집을 짓는 곳에서 톱을 빌리려고 했지만 답장이 없어서 매우 한스러워했다.[36] 다음 날 목수가 와서 박판 연마를 마치고 내관 뚜껑판

년 1월 20일)

을 정리해 일을 끝내자 이문건은 음식을 대접한 후 보냈다. 이문건은 서울에 머물며 천장에 관계된 일들을 처리하느라 여막으로 돌아오지 못했다. 이문건은 천장하기 사흘 전인 2월 6일 영동에서 철과 송지를 가지고 친히 내관판을 지졌는데 하루 내내 걸려 겨우 지지기를 마칠 수 있었다. 2월 3일과 5일에도 조카가 외곽을 지지는 것으로 보아 목수가 담당할 일이 대강 끝났기 때문이거나 아니면 목수 구하기가 어려워 손수 하게 된 것이 아닌가 생각된다.[37]

4) 관곽의 수송

관의 제조와 더불어 이문건이 동시에 해결해야 하는 일은 수레로 관곽을 실어 오는 것이었다. 당시에 수레를 이용한다는 것은 매우 제한된 신분층의 고위관료들에게만 허용되는 일이었던 것으로 짐작된다. 이문건은 건강이 좋지 않은 상태에서 관곽의 수송을 몇 곳에 부탁하느라 몸이 더욱 나빠졌으나 신청중(申淸中)을 밖에서 오래 기다린 끝에 마침내 허락을 받았다. 양주목사에게도 칭념을 보내어 관판 운반을 부탁했는데, 차부(車夫)가 2월 1일 저동가에 도착해 다음 날 관판과 박판 7개, 우판 1개를 실어 오자 콩 1두를 주고 세 끼를 먹였다.[38]

정경중 한성부판관(漢城府判官)에게서 곽 한 수레를 수송하는 체자(帖字)[39]를 받은 지 이틀 후 차부색장 등이 왔다. 그리하여 그들에게 술을 주고 콩 1두와 목 1필을 지급하자, 다음 날 아침에 그들이 곽을 날라 왔다. 관곽

36) "欲鋸隅板 無器具 强借於李全義成造處 不答 徒恨徒恨."(『默齋日記』 1536년 1월 20일)

37) 천장 당일인 2월 11일에 목공 두 명이 외곽을 만들어 정돈하였다는 기록이 있는 것을 보면 목수는 천장 준비에서 지속적으로 필요한 인력이었다고 추측할 수 있다.

38) "楊州所令車夫 昨夕到苧前洞家留宿 至朝晩載棺板及薄板七介 · 隅板一介 給太一斗 饋三時云云."(『默齋日記』 1536년 2월 2일) 『묵재일기』 원본인 초서본과 국편에서 탈초한 본을 대조해 보면, 탈초본에는 '給'이 빠져 있다.

의 운반을 다른 사람에게 부탁해야 했던 것으로 미루어 보면 당시 장례를 준비하는 일은 간단한 것이 아니었다.

이상에서 다루어진 과정을 도표로 작성해 보면 〈표 2〉와 같다. 〈표 2〉의 내용들은 내관의 준비, 외곽의 제조, 목수와 톱의 확보, 관곽의 수송을 보여준다. 이문건은 좋은 관판을 확보하기 위해 칭념을 보내어 판자를 빌리고 있다. 한편 관곽을 만들고 있는 자급자족적 경제체제는 지배자이며 상주인 이문건이 천장을 주관하는 관리감독을 맡고, 다른 한편으로는 내부적으로 조직된 노비들과 관 만드는 목수, 귀후서의 관리들이 실무를 맡는 식으로 되어 있다. 목수는 기술자로서 전문지식이 있었기 때문에 상전이며 지배자인 이문건을 난처하게 만들기도 했으며 이러한 역동적 상호작용과 갈등관계 속에서 경제체제가 운용된 것으로 보인다. 관곽 제조에 승정원에서 목수를 보내주는 것은 이문건이 등제(登第)한 후에 승정원주서(承政院注書)로 근무한 경력 때문에 승정원에서 제공하는 일종의 부조 형태인 것으로 생각된다. 귀후서의 별좌인 조근으로부터 목수를 보내준다는 약정을 받은 것이나 이문건이 공직자들에게 관곽 수송을 부탁하는 것은 관직을 개인적인 용도에 쓰고 있는 모습을 보여준다. 이들의 심부름으로 온 차부들에게 이문건은 식량이나 목면을 지급하고 있는데, 이것은 관의 인력을 쓰는 것에 대해 개인적인 비용을 지출하는 것으로 보인다. 이렇듯 이문건과 교류하는 관료들은 직위를 이용해 공적인 권력을 사적인 영역에 투입하고 있는데 아마도 이는 중앙관료 출신의 엘리트 양반들 사이에서 당시에는 묵인된 관행이었을 것이라고 생각된다.

39) "鄭判官暮送輸槨一車帖字."(『默齋日記』 1536년 1월 20일) 체자는 체문(帖文)이라고도 하며 수령이 관하의 면임, 훈장, 향교의 유생 등에게 유시하는 문서이다.〔최승희(1989), 298쪽 참조〕

3. 외부의 도움

이문건은 천장례를 준비하는 과정에서 다른 친구와 친지들에게서 여러 가지 도움을 받았다. 관을 제조하여 수송할 때와 천장의식 때 필요한 물품들을 부조받는 한편, 천장례에 쓰는 장식들을 지인들에게 빌리고 있다.

1) 식량

개장과 천장 때에는 많은 인력이 동원되어 참여했으므로 이들에게 공급할 식량을 충분히 확보하는 게 중요한 준비 중 하나였다. 이문건은 연안 숙모와 경기감사 김응경에게 쌀과 백지를 구한다는 내용의 편지를 썼다. 군량미는 친지들이 보내준 것이나 석회 값으로 지불된 것으로 충당하거나 노비 등이 납공했고, 더러는 예전에 빌려간 사람들이 갚기도 했다. 이문건은 오촌 조카인 문응(文應)이 석회 20석 값으로 조 2석을 보내오자 너무 약소하다고 섭섭해했으며,[40] 사촌형인 제옹〔이공즙(李公楫), 제옹(濟翁)은 자(字)〕이 조(租)를 보내오자[41] 정미로 찧도록 했다.[42] 이문건의 노 모록대의 처가 쌀을 납공하고 비 학금이 쌀을 바쳤으나 저장할 곳이 없어 다시 가져가게 하고 그 대신 포천 쌀을 빻아 오라고 했다.

2) 탄 · 송진 · 석회

탄, 석회, 모래, 황토 등의 사물(四物)은 관이 들어갈 구덩이를 단단하게

40) "文應以租二石 送償石灰二十石云云 太略焉."(『默齋日記』 1536년 1월 12일)
41) "濟翁兄處 喻石灰本租石 則欲加送云云."(『默齋日記』 1536년 1월 14일)
42) "濟翁兄以石灰價租二石畢送 卽付允山家使春正."(『默齋日記』 1536년 1월 27일)

해 벌레가 침입하지 못하도록 하는 데 쓰였다.[43] 탄은 거망가, 평강, 금화, 이언(李彦), 신간(愼諫), 회암사, 이문건의 본댁에서 부조했다. 이문건은 이 가운데 거망가에서 가져온 탄의 3분의 2를 누이의 집으로 보냈다. 평강과 금화의 관에서도 물자를 보내어 돕겠다는 말을 들었으며 이언과 신간이 탄 4석을 보내왔다. 야차와 중이에게 말 2필을 가지고 두을언가에 가서, 본댁에서 준 탄 10석을 가지고 오게 했다. 관을 메우고 마무리하기 위한 송진[44]은 어렵게 구했다. 이문건은 숙강과 경참에게서 송진을 얻고자 했으나 이 숙강만이 여줄과 함께 송진을 보냈다.[45] 한흥서가 보낸 송진 3근은 녹여서 철기 자루 4개를 만들었다. 이문건이 숭선정(嵩善正)의 아들에게 부탁하고 온 지 일주일 후에 송진 2두가 도착했다. 이문건은 이천현감에게도 양식 공급과 송진을 부탁했지만 충분히 확보하지 못해 다급해하고 있었는데 김로씨(金魯氏)가 송진을 충분히 빌려줄 수 있다는 말을 해 크게 위로를 받았다. 이문건은 노 수손과 군만에게 석회 2태를 실어 내어 체에 치게 하고, 가는 모래를 나르고, 황토를 모아 말려서 체에 치는 작업을 계속해 2월 4일에 일을 마쳤다. 영동에 거주하는 노 명복이 와서 석회를 실어 가고 송진도 아울러 부쳐 산소에 보냈다.

3) 그 외의 물자 조달

그 밖에도 천장을 위해 외부의 지인들이 백지, 목재, 목면, 장식 등을 빌려주거나 보내주었다. 김중수가 백지를 보냈으며, 김응경이 백지 20권을 보내주었다. 별좌인 조근에게 중간 정도 크기의 나무를 줄 것을 청해 노 연손에게 장목(長木)을 실어 오게 했는데, 이것은 아마도 빈소청을 짓는 작업

43) 『주자가례』(1999), 326쪽.

44) "松脂曰松津."〔『한국한자어사전』 권2(2002), 단국대 동양학연구소, 1029쪽〕

45) "李叔强處簡 乞松脂及犨䢖得之 鄭希韶處借丘則不應."(『默齋日記』 1536년 1월 12일)

에 사용한 듯하다. 이문건의 친구들은 목면을 부조했다. 고도사가 황감을 보내오자 이문건은 감사의 편지를 썼다. 대나무자리 5엽(葉)은 이문건 부친의 제자들이 천장을 위해 보내온 것이었다. 이 밖에도 장례에 쓰는 장식들을 이웃과 친지에게 빌렸는데, 소색개아(素色蓋兒)[46]는 노홍우에게 빌리고 여개제연(轝蓋諸緣)[47]은 제수 형이 빌려서 보냈다. 1월 중순 아침 노에게 장식 도구들을 빌려 오라고 명했으나 이웃집 주인이 빌려줄 기미를 보이지 않는다고 하자 이문건은 매우 당황하고 실망했으며 어디에서 빌려야 할지를 걱정했다. 다음 날 이문건은 거개(車蓋)를 빌려 써도 된다는 답신을 권금(權嶔)으로부터 받았다.

천장을 위해 외부로부터 조달된 물품을 도표로 작성해 보면 〈표 3〉과 같다. 〈표 3〉에서 보는 바와 같이 이문건이 천장례 준비 과정에서 외부로부터 도움을 받은 것은 그가 교류하던 범위를 말해 주며 아울러 조선 중기 중앙관료들이 상장례에 어떻게 부조(扶助)했는가를 보여준다. 천장례를 위해 집에서 준비하거나 만들지 못하는 물품들은 관직에 있는 외부의 지인들에게서 도움을 받고 있다. 부조 품목에는 쌀을 비롯한 식량, 석회와 송진, 탄등과 백지, 목재, 목면, 장례에 쓰는 장식들이 있다. 외부의 이러한 도움은 이문건이 이들과 밀접한 관계를 맺고 있었음을 보여주는 동시에 일반 양반집에서 준비하기에는 어렵거나 빌려 써야 했던 물품이 무엇이었는지를 짐작하게 한다. 특히 송진 등을 이문건조차 어렵게 마련하는 과정은 당시 이러한 물자들이 여러 고위관료를 통해야 얻을 수 있는 것임을 보여준다. 이문건이 이들 외부로부터 부조를 받고 당장 지급하는 것은 없으나 도와준

46) 개자(蓋子)는 영구 수레 위에 덮는 흰 덮개를 말하는 것으로 짐작된다.〔器物上部有遮蓋作用的東西(『漢語大詞典』 9권, 496쪽)〕

47) 「禮記」에 대한 정현(鄭玄)의 주석에, "緣, 飾邊也"(『漢語大詞典』(1994), 한어대사전출판사, 서지표기 9권, 956쪽)라고 기록된 것으로 보아 아마도 덮개 옆에 매다는 일종의 장식이 아닐까 생각된다.

〈표 3〉 이문건가 천장 준비 때 외부로부터 조달된 천장 물자

	조달 물자	참여 인물(관직)	이문건의 응대	날짜
식량	조 2석	문응(오촌 조카)	석회	1536. 1. 12
	조 2석	제옹(사촌 형)	석회	1536. 1. 27
	쌀을 빌리는 자 부탁	연안 숙모(삼촌 숙모, 윤식의 처)		1536. 1. 25
	용미 납공	모록대처		1536. 1. 26
	용미 납공	비 학금		1536. 2. 5
	빌린 쌀을 갚음	이근		1536. 1. 26
탄	탄	평강, 금화		1535. 12. 25
	탄 3석	거망가		1535. 12. 25
	탄 4석	이언, 신간		1535. 12. 27
	탄 2석	회암사		1535. 1. 5
	탄 10석	본댁		1536. 1. 22
송지	송지와 여줄	이숙강		1536. 1. 12
	송지(보냄)	경참		1536. 2. 9
	송지 3근	한흥서		1536. 1. 1
	송지 2두	숭선정		1536. 1. 29
석회	석회	서울에서 수손, 군만이 수송		1535. 12. 6
	석회를 체에 치다	이문건의 노들		1536. 1. 22, 23, 27, 2. 4
그 외 물자	백지	김응경		1535. 12. 23
	백저(白楮) 10장	김중수		1536. 1. 12
	거책목(車債木)	윤구부		1535. 12. 23
	중목(빈소청을 짓기 위함)	조근(별좌)		1536. 1. 3
	황감 10개	고(도사, 병사)	감사편지	1536. 1. 14
	자리 5엽	사우, 중초		1536. 1. 16
	부목 5필	정희소, 박충온		1536. 1. 17
	목면 5필	유세붕(사복시 판관)	동아줄을 얻지 못함	1536. 1. 19
	거개	권금(權嶔)		1536. 1. 17
	소색개아	노홍우		1536. 1. 22
	여개제연	제수 형		1536. 1. 22

사람들의 궁상사에 아마도 부조했을 것이며 이문건도 천장례에 쓰는 물품을 이웃 사람들과 서로 돌려썼을 것이다.

* * *

16세기 조선조 이문건은 부친의 천장례를 치르기 위하여 수개월에 걸쳐

준비하고 있었다. 이문건과 같은 방식으로 천장례를 치른다면 가산이 소진될 것은 너무나 자명하다. 이후에 성리학적 질서가 더욱 공고해지면서 소비만을 극대화하는 유교적 의례는 균분상속하에서 양반의 경제생활을 더욱 궁핍하게 만드는 요인 중 하나였을 것이다.

이문건 아버지의 천장 준비를 위해 상주를 중심으로 집 안팎에서 조카, 노비, 목수, 친지, 고위관료들이 동원되었는데, 이들의 관계와 부조를 통해 당시의 가산제적 경제체제와 가부장적 지배구조를 파악해 볼 수 있다.

아버지에 대한 이문건의 효성은 매우 지극하여 관곽 준비에서 비석에 글자 새기는 것에 이르기까지 그는 모든 천장 준비에 정성을 다하는 공순을 보여준다. 아픈 몸을 이끌고 추운 겨울에 부친의 천장에 성심성의를 다하면서도 효성을 다하지 못한다고 생각하고 있었다. 이문건과 본댁 간의 왕래는 누이나 고모 쪽의 왕래보다 많은 편이며 이문건의 고모는 노와 음식을, 누이는 음식을 부조하는 정도이다. 이문건은 관곽을 준비하면서 누이에게 관을 구입하는 데 필요한 정보를 알려주는 한편, 탄을 나누어 주는 배려를 하고 있다. 천장 일을 누이와 상의하고 있으며 일이 끝나고 나서는 누이 집에 들르는 등 매우 긴밀한 관계를 유지하고 있었다. 이문건은 부인에게 모친의 소상(小祥) 이후에 상주들이 입을 의복을 짓도록 하고 제사음식을 만들게 하지만, 천장 준비에서 여성의 참여는 많지 않다. 기록자인 남성이 도외시한 면이 있을 것으로 생각되지만 남성 위주의 의례인 상례가 정착되어 가고 있는 것을 볼 수 있다.

이문건은 천장 준비에 조카 휘와 가솔들을 동원했으나 친족들에게는 도움을 많이 받지 않는다. 사촌 형제들도 상을 당하여 이웃에서 같이 시묘살이를 하면서 심리적으로는 서로 돕고 있지만 물질적으로는 부조를 많이 하고 있지 않다. 이문건이 제옹 형에게 석회를 주고 조를 받기도 하며, 서로 가끔 왕래하며 바둑과 장기를 두면서 여막을 지키는 같은 처지의 무료함을 달래고 있다. 천장일 전까지 친족으로부터 물질적인 부조를 그다지 많이 받지 않은 것은 다른 한편으로는 이문건이 고위관료들에게 도움을 받아 관곽 마련과 수송에 필요한 준비를 진행시킬 수 있었기 때문이다.

이문건가의 경우에서 보이는 외부로부터의 부조는 농경사회의 의리(義理)를 기반으로 한 상호부조로서, 양반들 간의 선물 개념인 칭념의 관행과도 관련이 있다. 이문건 집안에서는 목수나 구종 등의 인력과 천장례에 필요한 도구, 장식물 등을 지인과 친구들에게 빌려 쓰고 있는데 이렇게 서로 돌려쓰는 범위는 친족들의 범위보다 넓다. 집을 짓는다든지 상을 당해 관을 짜야 하는 이웃집에서 먼저 목수와 톱을 쓰고 있는데 이러한 공유의식의 범위는 단지 장례 도구나 장례에 필요한 장식물에 한정된 것이 아니라 이웃 간의 상호부조의 형태로 광범위하게 존재한 것으로 보인다.

이문건의 천장 준비는 단순한 교환이나 선물을 넘어서 사족지배체제의 초기라고 하는 16세기의 양반 관료들의 전유(專有) 형태를 볼 수 있게 해준다는 점에서 흥미롭다.[48] 이문건은 자신의 넓은 인맥을 적극적으로 활용하여 고위관료들에게 집안의 관곽 수송과 천장례 준비에 필요한 물자를 부탁하고 이들도 자발적으로 지원을 하고 있다. 이문건 자신이 국가의 물자를 쓰고 있는 것으로는 귀후서를 통하여 관을 제조하고 관곽 수송에 도움을 청하는 것 외에도 곽 제조를 위해 승정원의 목수를 보내게 하는 것, 귀후서의 별좌에게 목수를 부탁하는 것 등을 들 수 있다. 이처럼 고위관료들이 도와주는 품목은 구종들을 비롯하여 얻기가 쉽지 않은 송지, 석회, 관판, 거색장, 차부, 수레 등이다.[49] 국가의 재원을 사사로이 쓰고 있는 것은 이문건 자신이 청요직 출신이라는 점과 왕실과 인척간이라는 점이 복합적으로 작용한 결과라 짐작된다.

48) 사족지배체제는 김현영(1999), 「조선시기 '士族支配體制論'의 새로운 전망—16세기 경상도 성주지방을 소재로 하여」, 《한국문화》 23 참조.

49) 이문건의 천장을 도와준 인물들은 이문건이 귀양 갔다 온 후에 교류한 인물들로 '묵휴창수'에 언급되지 않았다.〔김현영(2001) 참조〕

이처럼 관의 물자를 사적으로 쓰는 행태는 이문건뿐 아니라 다른 양반들도 마찬가지였던 것으로 알려져 있다. 17세기 초 신응순(辛應純, 1536~1636)의 부인 상례에서도 수령이 인력을 동원해 지역 유지를 돕는 것을 볼 수 있다.[50] 귀후서를 비롯한 국가의 상장례 보조와 지원은 군신 간의 충성이 부모, 자식 간의 효의 연장이라고 보았던 조선조 성리학의 이념을 기반으로 한 것이다. 나라의 근간이 되는 사대부 집안의 상례를 지원함으로써 국가는 나름대로 신하들로부터 충성을 받아내려고 했을 것이며, 관료들은 국가의 재산을 사적인 용도로 쓰는 것을 합리화할 수 있었을 것이다.

이문건가의 천장례에서 드러난 지배자와 피지배자 간의 관계는 전근대 사회에서 공순이 상하의 윤리로서 존재하고 있었음을 보여준다. 목수의 경우에 의식적으로는 이미 상전과는 종속관계를 이루고 있으나 가끔 태업(怠業)을 하기도 한다. 목수는 이문건의 지배를 받지만 나름대로 기술을 가지고 있기 때문에 제사를 핑계대어 일을 진척시키지 않거나 식량을 얻을 목적으로 양반과 협상을 하기도 한다. 관을 제조하는 과정에서 목수가 보인 태만한 행동은 양반에 대한 맹목적인 복종의 행위가 아니었으며, 이를 통해 우리는 양반 상전이 가졌던 권위가 강력하지는 않았음을 짐작할 수 있다. 목수는 상전과 심리적으로는 노비와 같은 종속적인 관계를 유지하지만 나름대로 기술자로서 때로는 지배자의 권위에 맞섰다. 이는 지배자의 권위가 강력하게 실행될 수 없었던 지배구조를 반영하는 것이라고 생각된다.

목수뿐 아니라 일기에 나오는 다수의 장인은 물건을 생산하여 가져오고 이문건은 이에 대한 대가를 치르거나 혹은 부역(賦役) 면제 청탁으로 그것을 대신하기도 했다.[51] 이는 전문적인 기술을 가진 기술자들이 한편으로는 그들의 지배자와 갈등을 일으키고 다른 한편으로는 양식을 위해 상전과 타

50) 정승모(2003), 「省齋 辛應純의 『內喪記』를 통해 본 17세기 초 상장례 풍속」, 《장서각》 10 참조.

51) 김현영(1998), 「묵재일기 해제」, 『默齋日記 下』, 국사편찬위원회.

협하는 과정을 보여준다. 이문건의 집에서 빌려 쓰고 있는 구종이 자기 양식을 구하러 떠나는 것을 보면 당시 상전이 모든 양식을 책임지는 체제는 아니었으며 이로 인해 자신의 피지배자들에게 절대적인 지배력과 권위를 행사할 수 없었음을 알 수 있다.

이에 반해 천장을 준비하는 과정에서 상전과 노비의 관계는 권위와 공순의 관계임이 드러나는데, 이는 노비들에게 부과된 일의 분담과 상전이 이들에게 가하는 체벌에서 볼 수 있다. 관계의 이러한 역동성은 한편으로 지배자이며 상주인 이문건이 천장을 주관하는 관리감독을 맡고 다른 한편으로는 내부적으로 조직된 노비들과 목수, 귀후서의 관리들이 등장해 자급자족하는 오이코스경제[52]가 진행되었음을 보여준다.

이 장에서 분석한 이문건 집안의 천장례 준비 과정은 조선조를 통하여 지속적으로 강조되는 『주자가례』의 예(禮)가 16세기 양반들의 생활 속에 인지되고 있었으며 앞으로 널리 일반화될 것임을 짐작할 수 있게 해준다. 이후에는 더욱 철저하게 부계 위주의 효(孝)가 강조되어 엄격한 상장례의 준수가 나타날 것임을 짐작할 수 있는데, 이는 국가가 신하에게 기대하는 충효의 명목으로 조선조에서 더욱 장려되었을 것이다. 성리학적 질서가 강화되고 또한 의례를 통하여 한층 강조되면서 여성들이 집안에서 담당한 역할은 더욱 커졌을 것이며, 이것은 또 다른 억압과 강요된 공순으로 나타났을 것이다.

52) Weber(1978). *Economy and Society*, Edited by Guenther Roth and Claus Wittich, University of Califorria Press.

4장

천장례 절차와 공순

오늘날의 상장례가 비교적 간략한 형식으로 치러지고 있는 데 반해, 조선조 의례는 복잡한 격식과 장시간의 준비를 요하는 집안의 큰일이었다. 부모의 상에 자식으로서 성실히 도리를 다했는가는 국가에 대한 사대부의 충성을 반영하는 유교적 덕목이었다. 사대부가의 상장례를 살펴보면 당시 행해지던 예(禮)의 준수와 함께 친족집단과 외부로부터의 부조를 볼 수 있다. 이 장에서는 조선 중기 양반가의 천장례를 중심으로 국가와 사대부의 관계, 양반 간의 친족질서, 관료들 간의 국가를 매개로 한 유교적 공순을 살펴봄으로써 오늘날에도 여전히 영향력을 지니고 있는 유교의 구조 및 문화를 성찰하고자 한다.

무덤을 옮기는 절차인 천장례를 살펴보면 유교의 이념이 구조화하는 과정을 선명하게 볼 수 있다. 천장은 정상적인 장례와 달리 비교적 단기간에 걸쳐 실행되지만 초상과 같이 예를 지키도록 장려되었으므로, 예에 대한 진지함과 더불어 장례의 전반적인 절차, 풍수에 대한 당시의 사고를 집약적으로 알 수 있게 해준다. 유교식의 천장례는 부모에 대한 양반들의 효

(孝)를 나타내는 것인 동시에 양반들이 국가가 주도하는 유교화 정책에 순응하는 충(忠)을 나타내는 것으로서, 국가와 사대부 간의 지배구조를 보여주는 중요한 단초라고 할 수 있다. 천장에 대한 기존의 분석이 주로 사료의 제시에 그쳤던 점을 보완해 이 장에서는 천장을 이론틀로 분석함으로써 조선 전기와 후기 더 나아가 현대 한국사회에서 보이는 유교의 지속성을 살펴볼 것이다.

베버는 서구의 봉건제에서는 신분적인 명예(Ehre)에 의해 지배구조가 관철되는 것과 달리 동양의 가산제에서는 개인적인 의리가 공순의 윤리인 충효와 결합한다고 보았다.[1] 가장의 권위에 대한 자녀의 복종이 가산제에서 가정된다면 유교식의 부모-자녀 관계에서는 공순을 토대로 한 효가 주된 개념이며 이는 외적으로는 상장제례로 나타나게 된다. 부모, 자녀 간의 효는 공순의 또 다른 모습인 군신 간의 충으로 이어져 피지배층은 물론 정치사회적인 모든 인간관계에 적용되었다는 것이다.[2]

이 장에서 유교적 공순은 한 양반가의 천장례에서 보이는 부모에 대한 효와 국가에 대한 충, 그리고 친족 간의 친소범위에 근거한 친(親)을 기준으로 했다. 이것은 부모의 상장례를 정확히 수행하는 것이 '효'라는 유교적 이데올로기에 순응하는 상징성 때문이다. 각각의 공순은 천장례의 준수 정도, 친족들의 교류 범위, 외부의 부조 등의 항목에서 나온 결과에서 도출했

1) 박성환(1999), 36쪽에서 인용한 원저는 Weber〔1978(1920)〕, *Gesammelte Aufsätze zur Religions Soziologie*, Bd. I, II(GAR I. p. 330, GAR II. p. 269)이며, Roth와 Wittich의 영역본(1978)에는 '공순'이 'obedience'로 번역되어 있다. Weber(1978), 227 ; 박성환(1999), 『막스 베버의 한국사회론』, 울산대 출판부, 58쪽 참조. 서구 궁정귀족의 의례행위는 명예에 의한 것으로 해석되고 있다.〔김상준(2001), 「예의 사회학적 해석을 위한 이론적 단서」, 《사회와 역사》 59〕

2) 가산제적 지배체제에서 국가는 군주의 개인적인 가계가 확대된 행정조직으로 이해되어 그의 사적인 소유와 지배의 대상으로 여겨졌다.〔박성환(1992), 「한국의 가산제 지배구조와 그 문화적 의의」, 『막스 베버와 동양사회』, 나남출판사; 막스 베버(1997), 『경제와 사회 1』, 박성환 옮김, 문학과지성사〕

다. 유교적 공순의 정도 면에서는 당시 양반가의 종법 시행과 국가권위에 대한 공순의 정도, 유교의례에서의 남녀의 역할과 권위 등을 살펴보았다. 그리고 유교적 공순의 범위 면에서는 개관(改棺)을 전후한 친족들의 교유와 부조품목들에 대한 검토를 통해 조선 중기 친족의 친소(親疎) 범위를 조선 후기 친족의 친소 범위와 비교함으로써 부계친족 형성에 대한 실마리를 찾아내 보고자 했다. 유교적 공순의 조치는 국가에서 관료들에게 내린 천장에 대한 배려와 사대부 관료들 사이에서 행해지는 의리(義理)를 기반으로 한 조치들로서, 이 장에서는 개인적인 대소사에 동원한 자원들을 살펴봄으로써 관권 전유 실태를 알아볼 것이다. 공순의 임의적 구분인 효·친·충은 각각 분리되기보다는 상호 겹칠 수 있으나 명확성을 전달하고자 구분해 보았다. 가령 예의 준수는 국가의 유교 지배 이데올로기에 대한 신하로서의 공순인 충을 대변하는 동시에 부모의 상례에 대한 지극한 효의 정도를 알 수 있게 한다. 친족 교유라는 변수도 친족 간의 우애를 기반으로 한 친친(親親)의 개념과 함께 연장자에 대한 효를 반영할 수 있다. 더욱이 외부의 부조라는 측면은 상주에 대한 지인들의 의리를 기반으로 한 상호부조라는 성격을 띠지만, 그 배후에는 신하의 충효 이데올로기를 장려하기 위한 국가의 시혜와 배려라는 성격이 공존할 수 있었다.

결국 이 장에서 살피는 것은 통치이념으로서의 유교가 16세기 양반가의 생활에서 어떻게 천장례라는 의식(儀式)으로 실천되는가 하는 것이다. 조선조의 사회에서 보이는 유교적 공순은 위에서 말한 효·친·충의 측면뿐 아니라 전반적인 사고체계의 유교화라는 의식(意識)의 측면에서도 살펴볼 수 있을 것이나, 장기간에 걸쳐 연구 성과물을 추적해야 하는 부담이 있다. 그런 점에서 천장례의 고찰은 유교적 공순을 관찰하는 다소 편의적인 접근 방법일 수 있지만, 단편적이나마 사고의 유교화도 보여줄 수 있을 것이다. 최재석이 평가한 바와 같이[3] 조선조 가족제도 중에서 상장례가 중국식을 가장 많이 따랐으므로, 상례를 관찰하면 『주자가례』에서 강조하는 충효의 이데올로기가 양반의 일상생활에서 어느 정도 내면화되었는가를 가늠할 수 있다. 그러나 16세기 당시의 상장례는 유교식 의례의 장려에도 불구하고 불교식 유습이 혼합된 형태로 존재하고 있었다.[4] 주지하다시피 이것은 조선 중기의 사회가 구조적 · 문화적으로 유교질서가 확립되기 전의 모습을 많이 지니고 있었기 때문이다.[5] 16세기 양반가의 천장례에서 유교적 공순의 준수와 범위, 조치들을 살펴보는 것은 완전히 유교화하기 전의 조선 사회의 단면을 드러내 보일 수 있을 것이다.[6]

3) 최재석(1983), 『한국 가족제도사 연구』, 일지사.

4) 최재석과 안호용은 상제(喪制)를 상장례를 포함하는 개념으로 쓰고 있다.〔최재석(1983), 『한국 가족제도사 연구』, 일지사; 안호용(1988), 「조선 초기 상제의 불교적 요소」, 『한국사회사연구회 논문집』 11, 문학과지성사〕

5) 조선 중기에 관해서는 최재석(1983); 이수건(1995), 「조선 전기의 사회변동과 상속제도」, 『한국친족제도연구』, 일조각; 피터슨(1999), 『유교사회의 창출』, 일조각; 도이힐러(2003), 『한국 사회의 유교적 변환』, 이훈상 옮김, 아카넷; 이이효재(2003) 『조선조 사회와 가족』, 한울아카데미 참조. 조선조 친족제의 유교화와 관련해서는 최홍기(2004) 「친족제도의 유교화 과정」, 『조선 전기 가부장제와 여성』, 아카넷 참조.

6) 지금까지 천장례의 절차와 이를 유교적 공순의 준수라는 주제와 관련해 연구된 것은 없다. 국가 의례를 주로 다룬 연구〔지두환(1994), 『朝鮮前期儀禮研究』, 서울대 출판부〕와 『묵재일기』를 중심으로 천장을 언급한 논문들〔김경숙(2001), 「16세기의 사대부가의 喪祭禮와 廬墓生活」, 《국사관논총》 97; 박미해(2005), 「조선 중기 이문건가의 천장례준비」, 《사회와역사》 68〕, 상례에 대한 연구〔정승모(2003), 「省齋 辛應純의 『內喪記』를 통해 본 17세기 초 喪葬禮 풍속」, 《藏書閣》 10〕에서도 예(禮)의 준수 정도는 고찰되지 않고 있다. 천장례에서의 친족 왕래를 대상으로 유교적 공순의 범위를 논한 연구 또한 이루어지지 않았다. 최재석이 조선 중기의 가족은 방계 가족의 형태로 후기의 부계 위주의 가족과 차이가 난다는 것을 제시했을 뿐〔최재석(1983)〕, 친족 관계에서 유교적 공순에 대한 것은 언급되지 않았다. 상례에서 행해지는 외부로부터의 부조에 대해서는 여러 논문〔김경숙(2000), 「16세기 사대부 집안의 제사설행과 그 성격」, 《韓國學報》 98; 김경숙(2001), 「16세기 사대부가의 상제례와 여묘생활」, 《국사관논총》 97; 박미해(2005); 정승모(2003)〕에서 연구되었으나 이를 유교적 공순의 조치로 논의한 연구는 아직 없다.

1. 천장례 절차의 준수

천장례는 옛무덤을 개장하는 것과 새로운 무덤을 만드는 절차를 포함하며, 초상(初喪) 때의 의식과 같이 예를 다하도록 장려되었다. 『주자가례』에는 따로 천장의 절차가 적혀 있지 않으므로 이문건은 지인에게 구준(丘濬)의 『가례의절(家禮儀節)』을 빌려서 베끼고, 이를 참고하여 천장을 수행하고 있다.[7] 이 장에서 다루는 부분은 천장례 의식과 옛 무덤의 개장에서 조묘까지의 절차이다. 이문건 집에서 천장례를 행한 것은 1536년 2월 11일이었으나 천장 준비는 1535년 11월부터 시작해 거의 100일이 걸렸다. 천장례 자체는 이 일기에 매우 짧게 나타나는데, 개장의 준비에서 마칠 때까지의 10일에 걸쳐 진행된다. 이 절차는 묘제(墓祭)[8]와 토지신제(土地神祭), 천구개렴(遷柩改斂), 소렴(小斂), 대렴(大斂), 견전례(遣奠禮), 하관, 토지제사, 우제, 봉분 완성, 묘제를 한 다음, 제사 마친 것을 고한 후 빌린 물건을 주인에게 돌려주는 것으로 끝난다. 이들 절차를 하나씩 상세히 살펴본다.

1536년 1월 말부터 2월 초까지 행한 천장 준비는 흙 고르기와 묘역 조성이다. 이문건은 노(奴)들에게 명하여 흙으로 묘 언덕을 정리하게 했으며 조카 휘는 노 6명을 데리고 산이 드러난 곳을 축조했다. 노들이 석회를 체에 치고 황토를 말리고 세사를 모았으며 치송(稚松)을 언덕 남북에 심었다. 개장하기 3일 전에는 이휘가 개장일을 서울의 집사당에 고했다.

개장하는 날인 1536년 2월 11일 이문건은 새벽에 일어나 제계(祭桂) 3첩을 배열하고 또 각 영직 등에게 계(桂)를 나누어 보냈다. 쌓인 눈을 삽으로 퍼낸 다음 이휘와 이문건이 축가(祝歌)를 읽으며 묘제를 행했다. 이들은 추최죽장(麤衰竹杖)을 하고 연복(練服)을 벗으니 그들 자신도 이것이 예에 맞

7) 천장은 구준의 저서에는 개묘(改墓)로 명명되어 있다.
8) 음식을 갖추어 묘소에서 지내는 제사. [『주자가례』(1999), 484쪽]

는지 확신하지 못하고 있었다.[9] 정흥조(鄭興祖)가 도착해 토지신제가 행해졌다.[10] 진시(오전 7~9시)에 옛 무덤을 부수기 시작했고 관은 미시(오후 1~3시)가 되어서야 드러났다. 빈 가마니에 헌 옷을 버리고 예전의 칠성판을 들어 별도의 판 위로 옮겼으며, 면금(綿衾)을 설치하고 곧 대렴[11]을 행했다. 못을 두드려 덮개를 더하고 묶고 나서 상여를 실어 발인을 하고 제청에 빈소를 만든 후에 전곡(奠哭)을 차리고 물러나 왔다.[12]

다음 날 2월 12일 언덕 위의 소나무 그루터기를 베고 분토를 파도록 했으며, 목공 2명이 외곽(外槨)을 만들어 정돈하는 등 저물녘이 되어서야 일이 끝났다. 2월 13일 이문건이 걸쇠에게 서울에 가서 옷과 면화 등을 부치라고 하고 야차에게는 개렴 시에 쓸 옷 등을 가져오라고 했다.[13] 아침 비로소 새 무덤의 구덩이를 뚫기 시작해 각재(閣材)를 제웅에게 빌린 다음 포시(오후 4시 전후)에 이르러 구덩이를 뚫고 사이 뜬 곳에 탄(炭)을 입혔는데, 사이 아래 석회축처가 단단하게 되었다. 이문건은 휘와 함께 빈소를 지키며 조석전과 상식을 의례와 같이 행했다.[14] 구덩이 뚫는 것을 마치고 송진을 곽(槨)에 바른 다음 구덩이 밑에 3물[15]을 채우고 2.3치를 남겨두었으나 빗물이 구덩이 윗벽에 흐르자 이문건은 구덩이 가운데 들어가 가운뎃벽 아래에서 곡을 했다.[16] 2월 15일 아침 일찍 영좌전에 망제(望祭)를 행하고 조전, 석상식, 석전을 따로 하지 않고 전날 한 대로 했다.[17] 아침에 곽에 송지를 발라 묘 밑

9) "煇亦越來 隨行告墓祭 子乃讀祝行畢. 子與煇服麤衰竹杖 以別於練服 不知於禮如何."(『默齋日記』 1536년 2월 11일)

10) 토지신제는 친척 중에 복(服)이 없는 사람을 택한다.

11) 소렴을 치른 다음 날 시신에 옷을 거듭 입히고 이불로 싸서 베로 묶는 일로 염습(殮襲)이라고도 한다.〔『한국민족문화대백과사전』(1991)〕

12) 『默齋日記』 1536년 2월 11일.

13) 『默齋日記』 1536년 2월 13일.

14) "行朝夕奠上食如儀."(『默齋日記』 1536년 2월 14일)

15) 석회, 모래, 황토를 지칭함.〔『주자가례』(1999), 365쪽〕

16) "入壙中 哭于中壁底."(『默齋日記』 1536년 2월 14일)

구덩이로 옮겨 올리고 비로소 3물을 다지고 저녁이 되어서야 겨우 반을 끝내서 등불을 밝히고 계속했다.

2월 16일 아침에 전을 올리고 천구개렴을 고했다.[18] 빈소를 깨뜨리고 선친의 시신을 막차(幕次)에 옮긴 다음, 관을 열어 치마를 열고 염상(斂床) 위에 모셔서 전에 쓴 습지와 속옷과 치마를 벗기고, 예전의 칠성판 위에 줄홀을 꽂아 나열해 그 좌우를 지탱한 다음 젖은 판과 젖은 옷을 제거하고 홑옷으로 갈아입혔다. 새로운 칠성판은 시신을 굴릴 목적으로 별도로 사용했다. 줄홀을 같이 들고 새 칠성판을 옮겨 안치하고 종이를 많이 써서 물기를 없애고 소렴을 하고 입관해 대렴을 행했다. 뚜껑을 덮고 못을 박고 빈소에 안치한 후에 아침에 상식을 행했다.[19] 이문건은 하루 내내 곽 바깥에 3물을 채우는 것을 돌봤다.

2월 17일 아침에 견전례[20]를 행했다. 진시에 빈소를 묻어서 판을 제거하고 새로이 만든 묘소 구덩이에 마침내 하관을 했는데, 일체를 상(喪)의 의례에 의거했다.[21] 곽의 뚜껑을 덮은 다음, 틈에 송지를 바른 연후에 3물을 쌓아서 하루 내내 두어 축(築)을 견고하게 했다. 저물녘에 숯가루〔炭末〕를 내려서 흙 한 겹을 쌓은 후 밤이 되어 일을 마쳤다. 제옹 형이 토지제사를 행하고 권상이 읽었으며 이날 저녁에 영좌에 우제(虞祭)[22]를 행하고 이로부터 석전(夕奠)을 행하지 않았다.[23]

2월 18일 봉분이 완성되고 묘제를 행했다. 흙 고르는 일을 마치고 묘각

---

17) "早行望祭于靈座前 不別爲朝奠 · 夕上食 · 夕奠 依昨行之."(『默齋日記』 1536년 2월 15일)

18) "因朝奠 以遷柩改斂告之."(『默齋日記』 1536년 2월 16일)

19) "行朝上食."(『默齋日記』 1536년 2월 16일)

20) 발인하기 전 문 앞에서 지내는 제사, 상여를 떠나보내는 제사〔『주자가례』(1999), 355쪽〕로 발인축 또는 영결축이라고도 한다.

21) "遂爲窆一依喪初之儀."(『默齋日記』 1536년 2월 17일)

22) 『默齋日記』 1536년 2월 17일. 부모의 장사를 지내고 정령을 맞이하여 돌아와 일중(日中)에 빈소에서 제사 지내 편안하게 하는 것이다.〔『주자가례』(1999), 380쪽〕

23) "夕行虞事于靈座 自此不行夕奠."(『默齋日記』 1536년 2월 17일)

을 철거하고 묘역을 안으로 쌓아 저물녘에 봉분이 완성되자 이문건은 그간의 노고가 위로가 된다며 감격했다. 제옹 형이 저물녘에 떡과 술로 묘에 제사하고 제문을 만들어 그의 막내아들에게 읽게 하고는 정오에 다시 탁주 두 동이를 보내어 도왔다.

다음 날 2월 19일에 언덕을 다스리는 것을 마치고 돌을 새기는 위에 막(幕)을 맺었다. 또 제청에 차양을 만든 후에 언덕 머리 아래에 모정(茅亭)을 만들었다. 휘가 오후에 영동 노 5인과 가노 7구를 이끌고 예전에 언덕에서 파낸 흙을 평평하게 만들러 가서, 옛 관판을 부수어 묻고, 관 속에서 나온 칠성판과 습오지물(濕惡之物), 표석(表石), 상석(床石) 등의 물건을 다 묻었다. 그리고 그 위에 나무를 심고 저물녘에 돌아왔다.[24] 2월 20일 저녁 이문건은 서울 서소문가에 도착해 중당에 제사를 마친 것을 고했는데 부인이 준비한 제물이 못마땅해서 노에게 청어를 더 사오게 해 제상에 올렸다. 청파의 누이를 만난 다음 오후에 저동으로 돌아와 쉬었다. 다음 날 이문건은 저동가에 머물면서 4동(四同)을 받으면 석물을 만들 수 있겠다는 석수의 보고를 받았다. 이튿날 석수는 보루각의 일을 마치는 대로 이문건 집의 석물 일을 도모해 보겠다고 했다.[25] 1536년 2월 11일을 전후한 개장례의 절차를 제시하면 〈표 1〉과 같다.

〈표 1〉에서 제시한 천장례의 절차는 어버이에 대한 양반들의 효의 정도와 국가가 주도하는 유교화 정책에 순응하는 양반들의 충의 정도를 반영하는 것으로, 당시 양반가의 종법 시행이나 국가권위에 대한 공순과 복종의 정도 등을 보여준다.

부친의 천장례를 거행하면서 이문건이 따른 천장예법은 『주자가례』의

24) 『默齋日記』 1536년 2월 19일.

25) "朝石手朴繼尙隨具仁孫來現 時方役于報漏閣 以朴翰判閣宅地正事 借役于彼 彼宅事畢則 復入于都監 可圖而使之何如云云."(默齋日記』 1536년 2월 22일) 보루각(報漏閣)은 조선시대 물시계에 관한 일을 맡아 보던 곳.〔『한국 한자어 사전』 권1(2002), 977쪽〕

〈표 1〉 이문건가 천장례의 절차

날짜	천장례 절차	장소	동원된 인물
11월~2월 초	개관에 필요한 물건 준비		12월 25일 부친의 기제사에 부인이 제물 준비
1. 24 ~ 2. 8	황토를 체에 치다, 묘역 조성, 나무 심다		
2. 8	이휘가 서울 집의 사당에 가서 개장을 고하다	서울	
2. 11	묘제(이문건과 이휘) 토지신제(정흥조), 개관, 빈소 안치, 발인, 전곡		부인이 개관 의복, 버선, 허리띠, 이문건의 의복 준비
2. 12	나무를 베고 분토를 파다		
2. 13	개렴의복 준비, 구덩이 뚫다	영동	
2. 14	구덩이 뚫는 것을 마치고, 송진을 곽에 바르고 3물을 채우다, 조석전, 상식		
2. 15	망제, 곽에 송지를 바르고 3물을 다지다, 조석전, 상식		
2. 16	천구개렴, 소렴, 대렴		
2. 17	견전축, 하관, 토지제사, 우제		
2. 18	흙 고르다, 묘각 철거, 봉분 완성, 묘제		
2. 19	언덕 다스리다, 막, 옛 관판을 묻다, 마무리		
2. 20	이문건이 제사 마친 것을 고하다	서소문	부인이 제물 준비
2. 21	빌린 물건을 돌려주다, 석물 문의		

해석본인 『가례의절』이었다.[26] 원래 『주자가례』에는 묘의 위치를 정할 때 점복을 따를 필요가 없다고 되어 있으나 이문건은 풍수와 점복에 의존해 산의 형세를 살피거나 개장 일시를 맹인과 점쟁이에게 물어보기도 했다. 이문건은 가능하면 국가에서 권장하는 유교적 예법에 맞게 부친의 천장을 행하려고 노력했지만 시묘살이에 관한 그의 견해 등이 다른 양반의 경우와 반드시 일치하는 것은 아니었다. "오늘 이엄의 운구도 장례 지낸다고 하며 내일 즉시 반혼(反魂)한다고 한다"[27]는 구절에서 알 수 있듯이 다른 집안에

26) 『가례의절』에는 후토씨를 토지신으로 명명하고 있는데〔『주자가례』(1999), 320쪽〕 이를 따라 이문건이 토지신제라는 말을 사용하고 있다.

서는 장례 후에 바로 반혼하는 경우도 있었는데 이런 경우 시묘살이 여부가 논란이 되었다. 장례 후 반혼은 『주자가례』에 명시된 것으로서,[28] 장사를 지내면 혼백을 집으로 모셔 오면서 우제 다음 날 졸곡제를 지내고, 그다음 날 부제를 지내도록 되어 있다.[29] 당시에 시묘살이는 『주자가례』에 규정되어 있지 않았으나 실제 생활에서는 행해지고 있었으며, 모친의 여묘살이를 하고 있던 이문건에게는 이엄의 장례가 예를 다하지 않은 모습으로 비칠 수도 있었을 것이다. 이것은 사대부 간에도 여러 모습의 상례가 있다는 것을 알게 해주는 실례이다.

이문건은 상주로서 부친의 비석을 손수 새기는 등 지극한 효성을 보여주나 이러한 효에 대한 공순의 사회적 판단 기준은 정립되어 있지 않은 듯하다. 이문건과 휘가 추최죽장을 들고 연복(練服)을 벗는다고 하면서도 이문건 자신이 예(禮)에 어떠한지를 알 수 없다고 하는데, 이는 아버지의 천장을 위하여 참최복을 입으려고 모친의 소상에 입은 연복을 벗은 것으로 해석되며, 이문건이 『주자가례』는 지켜져야 할 것으로 생각하지만 정리상 어머니에 대한 정(情)을 여전히 부친에 대한 정만큼이나 중하게 여기고 있는 것이라고 생각된다.[30] 이것은 당시의 유교적 상례가 양반가에서도 확고하게 정착되지 않았다는 것을 의미하며, 조선 전기의 유습을 반영한 것이라고 여겨진다.

16세기 중반 이문건 집안에서는 종법(宗法)[31]이 상례에 적용되지 않았으며, 장자(長子) 위주의 공순 관계가 확립되지 않은 것으로 보인다. 이휘가 이문건과 같이 시묘살이를 하고 있지만 장손(長孫)의 대우는 받지 않고 있

27) "今日 李擠柩亦葬 明日卽返魂云云."(『默齋日記』 1536년 2월 17일)

28) 『주자가례』(1999), 394쪽.

29) 김문택(2000), 「상례와 시묘살이」, 『조선시대생활사 2』, 역사비평사, 56쪽.

30) 이영춘 · 안호용과 필자의 2005년 대담 참조.

31) 종법에 관하여는 이영춘(1995), 「宗法의 원리와 한국 사회에서의 전통」, 『가족과 법제의 사회사』(한국사회사학회 논문집 46), 문학과지성사 참조.

는데, 이것은 형제상속의 유습이 잔존하기 때문인 것으로 풀이된다.[32] 장손인 이휘는 관판을 택하고 곽판을 지지는 일을 담당하고, 황토(黃土), 세사(細沙) 등의 일을 이문건과 의논해 조석상식의 예에 참여하기도 했다. 다른 한편 휘가 정오에 서울에 들어가서 개장사(開葬事)를 집사당에 고하는 것은 상징적으로나마 장손 역할을 수행하고 있음을 보여주는 것이다. 막내아들인 이문건이 실제로 천장을 주관하고 있으며, 때때로 본댁에 절차를 물어보고 있지만 이것은 형식적인 것이며 본댁에서는 약과 과일, 지문(誌文)을 보내며 천장 때에 잠시 다녀가는 정도이다. 저녁에 서소문가에 바로 도착해 중당에 제사를 마친 것을 고하고 궁상사를 도와준 것에 대해 인사하는 등 천장례 전반을 주재한 것은 이문건이었다.

상제례는 남성중심적인 위계질서 속에서의 의례를 극명하게 보여주는 것이므로 거기서 여성은 부수적인 존재일 수밖에 없었다. 이문건 집안의 천장 준비에서 여성의 참여는 많지 않았으며, 특히 부인의 역할은 모친의 소상 이후에 상주들이 입을 의복을 만드는 것에 한정되어 나타난다.[33] 당시에 옷 짓는 일은 시간과 노력이 많이 드는 매우 중요한 일이었겠지만, 남성인 이문건이 기록한 일기에는 이 일에 참여한 인원이 몇 명이며 몇 벌의 상복을 준비했는지를 파악할 만한 상세한 자료가 없다.[34] 그러나 여성의 역할이 드러나지 않았을 뿐이지 이들의 참여가 전혀 없었다고는 할 수 없다.[35] 일기에는 천장례를 위한 음식도 이문건의 명령에 따라 노비들이 준

32) 최재석은 한국가족에서 자녀균분상속이 16세기 중반을 기점으로 쇠퇴했다고 보고 있으며, 박미해는 양자의 제사와 재산상속을 근거로 장자 위주의 상속은 17세기 중반 이후에 확립된다고 본다.〔최재석(1983), 『한국 가족제도사 연구』, 일지사; 박미해(1999), 「17세기 양자의 제사상속과 재산상속」, 《한국사회학》 제33집 겨울호〕

33) 『默齋日記』 1535년 12월 26일. 서소문가에 머물면서 부인과 이문건은 함께 제사연복(祭祀練服)을 만들었다. 연복(練服)은 부인이, 연관(練冠)은 이문건이 만들었다.

34) 여성인 남평 조씨의 일기인 『병자일기』에도 다례나 제례의 준비에 대한 특별한 언급은 없는 것으로 미루어 볼 때, 음식 준비가 특별한 일로 여겨지지 않아서 어쩌면 봉제사 · 접빈객의 생활관습은 기록하지 않았을 수도 있다.

비하는 것으로 나와 있으나 짐작건대 지시는 이문건이 하더라도 실제로 음식을 준비하고 관리하는 일은 부인의 몫이었을 것이다.

2. 천장례의 친족 왕래

천장례 절차에서 살펴본 바와 같이 남계 위주의 유교적 의례는 부계친족의 왕래를 더욱 진작하고 있으며 천장례를 전후해 오가는 친족들은 대체로 부친의 4촌 범위 내이다. 이러한 공순 범위는 당시 사대부 집안의 유교적 공고화가 부계혈연을 통해 구조화되어 가는 단면을 보여준다.

이문건 집안의 천장례를 전후해 친족들이 인사하러 오는 것은 천장일을 기준으로 대략 일주일 전인 2월 3일부터이며 친척들은 이문건의 사촌들과 그 아들들, 그리고 동원된 노와 일군들로 나누어볼 수 있다. 개관 전에 연괄과 상보 형이 인사 오고 정흥조는 개관 전에 땔감을 보내온다. 개관 당일에는 상당히 많은 친척이 모이는데, 이것은 전체 일정 중에서 개관이 고인을 추모하는 가장 뜻깊은 행사이기 때문이라고 생각된다. 상보, 제옹, 경응, 수응, 덕응, 김팽기, 연임, 경동의 아들, 연복의 아들이 모였으며, 16명의 노와 3명의 일군이 용인에서 오고, 누이가 보낸 3명의 노와 향당에서 온 조력군이 있었으며 목수와 노들이 도왔다. 개관 후에도 친척들은 계속 오가고 있다. 친족들의 관계를 파악하기 위해 이문건의 사촌을 중심으로 가계도를 그리면 다음과 같다.[36)]

35) 성병희와 김진명 등은 전통적 의례 때 여성들은 안채에서 음식 준비, 의복, 빨래, 청소 등을 담당했으므로 공간적으로나 공식적인 면에서 드러나지 않게 되었다고 한다.〔성병희(1982), 「상장례에 있어서의 여성의 역할」, 《여성문제연구》 11, 효성여대 한국여성문제연구소; 김진명(1990), 「가부장적 담론을 통해 본 전통적 여성의 세계: 경북 A마을의 사례를 중심으로」, 《한국문화인류학》 22〕

〈그림 1〉 16세기 이문건의 사촌을 중심으로 한 성주 이씨 가계도

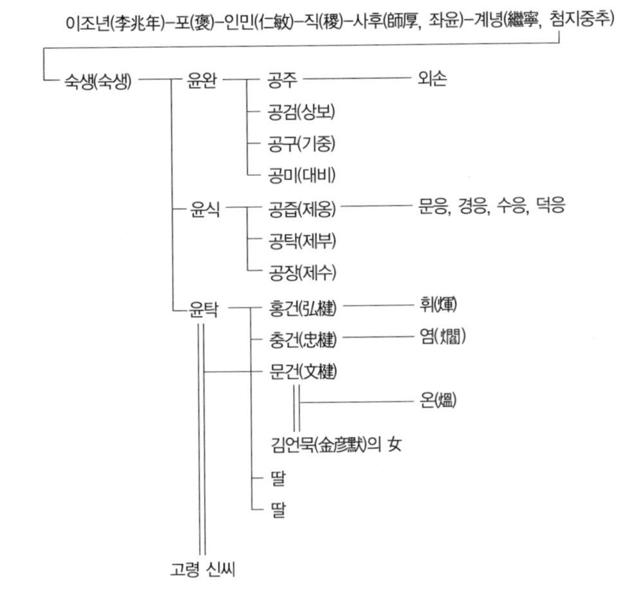

위의 가계도에서 보는 바와 같이 이문건 부친 형제의 아들은 제옹, 제부, 제수, 상보 등이었으며, 이들의 아들로는 문응, 경응, 수응, 덕응이 있었다. 이문건은 큰집 사촌 형들과 친하게 지내고 있으며, 특히 제옹·상보 형과 매우 친하게 지낸다. 둘째 큰아버지의 맏아들인 제옹[공즙(公楫)]은 이문건을 가장 많이 도와주며 2월 8일부터 거의 열흘 내내 이문건과 함께 지내면서 천장례의 절차를 거들어준다. 제옹은 특히 천구개렴 시의 염(斂)을 보러 오거나 토지제사를 행하고 노를 보내어 뒷정리를 도와주었다. 봉분 조성을 한 후 제사를 올릴 때에도 제옹 형이 막내아들인 덕응에게 축문을 읽게 했

36) 이문건의 가계도는 김경숙(2001), 「16세기의 사대부가의 상제례와 여묘생활」, 《국사관논총》 97 참조.

으며 탁주 두 동이를 보내어 도와준다. 제옹의 네 아들인 문응, 경응, 덕응, 수응 등도 이웃에서 모친의 여막살이[37]를 하고 있었는데, 이문건의 여막을 오가며 바둑과 장기를 두면서 무료함을 달래고 있다. 제옹의 큰아들 문응은 개관 전후에 들러 인사를 하는 것은 물론 아버지와 함께 연이어 이틀을 들렀다. 맏아들 문응은 모친의 천장 준비에 필요한 석회를 이문건에게 나누어 받고 조(租) 2석을 대가로 지급하기도 했다. 제옹의 형제 중에서는 오직 제수〔공장(公檣)〕만 개관 후에 보고 가는 정도이며 사촌 형인 상보는 개관 전에 들러서 인사하고 개관 당일에도 왔으며, 개관 후에도 뒷정리를 할 때에 다시 왔다. 큰아버지 아들인 상보보다 둘째 큰아버지 아들인 제옹 형의 역할이 많고 왕래가 더 잦은 것을 알 수 있다. 친족 간에는 천장례를 전후하여 인사하거나, 직접 참여하거나 노들을 보내어 일을 돕고 있으나 물질적인 부조는 많지 않다.

사촌 외에 매우 가까운 듯한 인물을 보면, 권상이 아침에 전 올릴 때 나와 모였다가 저녁에 돌아갔으며 토지제사의 축문을 읽기도 했다. 그 밖에도 연괄, 김천, 김팽기, 연임, 연복의 아들들이 나타난다(이들에 대한 자료는 이 책에 아직 다 갖추지 못했다). 친족보다는 오히려 노비들이 술과 떡 등의 물질적인 보조를 하고 있다. 귀손이 술과 떡을 가지고 나와서 보고 저물녘에 이성가에서 잤다고 하며 천장 후에도 음식들을 보조하고 있다. 노(奴) 양차, 의동, 오십동, 이산, 비(婢) 계금, 학금 등이 개렴(改斂)에 역을 했으며 학금은 법유 3승을 바쳐 송진 일을 도왔고 연신은 술 한 동이와 나물 한 그릇을 보냈다. 노(奴)를 문맥에서 살펴보면 그들도 일종의 가족 일원으로 대우를 받고 있는 것으로 생각된다. 주인집 천장례에 노비가 떡과 술을 가지고 나왔다는 것을 보면 당시 노비와 상전의 관계가, 물론 외거노비의 경우 소작 등의 이해관계가 있다고 하더라도, 정리(情理)상으로는 부자 혹은 군

37) 제옹의 부인인 파평 윤씨(1482~1535)가 이문건의 어머니와 같은 해에 사망하였다.

신관계처럼 공순을 기조로 했다는 것을 알 수 있다.[38]

천장례에서의 친족 왕래를 정리하면 〈표 2〉와 같다.

〈표 2〉에서 볼 수 있듯이, 천장례에 참석한 친족들 간의 교유와 부조 품목들은 유교적 공순의 범위를 파악할 수 있게 해준다. 친족들의 도움은 물질적인 부조보다는 조묘(助墓) 시에 노(奴)를 빌려주는 것이었는데 수족과 같이 심부름과 노동력을 제공한 노비는 임란 전에는 가장 중요한 가산이었으므로[39] 이는 결국 가장 중요한 부조라고 할 수 있다. 조선 후기에 비해 이러한 조선 중기 친족 관계에서 두드러지는 점은 여성인 이문건의 누이와 고모, 동생의 처가에서도 부분적이나마 참여하고 있다는 것이다. 개관일에 3명의 노를 보내어 일을 돕게 하고, 일군들의 식량에 보태려고 만두 등을 보내며,[40] 일의 진행에 대해 염려하고 동생으로부터 보고를 받는다. 용인댁이라고 명명된 집은 이문건의 형 충건(忠楗)의 처가인 용인 이씨 댁이며, 시아버지의 천장에 당시 사돈집에서도 상당히 많은 인력을 도와준 것이다. 고모는 견전례 때 노 1명을 보낸다.

이문건 집안의 개관 시에는 고인의 삼촌, 조카들과 그 아들들이 참석하므로 고인의 종손(從孫)까지가 모인다. 문웅, 경웅, 수웅, 덕웅 등은 이문건과는 오촌 사이로 사촌 형인 제옹(공즙)의 아들이다. 제옹, 제부, 제수는 이문건과 사촌 간이며 백부인 윤식(允湜)의 아들이다. 이문건은 백부 윤완(允浣)의 아들이자 사촌인 상보, 기중 등과 가깝게 지낸다. 천장 일로 자주 드나드는 것은 이문건의 사촌인 제옹과 상보이며 문웅, 덕웅 등의 조카들도 이웃해 여막살이를 하고 있다. 조선 후기의 부계친족이 8촌의 3종손(三從

38) 노비와 주인의 관계는 군주와 신하 관계처럼 지배와 복종의 관계이면서 주인은 백성이나 자식을 대하는 것처럼 노비를 대할 의무가 있었다.〔박진훈(2005), 「여말선초 노비정책 연구」, 연세대 대학원 사학과 박사학위논문, 96쪽〕

39) 조선조에서 임진왜란 전까지 노비가 가산으로서 토지보다 중요하였다.〔이수건(1995)〕

40) 『默齋日記』 1536년 1월 16일.

〈표 2〉 이문건가 천장례의 친족 왕래

천장례 내용	인물	일군과 노비	장소	날짜
개관 전, 인사 개관 전, 땔감 수송	연괄, 김천, 이문응, 상보형 정흥조		여막	1536. 2. 3 1536. 2. 2
개관일	상보, 제옹, 경응, 수응, 덕응, 김팽기, 연임, 경동의 아들,[41] 연복의 아들	16명의 노와 3명의 일군(용인 댁), 3명의 노(누이 댁), 향당의 일군, 목수 분산, 복만, 한천석		1536. 2. 11
개관 후, 보고 가다	제옹, 제수, 상보, 경응, 수응, 김팽기, 연임, 연복의 아들	한천석	빈소	1536. 2. 12
개관 후, 보고 가다	제옹, 문응			1536. 2. 13
개관 후, 보고 가다	제옹, 문응	학금이 법유 3승		1536. 2. 14
조석전과 상식	이문건과 이휘		빈소	1536. 2. 14
천구개렴, 보러 오다	제옹 형이 염을 보러 오다	노 양차, 의동, 오십동, 이산, 비 계금, 학금이 일하다. 연신 술 1동이와 나물 1그릇을 보냄	빈소	1536. 2. 16
견전례	제옹 형 토지제사 고모가 노 1명과 탁주 2동이. 권상이 아침에 와 저녁에 가다	귀손이 술과 떡	묘	1536. 2. 17 1536. 2. 17 1536. 2. 17
뒷정리		일군 5명(제옹 형), 영동 노 5명	묘	1536. 2. 18
뒷정리 작별 인사	제옹 · 상보 형이 보고 가다	용인 노 3명, 천년, 귀정 향노 금손, 중이		1536. 2. 19 1536. 2. 21
봉분 조성, 제사	제옹 형이 막내아들에게 축문을 읽게 하고, 묘제(탁주 2동이) 김택(쌀 1두, 술 1기)		묘	1536. 2. 18 1536. 2. 18

孫)인 데 반해, 16세기 이문건 집안에서 유교적 공순의 범위는 부계 4촌의 범위에서 행해졌다고 볼 수 있다.

41) 탈초본에는 '慶同知子'로 되어 있으나 이 책에서는 문맥상 경동의 아들로 번역하였다.

3. 천장례의 외부 부조

이문건은 천장례를 준비하는 과정에서 다른 친구와 친지들에게서 여러 가지 도움을 받았다. 또한 고위관료들에게 부탁하여 천장의식 때 필요한 물품들을 부조받는데, 고위관료들이 천장례 보조에 자발적으로 응하는 것은 양자 간의 상호 부조적인 성격 때문이다.

이문건의 천장례에서 볼 수 있듯이, 개장과 천장 때에는 일군들을 확보하는 것과 충분한 식량을 확보하는 것이 중요한 천장 준비 중 하나였다. 개관일인 2월 11일 며칠 전에 이문건에게 가장 절실한 요소는 개장을 돕기 위한 일군과 식량이었다.

인력들은 예전의 무덤을 여는 개장 작업과 새로운 묘소를 조성하는 조묘(造墓)에 동원되었다. 인력은 구종과 일군, 군인들로 구성되었는데 군인 100여 명, 구종과 노비까지 합치면 150여 명이 동원된 듯하다. 군인 동원은 이문건이 경기감사 김응경에게 부탁해 이루어졌다. 성주는 발인 날에 횃불을 보내주었으며 27명의 일군을 보내어 흙을 지고 언덕을 보수하게 했다. 양주목사가 40여 명의 군인을 보내고 광주목사가 26명의 군인을 보냈으나 다음 날 군인들은 비가 오는 바람에 일을 할 수 없는 틈을 타서 도주하고 말았다. 광릉군 7명도 이양의 지시를 받고 묘를 조성하러 왔다. 구종(丘從)들을 보내어 일을 도와준 사람들은 정희소와 김중쉬, 정정랑, 김좌랑, 목자신(睦子信) 등이었다. 개관 하루 후에 목자신이 구종 10명을 보내 흙을 매게 하고 이수참봉도 역을 도울 구종 10명을 보냈다. 당시에 노비 외에 구종은 조정에서 고위관리에게 지급되었으나,[42] 양반들의 개별적인 의례에 없어서는 안 되는 중요한 인력이었다. 그 밖에도 향당에서 온 조력군

42) 驅從, 丘率. 조선시대에 관아(官衙)에 소속된 종이다. 충청도관찰사가 백성을 편안하게 하기 위하여 구종의 수를 늘리지 말 것을 건의하였다.〔『태종실록』 20권, 태종 10년 7월 8일(癸酉)〕

과 통진노 금수와 윤정 등이 일을 도왔다.

일군과 군인들의 식량은 친지들이 보내준 것이나 석회 값으로 지불된 것으로 충당하거나 노비 등이 납공했고, 더러는 예전에 빌려간 사람들이 갚기도 했다.[43] 그 밖에도 천장 때를 즈음하여 이천, 수원, 양근, 포천에서 쌀이 도착했는데, 이것은 이문건이 부탁하여 김응경이 주선한 것이었다. 적성쉬와 포천쉬가 각각 쌀 3두와 10두를 보내왔고, 2월 7일에는 연괄이 군량미 3두를 보내왔다. 이문건은 양주목의 아전이 군량미 5두를 가지고 온 것에 대한 감사의 답장을 성주에게 보냈다. 개장 당일의 제상(祭床)은 포천쉬로부터 보조받았다. 이문건의 다른 고위관료 친구들은 쌀과 콩을 보내어 도왔다. 양근에서 쌀 10두와 콩 10두를 보내왔는데, 쌀과 콩을 가져온 사람이 답장을 받아 갔다. 이천 숙부가 쌀과 콩 10두를 서울 집으로 보내와 군량으로 잡그게 했다. 통진비부 2명이 와서 박빈이 부조한 군량미 10두를 나누어 서울 집에 바쳤다고 한다. 노 중이가 안태허가 보낸 쌀 1두와 청밀 1두, 그리고 김사보가 놓고 간 부목 6필을 가져왔다. 그 밖에도 부조로 받은 목면은 정희소, 박충온, 유세붕, 정랑요서, 김사보 등이 보낸 것이다. 홍계온이 가마니 15장을, 성주(城主)가 100장을 보냈는데 이것은 묘역의 흙을 나르는 데에 쓰는 것이었다. 육참봉이 유피를 보내왔고, 삼동이라는 사람이 유골(杻骨) 상자를 가져왔다. 일을 마무리하면서 이문건은 감사 양거원공에 들러 궁상사를 도와준 것에 대해 감사했다.[44]

이문건의 천장례에서 볼 수 있는 외부 부조를 정리하면 〈표 3〉과 같다. 천장례를 위한 외부의 도움을 〈표 3〉을 통해 살펴볼 때 이문건은 주로 관직에 있는 지인들에게 인력과 물자를 부탁하고 있다. 특히 경기감사 김응경은 일꾼과 식량을 목사들에게서 주선해 이문건의 천장에 공급하는 주요

43) 3부 3장 참조.
44) 『默齋日記』 1536년 2월 20일.

〈표 3〉 이문건 집안 천장례 때의 외부, 관청에서의 부조

부조 품목	인물(관직)	일의 내용 응대	날짜
조묘군(양주, 광주)	김응경(경기감사)의 주선		1536. 2. 4
이문건이 조묘군 부탁	홍(양주목사)에게 부탁		1536. 1. 10
구종	김중수		1536. 1. 12, 29
구종	정희소		1536. 1. 29
구종	정정랑(병조좌랑)		1536. 2. 1
구종	김좌랑		1536. 2. 1
구종 10명	목자신		1536. 2. 12
10명	이수참봉		1536. 2. 12
광릉군 7명	이양		1536 2. 12
군인 27명	엄자지가 성주의 명으로 인솔	흙 지고 언덕 보수	1536. 2. 9
연번군 40명	손석손(도색)가 양주목사 명으로 인솔		1536. 2. 10
군인 26명	광주도색	비 때문에 일 못함	1536. 2. 10
향당에서 온 조력군			1536. 2. 11
군인	육참봉		1536. 1. 16
통진노 금수, 윤정			1536. 2. 9
군량미 주선	김응경에게 이문건이 부탁		1536. 1. 15, 25
군량미 5두	양주목 아전		1536. 2. 1
군량(이천, 수원, 양근, 포천) 주선	김응경(경기감사)		1536. 2. 4
계 1사, 면미 3두	나익명원(적성쉬)	감사편지	1536. 2. 5
미 10두, 태 19두, 제상, 술, 과일, 촛대, 면, 떡미	이은자정(포천쉬)	감사편지	1536. 2. 5
군량미 3두	연괄		1536. 2. 7
쌀 10두, 콩 10두	양근에서 온 사람		
쌀 1두, 청밀 1두	안태허		1536. 2. 9
쌀과 태 10두	이천숙부		1536. 2. 12
군량미 10두	박빈		1536. 2. 13
횃불	성주에게 부탁	발인 때 쓸 것	1536. 2. 9
가마니 15장 부탁	홍계온(봉사)		1536. 1. 20
가마니 100장	성주		1536. 1. 26
숙조소 1대거리	한희지(별좌)	감사편지	1536. 1. 21
기름종이 1부, 삼갑소 2거리	사복시에서 양차가 가지고 옴		1536. 2. 2
부목 6필	정랑요서		1535. 1. 29
목면 6필	김사보		1536. 2. 9
제상배자(포천, 적성)	김응경에게 부탁		1536. 1. 20
유피(느릅나무 껍질) 2속	육참봉		1536. 2. 6
유골 상자	삼동		1536. 2. 7

인물이다. 개장 하루 후 양주목사가 보낸 조묘군들과 광주목사가 보낸 군인들이 도망하는 바람에, 다음 날 양주목사가 다시 40명의 연번군을 투입

해 주었다는 사실은 당시 지배와 피지배의 구조가 그리 견고하지 않았으며 다소 느슨했다는 것을 짐작하게 한다. 정희소, 김중쉬, 정정랑, 김좌랑 등은 관에서 지급된 구종들을 사사로이 빌려주는 일종의 전유를 한다. 군인들에게 먹일 식량들도 이천, 수원, 양근, 포천 등지의 목사가 보내어 이문건의 노가 받아 온다. 발인 시의 횃불, 백지, 가마니 등도 성주가 대어주고 김응경에게 부탁하여 제상배자를 포천과 적성에서 받으며 2월 5일에는 포천쉬로부터 제상을 받고 쌀, 콩, 술, 과일, 촛대를 비롯한 물품을 받는다. 거의 관(官)의 물품으로 개별 천장례가 진행된다고 보아도 과언이 아닐 듯하다. 빈 가마니의 경우만 보더라도 한꺼번에 많은 수량을 개인이 조달하기 힘들었는지 관에 도움을 요청한다. 적성쉬나 포천쉬 등의 왕족들이 제상 등을 보내자 이문건은 이에 대한 답례로 감사의 편지를 보내고 있다. 이문건이 이들 외부로부터의 부조에 대하여 당장 물질적으로 답례하지는 않았으나 아마도 도와준 사람들의 궁상사에 부조했을 것으로 짐작된다.

이문건과 인척관계에 있는 인종비의 아버지인 박용의 무덤을 개관할 때에도 감역별좌(監役別坐)[45]와 가정관(加定官)[46]이 동원되었던 것을 보면 왕실 인척이 사사로이 쓸 수 있는 범위가 인력까지 이른다는 것을 알 수 있다. 고위관리들은 이천, 수원, 양근, 포천 등지에서 오는 군량미를 조달해 줄 뿐 아니라 일군들까지 동원해 준 것이다.

고위 관직자들이 자신의 권력을 이용하여 동료의 사사로운 부탁을 들어주는 것, 즉 의리를 기반으로 한 부조와 국가가 당사자인 관료에게 직접 베푸는 것은 관료들이 국가의 권력을 대행한다는 점에서 의미상으로 크게 다르지 않으며, 여기서는 이 둘을 구분할 수도 없었다. 그러나 다른 한편으로 고위관료가 동료에게 하는 부조의 조치들은 국가의 자산을 사사로이 유용

45) 건축이나 토목공사를 감독함 또는 그 임무를 맡은 사람.(『한국 한자어 사전』 권3, 525쪽)
46) 정원 외에 더 늘려 잡은 관원.(『한국 한자어 사전』 권1, 627쪽)

함으로써 국가의 비호하에서 주어진 권리를 전유하는 가산제적 지배체제의 일면을 보여준다.

* * *

이 장에서는 16세기 양반가 천장례 관련 사료를 유교적 공순의 의미로 해석해 보고자 천장례의 절차, 친족교유 범위, 외부 부조를 고찰했다.

이문건은 부친의 천장을 거행하면서 유교적 상례의 예식을 철저하게 준수해, 국가가 주입하려던 유교적 질서에 순응하는 모습을 보여주고 있다. 사회적으로 유교적 공순의 준수에 대한 기준은 정립되어 있지 않아서 실제로 양반 간에도 상장례의 예법에서 편차가 나타나며 풍수에 대한 관심도 매우 지속적이다. 이문건 집안에서는 천장례 실행에서 장자 위주의 공순 관계가 지켜지지는 않았으나 그의 천장례 준수는 성리학적 이데올로기가 사회 전반에 침투하면서 사대부가에 유교적 공순이 구조화되어 가는 조선 중기 양반 사회의 단면을 보여주는 것이라 생각된다. 양반의 일상생활에서 이러한 예의 준수는 이후에 예에 대한 확고한 사회적 기준이 서게 되자 첨예한 의견 대립인 예송으로까지 격화된다. 17세기를 향한 전조인 셈이다.

유교적 공순의 범위를 보면, 동성 4촌의 범위에서 친족들이 고인의 개관에 참석하고 있었으며 간혹 사돈 간의 도움도 있었다. 이문건 집안의 천장례에서 보이는 유복친의 범위는 부친의 4촌 손자인 종손(從孫)이며 이들은 개관일에 모여 고인을 추모하고 천장일 전후에 지속적으로 왕래하면서 천장 준비를 도우며 인사를 하고 관심을 보인다.[47] 정리상으로는 어머니에

47) 친척들의 친소의 범위는 항렬자의 쓰임과도 연관이 있을 것으로 생각된다. 권벌의 족보 연구를 통해 미야지마 히로시는 항렬자가 사용되는 범위가 조선 전기까지는 형제와 사촌 사이에 국한되었으나 16세기 권래(權來, 1562~1617)대까지는 이촌 또는 사촌의 범위로 확대되었으며 후기로 가면서 매우 넓은 범위에서 항렬자가 나타난다고 보고하고 있다.〔미야지마(1996), 『양반: 역사적 실체를 찾아서』, 노영구 옮김, 도서출판 강〕

대한 정(情)이 여전히 부친에 대한 정만큼 중하다고 여기고 있었으나 부계 위주의 반복적인 예식(禮式)은 점차 부계친의 결속을 강화함으로써 조선 후기에 공순의 범위는 8촌 이내의 동성친으로 확장된다. 부계친족 위주의 의례를 보더라도 천장례에서 부인의 역할은 모친의 소상(小祥) 이후에 상주들이 입을 의복을 만드는 것에 한정되어 나타나나 조선 후기에 비해 두드러진 점은 고인의 며느리 친정집과 기혼의 딸, 여동생도 부분적으로나마 천장례에 참여하고 있다는 것이다. 드러나지 않는 여성들의 역할, 가령 이문건 집안 천장례에 필요한 가내 제조는 부인과 노비들의 몫이었을 것이며, 심화되는 유교식 의례와 종법의 준수로 인해 이들의 역할은 더욱 가중되었을 것이다.

조선 중기 사대부들이 의리를 기반으로 한 인적 · 물적 자원으로 천장례를 돕고 있는 것은 지배 엘리트들의 증답경제의 일면을 보여준다. 환난상휼이라는 이념을 통해 동질성을 강화해 가는 측면을 보여주는 동시에,[48] 국가가 양반의 상례를 보조한다는 의미에서 유교적 공순의 조치들을 보여주는 것이기도 하다. 천장에 필요한 인력과 물자를 근처 목사들이나 해당 관청에서 조달받아 쓰고 있는 실태는 상장례의 국가적 보조와 지원은 군신간의 충성이 부모, 자식 간의 효의 연장이라고 보았던 조선조 성리학의 이념을 뒷받침하는 것이며 신하에 대한 국가의 가부장적 지배구조를 반영하는 것이다. 사대부들의 상례에 대한 국가의 시혜[49]는 충과 효라는 유교적 공순을 이끌어내기 위한 방편으로서 기능을 했으며 장기간 조선조가 지속할 수 있었던 기반이 되었다.[50]

48) 조선 전기 양반 지배층의 동질성에 관해서는 제임스 와그너와 송준호가 논의하고 있다.〔송준호(1987), 『조선 사회사 연구』, 일조각〕 한편 이훈상은 그를 둘러싼 논점들을 제시하고 있다.〔이훈상(2002), 「에드워드 와그너의 조선시대 연구와 이를 둘러싼 논점들」, 《역사비평》 59호〕

49) 『승정원일기』, 효종 7년; 『승정원일기』, 현종 15년; 『일성록』, 순조 16년.

50) 송준호(1987) 참조.

이러한 조선 중기 양반가 천장례의 경우는 서구와 동양을 비교 분석하고, 현재까지 지속되는 유교의 영향을 고찰하는 데에도 유용하다. 천장례를 비롯한 제례 등의 유교적 의식들은 예(禮)를 지키려고 했던 양반들의 노력만큼이나 가산을 많이 소비하게 했으며,[51] 이는 서구 사회에서의 부의 축적이나 물질적 검약과는 대비된다. 조선 후기에는 상례부조가 가구 지출 중에서 가장 높은 비율을 차지하게 되었고 상례가 점차로 친족집단 중심의 의례로 자리 잡게 되었다.[52] 16세기 당시에 고위관료들이 동료의 궁상사를 돕는 것은 개인의 의리와 공순의 윤리 간의 결합이라는 가산제적 지배체제의 특징이 구조화되었음을 보여주는 것으로, 이는 지배층 간의 결속이 사회의 합리화를 지향하기보다는 지연과 연고를 우선적인 가치로 여기게 되었음을 보여주는 것이기도 하다. 또한 관료들 간의 이러한 부조의 조치들은 국가의 자산을 사적(私的)으로 유용함으로써 국가의 비호 하에서 주어진 권리를 전유하는 가산제적 지배체제의 일면을 보여준다. 조선조 관료들은 전문적인 교육을 받기보다 전인적(全人的)인 군자(君子)를 최고의 덕목으로 여겼기 때문에 직위관할권을 뚜렷이 할 수 없었을 뿐만 아니라 공공재에 대한 의식이나 합리적인 구분보다는 권위에 대한 공순을 덕목으로 삼았던 행정의 단면이 여기에서 드러나며,[53] 이렇게 인습화된 유교적 공순의 구조화된 측면은 훗날의 관료사회에서도 답습되고 있다.

조상에 대한, 친족에 대한, 국가에 대한 또는 지인에 대한 양반들의 유교적 공순은 상장례에 막대한 비용과 에너지를 쏟아 붓게 했으나, 부모에게 정성을 다하려는 마음과 어려울 때 서로 돕는 상호부조를 공고히 한다는

51) 봉제사 · 접빈객 · 균분상속으로 인한 양반의 재산 영세화에 대해서는 미야지마(1996) 참조.

52) 안병직 · 이영훈(2001), 『맛질의 농민들: 한국근세촌락사』, 일조각 참조.

53) 막스 베버가 대상으로 삼은 주제는 '君子不器'〔박성환(1999), 36쪽〕였다. Hans Gerth에 의해 1951년에 영역된 베버의 1920년도 저작인 *The Religion of China: Confucian and Taoism*, NY: Free Press(베버(2003), 『유교와 도교』, 이상률 옮김, 문예출판사) 참조.

점에서 보면 효와 충을 근간으로 한 사회질서 유지에 기여한 측면이 크다. 그러나 사회적으로 가속화되는 의례와 형식에 구애되어 비용의 과다 지출, 배타적 혈연주의, 행정의 인습화라는 역기능이 발생한 것을 간과할 수 없으며, 공순에서의 진심을 다하는 마음[54]보다는 형식적인 조문과 지출이 오늘날의 상장례에도 이어지고 있다.

54) 김기현(1999), 「유교의 상제례에 내재된 삶과 죽음의식」, 《퇴계학보》 104; 장현섭(1996) 「현대 한국인의 상례관행과 개선방안」, 《가족학논집》 8 참조.

5장

처가 부양

전통사회 여성의 일상적인 삶을 그들이 처한 사회구조 속에서 살펴보는 것은 현대 여성의 삶의 방향설정과 역사의 지속성이라는 면에서 매우 중요한 시사점을 제공한다. 통상적으로 사회경제사적 시각은 역사 속에서 여성의 지위를 논할 때 중요시되는 관점 중 하나이다. 가령 조선 중기의 여성을 떠올릴 때 남녀 균분상속이라는 경제적 여건은 여성이 무시할 수 없는 위치에 있었음을 추정할 수 있게 해주기 때문이다. 남편과의 관계에서의 양반 부인의 당당함이라든지, 남편의 외도에 대한 적극적인 견제 등은 순종적인 이미지와는 다른 면을 보여준다. 비록 여성의 위치가 전 시대 고려조 여성의 독자적인 경제권에는 미치지 못하지만,[1] 조선 중기 여성의 주체적 위치는 경제적 기반과 상당 부분 관련되는 것으로 추정되고 있다. 재산상속의 시기별 변천을 연구한 결과들은 여성이, 딸이, 아들인 남성과 크게 차별받지 않는 균분상속이 보편적이었으나 조선 중기 이후 재산상속이 변해

1) 고려조 여성의 지위는 이혜옥(2004) 「여성의 자아실현과 의식세계」, 《동방학지》 124집 참조.

가면서[2] 여성의 지위가 변화되었다고 보고 있다.[3]

여성학자들은 조선조를 통하여 지속적으로 주입된 성리학 이데올로기와 종법의 파급효과로 부계친족은 강조되는 반면 외가 혹은 처가 쪽은 점차 소홀해지면서 조선조 여성의 모습이 억압적 규제와 제도에 순응하는 모습으로 변해 갔다고 정리하고 있다.[4] 조선조 여성의 지위 변화를 재산상속이나 다른 사회적 요인들로 살펴보고는 있는 셈이다. 그러나 상속 외의 다른 사회경제적 기반에 관해서는 많이 연구되지 않은 편이다. 이 장에서는 16세기 말, 17세기 초 딸과 사위의 처가 부양에 주목해 조선 중기 기혼 여성의 경제적 기여를 구체적인 자료를 통해 보여주고자 한다. 비록 난리를 겪고 있는 한 집안의 사례이지만 거기에서 조선조에 기혼의 딸이 어떻게 친정과 상호작용하고 경제적 기여를 했는지 읽어낼 수 있다.[5] 실제 생활을 관찰함으로써 유교 이념을 넘어서는 여성의 모습을 보여줄 것이며, 다소 조심스럽지만 이를 토대로 조선 후기 여성의 지위의 일면도 추정해 볼 수

2) 균분상속제의 역사적 성격은 김용만(1983), 「조선시대 균분상속제에 관한 일연구—그 변화 요인의 역사적 성격을 중심으로」, 《대구사학》 23 참조. 조선 전기의 친족제 변동과 상속은 이수건(1995), 「조선 전기의 사회변동과 상속제도」, 『한국 친족제도 연구』, 일조각 참조. 재산상속과 가족은 문숙자(2004) 『조선시대 재산상속과 가족』, 경인문화사 참조. 상속에 있어서 조선 후기에도 집안에 따라 다른 사례들도 나타나고 있으나 아직까지 이를 전체적인 경향성으로 간주하고 있지는 않다(문숙자와 필자의 2008년 대담에서).

3) 입양제와 상속은 피터슨(1999), 『유교사회의 창출』, 김혜정 옮김, 일조각 참조. 유교화와 여성의 상속은 도이힐러(2003), 『한국사회의 유교적 변환』, 이훈상 옮김, 아카넷 참조. 양자의 제사상속과 재산상속은 이 책의 보론 참조.

4) 역사적 가부장제의 논의는 조옥라(1988), 「가부장제에 관한 이론적 고찰」, 『한국여성연구』, 청하 참조. 종법과 내외법은 이순구(1995), 「조선 초기 종법의 수용과 여성지위의 변화」, 한국정신문화연구원 박사학위논문 참조. 조선조 모성에 대한 지배구조에 대해서는 조은(1999), 「모성의 사회적 · 역사적 구성: 조선 전기 가부장적 지배구조의 형성과 '아들의 어머니'」, 《사회와 역사》 55집 참조.

5) 인류학자인 미셸 로살도(Michelle Rosaldo)의 표현을 빌리면, 우리가 반드시 추구할 것은 구체적인 사회적 상호작용을 통해 이루어지는 여성의 활동이 의미하는 바이다.〔스코트(1998), 「젠더: 역사 분석의 유용한 범주」, 이기우 편역, 『문화연구』, 한국문화사, 328쪽; Scott(1988), *Gender and the Politics of History*, NY: Columbia University Press〕

있을 것이다.

이 장에서는 『쇄미록』에 나타난 오희문의 맏딸과 그 남편을 중심으로 오씨 집안의 봉양에 관해 분석한다. 오희문은 1592년 임진왜란이 발발하여 피난하던 중 갑오년(1594) 8월 13일 동뢰연(同牢宴)을 올려 맏딸을 전라도 함열의 수령(守令)[6]으로 있는 신응구(申應榘)와 혼인시킨다. 신응구 집안과는 관동(關東)에서 피난시절을 같이 보낸 인연이 있었고 신랑은 맏아들 윤겸과 친한 친구로 가끔 서로 소식은 듣는 정도였으나 혼인으로 맺어질 줄은 몰랐던 듯하다. 갑오년 피난 시절 오희문의 생활형편은 매우 어려워 조석 끼니를 제대로 이어가지 못하고 있었다. 그나마 벼슬을 가진 관직자들은 난리 중에도 관(官)에서 나오는 곡식으로 생명을 유지할 수 있었다. 딸을 수령의 후처로 보낸 후 받는 양식은 당시 굶어 죽기 일보 직전이던 오희문 가족의 생사를 좌우하고 있었다. 일기에는 그러한 정황이 나타나지 않지만, 혼인을 시킨 주요한 이유 중 하나가 아마도 양식을 해결하기 위해서가 아니었을까 추측된다.[7] 오희문 집안의 식량 중에는 머무는 곳의 수령이나 지인들이 보내주는 것과 다른 경로로 오는 것이 있었으나 그중에서도 사위에 대한 의존이 컸다.[8]

6) 수령(守令)의 '守'는 '守土養民'의 뜻이요 '令'은 받들어 시행한다는 의미로 부윤(府尹)이하 현감(縣監)에 이르는 각 도 내의 지방장관(地方長官)을 통칭하는 말이다.(역주『경국대전』주석편, 143쪽) 수령은 중국 한대부터 사용되었는데 군(郡)의 태수와 그 아래 현(縣)의 현령을 지칭한 말로 우리나라에서는 도(道) 아래 부(府), 목(牧), 군(郡), 현(縣)의 지방관을 총칭하는 말로 사용되었고, 주민들은 성주(城主) 혹은 토주(土主)라고도 칭했다.〔노혜경(2006),『조선후기 수령 행정의 실제: 황윤석의『이재난고』를 중심으로』, 혜안〕『瑣尾錄』일기에서는 태수(太守)를 많이 언급하고 있으나 이 논문에서는 수령으로 호칭했다. 현감의 정원은 138인이었고 품계는 종6품이었다. 함열은 전라북도 익산시 함열읍이 현재 지명.

7) 당시 양반 규수가 아니면 후처로 들이지 않는 관행상 양반의 후처는 하대시할 수 있는 위치는 아니었다. 그러나 이 후에 둘째 딸의 혼처가 나왔을 때 오희문의 부인이 나이가 차이 나는 후처 자리이기 때문에 거절하고 있는 것은 아들이 벼슬을 하게 되면서 생활이 안정되어 갔기 때문이라고 짐작된다.

8) 오희문가의 피난 시절 후반부에 맏아들이 하는 가족 부양에 관해서는 이 책의 3부 6장 참조.

오희문 집안의 임천[9] 피난 시절 동안 맏딸과 맏사위가 보내는 양식은 공식적인 것과 비공식적인 것으로 나뉜다. 대체로 매월 지급되는 양식과 수령인 사위가 관인을 통하여 보내는 물품이 공식적인 것이라면, 관(官)을 통하여 상시로 사위가 장인에게 전하는 물품이나 때때로 딸이 친정집에 보내는 물품 등은 비공식적인 것이었다.

1. 정기적 예송

오희문가의 사위가 처가에 보내는 품목 중에서 눈에 띄는 것은 예송(例送)이다. 예송은 관례적으로 관직자의 처가에 보내던 물품인 듯하다. 예(例)의 사전적인 의미는 전례(前例)로, 예납(例納)은 전례에 따라 납부하는 것이며, 예식(例食)은 나라에서 정례(定例)에 따라 주는 곡식을 말한다.[10] 예송에는 의전례(依前例)라는 뜻도 있으므로, 이는 전에 있던 예에 따른다는 것으로 해석된다.[11] 결국 예송은 정례적인 것을 납부하거나 보낸다는

9) 충청남도 부여군 임천면이 현재 지명.

10) 『한국 한자어 사전』 권1, 296~297쪽. 『조선왕조실록』에 예(例)라는 글자를 같이 쓴 것으로는 예납(例納)이 있다. 명종 21년(1566)에 "모든 법은 마땅히 변통이 있어야 한다. 내수사의 물자는 전부터 금단할 때에도 그대로 예(例)법에 따라 선운해 왔기 때문에 호조에서 방계(防啓)하지 않았던 것이다. 형편상 모두 주창(州倉)에 수납할 수 없으니(쌀을 주창에 수납하고 대신 경창의 것을 썼다.) 전혀 선운을 않는다면 예납한 신공(身貢)을 어떻게 처리하겠는가? 고칠 수 없으므로 아울러 윤허하지 않는다." 이를 해석해 보면 예납이나 예송(例送)은 일종의 관습법으로 일정 품목을 정례적으로 바치는 것을 의미하는 것으로 볼 수 있다. 『증보문헌비고』, 『대전회통』에서는 다른 용례를 찾을 수가 없었다.

11) 고종시대사 3집에 "예송하는 폐단을 엄금할 것"이라는 대목이 있다. 『增正交隣志』에서는 연례송사(年例送使)를 언급하는데, 이는 매년 보내는 사신을 말하는 듯하다. "지의(紙衣)를 만들어 보낸다고 하나 모두에게 미치지는 못하고 있는 실정이니 예송(例送)의 수량을 늘리도록 하소서"(『조선왕조실록』 명종 18년 8월 7일)라는 문구가 있는 것으로 보아 예송의 양을 다소 조정할 수 있었음을 알 수 있다. 숙정공주의 상가(喪家)에 인평대군의 상사 시의 예에

뜻으로 쓰였다.[12)]

함열의 사위가 보내는 예송은 사위가 수령으로 재직하면서 시작되어 일기에서 공식적으로 언급된 것은 갑오년 12월부터 시작하여 병신년(1596) 8월까지 마흔 번 나타난다. 이 장에서는 매월 정례적으로 받는 곡식을 '월별 예송' 또는 단순히 '예송'이라고 명명했다. 예송은 매월 받는 것으로 되어 있으나 한 달에 두 번 받는 경우도 있었다. 예송은 총 서른한 번이 언급되어 있어 가장 빈번하게 쓰인 데 비해 예래(例來)는 네 번, 예래량(例來粮)은 두 번, 예량(例粮)은 한 번 쓰였고, 단순히 예(例) 또는 양물(粮物)이라고 쓴 경우는 각각 한 번씩이었다. 이러한 예송의 뒤에는 쌀이나 벼를 나타내는 미(米)라든가 조(租) 등이 붙어 있거나 양식을 나타내는 양(粮)을 쓰기도 해 예송미(例送米), 예송조(例送租), 예송량(例送粮) 또는 단순히 예미(例米)라고 명기했다. 오희문은 '이달치 양식〔今月例來米〕' 또는 '이달 초하루 정례양식〔今朔例粮〕'[13)]이라고 적고 있다. 실제로는 예송이 갑오년 12월 이전부터 행해졌다고 보이나, 예(例)로 언급된 경우, 즉 사위가 퇴직하는 병신년 8월까지의 기간에 지급되는 예송과 이에 덧붙여 인편에 보내는 물품도 예송에 포함시켰다.

이러한 예송은 대부분의 경우 함열 사위의 이름으로 현의 심부름꾼〔咸悅使〕, 함열의 아노(衙奴) 등을 시켜 공식적으로 보내기도 하고, 딸이 사람을

의거해 쌀과 면포를 보낸다는 기록이 있다.〔『현종개수실록』 9년(1668)〕 삼간택에 필요한 일을 준비하면서 호조에서 빈(嬪)의 본가에 쌀과 포목을 예송(例送)했다는 기록이 있는데〔『영조실록』 3년(1727년)〕, 이러한 의미의 예송은 혼례와 상례에서 일정분량을 정례적으로 보냈음을 의미한다.

12) 황윤석의 『이재난고』를 중심으로 한 수령 연구에서 읍례(邑例)에서 보이는 예(例)는 지방에서만 통용되는 규칙으로서 풍습 · 행정절차 · 행정운영 등을 규정한 것으로 목천현의 경우에는 동지(冬至) 때 공식 업무를 중지하고 팥죽을 먹는 풍습 등이 있었다고 한다.〔노혜경(2006), 191~192쪽〕

13) 『쇄미록』 乙未(1595) 12월 22일; 丙申(1596) 8월 4일.

시켜 보내는 경우도 있었다.[14] 양식이 떨어진 오희문이 직접 본인의 노(奴)를 보내 양식을 가져오기도 하고, 오희문이 함열 사위에게 일이 있어 들를 경우 하인에게 지워서 가져오도록 한다. 양식이 급하게 필요하면 오희문이 노(奴)를 보내어 미리 꾸어 먹는 경우도 있었다.

> 막정이 왔는데 예송미 4두를 먼저 가지고 왔으니 10두의 쌀이 이미 다 온 것이다.[15]

라고 해 대개 예송의 한도는 쌀 10두 정도로 추정된다. 초반에는 조금씩 자주 가져와서 쌀 4두 정도였다가 대체로 을미년(1595) 5월을 지나면서 한 달에 한 번씩 쌀 7두에서 10두 내외, 벼나 보리 1석 정도를 받고 있으며, 점점 식구가 늘어 대가족을 거느린 병신년에는 쌀 10두가 지급되는 등 양도 증가하게 된다. 사위로부터의 예송이 없는 달, 가령 9월에는 오희문의 집에 추수로 먹을 것이 있었기 때문에 예송을 보내주지 않은 것으로 짐작된다.

예송을 받으면서 오희문은 받을 것을 받는다는 매우 당당한 태도로 일관했으며 만일 제때에 곡물이 도착하지 않으면 함열관아에 요구한다. 을미년 7월 29일에는 "노(奴) 막정을 함열에 보내어 세 달치 양식을 찾아오게 했다"라고 적고 있다. 부인이 난리 중에 병이 나자 이를 고치기 위하여 이리저리 양식을 빌리는 형편이 되자 함열 딸이 보낸 음식보다는 식솔들의 양식이 절실히 필요하다는 것을 토로하고 있다.

> 양식이 떨어져서 함열에서 물건이 오기만을 기다리는데 보내는 물건이 간략

14) 『쇄미록』 乙未(1595) 12월 22일.

15) "莫丁還來 來月例送米四斗先得而來 十斗之米 今已盡來矣."〔『瑣尾錄』 乙未(1595) 5월 24일〕

〈표 1〉 사위가 오희문가에 보낸 예송

횟수	날짜	예송의 내용	예송 원문	월별 예송의 총량
1	갑오 12. 14	쌀 2두, 정어리 3두름	例送	12월 미 2두, 백미 5두, 조미 3두
2	12. 26	백미 3두, 조미 3두	例送	
3	을미 1. 8	중미 2두, 조미 2두	例送	1월 중미 6두, 백미 5두, 조미 4두
4	1. 12	백미 2두, 조미 2두	例送	
5	1. 21	백미 3두, 뱅어젓 3승	例送	
6	1. 27	중미 4두, 뱅어젓 3되, 찹쌀가루 5되	例送	
7	2. 2	백미 4두	例送	2월 미 6두, 백미 12두, 중미 4두, 피목 5되
8	2. 8	중미 4두, 생뱅어 1사발	例送	
9	2. 12	쌀 4두	例送	
10	2. 17	백미 4두, 마태 3두, 피목 5되	例送	
11	2. 20	백미 4두, 생뱅어 2사발	例送	
12	2. 24	쌀 2두	例送	
13	3. 1	쌀 3두, 쇠고기 1덩이, 생뱅어 2사발	例送	3월 미 15두, 벼 3석, 볍씨 7두
14	3. 6	쌀 2두	例送	
15	3. 13	쌀 2두, 뱅어 2사발	例送	
16	3. 16	쌀 2두, 벼 2석 및 볍씨 7두, 마태(馬太) 3두, 곽(藿) 7동, 말장 3두	例送	
17	3. 29	쌀 6두, 벼 1석	例送	
18	5. 2	쌀 3두, 벼 2석, 젓갈 적은 것 1항아리, 조기 5마리, 소주 3병	例送	5월 미 12두, 벼 2석, 콩씨 8두
19	5. 11	쌀 2두, 콩씨 8두	例送	
20	5. 19	쌀 3두, 절인 조기 70마리	例送	
21	5. 24	세 달치 쌀 4두를 미리 씀	月例送	
22	6. 1	벼 2석	例送	6월 미 2두, 벼 2석
23	6. 27	(딸이 장무처에 꾸어서) 새달 예송미 2두, 소주 2병	例送	
24	7. 1	쌀 8두, 보리〔牟〕 1석(3두를 당겨쓰다)[16]	例送	7월 쌀 8두, 보리 1석
25	8. 1	쌀 7두, 벼 1석	例送	8월 쌀 7두, 벼 2석
26	8. 22	벼 1석, 절인 조기 7마리	例送	
27	10. 2	백미 10두, 벼 1석	例來粮	10월 백미 10두, 벼 1석
28	11. 1	쌀 10두, 벼 1석	例來	11월 쌀 10두, 벼 1석
29	12. 22	(딸이 보냄) 쌀 10두, 벼 2석	今月例來	12월 쌀 10두, 벼 2석
30	병신 1. 11	쌀 10두, 벼 2석	例來	1월 쌀 10두, 벼 2석
31	2. 2	벼 1석, 쌀 10두	粮物	2월 쌀 10두, 벼 1석
32	3. 7	쌀 10두	例送	3월 쌀 22두, 벼 2석
33	3. 19	쌀(本粗米) 12두, 벼 2석	例送	
34	4. 2	쌀 10두, 벼 1석〔볍씨(種租) 7두, 쌀 4두 및 벼 1석을 양산(良山)의 집에 맡김〕	例送	4월 쌀 14두, 벼 2석 7두
35	4. 10	벼 1석 7두, 쌀 4두	例來	
36	5. 14	벼 18두, 염망어 2마리	例來粮	5월 쌀 8두, 벼 18두
37	5. 20	쌀 8두	例	
38	6. 7	벼 2섬, 소주 4선	此月例送	6월 쌀 4두, 벼 2섬
39	6. 9	쌀 4두	此月例送	
40	8. 4	백미 10두, 겉보리〔皮牟〕 2석	今朔例粮	8월 백미 10두, 겉보리 2석

하니 매우 걱정스럽다. 그러나 예송이 있으니 금명간 반드시 올 것이다.[17]

라고 해 예송을 받는 일을 매우 당연하게 고대하고 있다. "금명간 반드시 올 것"이라는 오희문의 확신에 찬 말은 딸이 혼인한 후 4개월이 지난 시점에 한 것으로, 그동안 공식적으로 예송이라고 명기하지 않았던 양식 중에 이미 정례적인 성격을 띤 양식이 있었다는 것을 의미하며 이러한 정기성은 오희문이 확신하고 안심하게 하는 기제였을 것이다.

사위가 처가에 보내거나 딸이 친정에 보내는 정례적인 물품이자 관(官)에서 보내는 공식적인 물품이라는 점에서 예송은 16세기 후반 당시 여성의 지위와 관련하여 매우 중요한 사실을 시사해 주고 있다. 조선 중기까지 여성의 지위에 영향을 미쳤던 경제적 조건들은 균분상속으로 인한 요인 외에도 사위가 처가 식솔을 부양하는 데서도 나타난다. 그리고 그 이면에는 처부모의 은의를 두텁게 여기고 모계와 처계도 중시하던 사회적 관습이 있다고 할 수 있다.

아버지인 오희문의 태도를 볼 때 딸과 사위가 친정과 처가를 부양하는 것은 예외로 취급되지 않는다는 것을 알 수 있다. 오히려 사위도 친자식으로 여기고 있다는 느낌이 든다. 의식주를 조달하기 힘든 피난 상황에서 처가에 일정한 몫을 할당해 보냈다는 것은 여성의 지위와 관련해서 볼 때 의미가 작지는 않을 것이다. 사위가 친아들처럼 처가를 부양하는 것을 의무로 삼고 있었던 당시의 관습을 보여주고 있으며, 그 점에서 혼인 후에 사위가 예송 외에 다른 것을 보내는 것을 살펴보면 예송의 의미를 더욱 확장시킬 수 있는 것이다.

16) 『쇄미록』 乙未(1595) 8월 1일. 지난달에 양식이 떨어져서 예로 보내는 쌀에서 3두를 당겨썼다.
17) "今則絕粮 只待咸悅之來 而所送至略 可悶可悶 然有例送之物 今明必來矣."〔『瑣尾錄』 甲午(1594) 12월 1일〕

2. 사위의 증송

오희문가를 실질적으로 부양하고 있는 것은 예송이라고 기록되지 않은 양식이다. 혼인 전후에 수시로 보내는 양식은 예송이라고 언급되지는 않았지만 예송보다 양이 많고 횟수도 빈번해 오희문 집안을 실질적으로 먹여 살리는 역할을 한다. 이러한 물품들은 함열에서 보내는 것이라는 뜻의 함열송(咸悅送), 바친다는 뜻의 함열증송(咸悅贈送), 태수증(太守贈), 또는 덧붙여 보낸다는 의미의 함열부송(咸悅付送)으로 불렸다. 이러한 증송은 대부분 특별한 행사가 있을 때에 많이 보내지는데 명절, 생신, 제수, 혼인 때를 즈음해서는 물량을 늘려서 제공된다.

갑오년 8월 13일의 혼인 전후에 사위가 보내는 물품은 부양하고 바친다는 의미가 강하므로 이 장에서는 혼인 전의 증송과 혼인 후의 증송을 구분해 각각 〈표 2〉와 〈표 3〉으로 정리했다.

〈표 2〉에서 보는 바와 같이 혼인을 앞두고 사위는 예비 처가에 3월부터 8월까지 매월 대략 쌀 2두와 필요한 양식을 보내고 있다. 혼인 전에 보내는 물품은 주로 벼, 쌀, 콩, 소금, 젓갈, 생선, 참기름, 누룩 등의 양식과 혼인 잔치에 필요한 물품, 양식이었고 혼인 후에는 물품의 양이 많아지고 종류도 다양해진다. 한편 〈표 3〉에는 사위가 혼인 후에 처가에 보내는 증송이 정리되어 있다.

〈표 3〉에서 보듯이, 혼인식을 올린 이후 넉 달 동안에는 오희문 가족이 배불리 먹을 정도의 양식을 보내준다. 혼인 후에 보내는 증송 중에서는 이미 예송의 의미를 가지고 있는 것들을 발견할 수 있다. 가령 몇 가지를 예로 들어보면, 을미년 8월 21일과 9월 2일, 9월 4일, 9월 11일, 10월 5일, 10월 11일, 10월 14일, 10월 25일, 10월 30일, 11월 4일, 11월 12일, 12월 2일의 증송에는 명칭은 예송이 아니지만 실질적인 의미에서는 예송인 양식이 포함되어 있다.

〈표 2〉 혼인 전에 사위가 오희문가에 보내는 증송

횟수	날짜	혼인 전 증송의 내용
1	갑오 3. 4	백미 2두, 정미 3두, 콩 5두, 소금 1두, 뱅어젓 5승
2	3. 30	쌀 2두, 콩 3두, 참보리 5두, 벼 8두, 절인 조기 1묶음, 소금 5되, 뱅어젓 1항아리
3	4. 15	정미 3두, 참보리 3두, 벼 10두, 감장 1두, 건도미 3마리, 새우젓 3승
3	5. 15	벼 10두, 말장 3두, 찹쌀 5되, 저린 진어 4마리, 위어젓 1동이
4	5. 26	보리〔牟〕 10두, 중미 1두, 찹쌀가루 5되, 참기름 5홉, 미역 5동, 소주 2병, 조기 2묶음, 누룩 2장, 종이 1묶음, 쇠고기 1덩이
5	6. 15	벼 10두, 닭 1마리, 새우젓 2되, 참기름 1되, 꿀 3홉, 찹쌀가루 5되, 목미 3되, 콩 2되
6	6. 21	보리 10두, 벼 10두, 찹쌀가루 1두, 뱅어젓 5되
7	7. 1	백미 2두, 중미 1두, 보리쌀 1두, 찹쌀 5되, 목미 3되, 위어젓 2두름, 조기 3마리, 조기 2묶음
8	7. 9	보리 10두, 정미 5두, 백미 1두, 찹쌀가루 1두, 콩 4되, 쇠고기 1덩어리
9	7. 11	간장 1두, 소금 5되, 조기 3묶음, 참기름 3홉
10	7. 18	보리쌀 10두, 벼 1석, 절인 위어 2두름, 참보리 2두, 참기름 1되
11	7. 24	(장인 생일) 신백〔新白〕 2두, 소주 6선, 동우(童牛) 뒷다리 1짝
12	7. 26	공석〔空石〕 40엽, 정목 10필
13	7. 29	행자〔行資〕 백미 3두, 중미 2두, 모미 2두, 콩 3두, 흰새우젓 3되, 조기 3묶음, 미역 4동, 감장 1두, 간장 1되
14	8. 6	혼자〔婚資〕 백미 1석, 중미 1석, 누룩 1동, 감장 4두, 간장 4되, 소금 1두, 뱅어젓 1두, 조기젓 3두름, 위어젓 3두름, 조기 3묶음
15	8. 9	두 5승, 찹쌀 1두, 목미 5승, 찹쌀가루 5승, 민어 2마리, 문어 3조각, 전복 2꼭지, 미역 7동
16	8. 12	동뢰연〔同牢宴〕 방석 2개, 제구(諸具), 육촉(肉燭)

이러한 물품들은 공식적인 관인(官人)인 문안인(問安人), 장무(掌務), 아노(衙奴) 등이 전달하고, 때로는 타지에서 함열을 거쳐 오희문의 집으로 오는 인편을 이용해 전달하기도 했으며, 오희문이 노(奴)를 보내 필요한 물품을 요청하기도 한다. 이미 예송을 보냈더라도 사위가 다음 날 부가적인 물품이나 제수를 갖추어서 보낸다. 가령 병신년 1월 11일 예송(〈표 1〉 참조)을 보낸 다음 날인 12일에 다례를 위해 생치 두 마리, 노루 다리 하나, 알젓 한 항아리를 증송으로 보낸다.(〈표 3〉 참조) 을미년 2월 20일에는 예송 백미 4두(〈표 1〉 참조)를 보내고 사흘 후에 제수용품으로 백미, 찹쌀, 목미, 조기,

〈표 3〉 혼인 후에 사위가 오희문가에 보내는 증송

횟수	날짜	혼인 후 증송의 내용
1	갑오 8. 14	주과(酒果), 양(䑋) 1부, 닭 1마리, 민어 1마리, 잔치 음식, 쇠고기, 게
2	8. 16	새우젓 3되, 백미 2두, 쇠고기 1덩어리
3	8. 21	백미 3두, 중미 3두, 쇠고기 1덩이, 조개젓 3되
4	8. 26	말장 10두, 소금 3두, 게 30마리, 송이 17개, 참기름 1되, 좋은 술 6병
5	8. 27	생붕어 50마리, 비늘 없는 물고기 10마리
6	9. 2	백미 2두, 중미 2두, 게 20마리
7	9. 4	백미 2두, 벼 1석, 절인 게 20마리
8	9. 5	절인 게 20마리, 술 1병, 닭 2마리, 큰 붕어 5마리, 새우젓 5되, 추로 2병, 생강 13뿌리, 절인 생강 1항아리
9	9. 9	(중양가절) 중미 2두, 콩 3두, 술 3병, 떡 1상자, 각색실과 1상자, 자른 고기 1상자, 각색 구운 고기 1상자, 천엽반보, 생해어 1, 쇠고기 2덩어리
10	9. 11	(양식) 중미 2두, 백미 1두, 절인 게 20마리
11	9. 14	백미 1두, 중미 2두, 절인 게 20마리, 술 1병 반, 산 닭 1마리
12	10. 5	(조부제사) 백미 2두
13	10. 11	백미 2두
14	10. 14	중미 4두, 콩 3두, 벼 1석, 누룩 5장, 절인 게 15마리, 조기 2묶음, 기름 1되, 소금 4되
15	10. 18	쌀 6두, 절인 조기 20마리
16	10. 21	쌀 2두, 미역 4동, 물고기 1사발
17	10. 25	(양식) 벼 3석, 쌀 2두
18	10. 28	새우젓 3되, 쌀 2두, 수탉 1마리
19	10. 30	(양식) 쌀 3두, 콩 3되, 기름 1되, 꿀 5홉, 정어리 1사발
20	11. 2	백미 2두, 목미 3되, 간장 2되
21	11. 4	(양식) 쌀 2두, 양색젓 2항아리, 미역 2동
22	11. 9	(동지 제물) 쌀 2두, 작은 숭어 5, 홍어 반 짝, 정어리 5두름
23	11. 10	백미 1두, 찹쌀 5되, 콩1두, 조기 2묶음, 정어리 5두룸, 벼 1석
24	11. 12	(양식)콩 3두, 쌀 2두
25	11. 22	쌀 4두, 벼 1석, 정어리 10두름, 절인 생선 5두름, 새우젓 4되
26	11. 26	백미 2두, 조미 2두, 녹두 2되, 약
27	12. 2	백미 2두, 조미 3두, 양색 젓갈 한 항아리, 조기 2묶음, 감장 1두, 간장 2되, 미역 4동, 생숭어 1마리, 생전복 5개, 유자 5개
28	12. 11	중미 2두, 조기 2묶음, 절인 게 10마리
29	12. 16	중미 1두, 조기 1묶음, 뱅어젓 2되
30	12. 19	백미 2두, 중미 2두, 콩 3두, 뱅어젓 3되, 정어리 4두름
31	12. 23	(22일 딸 생일) 백미 1두, 조미 1두, 딸이 만든 절병 1상자
32	12. 26	(세찬) 백미 2두, 조미 2두, 찹쌀 1두, 누룩 2장, 기름 1되, 검정콩 5되
33	을미 1. 4	(모친 생신) 백미 1두, 조미 1두
34	1. 12	행량 2두 5승, 마태 3두
35	1. 21	콩 1석, 거친 벼 1석, 누룩 3장

〈표 3〉 계속

횟수	날짜	혼인 후 증송의 내용
36	2. 24	(제수) 백미 1두, 찹쌀 5되, 목미 3되, 조기 1묶음, 뱅어젓 2되, 생뱅어 1사발
37	2. 28	(제물) 생뱅어 4사발
38	3. 2	(행자) 정미 1두, 콩 1두
39	3. 6	이른벼[早稻] 1석, 생숭어 1마리
40	3. 29	참보리 4두, 콩 1두, 생도미 1마리, 소금 5되
41	4. 20	콩 4두, 위어젓 20개, 백어식해 5되, 순채 1묶음
42	4. 24	(윤해에게) 벼 1석, 콩 2두, 뱅어젓 3되, 누룩 3장
43	4. 26	(제수) 중미 2두, 벼 5두, 목미 3되, 찹쌀 3되, 기름 5홉, 조기 1묶음, 생선 3마리
44	5. 11	중미 1두
45	5. 15	쌀 3두, 조기 10마리
46	5. 25	(조모 생신) 백미 2두, 양색 떡 2상자, 각색 실과 1상자, 각색 생선과 고기구이 1상자, 각색 고기 1상자, 새우젓 1항아리, 뱅어젓 1항아리
47	6. 1	말장 3두, 미역 4동, 절인 고등어 14마리
48	6. 5	건민어 10마리
49	6. 11	(행량) 보리 1석, 중미 2두, 정미 2두, 콩 2두, 조기 5마리
50	6. 18	보리 1석, 콩씨 3두, 고등어 10마리, 위어젓 20개(콩씨 5두는 윤겸에게 보냄)
51	을미 7. 1	참보리 5두, 제사에 쓸 찹쌀 3되, 목미 3되, 검은콩 3되, 조기 5마리, 부채 1자루
52	7. 11	정미 5두, 찹쌀가루 2두, 흰조개젓 4되, 상사(常絲) 1묶음
53	7. 22	보리 3두
54	7. 25	중미 5두, 양색떡 2상자, 날고기 1상자, 구운 고기 1상자, 청주 1병, 소주 5병, 수박 3개, 참외 5개, 가지 20개, 조기식해 5개
55	8. 9	벼 1석
56	8. 15	백미 1두, 찹쌀 5되, 닭 1마리, 수박 2개
57	9. 14	백미 10두, 벼 8두, 침시 15개, 게 6마리
58	9. 18	보리씨 7두, 간장 3두, 조기 5마리, 뱅어젓 3되, 게 20마리
59	9. 26	절인 게 20마리, 조기 5마리
60	9. 30	보리씨 5두
61	10. 2	절인 조기 10마리, 뱅어젓 3되, 제사 황각 1두, 청각 1되, 미역 3동
62	10. 14	게 40마리, 새우젓 1두, (행량) 쌀 2두, 콩 1두
63	10. 15	(함열 장무, 딸 근친 식량) 백미 1두, 민어 1마리, 조기 2묶음, 절인 게 15마리, 새우젓 3항아리, 뱅어젓 1항아리
64	10. 19	쌀 3두, 콩 3두, 조기 5마리
65	11. 4	(꿀 5되 값) 백미 10두
66	11. 22	황납가(黃臘價)조미 10두, 찹쌀 1두, 목미 5되, 조기 2묶음, 건민어 1마리, 뱅어젓 5되, 새우젓 5되, 붉은팥 5되
67	11. 23	(사위 생일) 독한 술 2병, 찰떡 1상자, 각색구이 1상자
68	11. 27	벼 3석
69	12. 29	백미 1두, 찹쌀 1두, 목미 5되, 콩 2두, 조기 3묶음, 마른 은어 2두름, 새우젓 5되, 누룩 5장, 간장 2

〈표 3〉 계속

횟수	날짜	혼인 후 증송의 내용
		두, 동우심(童牛心) 1짝, 쇠고기 2덩어리, 청주 1병, 참기름 5홉
70	병신 1. 12	(다례) 생치 2마리, 노루 다리 1개, 알젓 1항아리
71	1. 30	새우젓 5되, 뱅어젓 5되, 조기 5마리, 청어 5두름
72	2. 5	꿩 2마리, 노루 다리 1짝과 내장
73	2. 10	(제수) 간장콩 1석, 찹쌀 1두, 밀가루 5되, 녹두 4되, 위어식해 10개, 조기 1묶음
74	2. 11	(제수 보충) 조기 1묶음, 건민어 1마리, 청어 1두름
75	2. 19	벼 2석, 봄보리씨 7두, 한식 제사용 조기 2묶음, 새우젓 5되, 뱅어젓 5되, 간장 2두
76	3. 2	(3. 3 가절 다례) 생병어
77	4. 10	콩 3두, 육장과 미역
78	4. 13	생숭어 1마리, 굴비 4묶음
79	4. 26	(장모 약) 보중익기탕 5첩, 생망어 1마리
80	4. 27	(제수) 백미 1두, 찹쌀 3되, 목미 3두, 황각 1두, 미역 5동, 김 2첩, 감태 3묶음, 참기름 5홉, 생위어 1두름
81	4. 30	쌀 2두, 콩 1두, 뱅어젓 5되
82	5. 4	(막내처남 혼수 채단) 순채 1병, 미선(尾扇) 1자루, 미선 2자루, 흰 가죽신 1켤레, 청단(靑緞) 3승 1필
83	5. 20	벼 12두, 제수용 찹쌀 3승, 목미 3승, 미역 5동, 황각 1두,
84	5. 29	(처남 혼수 부조, 상객됨) 검은비단(玄纁), 관(官)에서 제공한 과실로 행례(行禮)를 끝냄
85	6. 2	갈치 30마리, 미역 20동, 소금 2항아리
86	6. 7	콩 5두, 처남 윤해 상경 양찬(糧饌), 마태
87	6. 21	말장 3두, 새우젓 5승, 황각 3두
88	6. 25	뱅어젓 2두, 생마 2단
89	7. 2	쌀 1곡, 밀 2석, 보리 1석, 갈치 17마리, 새우젓 5승, 막장 5두, 찹쌀 5승
90	7. 24	새우젓 5승, 진어 5마리
91	8. 4	(상경 양식) 백미 2두, 콩 2두, 백어젓 1두, 새우젓 4승, 민어 2마리, 굴비 2두룸, 밴댕이 2동음(冬音), 돗자리 1장, 미투리 2부(部), 말굽쇠 2부
92	윤8. 4	(사직 후 전송연) 과일과 구운고기, 편육 각각 4상자
93	윤8. 7	보리쌀 1석, 벼 2석, 겉보리 2석, 아우에게 주었던 벼 1석
94	9. 4	생게 20마리

뱅어젓 등을 덧붙여 보내고 있다. 이 밖에도 쇠고기, 생숭어, 소금, 소주, 말장, 미역, 절인 고등어 등을 보내고, 반찬거리로 절인 조기와 뱅어젓을 보내거나 여행할 때에 쓸 행량(行糧)으로 쌀과 말에게 먹일 콩을 보내기도 한다. 제사에 올리는 제수를 1위(位)만 보냈다가 3위(位)임을 알고 다음 날 조기 1묶음, 건민어 1마리, 청어 1두름을 보충해서 보내기도 한다.[18] 다례

(茶禮)에 쓸 생치 2마리, 노루 다리, 알젓 1항아리, 생병어를 보내기도 한다. 오희문 편에서도 제수가 부족하면 함열에 사람을 보내어 동지(冬至)의 제물을 구해 온다. 9월 9일의 중양가절, 조부 제사, 동지(冬至)에 맞추어 제물(祭物)을 보내고, 묵은해를 보내고 새해를 맞을 세찬(歲饌)을 보내기도 한다.

이렇게 물건을 주고받는 관계는 사위가 오희문 집안을 친아들과 같이 부양하고 있음을 보여준다. 사위는 관아의 일을 장인과 의논해 행하고 슬픔과 기쁨을 같이 나누는 처가의 일원이다. 명절과 제사와 집안 어른의 생신에 물품을 보내는 것은 혼인으로 맺어진 사위가 오희문 집안과의 유대를 이어가는 것을 보여준다. 궁핍한 살림으로 어머니의 생신을 제대로 차릴 수 없었던 집에 사위가 양색 떡 2상자〔笥〕, 각색 실과 1상자, 각색 생선과 고기구이 1상자, 각색 고기 1상자, 백미 2두, 새우젓 1항아리, 뱅어젓 1항아리를 보내자 오희문은 감격한다.

> 오늘이 어머님 생신이지만 궁해서 어찌할 계획이 없이 다만 함열에서 보내주기만 기다리고 있다. (…) 받은 물건을 즉시 신주께 올리고 어머님께 드리니 몹시 기쁘고 감사하다. 그렇지 않았다면 그대로 넘길 뻔했다.[19]

이것은 오희문이 얼마나 사위에게 의지하고 있는지를 보여준다. 어려운 생활을 도와주고 처조모의 생신까지 챙겨주는 사위에게 감사하는 마음을 느낄 수 있다. 장인의 회갑에는 따로 새우젓, 어물을 보내기도 하며, 장모 생신에는 백미 1두, 조미 1두, 장모를 위한 약인 보중익기탕(補中益氣湯),

18) 『쇄미록』 丙申(1596) 2월 11일.

19) "今日乃母主初度 而窮無以爲計 只待咸悅之送矣 (…) 則薦神主 因獻母主 深用喜謝 不然幾爲虛度矣."〔『瑣尾錄』 乙未(1595) 5월 25일〕

환자가 먹을 만한 생망어 등을 보내온다. 또한 사위 자신의 생일에는 독한 술과 떡, 구이 등을 보낸다. 처남인 윤해가 상경할 때는 양식과 찬, 그리고 말이 먹을 콩을 행자(行資)로 보조해 준다. 처남들과 친하게 지내는 것은 물론이고 막내처남의 혼인에 비용을 대고 혼수, 채단, 옷을 빌려주고, 혼인의 상객(上客) 역할을 하고 있다. 집안의 큰일 중 하나인 혼사에 사위가 많은 도움을 주자 오희문은 사위에게 감사하고 있다.

> 저희들 일이나 나의 일이나 모두 자방(子方)이 처리해 준다.[20]

라고 해 사위가 처가를 물심양면으로 지원하고 있음을 나타내고 있다. 비단 장인의 집만이 아니라 다른 처가의 친지들도 도움을 청했으므로 오희문은 밀려드는 이러한 요청에 딸이 매우 난처했을 것이라고 짐작하고 있다.

> 명윤이 그 상전의 편지를 가지고 함열에 갔으니 양식을 구하기 위한 것이다. 어제 임창봉의 종이 구걸해 갔고, 오늘 또 경여의 아내가 종을 함열에 보냈으니 반드시 싫어할 것이다. 생각건대 딸이 몹시 민망해할 것인데 어떻게 대우했는가 걱정스럽다.[21]

이것은 실질적으로 사위가 처가의 친지들에게 일정량의 양식을 제공했다는 것을 시사한다. 이들 처가 친지들을 모두 부양한 것은 아니지만 적어도 처부모에 대한 사위의 공경은 친부모에 대한 효성 못지않았다. 사직하고 떠나면서 사위는 재직 시에 받았다가 다른 곳에 맡겨두었던 보리 1석,

20) "彼此凡事 皆子方措備矣."〔『瑣尾錄』 丙申(1596) 5월 29일〕
21) "命允持其上典簡 往咸悅 爲覓救資也 昨日任參奉家倂乞 而今又敬輿妻氏 送奴咸悅 必厭之 想女息深悶 何以待之 可慮可慮."〔『瑣尾錄』 乙未(1595) 1월 15일〕

벼 2석, 겉보리 2석 등을 처가에 보내기도 한다. 수령 벼슬을 그만둘 때 전별연에 나왔던 과일과 편육을 들고 와서 장인에게 바친다. 사위는 "관인들이 성찬(盛饌)을 가져다주기로 어른께 올려드리기 위해 가지고 왔다"라고 했다. 온 집안 식구들이 같이 먹고 난 후에 오희문이 하는 말은 탄식에 가깝다.

> 우리 집 모든 식구가 오로지 자방의 도움에 의지해서 살아왔는데 이제는 그가 벼슬을 그만두었으니 의뢰할 곳이 없다. 이 근심을 어찌하리오.[22]

사위가 오희문의 집안을 부양하고 있는 것은 관직에 있는 동안으로 한정된다. 병신년 윤8월 이후인 사직 후에도 가끔 물품을 보내오지만 재직 시와 같이 많은 물량은 아니다. 신축년(1601) 1월 12일과 13일 사이에도 사위가 백미 5두, 소주 1병, 대구 3마리를 보낸다. 자신에게 처가를 부양하는 책임이 있었던 것은 아닐지라도 형편이 어려운 처부모를 사위가 외면하기는 어려웠을 것이다. 적어도 일가친의 심정이 있었을 테고, 더군다나 본인이 관직에 있었기 때문이다.[23] 관직도 없는 장인에게 뭔가를 기대하면서 봉양을 한 것이라기보다는 자신이 감당할 수 있는 관권의 범위에서 어려운 처가를 도운 것으로 보인다. 부친인 신벌(申橃)이 아들 곁으로 오려다가 선공판관(繕工判官)에 제수되자 오지 않게 된 것[24]도 사위가 전적으로 처가를 도울 수 있는 여건이 되었을 것이다. 이러한 사위의 마음을 움직인 것은 바로 오희문의 맏딸이었을 것이다. 혼인 전에도 친정의 어려운 살림을 맡아

22) "但吾一家專賴子方爲食 而今已解歸 無所依賴 悶歎奈何奈何."〔『瑣尾錄』 丙申(1596) 윤8월 4일〕

23) 구완회(1985), 「조선 중엽 사족얼자녀의 속량과 혼인—『眉巖日記』를 통한 사례검토」, 《경북사학》 8집, 71~76쪽.

24) 『쇄미록』 乙未(1595) 2월 28일.

서 한 맏딸은 몸은 시집에 있지만 항상 친부모를 따르고 승순(承順)했으므로 이러한 마음이 남편에게 전달되었을 것이다.

3. 딸의 별송

수령 부인이 된 맏딸이 부모에게 보내는 양식은 양은 많지 않지만 집안 상황을 보아가면서 보내는 보조적이면서 특별한 것들로, 이 물품의 성격은 조석으로 딸이 부모에게 드리는 봉양에 가깝다.[25] 정기적인 예송이나 관에서 공식적으로 보내는 물품이 올 때 인편에 딸려 보내오는 경우도 있으며 예송에 딸려 보낸다는 뜻에서 부송(付送)이라고 하거나 별송(別送) 또는 구해서 보낸다는 뜻의 멱송(覓送)으로 명기하고 있다. 을미년 9월 26일에 오희문은 여식(女息)이 보낸 물품이라고 별도로 기록하고 있다.

> 인아(막내아들)가 함열에서 왔는데 절인 게 20갑, 진어 5미, 찹쌀 1두를 얻어 왔다. 찹쌀은 떡을 만들어 어머님께 드리라고 딸이 구해 보낸 것이다.[26]

갑오년 8월 13일 혼인례를 올린 딸은 남편을 따라 관아로 가서 2주 후에 친정에 음식을 보내는데, 오희문은 이것을 관(官)에서 양식으로 보내는 것과 구별하고 있다. 딸은 곤궁한 양식을 보조하거나, 어머니의 병문안, 명절이나 제사, 생신, 회갑, 근친, 부친의 서울행, 동생의 혼수 보조에 양식을 보낸다.

25) "女息又送石首魚醢十介 · 葦魚醢八介 · 此則朝夕所捧之物矣."〔『瑣尾錄』 乙未(1595) 6월 1일〕

26) "麟兒自咸悅入來 得沈蟹二十甲 · 眞魚五尾 · 粘米一斗而來 粘則作餠供老親事 女息覓送矣."〔『瑣尾錄』 乙未(1595) 9월 26일〕

중양가절에도 관아에서 보내는 양식에 보태어 딸이 백미 1두를 보낸다. 다례(茶禮)에는 수단과 상화병, 소주 등을 준비해서 보낸다. 갑오년 12월 어머니가 병이 나자 환자가 먹고 싶어하던 수박, 전복 등의 음식과 반찬 등을 보낸다. 을미년에는 사위가 장모 생일이 지난 후에 알고 나서는 딸로 하여금 떡을 만들게 하여 심부름꾼〔問安使〕이 갈 때 술, 안주와 함께 보낸다.[27] 병신년에도 어머니의 안부를 묻고 약밥, 위어(葦魚), 생조기, 전어 등을 보낸다. 을미년 10월 10일, 오빠의 생일을 하루 앞두고 딸은 거의 1년 4개월 만에 친정에 근친(覲親)을 오면서 떡, 청주, 생선, 조기, 절인 게, 마른 민어, 양색 젓, 홍시, 쇠고기, 쇠간 반 통, 쌀 등을 가지고 온다. 딸이 친정에 머무는 동안에는 함열 관아에서 쌀, 생선, 젓갈 등을 장무(掌務) 편에 보내어 수령 부인에게 양식을 제공한다. 조모의 생신과 어머니의 생신에도 딸은 떡과 고기, 어물, 술 등을 풍부하게 보내어 이웃과 나누어 먹게 한다. 아버지의 회갑에는 딸이 떡, 소주, 참외, 수박, 민어 등을 준비해 보낸다. 부친이 서울에 갈 때의 행량(行糧)으로 콩, 생선, 찹쌀 등을 보내기도 한다. 부친의 서울행을 이틀 앞두고 함열 딸은 쇠고기 등을 보내고 다음 날 관아의 종을 시켜 삶은 고기 한 덩어리를 보낸다. 제사에 사용할 생민어 등도 보낸다. 남편이 수령에서 물러난 후에도 딸은 죽은 여동생의 소상(小祥) 때 쌀을 보내어 제사에 떡을 만들어 올리도록 한다. 사위와 딸은 동생의 혼수를 보조하는 의미로 평량립 10개를 보내고는 팔아서 쓰라고 했다. 〈표 4〉에는 갑오년에서 을미년 간에 딸이 친정에 별도로 보내는 별송이 나타나 있다.

〈표 4〉에서 볼 수 있듯이 별송을 통한 딸의 부모 봉양은 사위가 하는 공식적인 관직 봉양인 예송이나 증송에 비해서는 소량이지만 매우 지속적이면서도 보완적이다. 가령 예송으로 바치는 곡류 편에 딸은 생선 자반, 떡, 과일, 조기젓, 위어젓, 양색젓 2항아리, 조기 묶음, 부채 등을 더 마련해서

27) 『쇄미록』 乙未(1595) 1월 15일.

〈표 4〉 딸이 오희문가에 보내는 별송

횟수	날짜	별송의 내용
1	갑오 8. 23	홍시 15개, 송이 30개
2	8. 28	백미 2두, 생해어 1마리, 붕어 8마리 찜
3	8. 29	먹다 남은 떡, 일, 고기구이, 자반
4	9. 2	(예송에 보태어) 생선 자반, 떡, 과일 조금씩
5	9. 8	백미 2두, 중미 2두, 감장 2두, 미역 5동
6	9. 9	(중양가절) 백미 1두
7	10. 22	좋은 술 1병
8	11. 12	먹다 남은 떡, 실과, 고기 구운 것
9	11. 23	양(䑋) 1조각, 찰떡 1그릇
10	12. 1	(모친 병문안) 양미(粮米) 2두, 새우젓 조금, 수박 1개, 생전복 10개, 모주(母酒), 죽력(竹瀝)
11	12. 26	조기 2묶음, 뱅어젓 1항아리
12	을미 1. 1	생전복 24개
13	1. 2	제사 지낸 떡, 군고기
14	1. 4	(모친 생신) 떡쌀 1두
15	1. 12	은어 3두름
16	1. 15	콩떡 1상자, 청주 1병, 강생선 4마리
17	2. 2	생치(生雉) 2마리, 양색젓 1항아리
18	3. 1	(3. 3 가절, 예송에 보태어) 위어(葦魚)젓 10개, 조기 1묶음, 조기젓 10마리, 천엽 1조각
19	3. 20	생조기 3마리, 위어 1두름
20	3. 24	생조기 4묶음
21	4. 15	(아노, 양식) 벼 2석, 참보리 2두, 절인 조기 5마리, (윤겸종) 목화씨 10여 두와 참보리 5두
22	4. 24	쌀 1두, 콩 5되
23	4. 28	쌀 5두, 생선 2마리
24	5. 4	(제물) 생민어 1마리
25	6. 1	(예송에 보태어) 조기젓 10개, 위어젓 8개
26	6. 4	콩 2두, 생선 1마리, 찹쌀 3되
27	6. 14	장무에 명하여, 유두속절(流頭俗節) 찹쌀 3되, 쇠고기 1덩어리
28	6. 18	(남편 지시) 햅쌀 양색상화병, 추로 2병, 마른 광어 반 짝, 대구 반 짝
29	6. 22	(양식) 중미 1두
30	7. 1	(예송 보태어) 양색젓 2항, 조기 1묶음, 부채 1자루
31	7. 8	제사 지낸 떡 1상자, 생선구이 한 봉
32	7. 22	백미 1두, 이화주 1항아리, 굴젓
33	8. 19	송이 15개, 게 30마리
34	9. 26	(친정 조모 떡) 찹쌀 1두
35	10. 10	(친정 방문) 쌀 2두, 떡 1상자, 청주 2병, 마른 생선 3묶음, 조기 10마리, 절인 게 20마리, 마른 민어 1마리, 양색젓 1항, 홍시 20개, 쇠고기 1상자, 쇠간 반 통
36	10. 21	큰 무 10개, 생복 5개, 홍시 10개

〈표 4〉 계속

횟수	날짜	별송의 내용
37	10. 27	무 40개
38	11. 15	콩 1두, 검은콩 4되, 젓갈에 절인 무 1항, 생치 1마리, 목말(木末) 4두와 만두속
39	병신 1. 2	떡 1상자, 어육구이
40	1. 5	(모친 생신) 절병 1상자, 실과 1상자, 절육 1상자, 생치 1마리, 건민어 2마리, 청주 1병
41	4. 19	(모친 병문안) 생도미 1마리, 절인 조기 5마리, 순채 1사발, 약밥 1상자
42	4. 21	(모친 병문안) 전어 3마리, 큰망어 1마리, 위어 12마리, 겨자 1주먹
43	4. 24	(모친 병문안) 생조기 2마리, 전어 1마리
44	5. 9	(사위 뜻) 흰떡 1상자, 청주 1단지, 염진어 2마리
45	5. 20	(죽전 숙모 제삿날, 예송과 같이) 진어 5마리, 순채 1병
46	5. 25	(조모 생신) 흰떡 1상자, 청주 1항아리, 연한 순채 1항아리, 강물고기 1마리
47	6. 2	(부친 방문시) 염장병어 10마리, 절인 청어 10마리
48	6. 15	(다례) 수단, 상화병(桑花餅) 1상자, 소주 3선
49	6. 20	망어란대(亡魚卵大) 2쪽, 간장 2병, 소주
50	7. 20	(남편 지시) 상화병 1상자, 건어 4마리, 가지 15개, 수박 2개
51	7. 25	(부친 회갑) 상화병 1상자, 소주 1병, 수박 3개, 참외 6개, 생민어 1마리
52	8. 7	쇠고기 1덩어리, 소 심장 1개
53	8. 8	(부친 서울행 하루 전) 삶은 고기 한 덩어리
54	9. 19	찰떡 1상자, 청주 1단지, 염전어 5마리, 숭어 1마리, 청각 1꾸러미
55	11. 22	절인 게 5마리, 생전복 10마리, (아픈 여동생) 유과, 정과
56	정유 11. 23	말린 은어 7두름
57	무술 1. 28	(여동생 소상 떡) 백미 1두, 은어 5두름, 대구 2마리
58	10. 11	목화 5근, 진어 2마리, 조기 1묶음
59	경자 6. 4	(사위와 딸의 혼수 보조) 팔아 쓸 평량립 10개, 조기 3묶음
60	신축 1. 12~13	청어 1두름, 조기 2묶음, 유병 1상자, 강정 및 실과 1상자, 기름 1되, 목화 4근
61	2. 9~10	쌀 2두, 대구 1마리, 방어 2조각, 청주 2병

보낸다. 딸이 주로 보내는 것은 만들어진 음식이나 반찬, 떡, 특산물 등이다. 부친이 관아에 들렀다가 떠날 때면 사위가 주는 물건과는 별도로 딸은 아버지 편에 병어, 청어 등을 보낸다. 구하기 어려운 송이나 게 등을 얻으면 친정으로 보내어 양식을 돕기도 한다. 가끔 남편이 관아에 없을 때에는 딸이 자의적으로 장무에게 명해서 보내기도 하는데 남편과는 별도로 보낸다.

함열 딸이 사람을 시켜 찹쌀 3승, 쇠고기 한 덩어리를 보냈다. 내일이 유두속절이라 찬을 갖춰 신주께 바치게 하련다. 자방이 마침 중국 장수 돌보는 일로 역참(驛站)에 가고 관청에 없기에 딸이 제 뜻으로 장무에게 명해서 보냈다고 한다.[28]

> 함열에서 벼 1섬, 콩 2두, 말장 2두, 뱅어젓 3승, 누룩 3장을 생원처에 구해 보내고, 딸이 쌀 1두, 콩 5되를 여기에 따로 보냈다.[29]

을미년 6월 27일에는 친정에 양식이 다급하자 장무에게 꾸어서 예송미를 보내고 소주도 얻어서 보내기도 한다.[30] 친정에 양식이 떨어졌다는 것을 듣고는 아노(衙奴)를 보내어 벼 2석, 참보리 2두, 저린 조기 5마리를 실어 보낸다.[31] 같은 해 12월 22일에는 사람을 시켜서 쌀 10두, 벼 2석을 보낸다. 딸의 이러한 부모 봉양은 대부분 남편이 알고 있고 남편의 동의가 수반되는 것이었다.

> 딸이 햅쌀로 만든 양색 상화병, 추로 2병, 마른 광어 반 짝, 대구 반 짝을 뜻밖에 보내왔다. 새로운 물건이라 즉시 신주께 올리고 나서 어머님께 드리고 나머지는 처자들에게 주니 매우 기쁘다. 이는 실로 자방의 지시에 의한 것이다.[32]

라고 해 남편의 후원 아래 부인이 보내는 것임을 알 수 있다. 명목상 딸이

---

28) "咸悅女息 專人送粘米三升 · 牛肉一塊 明日乃流頭俗節也 使之備饌而薦神主爾 子方適以天將役只事 往參禮驛站 而不在官 故女息自其意 命掌務覓送云云."〔『瑣尾錄』 乙未(1595) 6월 14일〕

29) "咸悅覓贈租一石 · 太二斗 · 末醬二斗 · 白魚醢三升 · 麵三員于生員處 女息米一斗 · 太五升別送於此處."〔『瑣尾錄』 乙未(1595) 4월 24일〕

30) "女息先貸來月例送粮米二斗於掌務處 又得燒酒二鐥覓送矣."〔『瑣尾錄』 乙未(1595) 6월 27일〕

31) 『쇄미록』 乙未(1595) 4월 15일.

32) "女息作新末兩色床花瓶 · 秋露二瓶 · 乾廣魚半隻 · 大口半隻 · 不意送來 乃是新物 卽薦神主 因獻慈氏 餘及妻孥甚喜甚喜 實承子方之指敎矣."〔『瑣尾錄』 乙未(1595) 6월 18일〕

보낸 것이라고 해도 결국 그것을 가능하게 한 것은 사위였음을 오희문의 말을 통해서도 알 수 있다. 퇴직한 사위가 쌀, 소주, 대구를 보내고 딸이 청어, 조기, 떡, 과일, 기름, 목화 등을 보내자 오희문이 특별히 어머니의 옷에 둘 솜을 보내준 것에 대해 "딸은 나의 여식이라 특별히 사례할 것은 없으나 사위의 후의에 깊이 감사할 뿐이다"[33]라고 적고 있는 것은 남편이 동의해 딸이 보낸 것임을 알려준다. 다른 한편으로는 예의를 지켜야 하는 사위와는 달리 딸과의 관계에서는 혈연의 친밀감이 느껴진다.

딸이 이렇게 보내는 별송은 비록 사위의 위세와 관직을 통해야 가능한 것이었지만 아직 딸의 역할이 남아 있음을 보여준다. 그리고 딸의 부모 봉양에서 친정 부모를 향한 효심을 느낄 수 있다. 혼인을 하기 전에도 맏딸은 아버지가 승순의 모범으로 꼽고 있는 효녀였다. 오희문가의 사례를 효심이 지극한 안동 장씨 부인이 친정을 돌보았다는 사례[34]와 연계해 보면 당시의 양반 여성 중에는 혼인 후에도 지속적으로 친정을 돌본 사례가 있었을 것이라고 추측해 볼 수 있다.

4. 처가 부양의 총량

임진왜란의 와중에서 오희문가는 사위와 딸로부터 예송 · 증송 · 별송의 형태로 양식을 조달받아 살아가고 있었다. 예송은 공식적이고 정례적인 것으로 처부모도 봉양 가능하게 하는 공식화된 제도였다고 잠정적으로 평가된다. 또한 사위가 수시로 처가에 보낸 증송은 실제로 그 양이 많았으며 이것이 오희문 집안을 지탱해 주고 있었다. 증송 중에는 말만 증송이지, 예송

33) "振母則乃吾女息也 不足爲謝 深感子方之厚也."〔『瑣尾錄』 辛丑(1601) 1월 12~13일〕
34) 이문열(1999), 『선택』, 민음사 참조.

〈표 5〉 사위와 딸이 오희문가에 보낸 주곡의 비교와 총합

주곡명	사위의 예송 (1)	사위의 혼인 전 증송(2)	사위의 혼인 후 증송(3)	딸의 별송 (4)	사위가 보낸 총량 (1)+(2) +(3)	주곡 총량 (1)+(2)+(3)+(4)
백미(白米)	2석 12두	11두	3석 12두	6두	7석 5두	7석 11두
쌀〔米〕	9석 5두	2두	3석 5두 6승	11두	12석 12두	13석 8두
정미(正米)	–	11두	8두	–	1석 4두	1석 4두
중미(中米)	10두	1석 4두	1석 13두	1두	3석 12두	3석 13두
조미(粗米)	7두	–	1석 4두	–	1석 9두	1석 9두
목미(木米)	–	11승	3두 25승	–	3두 36승	3두 36승
미곡의 합계	13석 4두	2석 13두 11승	11석 2두 5승	1석 3두	27석 5두 6승	28석 8두 6승
정조(正租)	40석 7두	8두	3석	–	3석 8두	3석 8두
벼〔租〕	–	3석 10두	17석 10두	2석	61석 12두	63석 12두
찹쌀〔粘米〕	–	1두 10승	7두 2승	1두 6승	9두 2승	10두 8승
보리쌀〔麥米〕	1석	10두	–	–	1석 10두	1석 10두
참보리〔眞麥〕	–	10두	9두	2두	1석 4두	1석 6두
보리〔麥〕	–	–	1석	–	1석	1석
겉보리〔皮牟〕	2석	–	2석	–	4석	4석
피모(皮木)	5승	–	2석	–	2석 5승	2석 5승
모미(牟米)	–	12두	1석	–	1석 12두	1석 12두
모(牟)	–	2석	4석	–	6석	6석
콩〔豆〕	–	5승	–	–	5승	5승
콩〔太〕	–	11두 6승	3석 8두 1승	3두9승	4석 4두 7승	24석 8두 6승

과 성격이 같은 것도 있었다. 예송과 같은 성격의 곡물이 사위에 의해 혼인 전후에 보내지고 있었던 것이다. 이러한 예송과 증송을 합치면 관직자의 처가에 대한 공식적이고 정례적인 예우(禮遇)의 정도는 그 의미가 더욱 커진다. 여성의 개별적 재산권과도 연관이 있을 것으로 생각되는 별송의 의미도 간과하지 말아야 할 것이다. 그러므로 명칭의 구분을 없애고 사위가 보내거나 혹은 딸이 보낸 주곡(主穀)의 총량을 살펴보는 것도 의미가 있을 것이다. 〈표 5〉는 앞에서 제시한 표 중에서 주곡만을 간추려, 사위가 재직한 기간인 1594년부터 1596년까지의 주곡의 총량을 살펴보는 한편 사위와 딸이 각각 보낸 것의 비율을 비교해 본 것이다.

〈표 5〉에서 사위가 보내는 예송과 증송의 미곡(米穀) 총량은, 15두(斗)를 1석(石)으로 환산하면, 각각 27석 2두 6승이며 그중 딸의 기여분은 1석 3두이다. 그런데 딸이 보냈더라도 사위가 관에서 보낼 것을 장무에게 대신 시켜 보낸 쌀 2두[35]와, 딸이 사람을 시켜서 보낸 쌀 10두와 벼 2석[36]이 사위가 보낸 예송에 포함되어 있다. 이것을 딸이 보낸 것으로 계산해도 사위가 처가에 보낸 양식의 총량에는 큰 변화가 없다. 이렇게 보면 오희문가로 간 미곡 대부분은 사위가 보낸 것이며 딸은 반찬과 부식을 대었다고 할 수 있다. 엄밀하게 사위가 혼인 후에 보낸 양식인 예송과 증송만을 합산한 것, 즉 〈표 5〉의 (1)번과 (3)번의 합계는 24석 6두 5승이므로 2년간 보낸 총량은 대략 24석에 해당한다. 이를 1년치의 총량으로 환산하면 약 12석이 된다. 여기에 벼 60석 남짓, 보리 및 찹쌀 등 다른 곡식 10석 내외를 합하면 상당한 양의 곡식이 함열 사위로부터 오희문가에 보내졌음을 알 수 있다.

혼인 전후를 막론하고 사위의 처가 부양 총량을 사위의 녹봉과 비교해 보면 녹봉 이상의 물량을 처가에 공급했음을 알 수 있다. 『대전회통』에 따르면 수령인 종6품에게 지급되는 녹과(祿科)는 춘하추동으로 나누어 지급되었는데, 이를 합산하면 1년의 녹과는 중미(中米) 5석, 조미(糙米) 17석, 전미(田米) 2석, 황두(黃豆) 8석, 소맥(小麥) 4석이 전부이다. 사위가 보낸 주곡 중 미곡만 하더라도 28석 8두 6승으로 녹봉보다 5석 가까이 많다. 그에 더하여 벼 63석과 잡곡을 보내고 있다. 이런 사실을 보면, 사위가 오희문가에 보낸 주곡은 공식 녹봉의 수준을 훨씬 넘는 것을 알 수 있다.

물론 이러한 비교에는 단순한 면이 없지 않다. 사위가 받는 녹봉은 사실 관료의 명목적 수입에 지나지 않았다. 16세기 양반의 경제 운영에서는 녹봉보다 선물(膳物)이나 칭념(稱念)으로 인한 증여품 등이 더 큰 비중을 차지

35) 『쇄미록』 乙未(1595) 6월 27일.
36) 『쇄미록』 乙未(1595) 12월 22일.

하고 있었으며, 수령의 경우 여러 경로를 통해 물자를 획득했다. 결국 사위가 처가에 보내는 물품의 총량은 사위가 받는 물품 전체는 아닐 가능성이 크다. 함열 사위의 경우에도 친가와 두 첩가, 더욱이 전처소생과 전처의 친족들까지 돌보았다면 오희문가에 돌아오는 몫은 덜해졌을 것이다. 그렇다고 해도 명목상 거의 1년치 녹봉 이상에 해당하는 물자를 처가 부양에 썼다는 것은 당시의 친족관계와 관련하여 간과할 수 없는 부분이다. 또한 위에서 고찰한 예송과 증송 외에도, 함열수령의 장인이기 때문에 오희문에게 청탁으로 오는 선물 등은 간접적 양식 조달에 일조한 것으로 보인다.[37]

이것은 비록 함열 사위가 처부모와 동거는 하지 않았지만 당시 정리(情理)로 처부모와 긴밀한 관계를 유지했음을 보여주는 것이다. 『조선왕조실록』에서도 볼 수 있듯이 복제 논의에서 기존의 처부모와 외조부모의 복제를 낮추는 것을 반대하는 이유는 외조부모와 처부모의 은중이 너무나도 깊기 때문이라는 것이었다.[38] 조선 중기까지는 처가와 외가는 멀리 떨어진 존재가 아니었고 처부모를 봉양하고 돕는 것은 당연한 일이었을 것이다. 이는 유희춘(柳希春)의 서사위인 김종려(金宗麗)가 흥덕재(興德宰)로 재직하면서 장인에게 바친 물품의 많은 양과 다양한 종류를 보면 알 수 있다. 그러나 오희문 사위는 별 볼일 없는 처가를 물심양면으로 부양했다는 데에 주목할 필요가 있다. 물론 사회적으로 부계친족 위주로 재편되어 가는 상태에서 친가에 바치는 물품의 양이 사위보다는 아들이, 서사위보다는 사위가 많았음을 추론할 수 있다. 난리 중임을 감안하더라도 꼭 아들이 아니어도 형편이 되는 사람, 즉 사위도 처부모를 부양했음을 알 수 있다.

37) 『쇄미록』 乙未(1595) 5월 9일; 乙未(1595) 10월 17일. 당시에 생계를 어렵게 꾸려가던 오희문은 수령의 장인이기 때문에 사람들이 역사(役事)를 면하게 해달라면서 바치는 술과 떡, 안주를 받았다.

38) 『태종실록』 권9, 태종 15년 정월조 · 갑인조. 박혜인(1988), 『한국의 전통혼례 연구: 서류부가혼속을 중심으로』, 고려대 민족문화연구소에서 재인용.

이것은 16세기 후반, 17세기 초반의 시기에 재산상속에서 딸의 권리는 서서히 소멸되어 가는 상황이었으나 사위나 딸의 부모에 대한 봉양의무는 아직 관습적으로 존재하고 있다는 것을 보여주는 일례이다. 봉양을 받는 오희문 입장에서는 비록 남편의 후원을 받아서 친정을 부양하는 것이라도 딸의 봉양을 당연시하고 있고, 딸이 별도로 보내는 양식과 물품 뒤에는 사위의 적극적인 후원이 있다는 사실을 알고 있으며 이에 감사하고 있다. 경제적으로 궁핍한 오희문의 집에서 기혼의 딸에게 보내는 물품은 특별히 없다. 혼인 후에 오희문이 사돈 부인에게 떡을 보내거나 사위의 생일에 떡을 보내는 정도였다. 딸이 여종인 향비(香婢)를 사환으로 부리고자 친정에서 불러가거나,[39] 딸의 산월(產月) 수발을 위해 오희문 집에서 여종을 보내고 해산 후에 다시 돌아오게 하기도 한다.[40]

딸이 보내는 것과 사위가 직접 보내는 것을 총량으로 합산해 보면 피난생활의 일시적인 기간이나마 사위가 처가를 전적으로 부양하고 있는 것으로 간주해도 무방할 것이다. 딸이 친정에 별도로 보내려고 마련하는 물품들은 비록 함열 사위의 후원 아래에서만 가능한 것이었으나 꼭 딸이 보냈음을 명시하고 있다.

* * *

조선 중기 오희문가의 딸과 사위의 사례에서 드러난 것은 여성들이 혼인 후에도 친정을 부양하고 사위가 아들과 같이 처부모를 봉양했다는 사실이다. 이것은 부계친족만 강조되기 전의 상황, 즉 사위도 처가의 구성원으로서 의무를 다하는 친족관계가 16세기 말, 17세기 초에도 지속되고 있었음을 보여준다.

---

39) 『쇄미록』 乙未(1595) 6월 11일.
40) 『쇄미록』 丙申(1596) 1월 17일.

수령인 사위가 받아서 오희문의 집에 전하는 것은 당시 사족 간의 증답 경제에서 비롯된 것이 대부분이었을 것이다. 특히 예송은 정례적으로 처가에 보내는 주곡(主穀)으로서, 관직에 있는 사위가 가난한 처가를 부양하는 공식적 수단이었음을 이 장에서 밝혔다. 그러므로 예송은 공식적으로 인정된 처가 부양이라는 점에서 의의가 있다. 명절이나 행사를 위해서 사위가 보내는 증송이라는 형태의 실질적 처가 부양을 더하면 사위가 오희문의 집안을 전적으로 부양하고 있었음이 나타난다. 딸이 보조적으로 보내는 별송은 조선 중기까지도 기혼 여성의 부모 부양 의무와 이를 통한 친정에의 경제적 기여가 있었음을 보여준다.

딸의 친정 부양뿐 아니라 오희문가 며느리와 아들의 첩이 시댁에 독자적으로 봉양물을 바치는 것과 노모가 딸 집에 갈 때 아들과 손자를 통해 양식을 조달받는 것은 당시 여성의 사회경제적 지위와 관련이 있다고 생각된다. 상대적으로 남성에 비하여 여성 지위의 독립성은 매우 미미하게 나타나고 있지만, 여성은 도도히 타오르는 촛불과도 같이 자신의 존재를 드러내고 있다.

여성들의 이러한 주체권 행사는 공전과 자전을 떠올리게 한다. 남편과의 공전을 하면서 명목적으로나마 여성들은 자체적으로 항상 무엇인가를 준비하는 자전을 하고 있었던 것이다. 이것은 당시 소멸해 가던 재산상속에서의 여성들의 권리와 더불어 관습적으로 행해져 왔던 여성들의 자율성을 보여주는 것이라 생각된다. 이러한 자율성이 남편과 부인 사이의 긴장관계와 자립성을 만들어내는 기제가 되었을 것이다.

여성들의 친정 부양은 남편의 전폭적인 지원하에서 가능했다는 것 또한 이 장에서 확인할 수 있었다. 명목적인 인사는 여성이 하지만, 이를 가능케 하는 것은 남편인 가장의 후원이었다. 그렇다면 여성의 독자성보다는 가부장의 후원하에서 자전하는 여성의 제한된 자립성을 말할 수 있을 것이다. 부인에게도 자율적인 권한이 다소 있는 듯하나, 여전히 남편의 권위와 이름을 빌려서 그 권위가 발효되는 것이다. 여성들의 권리의 소멸은 진작 진행되고 있었으나, 자식으로서의 윤회봉사의 의무라든가, 부모 봉양의 의무 등이 지켜지는 사례도 있었는데 이것은 어디까지나 가부장의 지원하에서 가능했다.

16세기 후반 오희문의 집안에서는 난리 중에도 조상의 제사를 되도록 챙기고 맏손자의 탄생으로 조상을 뵐 면목을 세웠다고 기뻐하는 것에 이르기까지 부계 위주의 가계 계승과 성리학적 이념의 구체적 실행을 생활에서 보여주고 있다. 다른 한편 『쇄미록』에서 보이는 딸과 사위의 처가 부양의 구체적인 사례는, 상속을 통해 여성이 경제적 권리를 유지하던 조선 전기의 모습은 점차 사라지고 있으나 처부모에 대한 여성의 의무와 책임이 관습적으로 남아 있음을 보여주는 일례라고 하겠다. 조선 중기의 이러한 관습은 처가 부양의 의무가 심정적으로나마 유지되도록 했을 것이며, 이러한 추세는 성리학적 이데올로기가 주입되어 사회가 부계 위주로 변모되어 감에 따라 아들의 의무가 강화되는 것으로 이어졌을 것이다. 이 장에서 살펴본 딸과 사위의 처가 부양과 부모 봉양이 한 집안의 사례에서만 추출되는 것인지, 전쟁의 궁핍 속에서만 보이는 가족 간의 특수한 자원 분배 형태인지는 후속 연구들에서 밝혀져야 할 것이다.

6장

아들의 봉양과 부양

현대인의 통념으로 굳어진 장자의 가족 부양자 이미지는 점진적인 변화의 과정을 거친 결과로 생각된다. 노부모를 부양하는 책임과 의무가 전적으로 아들의 몫으로 여겨지던 조선 후기와 달리 조선 중기의 가족 부양에서는 제사와 상속이 자녀의 성별과 관계없이 잔존했다. 그런 만큼 조선 중기 가족 부양은 권리와 의무 면에서 조선 후기와 차이가 있었을 것이다.

장자 편중의 사회질서와 부계 위주의 관념은 조선 초기까지도 익숙하지 않았다. 예학이 심화되고 『주자가례(朱子家禮)』가 본격적으로 사회에 파급되면서부터 장자의 위상이 더욱 부각되었다. 가문의 위상을 내세우기 위한 족보의 편찬, 동족 부락의 형성 및 입후제의 성행 같은 사회현상 이면에는 적장자 중심의 질서가 자리 잡고 있었다.

이러한 맥락에서 부모와 가족을 부양하는 맏아들의 역할과 권한을 살펴보면 그것이 조선 후기 가족의 정형화된 모습과 어느 정도 근사한가를 알 수 있다. 그리고 누가 어떤 방법으로 가족을 먹여 살렸는가는 제공되는 물자에 대한 정보뿐만 아니라 가족관계의 권리와 역할까지 드러내주므로, 조선 중기 가족의 모습을 보여주는 단초가 된다. 성인 자녀가 연로한 부모를 어떻게 봉양하는가에 대한 탐구는 부모, 자녀 관계에서 효가 어떻게 실천되는가를 보여주며 아울러 가족 구성원 간 혹은 친족원 간 자원의 분배를 통해 가부장의 권한과 친족의식을 파악할 수 있게 한다.[1)]

부양되는 친족의 범위를 살펴보면, 실질적 가(家)의 범위와 일상생활에서 이들의 심리적 가(家)의식도 확인할 수 있다. 가의식에 대한 연구들은 고려조에서 조선조까지를 대상으로 여러 분야에서 제기되었다.[2)] 그러나

1) 지금까지 가족 구성원으로서의 이들의 관계에 주목해 장자의 역할을 조명하고 이것을 가(家)의 범위를 파악하는 데에 활용한 연구는 없었다. 다만 김성희는 16세기의 오희문 집안을 분석하여 부모 봉양이나 일가 부양보다는 아버지의 역할을 보여주었다.〔김성희(2000), 「쇄미록에 나타난 16세기 가장의 역할」, 《한국가정관리학회지》 18(4)〕

2) 고려조의 가의식에 대해서는 이혜옥(2005), 「고려시대의 家와 家意識」, 《동방학지》 129집에서, 조선조의 가의식에 대해서는 최재석(1983), 『한국 가족제도사 연구』, 일지사; 박병호(1996), 『근세의 법과 법사상』, 도서출판 진원; 박미해(2006), 「조선 중기 천장례에서의 유교적 공순: 이문건의 『묵재일기』를 중심으로」 《사회와 역사》 68집에서 다루어졌다. 이혜옥은 고려시대에는 100명 이상의 친족의 범위를 일가(一家)라고 했으며, 사위 등의 인척까지를 포함한 넓은 의미의 부계와 모계를 가(家)로 인식했다고 보았다. 그리고 고려시대의 경우 사료가 부족해서 부양되는 친족의 범위를 살펴볼 수는 없었으나 조선 후기와 같은 부계 중심의 친족의식은 지적하기 어렵다고 했다. 한편 최재석, 박병호, 박미해는 조선조의 가의식을 논의하면서, 부계 사촌 이내를 혈족으로 간주하고 있음을 각각 가족 형태, 법률적 용례, 천장례의 친족 교류를 분석해 보여주었다. 최재석은 친족의 범위에서 모계가 배제되지 않았음을 보였다. 그에 따르면 서류부가(壻留婦家)의 기간이 단축되면서 결혼한 딸과 사위와 외손이 점차 가족의 범위에서 배제되어 장자와 장자부, 장손과 장손부 등의 부계 직계 자손만이 포함되었다. 그리고 부계 조상을 강조하고 숭배하게 되고 재산상속에서 장자를 우대하게 된 시기와, 동생의 차자가 아니라 장자를 형의 집 양자로 보낸 시기도 조선 중기 이후부터이며 종가의 대(代)가 끊어져서는 안 된다는 의식도 이때부터 점차 강화된 것이라고 지적했다. 박병호는 한국의 전통적 가족제도하에서 부계 4촌은 조부를 공동조상으로 해 서로 동일성을 자각하고 있으며 관습상 · 법률상의 밀접한 접촉과 권리 · 의무관계를 유지한다고 보았다. 4촌의 범위를 넘으면 오히려 모계 4촌보다 근친의식이 희박해지며 족적 유대는 동족 5촌 이하보다 모계 근친과 맺고 있었다고 본다. 그는 김두헌이 지적한 바와 같이〔김두헌(1969), 『한국가족제도연구』, 서울대학교출판부〕 종법제의 도입, 보급에 따라 가변적 친족의식이 부계적 동종(同宗)의식으로 고정되었고, 동족촌이 형성되고 종법이 심화됨에 따라 종족이 전 범위로까지 결합하게 된 것이라고 보고 있다. 박미해는 16세기 이문건 집안의 천장례(遷葬禮)에서 친족 간의 교류는 대체로 부계 4촌 이내임을 밝히고 있다.

가족과 친족의 범위를 언급한 선행연구들은 친족 구조와 법률적 범위 등으로 한정되어 있어 물질적으로 부양을 받는 친족의 범위나 구체적인 친족의식은 살펴보지 않고 있다.

가족 부양과 가의식에 대한 연구에는 세밀한 부분까지 관찰할 수 있는 일상생활 분석이 가장 적절한 방법이다. 오희문이 임진왜란을 겪으며 쓴 일기인 『쇄미록(瑣尾錄)』은 전란기 양반 집안 살림의 전체적인 윤곽을 알 수 있는 자료이다. 피난기에 수령이 취하는 가족 생존 전략으로서의 부양기제가 드러날 뿐 아니라 부양 범위도 제시될 것이다. 양반들이 생사의 와중에서 어느 범위까지를 부양의 대상으로 생각하는가를 알아보는 것은 조선 중기 가족을 살펴보는 데에 매우 유용하다. 즉 기혼 누이가 남동생과 오빠의 가(家) 인식 속에 있는가와 실질적으로 부양되는가를 보는 것은 부양되는 가(家)의 범위와 심리적 가(家)의 범위를 추정할 수 있게 해주며 조선 중기의 가족 유형을 설정해 볼 수 있게 해주기 때문이다.

이 장에서는 오희문가의 평강 생활(1597~1600년) 때의 봉양과 재분배를 고찰할 것이다. 장자가 부모에게 보내는 물품들, 친가 방문 봉양 그리고 관권 동원 방식을 살펴보는 한편 제수의 조달과 물품의 재분배라는 측면에서 가(家)의 범위를 살펴보고자 한다. 이 장에서 봉양(奉養)은 부모와 조부모를 받들어 모시고 섬긴다는 공양(供養)과 같은 의미로 쓰였으며, 부양(扶養)은 제 힘으로 살아갈 수 없는 사람의 생활을 전적으로 돌본다는 사전적 의미 그대로 책임이 무거운 경우에 쓰였다. 요컨대 부모와 조부모를 섬기는 것을 봉양, 식솔과 친족을 돕는 것을 더욱 넓은 의미에서 부양으로 썼다.

1. 부모 봉양

피난 시절 임천(林川)에 거주하던 오희문 일가는 좀 더 안정적인 생활을 제공받고자 정유년(1597) 2월 13일부터 평강으로 이주한다. 오윤겸이 전시(殿試)를 보러 간 사이에 오씨 일가는 계속 관아에 머물면서 조석을 제공받다가 아들이 급제하여 돌아오자 서면 정산탄(定山灘)에 있는 방이 많은 큰 집에 정착하게 된다.[3] 1600년 서울로 올라갈 준비를 할 때까지[4] 오씨 일가는 농사와 잠업, 낚시 등을 해 자체적으로 식량을 마련하기도 하지만 주곡을 비롯한 양식과 부식 등은 아들에게 공급받았다.

오윤겸은 을미년(1595) 7월 25일 평강의 수령으로 근무하기 전에도 인편을 통해 부모에게 식량을 전달했다. 평강에서 보낸 제물은 오윤겸이 부임한 지 9개월 후인 병신년(1596) 4월 29일 일기에서 언급되기 시작하며 본격적으로 부모를 부양하는 것은 수령으로 임명된 지 2년이 지난 정유년(1597) 이후이다.

아들이 보내는 물품에는 관(官)에서 직접 보내는 것과 오윤겸이 따로 보내는 것이 섞여 있었으며 때로는 관에 바쳐야 하는 물건이 아버지에게 먼저 보내져서 출처를 구별하기가 쉽지 않은 경우도 있었다. 처음에는 평강이라는 단어를 쓰다가 점차 윤겸 또는 현(縣)이라는 단어가 등장한다. 생신이나 병문안, 근친 때 보내는 식량은 그 양이 매우 풍부했다.

부모, 조부모 생신과 병문안 때에 보내는 물품, 근친으로 명명한 친가 방문 때에 가지고 가는 물품 그리고 관력을 동원한 부양 방식을 살펴보자.

1) 생신, 병문안 때의 봉양

〈표 1〉에서 보는 것과 같이 아들 오윤겸은 모친, 부친, 조모의 생신과 병

3) 『쇄미록』 丁酉(1597) 3월 30일.

4) 『쇄미록』 庚子(1600) 7월 18일. 9월에 집안 모두가 서울로 올라가려고 해 일용품을 미리 배로 실어 보낸다. 윤해의 집이 먼저 떠나고 윤성과 오희문은 남아 있다.

〈표 1〉 오희문 아들 오윤겸의 부모 생신과 병문안 때의 부모 봉양

봉양의 성격	방문횟수	봉양 내용	날짜
모친 병문안	1	편지로 어머니를 현에 요양시키고자 함, 새끼 노루 4마리, 백지 1묶음, 상어 2묶음	무술 6. 3
	2	중미 3두, 밭쌀 5두, 찹쌀 3되, 호두 알 1되 5홉, 새끼 노루 2마리, 꿩 3마리, 송어 1마리, 외 단 것 2개, 중박계 1봉	무술 6. 16
	3	중미 12두, 밭쌀 10두, 새끼 노루 2마리, 꿩 1마리, 참기름 1되	무술 6. 20
	4	이공원(약) 새끼 노루 1마리, 꿩 2마리	무술 6. 23
	5	상화병 1상자, 소주 3병, 중박계 23잎	무술 6. 24
	6	중박계 30알	무술 11. 15
	7	쇠고기 두어 덩이, 양, 부하 각각 조금씩	무술 11. 16
	8	약밥	무술 11. 20
	9	중미 20두, 밭쌀 5두, 잣 33두, 개암 1두, 법유 3되, 참기름 2되, 누룩 2장, 꿩 7마리, 꿀 5되, 술 1병	무술 12. 28
	10	(세찬) 국수, 떡, 마른 문어 1마리, 대구 알 2쪽	무술 12. 29
	11	(모친 생신) 백미 5두, 중미 5두, 찹쌀 2두, 밀가루 2두, 누룩 1동, 대구 5마리, 문어 1마리, 생전복 50개, 꿀 5되, 법유 3되, 해삼 3되, 절인 연어 1마리	기해 1. 4
	12	숭어 1마리, 절병 1상자, 닭 1마리, 등유 2되, 잣 1두, 석이 1두	기해 1. 20
	13	(누이의 대상일) 술 3병, 절병 1상자	기해 2. 1
	14	(약) 팔물원(八物元)	기해 4. 1
부친 생신	1	붉은 팥 3두, 진말 3두, 목미 3두, 맑은 꿀 3승, 생청 3승, 말린 노루고기 반짝, 말린 꿩고기 3마리, 여항어 5마리, 소주 12선	병신 7. 23
	2	보릿가루 9되, 꿀 2되, 물레 2틀, 등잔걸이 2개	정유 7. 23
	3	밀가루 2두, 석이 1두, 녹두가루 1되 5홉, 호두 알 1되, 잣 5홉, 개암 5홉, 잣 5되, 푸른콩 8되, 소주 5되, 닭 4마리, 꿩 4마리, 대구 4마리, 문어 1마리, 광어 4마리, 소전복 1첩, 홍합 및 전복	정유 7. 25
	4	(근친) 소주 6병, 청주 2병, 수박 4개, 참외 6개, 가지 30개, 백미 1두, 중미 3두, 목미 1두, 찹쌀 5되, 노루 1마리, 꿩 7마리, 잣 1두, 적두 2두	기해 7. 24
부친 행자	1	백미 9두, 밭쌀 10두, 꿩 5마리, 건어 5마리, 감장 1두, 간장 2되, 꿀 2되, 청주 8병, 털요	기해 11. 10
조모 생신	1	백미 2두, 중미 5두, 떡쌀 1두, 찹쌀 3되, 좁쌀 1두, 면가루 1두, 녹두쌀 3되, 꿀 2되, 참기름 3되, 법유 1되, 잣알 1되 5홉, 호두알 1되, 대구 3마리, 문어 반 짝, 닭 3마리, 생붕어 11개, 찐 새끼 노루 2마리, 소주 5병 및 3색 채소	무술 5. 24
	2	상화병, 찐 새끼 노루 2마리, 새끼 꿩 5마리, 양색 실과, 포목 1필	기해 5. 25

문안, 부친의 행자를 위해 물품을 마련하고 있다.

오윤겸은 을미년(1595)에 관직에 취임해 그 뒤로 무술년에는 병문안을 6월에 5회, 11월에 3회, 12월에 2회 하고 있다. 기해년에는 1월에 2회, 2월

과 4월에 1회씩 하고 있다.[5)]

아들과 딸의 부모 봉양은 그 해석과 의미가 다르다. 모친 생신은 딸이 더 빈번히 챙기고 있으나, 모친의 병문안 때는 아들이 무려 14회에 걸쳐서 음식과 약을 보내고 또 방문한다. 딸이 모친 병문안을 1~3회 하는 것에 비해 아들은 더 자주 직접 부모를 찾아보고 있으며 아픈 모친을 모셔다가 요양 치료하고자 하는 효성을 보인다. 모친 생신에 보내는 물품을 보면, 평강 아들과 함열 사위는 같은 수령직에 있지만 보내는 품목이 서로 달랐음을 알 수 있다. 딸은 떡을 만들어서 보내는 반면 평강은 거리가 멀므로 음식이 상할 것을 염려해서인지 재료를 보낸다. 아들은 모친의 생신에 백미 5두, 중미 5두, 찹쌀 2두, 밀가루 2두, 누룩 1동, 대구 5마리, 문어 1마리, 생전복 50개, 꿀 5되, 법유 3되, 해삼 3되, 절인 연어 1마리를 가져오는 데 비해 딸은 요미 1두를 떡으로 만들어 보낸다.

아들은 아버지의 회갑 이틀 전에 쌀, 팥, 꿀, 노루, 꿩, 어물, 소주 등을 보내온다. 이것은 부친의 회갑에 딸이 떡 한 상자〔笥〕, 소주, 수박, 참외, 생민어를 보내는 것에 비하면 종류도 다양하고 양도 많았다. 때로는 명주와 버선을 보내기도 하는데 명주로 옷을 지어 입기도 한다.[6)]

조모의 생신에 흰 떡 1상자, 청주 1항아리, 연한 순채 1항아리를 딸이 보내는 반면 아들은 백미, 중미, 떡쌀, 찹쌀, 좁쌀, 면가루, 녹두쌀 등의 다양한 품목을 보낸다. 아들은 생신 때 외에도 부친과 조모의 행자를 마련하고 있다.

사위가 주곡을 위주로 보내는 반면 아들은 쌀과 콩 등 잡곡을 비롯한 다양한 물품을 보내며 가끔 의복이나 그릇도 보내왔다. 결국 아들이 생신과 병문안 때 보낸 물품들은 가족의 부양을 겸한 것이었음을 알 수 있다.

5) 딸의 봉양은 이 책의 3부 5장 참조.

6) 『쇄미록』 丙申(1596) 11월 9일.

2) 근친을 통한 봉양

수령인 오윤겸은 가족을 부양하는 방편의 하나로 본가를 방문하는 근친(覲親)[7]을 자주 활용했다. 근친은 명목상으로는 부모를 직접 찾아뵙는 것이지만 근친 전후에 보내는 양식은 그 양이 매우 많아 오희문 집안을 실질적으로 부양했다. 주곡은 근친 전에도 가져오지만 대체로 근친하는 날에 가져온다.

아들은 공식적으로 바쁜 업무 기간에도 부모를 찾아뵈었다. 자리가 안정되어가면서 매월 양식을 인사로 보내는데 정유년에는 7, 9, 10, 12월, 무술년에는 3, 4, 7, 9, 10, 11, 12월에, 기해년에는 1, 2, 3, 4, 5, 8, 9, 10월에 보내왔다. 딸의 예송(例送)처럼 정기적으로 최소한 한 달에 한 번씩 온 셈이다. 〈표 2〉는 아들이 본가를 방문할 때의 품목을 근친 전후로 나누어서 보여주고 있다.

아들은 수시로 아버지 집에 양식과 필요한 물품을 대어주고 있다. 이를 아버지는 '평강' 또는 '윤겸'이 보낸다고 명시하고 있다. 오윤겸이 근친 때에 가져오는 물품은 쌀, 팥, 꿀, 소주, 잣, 약과였으며[8] 그의 근친 소식을 전해 듣고 해운판관 등이 아버지 집으로 곡식과 젓갈을 보낸다.[9] 오윤겸은 본인이 근친 올 때나 그의 부인이 근친 오거나 갈 때에 인편을 통해 양식을 보내온다. 근친 전에 근친 가겠노라고 알리면서 물품을 보내고 근친 후에는 시가에 잘 도착했다는 편지를 인편으로 전하면서 본가에 양식을 전달한다. 명목상 이 양식은 근친 와서 있는 동안 수령이나 수령 가족이 먹는 식량이었지만 매우 많은 양을 보내왔기 때문에 오희문 집안을 먹여 살리고

7) 현대적 의미의 근친은 기혼 여성이 친정을 방문하는 것이나, 『경국대전』 吏典에서는 외지에 수년간 나와 있던 자가 귀향하여 부모를 찾아뵙는 것을 말한다.(『경국대전』 주석편, 200쪽)
8) 『쇄미록』 丙申(1596) 9월 1일.
9) 『쇄미록』 丙申(1596) 9월 3일.

〈표 2〉 오희문의 아들 오윤겸이 본가 방문 때 보내는 품목

횟수	명목	근친 전후에 보내는 품목	날짜
1	근친	(근친 전) 꿩 2마리, 닭 2마리	
		말린 꿩 9마리, 노루포 3첩, 붉은 팥 5두, 좁쌀 2두 5승, 목미 6두, 꿀 1두, 소주 2병, 잣 6두, 잣떡과 약과대계(大桂)	병신 9. 1
2	근친	백미 5두, 닭 3마리, 꿩 2마리, 노루 다리 1개, 감장, 간장(중양가절에도)	정유 7. 26
		(근친 後) 새끼 노루 조금 큰 것 1마리, 새끼 꿩 2마리	정유 7. 29
3	근친	(근친 전) 식초 1되, 피목 1두, 미역 1꼭지	정유 9. 6
		(9. 9 가절), 백미 5두, 소금 4두, 법유 1두, 조기 2묶음, 저린 전어 15마리, 말린 화어 2마리, 산꿩 4마리	정유 9. 7
4	오윤겸 생일	생방어 2마리, 생은어 25마리, 생전복 20개, 생문어 반 짝	정유 10. 12
5	근친	(근친 전) 꿩 4마리, 말린 여항어 4마리, 꿀 5되	정유 12. 26
		중미 5두, 감장 5되, 간장 3두, 청주 좋은 것 8병, 중청주 11병, 말린 꿩 4마리, 산꿩 12마리, 말린 노루 반의 반 짝	정유 12. 29
6	근친	(근친 전) 말린 여항어 3마리, 생은어 3마리, 소주 4병, 꿩 1마리, 대구 1마리, 가자미알 조금, 꿀 5되	무술 3. 23
		백미 5두, 중미 5두, 말린 여항어 10마리, 산 것 7마리, 찹쌀 3되, 참기름 5홉	무술 3. 25
7	근친	(근친 전) 노루 앞다리, 갈비, 목줄 각각 하나씩, 말린 은어 20묶음	무술 4. 15
		백미 2두, 소금 1석, 미역 1동, 은어 50묶음, 가지미 10묶음, 팥 10두, 말린 여항어 4마리, 절인 전복 80개, 송어 1마리, 식초 1되, 꿩 2마리	무술 4. 17
8	근친	(근친 전) 보리쌀 5두, 밭쌀 3두, 기름 7홉, 조기 2묶음	무술 7. 17
		백미 2두, 밭쌀 3두, 세미 3두, 팥 1두, 꿩 4마리, 새끼 노루	무술 7. 23
9	근친	(근친 전) 백미 2두, 중미 3두, 밭쌀 10두, 찹쌀 1두, 굴 3되, 잣 1두, 소금 2두, 누룩 3장	무술 9. 12
		소주 4병, 백미 1두, 꿩 2마리, 포도정과 1항아리	무술 9. 13
10	며느리 근친	(근친 전) 백미 5두, 국수 1상자, 떡 1상자, 대구 2마리, 꿩 2마리, 석이 3두, 참기름 1되, 잣 1되, 청주 10병	무술 9. 27
		밭쌀 1석, 콩 10두, 백미 3두, 소금 5두, 방어 1마리, 전어 10마리, 은어 7마리, 생전복 50개, 대구 알	무술 10. 5
11	오윤겸, 첩 근친	(근친 전) 백미 10두, 밭쌀 10두, 소금 5두, 대구 5마리, 방어 1마리	무술 10. 11
		백미 3두, 밭쌀 5두, 첩이 보낸 큰 문어 1마리, 방어 1마리, 생전복, 전어, 감당	무술 10. 11
12	근친	백미 5두, 중미 1두, 꿀 5되, 청주 1병 및 어머니가 먹을 중박계, 잣떡, 모주, 꿩 1마리	무술 11. 22
13	근친	백미 3두, 중미 3두, 참기름 1되, 꿩 2마리, 쇠고기 및 내장	무술 12. 12
14	근친	눌어 큰 것 1마리, 산돼지 다리 1개	기해 1. 13
15	근친	술 1병, 꿩 2마리	기해 2. 13
		(근친 후) 꿩 1마리, 마른 대구 1마리, 생대구 반 짝, 생가자미 2마리, 돼지포 4조각	기해 2. 14
16	근친	(근친 전) 꿩 1마리, 여항어 6마리, 생파, 목숙, 세미 1두, 꿀 2되	기해 3. 21
		백미 5두, 중미 5두, 소금 5두, 꿩 2마리	기해 3. 22

〈표 2〉 계속

횟수	명목	근친 전후에 보내는 품목	날짜
17	며느리+첩	(근친 전) 새 책력 1권, 대구 1마리, 말린 여항어 3마리	기해 3. 29
		(처자들의 양식) 백미 5두, 중미 10두, 밭쌀 5두, 대구 3마리, 가자미 2묶음, 말린 여항어 4마리, 법유 2되, 잣 5되	기해 4. 2
18	근친	(근친 전) 콩 10두, 팥 16두	기해 윤4. 17
		중미 5두, 밭쌀 4두, 녹포 1첩	기해 윤4. 17
		(근친 후) 백미 5두(철원수령이 보낸 것)	기해 윤4. 18
19	근친	(근친 전) 백미 3두, 소금 2두, 벼 19두(함평의 것)	기해 5. 15
		소주 4병,찐 새끼 노루 5마리, 백미 1두, 찹쌀 5되, 미나리 및 외 30여 개	기해 5. 16
20	근친	백미 2두, 세미 3두, 꿩 1마리, 소주 1병	기해 8. 24
21	근친	(근친 전) 시사(時祀) 방어 2마리, 저린 은구어 30마리, 생전복 100개, 말린 망어 1마리, 대구 4마리	기해 9. 10
		백미 5두, 중미 5두, 밭쌀 10두, 방어 1마리 반, 망어 1마리, 감장, 간장, 첩이 보낸 중박계, 감당, 곰의 포 3첩	기해 9. 23
22	오윤겸 생일	(근친 전) 백미 1두 5되, 꿩 1마리, 은구어 6마리, 홍시 13개, 배 5개, 세면 1상자	기해 10. 10
		(오윤겸 생일 전) 밭쌀 10두, 떡 만들 백미 1두, 찹쌀 5되, 참기름 1되, 법유 2되, 꿀 1병, 수박 1개, 배 8개, 꿩 3마리, 닭 2마리, 3색 실과, 감장, 간장, 채소	기해 10. 11
		백미 15두, 집돼지 익힌 것 1마리, 꿩 2마리, 세면	기해 10. 12

있다.

보통 근친 때에 백미 2~5두 정도를 보내고 중미 1~5두를 보낸다. 며느리가 근친 올 때에는 백미 8두, 밭쌀 1석, 콩 10두를 보내고 첩이 근친 올 때에는 백미 13두, 밭쌀 15두를 보낸다. 부인과 첩이 같이 올 때에는 백미 5두, 중미 10두를 보낸다. 본인의 생일에는 쌀 1석과 밭쌀 10두를 보낸다. 근친 후에는 새끼 노루, 새끼 꿩, 대구, 가자미 등 주로 얻기 힘든 것들에 외부에서 보내온 쌀을 덧붙여 보내기도 한다.

딸이 근친 올 때에 보내는 것이 쌀 2두, 떡, 청주 2병, 마른 생선 3묶음, 조기 10마리, 절인 게 20개, 마른 민어 1마리, 양색젓 1항아리, 홍시 20개, 소고기 1상자, 쇠간 반 통, 쌀 2두인 데 반해, 마침 오윤겸의 생일이 10월 12일이었기 때문에 아들은 기해년 자신의 생일 전날 밭쌀 10두, 떡을 만들 백미 1두, 찹쌀 5되, 참기름 1되, 법유 2되, 꿀 1병, 수박 1개, 배 8개, 꿩 3

마리, 닭 2마리, 3색 실과, 감장, 간장, 채소 등 주곡을 포함한 양식을 미리 보내어 근친 올 예정이라는 것을 알린다. 생일 당일에는 백미 15두, 집돼지 익힌 것 1마리, 꿩 2마리, 세면 등을 보낸다.

아들의 이러한 근친은 본인의 생일 또는 부인과 첩의 방문 전후에 가족을 부양하고 부모를 봉양하는 역할을 한다. 오희문은 아들을 만나고 양식을 조달받는다는 점에서 근친을 기다리고 있다. 부모나 웃어른을 찾아뵐 때 벼슬이 있는 사람은 항상 예물을 갖추고 폐백을 가지고 가는 것을 예(禮)로 여기던 유교적 습속은 장자의 부양에서도 나타난다. 아들이 근친 당일뿐 아니라 근친 전후에도 관자를 동원하여 다양한 종류의 양식과 물품을 보내는 것으로 보아 그가 다른 가족들도 부양하고 있음을 알 수 있다.

3) 관권을 동원한 봉양

오윤겸은 부모를 봉양하기 위해 관의 노동력을 쓰거나, 관에 바치는 관납(官納)을 아버지가 대신 받아서 쓰게 했다. 이러한 관력 이용은 여러 가지 공납을 대신 받는 것, 장인들에게 필요한 물품을 만들게 지시하는 것, 부하와 지인이 수령의 부모를 대우하여 자발적으로 물품을 보내는 것 등의 형태로 나타난다.

오윤겸이 아버지에게 물품을 보내는 방법은 관에 바칠 곡식이나 생선 등을 오희문의 집으로 가져오게 하고 그 대신 관납을 면제해 주거나[10] 피난와 있는 동안 오희문이 토지 수확물을 받아먹게끔 사정을 봐 주는 것이다. 현에서는 오윤겸의 지시로 물품을 보내기도 하고 장무(掌務)가 새끼 노루, 꿩 등의 특별한 물품을 보내기도 한다. 절에서 만드는 간장과 짚신 등도 아버지의 집으로 보내졌다.

10) 『쇄미록』 丁酉(1597) 9월 15일.

〈표 3〉 오희문의 아들 오윤겸이 부모 봉양을 위해 동원한 관권

횟수	관권력 동원의 내용	날짜
1	관비 매화와 교체된 평개가 현으로 돌아가다	정유 4. 8
2	관비 매화를 동원하여 동과와 유월두를 심다	4. 10
3	찰방이 토지 수확을 받도록 패자를 써주다	4. 25
4	구하기 힘든 새끼 노루, 새끼 꿩을 가져오다	7. 15
5	콩과 팥을 아버지의 집으로 가져오게 하다	9. 15
6	오윤겸이 매를 놓아 꿩을 잡아 집에 나누라고 지시하다	10. 28
7	원적사에서 관납 망혜(芒鞋) 3켤레를 가져오다	10. 10
8	오윤겸의 지시로, 잡은 물고기 5두 중 2두를 아버지 집에 갖다 바치다	10. 4
9	관령으로 관둔전에서 나온 콩과 좁쌀을 받다	10. 13
10	관령으로 관둔전에서 나온 보리 1석을 받다	11. 8
11	문안인을 시켜 나무를 베어 오게 하다	10. 18
12	각 호에서 예납하는 꿩을 아버지 집에 갖다 바치다	12. 4
13	관령으로 원적사에서 망혜 4켤레를 가져오다	12. 9
14	관령으로 둔전의 콩 3석을 가져오다	12. 29
15	관령으로 둔전의 콩 12두를 가져오다	무술 1. 16
16	관납할 콩 2석 14두 6되를 가져오다	2. 20
17	관령으로 둔전의 피 8두와 6두를 가져오다	3. 15
18	원적사에서 관납 망혜 3켤레를 가져오다	3. 20
19	관령으로 대장장이가 가래 소시랑을 만들어 오다	3. 26
20	관령으로 원적사에서 간장 3석을 가져오다	4. 2
21	관령으로 호미 3개, 헌 호미 3개, 도끼 1개, 부엌칼 1자루를 만들다	10. 2
22	관에 환상(還上)할 보리 4두를 가져오다	7. 9
23	장인(匠人)을 시켜서 절굿공이를 만들다	8. 1
24	김언신의 관납미를 써서 시비에 휘말리다	8. 16
25	새 방을 수리하려고 목공을 부르다	8. 26
26	목공이 베틀을 만들다	9. 1
27	장무가 관노 및 관비를 데리고 떡을 만들어주다	9. 8
28	관둔전 두 곳의 조를 베어 널다	9. 14
29	오윤겸의 지시로 꿩을 바치게 하다	10. 18
30	관령으로 둔전의 조 5두, 피 5두를 가져오다	12. 9
31	관령으로 현 장무가 오희문의 여흥 자리에 백미 5두, 간장 2되, 식초 2되, 닭 1마리를 보내다[11]	12. 23
32	관령으로 현 장무가 쌀, 간장, 식초, 닭을 보내다	기해 1. 16
33	관령으로 현 장무가 쌀, 꿩 등의 양식을 보내다	4. 9
34	관령으로 원적사에서 간장 2석을 가져오다	12. 23

〈표 3〉 계속

횟수	관권력 동원의 내용	날짜
35	관의 매가 잡은 꿩을 가져오다	9. 24
36	관의 매가 잡은 꿩을 가져오다	9. 26
37	관의 매가 잡은 꿩을 가져오다	9. 27
38	관의 매가 잡은 꿩을 가져오다	9. 29
39	관령으로 현 목공 박원이 장밀목각(藏密木閣)을 제조하다	10. 6
40	백미 9두, 밥쌀 10두, 꿩 5마리, 건어 5마리, 감장 1두, 간장 2되, 꿀 2되, 청주 8병, 털요를 가져오다	11. 10
41	관의 인마(人馬)로 아버지가 서울을 다녀오다	11. 16

아버지가 아들이 수령으로 있는 관아의 노동력을 동원하는 방법은 다양하다. 현에서 심부름을 오는 문안인(問安人)을 시켜서 나무를 베어 오게 하거나 관비(官婢)에게 동과(東瓜)나 유월두(六月豆)를 심는 일을 시키는 것 등을 들 수 있다. 장무가 제사 때에 양식을 보내오면 심부름 온 관노와 관비가 떡을 만들어주고 간다. 현에서 오는 문안인은 음식을 전해 주는 한편 때때로 다른 자녀들의 편지를 오희문에게 전해 주기도 한다.

아버지는 관의 목공을 시켜 집에 필요한 절굿공이, 베틀, 목각 등을 제조하기도 하며 대장장이에게는 호미, 도끼, 부엌칼 등을 만들게 한다. 오윤겸은 관의 매잡이에게 꿩을 사냥하라고 명령하고, 잡은 것을 나누어 아버지 집에도 보내도록 한다. 당시에 얻기 힘든 꿩고기와 노루고기를 먹으면서 오희문은 "관의 힘이 아니면 이와 같은 때에 꿩고기를 얻어먹기란 몹시 어려운 일이다"라면서 "관력(官力)을 알겠다"며 아들에게 고마워하고 있다.[12)]

〈표 3〉에는 오윤겸이 부모 봉양을 위하여 관권력을 행사한 것이 나타나 있다. 아버지는 아들이 수령이라는 직위에 있다는 것을 알고 공(公)과 사

11) 이것은 다음 번, 즉 기해년 1월 16일의 양과 같다. 이것으로 보면 수령의 집에 보낼 때 사정에 따른 일정 분량의 기준이 있었을 것이라고 짐작된다.

12) "非官力如此時得嘗雉肉 極難矣."〔『瑣尾錄』 丁酉(1597) 7월 5일〕; "兒雉連續得食 亦知官之力也."〔『瑣尾錄』 丁酉(1597) 7월 15일〕

(私)를 의식하고 있지만 관의 물품을 가져다 쓰고 있다. 아들이 수령직에 임명된 초기에 오희문이 관권(官權)에 대해 한 생각과 많이 달라진 것이다. 아들 없이 식솔들을 거느리고 평강 관아에 머물며 미안함을 느꼈던 때와 아전들이 바치는 음식을 하인들과 나누어 먹던 때[13]에는 적어도 공과 사의 경계를 의식하고 있었다. 부자간에도 번다한 일이 많아지자 처음에는 미안해하다가[14] 시간이 흐르면서 아들에게 요청하는 것이 더 많아진다. 아들인 오윤겸 또한 부모 봉양에서 가능한 한 관자(官資)를 많이 사용하고 있다. 오희문이 아들의 장원급제 잔치를 치렀을 때는 관청 창고가 텅 비는 지경이 된다.[15]

이렇게 관권을 동원하다 결국 관납미(官納米)를 취용하는 사건까지 일어나게 된다. 아버지가 이웃의 김언신(金彦臣)으로부터 관납미를 미리 받아먹고는 오윤겸에게 통보하여 관납받을 양을 감해 주라고 했지만 그 말이 제대로 전달되지 않아서 김언신이 벌을 받게 된다. 비로소 이때 오희문은 사적인 태도를 취한 자신의 잘못을 뉘우치고 있다.[16]

오윤겸은 집안을 먹여 살려야 된다는 막중한 책임감 때문에 말 3필을 잃어버렸는데도 사직을 망설였으나[17] 결국 사직한다. 그러나 그런 후에도[18]

13) 『쇄미록』 丁酉(1597) 2월 22일.
14) 『쇄미록』 丁酉(1597) 12월 16일.
15) 『쇄미록』 丁酉(1597) 4월 30일.
16) 戊戌(1598) 8월 16일자 일기에서는 오희문이 "오윤겸은 본래 성질이 지나치게 너그럽고 느리며 또 잘 잊어버리기 때문에 비록 하리(下吏)에게 일러도 하리는 본래 두려워하지 않고 명령을 좇지 않기 때문에 이런 걱정이 생긴 것이다. 이미 그런 폐단을 알면서도 나는 하루아침의 어려움을 참지 못하고 억지로 안 될 일을 감해 달라고 해서 끝내 늙은 할미에게 실신(失信)해 욕을 당한 것이 몹시 많으니 뉘우치고 한탄한들 무엇하랴. 이제부터는 거의 경계할 바를 알았으니 구차한 일은 하지 않을 것이다."라고 적고 있다.
17) 『쇄미록』 己亥(1599) 윤 4월 28일.
18) 『쇄미록』 己亥(1599) 1월 28일. "사장(辭狀)을 내어 기어이 내놓으려 하는데 다만 우리 온 집안이 낭패여서 이것이 걱정된다고 하니 탄식스러우나 어찌하랴. 그러나 모름지기 한 집일을 가지고 생각할 것이 아니라 후일의 일을 생각해 속히 거취의 일을 결정하라고 답장을 써서

오희문의 죽은 누이를 장사 지낼 때 물품들을 관에서 지원받으며 현의 아전들은 새해에 쓸 반찬 등을 마련하고 혼수를 부조한다.[19] 오윤겸이 수령으로 재직할 때에도 친구와 수령, 판관 등은 그가 집에 왔다는 소식을 들으면 양식을 보냈고, 그가 수령직을 사임한 후에도 철원부사, 이천수령, 삼척수령, 통천수령이 양식을 그에게 보내준 적이 있었다. 오윤겸이 직접 지인들에게 청하거나 아버지가 노를 보내어 청하기도 했다. 이천수령은 오윤겸의 첩에게 양식을 보내면서 아버지의 집에도 나누어 보내도록 지시한다. 오윤겸이 정한 둘째 여동생 혼사에는 철원부사와 같이 근무한 현의 아전들이 혼수를 부조하기도 한다.

이 밖에도 오희문은 이웃인 고한필에게서 밭을 빌려 쓴다거나 이웃들에게서 물자를 상납받기도 한다.[20] 그 대가로 이웃사람들은 풀 베는 일을 감해 달라는 청탁을 하고 아버지는 아들에게 이를 부탁하는 편지를 쓴다.

위에서 살펴본 바와 같이 아들은 재직 시에는 관력을 동원하고 사직 후에는 지인들의 보조를 받아 집안을 먹여 살렸다. 관리로 있던 오윤겸의 경우에서 관의 재정과 위세를 이용해 한 집안의 살림을 맡았던 장자의 역할을 볼 수 있다. 효를 빙자한 관리들의 관권 남용, 공과 사의 혼용 그리고 경계 없는 효의 실현을 확인할 수 있는 것이다. 효와 충이 서로 혼합되어 있는 사회 분위기에서 관재(官材)를 이용한 유교적 봉양은 충성스러운 관리의 효라는 명목으로 정당화된 것으로 보인다.

보냈다."

19) 혼수 부조는 『쇄미록』 庚子(1600) 3월 16일.

20) 『쇄미록』 丁酉(1597) 5월 16일.

2. 일가 부양

물자가 부족한 전쟁 중에는 꼭 부양해야 하는 근친만 아들이 부양했을 것이다. 이 절에서는 아들이 부모를 어떻게 부양했는가를 제수의 종류와 조상의 범위를 가지고 살펴보고, 아들이 보낸 물품을 오희문이 재분배하는 범위를 보면서 실질적 가와 심리적 가의 범위를 생각해 본다.

1) 명절과 제사의 제수 조달

명절, 시제, 기제, 다례 등을 위한 제수의 조달은 명목상으로는 조상을 기리는 것이나 결국에는 가족을 부양하는 방식이었다.

〈표 4〉에는 제사를 지내는 대상과 맏아들이 조달하는 제수의 내용이 나타나 있다. 〈표 4〉에서 볼 수 있듯이 오윤겸이 제수를 보내는 조상의 범위는 오희문의 조부모, 증조부, 고조부까지이지만 중양가절에는 아버지까지 포함한다. 결국 오희문을 기준으로 4대의 제위를 모신다는 것을 알 수 있다.[21]

9월 9일 가절(佳節)에 제사하는 조상의 범위는 5위로서 오희문의 부친, 숙부 내외, 윤해의 양조부모와 양부모, 죽은 딸에게 제사를 올린 뒤 온 집안 상하가 같이 먹고 있다.[22] 중양절인 9월 9일에는 상을 크게 차렸던 것 같다. 밖에서 부조받은 물건이 많아서 온 집안이 먹고 나머지는 찾아온 이웃들과 중에게 나누어 준다. 처가와 외가에 대한 기제사를 생각하는 것으

21) 조선 전기에는 3대 봉사를 주로 하였고, 4대 봉사가 본격적으로 시도된 것은 16세기 중반 이퇴계의 제자들에 의해서였다.〔정긍식(1996); 「조선 초기 제사승계법제의 성립에 관한 연구」, 서울대 법과대학 박사학위논문; 김경숙(2000), 「기제사와 묘제」, 『조선시대 생활사』 2, 역사비평사; 김문식(2000), 「조선시대 가족제도의 변화양상」, 《전통과 현대》 겨울호〕

22) 오희문 집안의 제사 대상이 나타나 있는 것으로는 전경목(1996), 「일기에 나타나는 조선시대 사대부의 일상생활—오희문의 『쇄미록』을 중심으로」, 《정신문화연구》 65가 있다.

〈표 4〉 오희문의 아들 오윤겸의 제수 조달과 조상의 범위

제사 대상 (오희문 기준)	아들 오윤겸이 보내는 제수 조달 내용	날짜
	목미 5두, 적두 5두, 잣 1두, 개암 1두, 석이 2두, 참버섯 1두, 노루포 10조각, 마른 여항어 10마리, 녹두가루 2되, 꿀 3되, 생치 식해 4마리, 여항어 식해 5마리, 소주 2병, 배 20개	병신 4. 29
	다례, 꿀 2승, 말린 꿩고기 8지, 송홧가루	6. 9
	떡, 쌀 3두, 목미 1두, 말린 꿩고기 4마리, 문어 1마리, 노루포 10가닥, 잣 4되, 호두 3되, 꿀 5합, 단장 5되, 간장 2되, 제주 4선, 베 1필	8. 14
조모 윤회제사	백미 5두, 찹쌀 3되, 감장 1되, 석이 1두, 밀가루 2두, 꿀 2되, 참기름 6홉, 腊 1되, 소주 5되, 외 60개, 면 5단, 잣 1되 5홉, 호두 알 1되 5홉	정유 7. 2
	(7. 7 가절) 채화, 꿩 2마리, 닭 2마리	7. 7
	(다례) 전병 1상자, 새끼 꿩 2마리, 수박 2개, 가지 21개	7. 15
	(다례) 수박 3개, 참외 2개, 가지 5개, 약과 90개, 봉과 30개, 마늘 14통	7. 25
	(추석) 반병미(飯餠米), 목미, 실과, 닭	8. 9
	(추석) 백미 10두, 거친 쌀 2석, 꿩 3마리	8. 14
	(중양가절) 백미 5두, 소금 4두, 법유 1두, 조기 2묶음, 절인 전어 15마리, 말린 황어 2마리, 산꿩 4마리	9. 7
조부 기제사	잣 5되, 개암 3되, 꿀 3되, 기름 1되, 석이 1두, 소금 1두	10. 2
증조부 제사	생연어 반 짝, 절인 은구어 3마리, 생전복 30개, 대구 2마리, 꿩 4마리, 좋은 백미 3두, 참기름 1두, 법유 2되, 양색 실과, 석이	10. 15
	(세찬) 떡과 면 각 1고리(古里), 백미 3두, 참기름 1되, 강정 1두, 청주 10병, 무 3두, 파 4되, 김치 1동이, 심과(沈瓜) 30개, 도라지 6사발, 제사에 쓸 노루 1마리, 잣 2되, 개암 1되 5홉, 호두 알 3되, 배 40개, 토산물	12. 28
	(다례) 술 2병, 잣 1되, 호두 1되	무술 1. 15
딸 소상	(2. 1) 꿀 3되, 법유 1되, 석이 3되, 잣 1되 1홉, 개암 6홉, 호두 1되, 약과 90개 및 중미 5두, 밭쌀 1석, 은어 30두름, 대구 2마리, 꿩 1마리	1. 28
	(한식) 목미 1두, 닭 4마리, 대구 4마리, 간장 1되, 감장 5되, 잣 5되, 개암 4되, 꿀 1되	2. 25
	(한식) 생숭어 1마리, 청어 4마리, 닭 2마리	2. 28
고조 기제사	꿩 2마리, 생항어 3마리, 잣 5되, 개암 3되, 참기름 5홉, 대자리 2장	3. 8
	(속절) 제주 1병, 여항어 5마리	4. 8
	(제수) 박계 84잎, 건시 4곶, 잣알 1되, 호두 알 1되, 꿀 3되, 법유 1되, 석이 8되, 밀가루 2되, 찹쌀 5되, 노루 다리 3쪽, 대구 3마리, 백미 3두, 중미 7두, 밭쌀 20두, 감장 3두	4. 25
조모 제사	(7. 3) 상화병 1상자, 병아리 3마리	7. 2
고조 기제사	외 15개, 가지 9개, 수박, 참외, 꿩 2마리	8. 8
	(다례) 햅쌀 1두, 당미 1두, 닭 2마리, 대구 3마리, 가지 15개, 참외 6개, 잣 1두, 개암 1되	8. 14
	(제수) 햅쌀 1두, 꿀 1되, 기름 5홉, 잣 1두, 개암 2되, 석이 5되, 보리쌀 1두	9. 2

〈표 4〉 계속

제사 대상 (오희문 기준)	아들 오윤겸이 보내는 제수 조달 내용	날짜
조부 기제사	(조고 기일 10. 5) 밀가루 1두, 잣 1되, 호두 1되, 꿀 3되, 대구 2마리, 장어 1마리, 생파 3묶음	10. 4
딸의 대상	(2. 1) 백미 5두, 중미 5두, 밭쌀 5두, 석이 1두, 노루 반 짝, 3색 실과, 꿩 1마리, 중계 35잎	기해 1. 28
	(3. 3 가절) 꿩 2마리, 법유 1되, 중계 20알, 절병 1상자	3. 2
고조 기제사	(한식) 밥떡쌀 3두, 목미 1두, 찹쌀 3되, 굴 1되, 참기름 5홉, 말린 꿩 2마리, 대구 3마리, 닭 2마리, 3색 실과 각각 1되 5홉, 석이 1두, 간장 3되, 청주 54되, 각색 나물	3. 8
딸 담사	(2. 1) 중계, 녹두가루 2되	4. 7
	(제수) 백미 15되, 찹쌀 3되, 목미 1두 가루로 만든 것, 잣 1되, 호두 1되, 개암 4홉, 꿀 2되, 참기름 5홉, 대구 2마리, 말린 꿩 1마리, 산꿩 2마리, 가자미 1묶음, 감장 1두, 간장 2되, 미역 3묶음, 다시마 4조각, 석이 1두, 각색 채소, 중박계 86알	4. 26
	(제수) 여항어 10마리, 말린 것 6마리	4. 28
	(묘제) 쌀가루 1두, 잣 1두, 녹포 10쪽, 말린 여항어 10마리, 백미 2두, 중미 2두, 석이 1두, 소금 1두, 새그물	윤 4. 26
	(제수) 제물, 소주, 찐 새끼 노루	5. 17
	(초복) 꿩, 찐 새끼 노루	5. 23
	(유두속절) 밀가루 1두 5되, 찹쌀 5되, 팥 2두, 밭쌀 3두, 참보리 1두, 꿩 7마리, 새끼 노루 반 짝, 꿀 1되, 소주 5되, 얼음덩이	6. 14
조모 제사	(제물) 밀가루 1두, 쌀가루 5되, 백미 5되, 간장 1두, 가지 15개, 외 30개	7. 1
	(제수) 백미 5두, 밭쌀 3두, 피쌀 2두, 잣 1두, 개암 5되, 찹쌀 4되, 감장 1두, 간장 2되, 참기름 1되, 꿩 2마리, 말린 여항어 3마리, 생여항어 6마리, 닭 2마리, 수박 2개, 토란 1두	9. 13
	(제수) 백미 3두, 밭쌀 5두, 참기름 7홉, 법유 2되, 석이 2두, 참버섯 2되, 잣 3되, 개암 3되, 감장 1두, 간장 2되, 청주 2병, 토란 6되	10. 3
조부 기제사	(세찬) 소주 5병, 꿩 4마리, 노루고기, 백미 1섬, 밭쌀 1섬, 꿀 3되	11. 27

로 미루어 보면 처가와 외가에 대한 정이 남아 있음을 알 수 있다. 죽은 여동생의 대상과 소상 그리고 담사를 위하여 오윤겸은 제물을 보낸다.[23] 정유년(1597)에는 10회의 다례와 제사를 지내고 있다. 무술년(1598)에는 12회

23) 16세기 중반에 유희춘이 귀양 후에 위선(爲先)사업과 함께 3대 봉사를 겨우 챙겼던 것에 비하면 오윤겸이 주로 조달하는 제수는 오희문을 기준으로 할 때 1대가 더해진 4대의 조상까지다. 그리고 이것은 주로 부계조상에 한정되어 나타난다.

의 다례와 제사를 지내고 기해년(1599)에는 14회의 다례와 제사를 지낸다.

아들이 아버지 집에 보내는 제수가 사위가 보내는 제수와 구별되는 점은 예(例)를 언급하고 있지 않다는 점이다. 다만 한식에 쓸 제물을 전례에 의하여 준비해 달라고 현에 부탁하는 말로 '의전례(依前例)'라고 언급한 경우[24]가 예외다. 수령 집안의 제수는 당연히 전례에 따라 준비하므로 딸이나 사위의 경우처럼 '예(例)'를 운운할 필요도 없는 것이 예우이자 특권이었던 것으로 풀이된다. 이처럼 조상을 챙기는 일에서 아들은 딸에 비하면 송품의 횟수가 많을 뿐만 아니라 구체적인 대상까지 명기해가며 책임지고 제사를 맡아서 하고 있다.

현의 아전이나 장무 등이 당연히 챙기는 것은 시제(時祭)와 기제(忌祭)에 쓸 제수(祭需)[25]이다. 시사(時祀)에 쓸 제수를 제때 준비하지 못하면 아전이 아버지와 상의해 제사 날짜를 늦추기도 했다.[26] 현에서 제수를 보냈더라도 오윤겸이 따로 제물을 보충해서 보내기도 한다.[27]

명절은 삼삼가절, 유두속절, 칠월칠석, 중양가절, 단오, 새해 등이다. 아들은 다례에 올릴 음식을 보내거나 반찬을 보내어 새해를 맞이하도록 돕는다. 다례에나 아버지의 회갑 이틀 전에 쌀, 팥, 꿀, 노루, 꿩, 어물, 소주를 보내온다.[28] 현의 장무나 문안인 등을 통하여 보내는 경우는 각종 명절이나 초복 때이다. 추석을 앞두고 명주와 버선을 보내어 옷을 지어 입게도 한다.[29] 이에 비추어 보아 오희문 집안은 아들의 관직 제수로 매우 안정되어 음식과 의복을 제대로 갖추게 되었다. 아버지는 오윤겸이 평소에 보내는

24) 『쇄미록』 己亥(1599) 3월 6일.
25) 『쇄미록』 丁酉(1597) 5월 13일.
26) 『쇄미록』 己亥(1599) 9월 8일.
27) 『쇄미록』 丁酉(1597) 5월 16일.
28) 『쇄미록』 丙申(1596) 7월 23일.
29) 『쇄미록』 丙申(1596) 11월 9일.

양식 중에서 남는 것은 팔아서 어육으로 바꾸려 하고 있다.[30)]

죽은 조상의 제수를 조달하는 것 또한 살아 있는 가족을 부양하는 방식이었다. 명절, 시제, 기제 등의 준비는 부계조상만 모시는 것으로 굳어지고 있고 이를 맏아들이 도맡아서 하고 있다. 이러한 부계 위주의 봉사는 결국 조선조 초기에 위정자들이 의도한 부계친족의 결속을 낳았을 것이다. 이러한 맥락에서 당시 일가(一家)의 범위를 살펴보는 것은 조선 중기 가족의 범위에 대한 정보를 제공할 것이다.

2) 가(家)의 범위

이 자료에서는 명목적인 가장이 오희문임에도 불구하고 아들인 오윤겸이 실질적 부양의 역할을 하고 있다. 경제적으로 능력이 안 되어도 가장권의 중심이 오희문이라는 사실은 물건이 아버지를 통해 재분배되는 구도를 통해서도 알 수 있다. 여기서 오희문이 거느리는 가솔의 범위를 읽어낼 수 있다. 물품의 재분배에 대해서는 보내는 자인 오윤겸과 재분배하는 자인 오희문의 양편에서 살펴보기로 한다.

맏아들이 아버지에게 보낸 물품들이 가장 빈번하게 다시 보내지는 곳은 어머니를 모시고 있는 오희문 아우의 집이며 다음은 아들인 윤해와 윤함의 집이다. 일기에서는 아우의 집을 동쪽 집이라고 지칭하고 양부모를 모시고 따로 살고 있는 윤해의 집을 서쪽 집이라고 지칭해 동서가(東西家)라고 하고 있다. 이 밖에 양식을 배분하는 곳으로 조모와 계집종, 누이 등을 들 수 있다.

〈표 5〉에는 오윤겸이 보낸 물품을 아버지인 오희문이 재분배하는 곳과

30) 『쇄미록』 丙申(1596) 8월 14일. 평강에서 베〔布〕 필도 보내왔는데 내가 서울에 가게 되면 이것을 팔아서 어육(魚肉)을 사 오려고 했는데 비 때문에 상경을 못했다.

내용이 나타나 있다. 물품의 재분배는 〈표 5〉에서 보는 바와 같이 아우, 윤해, 노(奴) 또는 비(婢)의 순으로 이루어진다. 오희문이 받은 양식의 4분의 1에서 3분의 1 정도가 아우에게 다시 보내졌을 것으로 추정된다. 오윤겸은 작은아버지와 살고 있는 조모의 행자로 밭쌀과 간장, 꿩, 생선 등을 마련하고 조모가 고모의 집에 머물 동안 필요한 양식으로 백미와 밭쌀을 보낸다. 오윤겸은 기해년(1599) 7월 17일에 중미 1두, 벼 4두, 새끼 노루 반 짝, 꿩 3마리를 아버지의 집으로 보내고 삼촌의 생일에는 쌀 5되, 벼 1두, 소주 4병, 꿩 1마리, 집돼지 삶은 다리 1짝을 보낸다. 오희문이 받은 콩 25두 중에서 10두를 나누어 받는 윤해는 양부모를 모시고 살았기 때문에 형제 중에서 가장 빈번하게 물품을 재분배받고 있다. 양은 많지 않지만 혼인한 누이도 재분배받기는 한다.

가장인 오희문은 풍족하지 않게 생활하면서도 물품을 나누어야 한다고 생각하고 있었다.[31] "이달 초생부터 온 집안〔一家〕이 점심을 굶고 어머님께만 드렸는데도 양식과 찬이 자주 떨어진다. 역시 관가에도 양식이 떨어져서 햇곡식이 나오기 전에는 계속 나누어 주기가 몹시 어려울 것이니 더욱 민망하다"[32]라며 어려운 살림을 표현하기도 한다.

오희문이 부양해야 된다고 생각한 일가(一家)의 범위는 자신의 처자와 부모, 아우의 처자 그리고 아들의 처자였다. 처가에 머물던 아들 윤함이 곤궁해지자 오희문은 아들을 도울 수 없는 처지를 매우 슬퍼한다.[33] 거주를 위주로 하여 실생활에서 부딪히며 재분배의 혜택을 받는 것만을 생각한다면 집안에서 부리고 있는 노비들도 일가의 범위에 포함시킬 수 있다.[34]

아들인 오윤겸이 실질적으로 부양하는 대상은 자신의 처자와 처제, 첩을

31) "다만 근일에 양식이 떨어져서 아우의 집이 더욱 군색한데 서로 구원하지 못하니 민망함을 어찌 다 말하랴."라고 하는 것에서도 알 수 있다.(『쇄미록』 戊戌(1598) 6월 28일)

32) 『쇄미록』 戊戌(1598) 7월 19일.

33) 『쇄미록』 庚子(1600) 3월 18일.

〈표 5〉 아들 오윤겸이 보낸 물품을 아버지가 재분배하는 범위(1596~1600년)

아들이 아버지에게 보낸 물품	받는 사람 (오희문과의 관계)	재분배되는 품목	날짜
여항어 15마리, 생여항어 5마리, 알 1사발 반	아우, 윤해, 윤함	동서가에 각각 1마리씩, 윤함의 집에 3마리와 꿀 2되	무술 5. 3
백미 10두, 밭쌀 10두, 소금 5두, 대구 5마리, 방어 1마리	아우, 윤해	조금씩 나누다	무술 10. 11
벼 19두, 보리 1석, 쌀 3두, 소주 4병, 삶은 돼지 머리 1개, 새끼 노루 1마리	아우, 윤해	보리 5두를 동서가에 나누어 보내다	기해 6. 2
백미 3두, 밭쌀 7두, 보리쌀 5두, 꿩 4마리, 외 30개, 무와 파	아우, 윤해, 비	나누어 주었다	무술 7. 21
보리쌀 5두, 벼 5두, 콩 5두, 팥 3두, 꿩 3마리, 소주 5되, 토란대 3단, 무 3묶음	아우, 윤해, 비	동쪽 집에 벼 1두, 아우 집에 콩 5되, 보리쌀 5되와 콩 5되를 비 2명의 급료로 지급	기해 6. 30
백미 2두, 소금 1석, 미역 1동, 은어 50묶음, 가자미 10묶음, 팥 10두, 말린 여항어 4마리, 절인 전복 80개, 송어 1마리, 식초 1되, 꿩 2마리	아우, 윤해, 노비	가자미 1묶음, 은어 4묶음을 각각 나누다	무술 4. 17
밭쌀 5두, 보리쌀 4두	아우(오언명)	밭쌀 1두, 보리쌀 1두	무술 3. 13
보리쌀 5두, 콩 5두, 꿩 4마리, 돼지고기 2근, 외 26개, 소금 1두, 간장 1두	아우	아우 집에 콩 1두	기해 6. 13
중미 3두, 밭쌀 5두, 감장 1두, 나무소반 3개, 솥 1개, 백지 1묶음, 상지 1묶음	아우	중미 3두, 밭쌀 5두, 감장 1두, 나무소반 3개, 솥 1개, 백지 1묶음, 상지 1묶음	기해 8. 6
중미 1두, 벼 4두, 새끼 노루 반 짝, 꿩 3마리	아우	생일을 맞은 아우 집에 쌀 5되, 벼 1두, 소주 4병, 꿩 1마리, 집돼지 삶은 다리 1짝을 오윤겸이 보내다	기해 7. 17
새끼 노루 2마리, 꿩 5마리	윤해	아우 집에는 보내지 못하다	기해 5. 30
콩 25두	윤해	콩 10두	무술 4. 22
백미 2두, 마태 5두, 꿀 5되, 법유 3되, 염초 4묶음	윤해	꿀 1되, 기름 1되	기해 8. 27
	윤성의 처	꿀 1되	기해 8. 27
백미 4두, 밭쌀 5두, 콩 3두, 노루포 15조각, 미역 3곶, 마른 생선 2마리, 꿩 3마리, 감장 1두, 간장 2되	모친	백미 4두, 밭쌀 5두, 콩 3두, 노루포 15조각, 미역 3곶, 마른 생선 2마리, 꿩 3마리, 감장 1두, 간장 2되	기해 8. 6
포목 12필	모친	백미 2두 2되, 밭쌀 2두 8되	경자 1. 28
꿀 2되, 잣 3되, 개암 3되	오희문 누이 임매	꿀 2되, 잣 3되, 개암 3되, 오희문이 꿀 2되와 잣 3되를 더 보내다	무술 6. 24

34) 아들로부터 물자가 넉넉하게 오는 때에는 전시인데도 음식을 제대로 갖추어 제사를 지내고 제사 후에는 이웃과 음식을 나누어 먹으며, 이웃에 혼사(婚事)나 상사(喪事)가 있을 때에는 부조도 넉넉하게 한다.

비롯하여 부모와 조모, 삼촌과 그 가솔들 그리고 형제인 윤해와 윤함, 윤성이다. 오윤겸은 처제가 혼인을 할 때에도 관아의 물품을 사용해 혼례를 치른다. 삼촌이 조모를 모시고 먼저 상경하게 되자 평강에서 매월 양식과 찬을 보내기도 한다. 친족들의 실질적인 접빈객과 아버지의 친지가 방문하고 떠날 때는 행자도 마련해 주고 있다. 모친이 부탁한 꿀과 실과 등을 고모집으로 보내며, 부친의 처가와 외조부모의 묘제에 제물도 보낸다. 경제적 능력이 없는 오희문은 멀리 떨어져 지내던 자신의 누이가 죽자 난리 중에 걱정만 하며 심정적으로만 누이에 대한 그리움과 정을 보여주고 있는 반면에 관직에 있는 오윤겸의 경우 부양 대상에 기혼자인 누이도 포함되어 있었다. 가령 누이의 식구들이 관아에 머물자 숙식을 제공하고 매부인 신응구의 모친 소상에 제수를 얻어 보내기도 한다.

* * *

이 장에서는 『쇄미록』에 나타나 있는 오희문 집안의 맏아들인 오윤겸의 부모 봉양과 일가 부양을 통하여 조선 중기 가(家)의 범위를 실증하고 장자의 역할을 살펴보았다.

오희문의 맏아들인 오윤겸은 평강수령으로 부임하면서 본격적으로 부모를 봉양하고 다른 친족들까지 부양한다. 16세기 양반들이 벼슬을 이용하여 일가를 부흥하게 하는 것은 유희춘의 일기에서도 보이는 모습이었으나, 전란기 오희문의 생활에서 아들의 벼슬은 생사를 결정하는 식량 공급의 원천이었다. 당시 가장인 오희문은 농사와 낚시를 하면서 생계를 꾸려나가고 있었기 때문에 전적으로 아들에게 의지하지는 않았지만 아들이 사직하면 반드시 굶어 죽을 것이라고 걱정하고 있는 것으로 미루어 보아 맏아들의 역할은 상당히 컸던 것으로 짐작된다. 아버지는 아들이 평강보다 더 풍족한 곳에 발령받지 못한 것을 아쉬워하고 있다.

맏아들의 부모 봉양은 피난 전반부에 딸이 한 봉양에 비해 그 범위가 가족 전체로 확대되어 넓고 품목 역시 다양하다. 아들이 부모를 봉양하는 때는 생신, 병문안, 행자 마련, 근친 등의 경우이며 인맥을 통한 간접적인 봉양부터 관권의 활용과 이웃의 청탁까지 그 범위가 넓은 것이 특징이다. 함열 사위의 경우 관아에서 보내는 것이 생계형 주곡(主穀)에 그치는 반면, 아들의 경우 수령직에 의한 관권의 활용은 잡곡을 받거나 특산물 등 생활용품을 제작하는 것까지 망라한다. 또한 아들은 퇴직 후에도 부모 봉양을 계속하고 있고, 부친을 선공감역(繕工監役)에 추천하기도 한다. 오윤겸이 왔다고 해 판관 등이 아버지 집에 보내는 물품 또한 그 양이 많고 종류도 다양하다.

물질적인 일가 부양은 수령인 아들이 수행하고 있었지만, 공급된 물품을 재분배하는 것은 여전히 오희문의 몫이었으며 상징적으로나마 가부장의 역할과 권한은 여전히 오희문이 가지고 있다. 오윤겸이 보낸 물품으로는 아버지의 부친, 조부, 증조부, 고조부의 4대까지 제사 지내고 부모를 봉양하는 동시에 실질적으로는 삼촌과 아우의 가족, 노비 그리고 다른 친족들까지 부양한다. 가부장이 부양하는 가(家)의 범위가 오희문에게는 조카들을 비롯한 부계 3촌까지라면, 오윤겸에게는 부계 4촌까지도 실질적 부양 범위였다. 벼슬하고 있는 맏아들에게 기혼자인 누이는 실질적으로 도움을 주어야 하는 부양 대상이었으나, 늙고 경제적인 능력이 없는 오희문에게 자신의 누이와 딸은 심정적인 부양 대상에 머물고 있으며 아들이 대신 그들을 도왔다. 조카들과의 관계는 매우 끈끈하다. 자기의 딸만큼이나 조카딸을 애틋하게 생각하고 있으며, 기혼의 아들이 유리걸식하고 있음을 자신의 능력 부재 탓으로 돌리는 가부장의 고뇌가 나타난다. 매우 단순한 생활 속에서도 가족 간의 끈끈한 애정을 느낄 수 있다.

『쇄미록』이 쓰여진 16세기 후반부터 17세기 초기는 오희문 집안의 경우, 이미 부계친족 위주의 사회질서가 상당히 정착된 시기이다. 전쟁 중이었는데도 오희문이 꼬박꼬박 부계 제사를 챙기는 것과 오씨 가문의 족도(族圖)

를 검토하고 있는 것에서 이를 알 수 있다. 맏아들이 과거에 장원급제했을 때에는 오희문과 사돈집에서 노비와 땅을 상속하는 데 반해[35] 맏딸이 혼인할 때에는 특별히 보내오는 것이 없는 것을 보면 상속에서도 장자를 우대한 것으로 보인다.

부계화하고 있는 사회의 모습과는 어울리지 않게, 피붙이에 대한 염려와 사랑은 제도적으로는 가늠할 수 없는 "면면히 흐르는 사랑"이었다고 생각된다. 오희문이 매월 관직에 있는 사위가 보내주는 식량을 받고 있는 모습은 딸의 부모 봉양 의무가 장자의 책임과 교차하는 상황을 보여주고 있다. 오희문은 지속적으로 딸과 사위에 대한 소식을 전해 듣고,[36] 현의 문안인에게서 딸과 다른 자식들의 편지를 전달받는다.

벼슬을 하지 않은 오희문에게 가족은 생활의 전부였다. 오희문 집안의 아들들은 농사를 감독하거나 낚시를 해 집안의 생계를 돕고 있었다. 아들들은 부모를 중심으로 모여 살고 있었으며, 떨어져 살더라도 항상 서로의 의식 속에 가(家)로 자리 잡고 있는 혈족이었다. 떨어져 살던 사위와 딸이 방문해 아우의 식구와 윤해의 처자 등 모처럼 가족(4남 2녀)들이 즐겁게 모이는 자리에서 오희문은 병으로 죽은 딸의 부재를 매우 아쉬워한다. 가족과 만나서 나누는 정다운 대화와 추억, 나누어 먹는 음식 등은 관직에 나가지 않은 오희문이 일상에서 가장 고대하는 것들이었다. 그날 그날의 끼니를 걱정하면서도 부모 봉양과 형제간의 우애, 자식에 대한 사랑을 지상 최대의 행복으로 알고 살아갔다고 볼 수 있다.

앞서 살펴본 오윤겸은 장남으로서 현달하여 부모를 봉양하고 집안을 부양한 경우이다. 만약 다른 아들들이 더 능력이 있었다면, 더욱이 전쟁 중에

35) 『쇄미록』 己亥(1599) 4월 21일.

36) 『쇄미록』 戊戌(1598) 2월 28일. 사위는 평강 근처에 머물다가 서울로 가서 남포(藍浦)에 있는 곡식을 적산(積山)으로 옮겨와 농사를 지을 계획이라고 한다.

집안의 생사가 걸려 있었다면, 그 아들들이 부양의 의무를 다했을 수도 있었을 것이다. 이 장에서는 가족 부양의 방식과 범위를 근거로 하여 장자의 역할과 가(家)의 범위를 짚어보았는데, 그 결과들이 오윤겸의 한 사례에서만 추출되는 것인지, 그리고 전란기라는 특수한 상황에서만 이러한 결론이 나올 수 있는지는 후속 연구들에서 검증되어야 할 것이다.

소결론

조선 중기 사회의 가부장제와 가산제적 경제체제

관계 일체를 개인적 특권 및 은총 부여로 규제하는 서구의 가산제적 경제에는 가부장권의 통제하에서 노복을 사역해 가산주의적 정치구성체(오이코스적 공동경제)에 요역 공납을 하는 의무가 있었다. 조선 중기 양반가의 생활을 살펴보면, 가내 제조, 주문 생산, 관권 전유 등의 가산제적 경제체제의 특징이 유교적 혼례와 천장례, 가족 부양에서 나타난다. 자급자족적 경제생활은 집안에서 혼수와 천장에 필요한 물품을 직접 제조하거나 주문 생산에 의해 제조하는 것으로 나타난다. 나머지 필요한 물품들은 대부분 친지들에게서 빌리거나 여유 있는 쪽에서 보내주는 것으로 충당한다. 생활이 어려울 때 가장이 부양하는 친족의 범위는 가장을 기준으로 대개 부계 4촌까지였다.

이문건이나 유희춘의 집안에서 치르는 예식에서는 친지들 간의 부조보다는 고위 관료 간의 부조가 많이 나타나는데, 이는 이들이 중앙 관료라는 신분을 충분히 활용할 수 있었기 때문이다. 관권을 이용해 물품을 제공하는 것은 한편으로는 국가를 대신해 부조한다는 의미도 있으나 관(官)의 자원을 사적으로 전유하고 있었다는 말이 된다. 상대방의 부조를 담보로 교환과 수증들이 이루어지는 증답경제가 당시 양반들의 경제생활 운용 체제였음을 알 수 있다. 한편 관권의 동원은 아들이나 사위가 수령이 되는 경우에 한 집안을 먹여 살리는 수단으로 쓰였으며 이러한 공사 혼재 양상은 조선 중기 사회의 가산제적 특징을 드러내준다.

혼례, 천장례, 일가 부양에서 볼 수 있는 가산제적 경제체제는 다른 한편으로는 물질적 호혜를 통한 심리적 유대와 지배구조를 나타낸다. 시혜자와 수혜자 간, 가부장과 가족 구성원 간, 왕과 신하 간, 상전과 일꾼 간, 남성과 여성 간의 위계질서를 반영한다. 혼반에 의한 사족 간 혼인은 가산의 상속을 염두에 둔 것이었으며, 사족들은 혼인 후에도 인척 간 선물수수로 그 유대를 다졌다. 관리들은 서로 부조받고 부조한다는 기대와 의리에 따라 사대부가의 혼상제례에 일꾼을 동원하고, 수령의 부모를 봉양하는 물자를 도와준 것으로 보인다. 가부장에 의한 이러한 일가 부양 양상은 가족 구성원들의 공경과 효를 통한 복속을 의미하는 것이기도 했다. 국가가 귀후서를 통해 관곽을 제공하는 것 등은 신하의 공순과 충성을 이끌어냈다. 한편 집안 노비와 달리 상전에게 식량을 전적으로 의지하지는 않는 목수들은 태업을 하기도 하는데, 여기에는 자신의 기술을 바탕으로 한 전통주의적 합리성이 작용한 것으로 보인다.

지배구조를 보면 조선 중기 가부장제는 그 성격이 유동적이라 정형화한 것이라고는 할 수 없다. 여성, 손아래 사람들, 하층민들이 지배층과 기본적으로는 공순에 입각한 관계를 형성하지만, 저항도 할 수 있는 다소 느슨한 지배구조였다. 그리고 국가가 부모로서 자식 같은 신하를 돌볼 의무가 있음을 빌미로 삼아 신하인 양반들은 국가의 시혜를 전유할 수도 있었다. 그리하여 이 같은 분위기 속에서 종법이나 부계적 질서가 엄격하게 준수되지 않았고, 피지배층의 자율성도 어느 정도 허용되었다.

일상생활의 유교적 예식과 가족 부양에 자원을 동원하고 가산을 운용하는 주체는 가부장이었지만, 그 권한은 강하지 않았다. 그 이유는 앞서 보았듯이 부인권 또는 여성권의 존재와 무관하지 않으며, 유교화하지 않은 혼속, 종자의 위치가 확립되지 않은 사회적 여건에서도 그 이유를 찾을 수 있다. 신랑이 처가를 왕래하는 혼례 형태인 남귀여가적 반친영에서는 여성이 혼인해 친정에 머무는 반면 사위는 처가에 적응해야 했다. 그런 만큼 이는 여권이 어느 정도 보장되고 가부장적 지배가 철저히 이루어지지는 않았음을 입증한다. 비록 가장이 부재하는 경우라 할지라도 여성이 혼례를 주관하는 사례가 보이는데, 이는 조선 중기 여성들이 갖는 사회적 기대와 물질적 기초가 있었기에 가능했다. 기혼 여성들의 친정 부양은 남편인 가장의 지원하에 이루어졌지만, 딸과 사위가 보내는 정례적 양식인 예송의 존재는 사회적으로도 처가 부양이 기대되고 있었음을 나타낸다. 한편 종자나 제사에 대한 관념이 비교적 철저하지 않은 유희춘 집안에 비하면 16세기 말, 17세기 초 오희문 집안에서는 난리 중에도 제사를 철저히 지키려는 모습을 볼 수 있다. 아울러 종손에 대한 관념이 형성되어 종법질서가 점차적으로 사회에 정착해 가는 모습도 볼 수 있다.

조선 중기 가부장적 지배구조의 운영 원리는 위계에 따라 규율되었지만 다소 평등한 것이어서, 실리를 추구하고 감성을 보존하며 애정을 표현하고 혈연을 중시하는 경향이 있었다. 그러므로 조선 중기 가부장적 지배구조는 유교 자체가 가지고 있는 위계적 질서와 함께 비위계적인 평등성까지 보여주고 있다. 가부장인 남편에게서 보이는 온화함, 중(中)을 중시하는 유교적 특성이 그것이다. 그리고 이러한 유교적 특성이 여성들에게서는 순응의 태도와 내외 관습 등의 내면화로 나타난다. 조선 중기 여성들의 당당함과 독자성, 주체적 행동들 안에서 함께 발견되는 것은 부덕, 내외관습, 정절에 대한 이상 등의 유교 이데올로기들이다. 남편이 일방적으로 행사하는 성적 권한은 부인 편에서는 그저 감내해야 하는 것이었으며 부인은 거기에 소극적으로 저항하는 정도였다. 이러한 유교적 내면화의 모습은 남성과 여성

양쪽 모두에 유교적 정체성을 가져왔다. 그 위계적 역할은 유교적 이면과 틀 안에서 부자, 부부, 군신, 남녀, 노소, 상하의 관계와 그에 따른 각자의 역할을 규정하는 것이었다. 조선 중기 여성과 남성들은 이러한 틀에 서서히 자신들을 맞춰 나갔는데, 순응과 군자 됨이 바로 그 방법이었다. 지배구조에서도 가(家)와 관련 있는 것은 일차적인 것으로 간주되는 데 반해 여성의 욕망은 부차적인 것으로 치부됨으로써 여성들은 점차 집단에 매몰되고 부계 위주의 친족관계에서 부수적인 존재가 되었다. 이 과정은 남성에게 유리한 쪽으로 진행되기는 했지만 유교적 성격을 많이 띠고 있었다. 조선 중기 이후의 가족 · 친족 생활은 유교화한 가부장제로의 도약인 셈이다.

보론

17세기 양자의 제사 · 재산상속

사회의 법규는 실제 생활보다 늦게 제정되는 면이 있다. 조선 초기에 원친에서 입후한 양자는 양부모의 제사만 지낼 수 있었으며 조부모 이상에 대한 봉사는 친자가 주로 지냈다. 원친 양자가 조부모 이상을 봉사하도록 법제가 갖추어진 것은 현종조에 이르러서이니 이는 양자가 승중자 · 장자의 위치에서 첩자를 포함한 친자보다 우위를 점하게 되는 것을 의미한다.

이 장에서는 17세기 양자(養子)의 제사상속과 재산상속 양상에 주목하면서 그 의미를 재해석해 보고자 한다. 재산상속이 어느 사회, 어느 시대에나 중요하며 제사상속은 이러한 재산상속과 밀접한 관련을 갖는다는 점에서 양자의 상속을 살펴보는 것은 조선시대 친족제도와 가족제도가 정착되어 가는 모습과 그 시기의 사회상을 규명하는 데 도움이 된다. 한국가족제도사에서 17세기는 부계 직계가족으로의 전환기로 인식되고 있다.[1] 조선조

1) 최재석(1983), 『한국 가족제도사 연구』, 일지사; 안호룡(1996), 「조선시대 가족형태의 변화」, 『한국의 사회제도와 사회변동』 50, 문학과지성사.

성리학적 정통론이 일반 가정에 정착해 조상을 위한 상 · 제례로 구현되면서 혼인, 가족 및 친족제도에서 부계친족이 점차 강화되었다. 부계가족으로의 변모를 보여주는 현상 중 하나는 장자 우위 상속제의 강화이다. 분재기(分財記)에 대한 기존 연구들에서는 적장자 우위의 상속으로 변화된 시기를 넓게는 17세기 전반에서 중반으로 보며, 장자 위주의 제사 및 재산 상속이 일반화되는 시기를 17세기 후반 또는 18세기 중반으로 보고 있다.[2] 집안에 적장자가 없을 경우에 양자 또는 첩자 상속으로 대체되었는데, 시간이 지나면서 첩자보다는 양자를 선호하여 먼 친척이라도 양자를 들이는 관습이 많아졌다. 그러나 17세기 양자의 상속은 지금까지 가족제도사나 여성사 연구에서 진지하게 다루어지지 않았다. 이 장의 논의는 성리학의 이념들이 확립되어 가는 과정을 양자제를 통해서 살펴본 기존의 연구와 재산상속이 장자 우위의 상속으로 이행됨을 보여준 연구들[3]에서 출발한다. 주로 논의의 초점을 17세기 양자의 제사와 재산상속에 두면서 이러한 양자의 상속과 적장자 우위 상속을 관련시켜 보고자 한다. 이를 위해 적장자를 대신한 양자의 지위 변화에 주목하면서 적장자 우위의 상속이 확립되는 시기에 초점을 맞출 것이다.

2) 김용만은 17세기 전반을 균분상속이 장자 우위의 상속으로 넘어가는 과도기로 보고, 17세기 후반에는 자녀들 간에 재산이 차등 분급된다고 했다.〔김용만(1983), 「조선시대 균분상속제에 관한 일연구—그 변화요인의 역사적 성격을 중심으로」, 《대구사학》 23〕 이수건은 17세기 후반부터 양자제와 적장자 우위 상속과 봉사가 일반화된다고 했다.〔이수건(1995), 「조선 전기의 사회변동과 상속제도」, 『한국친족제도연구』, 일조각〕 최재석은 1700년대 초부터 장자 봉사로 넘어간다고 하며, 노비상속과 토지상속에서 보이는 장남 우대는 17세기 중반에 변화하며 18세기 중반에 일반화된다고 했다.〔최재석(1983), 528쪽〕 그러나 최재석은 균분과 윤회를 너무 염두에 두어 이 시기의 제사상속이 장자 우대였을 가능성을 배제하고 있는 듯싶다.(같은 책, 536쪽)

3) 지두환(1984), 「조선 전기 종법제도의 이해과정」, 《태동고전연구》 창간호; 지두환(1994), 『조선 전기 의례 연구』, 서울대 출판부; 김용만(1983); 김용만(1997), 『조선시대 사노비 연구』, 일조각; 최재석(1983).

1. 제사상속

양자는 계후자, 입후자, 소후자, 계사(繼嗣)자 등으로 표현되는데,[4] 조선 초까지는 이성(異姓) 양자도 허용되었으나 조선 중기부터는 부계의 동성(同姓) 양자를 들이게 되었다. 고려 말, 조선 초에는 양자를 타인으로 간주하는 관념이 강해, 아들이 없어도 입양하지 않고 사위 또는 외손자로 봉사하게 하는 것이 일반적이었다.[5] 중종 · 명종 · 선조조에는 가까운 친족 중에서 양자를 취한다는 법조문의 취지에 따라 먼 친족에서 들인 양자는 아우의 아들, 사촌의 아들보다 법적으로는 낮은 지위에 있었으며, 실제로는 외손보다도 덜한 지위에 있는 경우도 있었다. 『경국대전』에서는 입후(立後)는 동종지자를 택하라고 하고, 봉사(奉祀)는 적장자, 중자, 첩자의 순으로 행하라고 했다.[6] 그리고 친동생의 아들을 후계자로 하여야 조부모 이상의 제사를 지낼 수 있다고 규정하는데, 그 이유는 선조들이 자기들의 직계 자손에게서 흠향받기를 원하기 때문이라고 했다.[7] 그러므로 법에 의하면, 아들이 없는 적장자는 동생 아들을 우선 계후하여야만 자기 대의 제사는 물

4) 입양(入養)을 뜻하는 용어로 '계후(繼後)' 나 '입후(立後)' 가 가장 많이 사용되고 있다. 양자를 양부(養父)나 제3자의 입장에서는 '계후자(繼後子)' 라 하고 생부(生父)의 입장에서는 '출계인(出系人)', '출계인(出繼人)' 이라 칭하나 '양자(養子)' 는 아주 희소하게 사용되고 있다.〔최재석(1983), 589쪽〕

5) 서류부가혼(壻留婦家婚)으로 인하여 사위가 장가가서 처가에 머물면서 아이들을 양육하게 되자 자연히 외손을 가깝게 생각하였을 것이다.〔이수건(1995); 지두환(1984)〕

6) 『經國大典』 禮典 奉祀條 立後條에 "若嫡長子無後則衆子 衆子無後則妾子奉祀"라고 봉사 범위를 밝혔고, 입후에 관하여는 "嫡妾俱無子者告官 立同宗支子爲後"라 밝혔다. 또 적장자가 첩자만 있는 경우에 동생의 아들로 뒤를 잇고자 하는 자는 들어주고 자기와 첩자가 따로 한 지파를 삼고자 하면 또한 들어주며 양첩자가 자손이 없으면 천첩자가 승중(承重)한다고 하였다.

7) "嫡長子嫡妾具無子而立後者 必以弟之子爲後 然後得奉祖以上之祀 同宗支子雖得爲後 不得奉祖以上之祀 蓋先祖不可捨己孫而享於兄弟之孫也 無弟之子 不在此例."(『경국대전』 註解 禮典 立後條)

론 부모 이상의 제사를 지낼 수 있었다. 만약 동생 아들이 없어서 먼 친족에게서 들인 양자의 경우에는 양부모만 봉사하고 조부모 이상은 차자의 장자나 첩자가 봉사해야 했다.[8] 즉 양자 중 근친 양자는 봉사를 할 수 있으나, 입후만이 목적인 원친 양자는 조부모 이상을 봉사할 수 없다는 것이다. 그러나 재산 분배와 관계되는 봉사와 입후는 분리될 수 없는 것이므로[9] 결국 법조문의 해석을 놓고 양자, 차자의 아들, 첩자 간에 제사상속을 둘러싼 분쟁이 야기되었다. 그리하여 명종 8년(1553)에는 친자 우위를 밝혀서 후사를 세웠더라도 뒤에 낳은 친자로 봉사케 하고 계후자는 중자로 대우하여 양자가 된 것을 파기시키지 못하게 했다.[10] 이 수교는 선조조에도 지켜져서 친자 출생 시에 양자는 제사를 받들지 못하나 3세 전에 수양한 양자는 다른 중자와 같이 재산을 균등하게 분배받도록 규정했고,[11] 선조 16년

8) 예조가 "계후자가 동생의 아들이라면 부모와 조부모를 모두 봉사하게 할 수 있지만 먼 일가붙이라면 자기의 계부모만 봉사하게 해야 하고, 조부모는 차자의 아들이 봉사하게 해야 합니다."라고 하였다.〔중종 15년(1521) 12월 19일〕 이 논문에서 양자의 제사상속에 관한 자료로는 『조선왕조실록』의 CD-ROM을 이용하였다.

9) 김두헌은 봉사(奉祀)와 계사(繼嗣)를 구분하면 봉사는 선조의 제사자로 되는 의미이고, 계승의 의미는 포함되지 않으나 실제로는 꽤 포괄적으로 쓰여 계사와 동의로 해석되며, 계사는 가독상속에 해당하고 거기에는 제사상속과 호주상속의 뜻을 포함한다고 했다.〔김두헌(1969), 『한국가족제도 연구』, 서울대 출판부, 227쪽〕 정긍식도 봉사와 입후를 언급했다.〔정긍식(1997), 「16세기 첩자의 제사 승계에서의 지위」, 한국사회사학회 2회 연구발표논문〕

10) "立嗣之後却生親子 則親子當奉祭祀 而繼後子論以衆子 毋得紛紜罷繼."(『受敎輯錄』 권3 禮典 立後條 嘉靖癸丑承傳). 가정계축수교의 친생자는 첩자도 포함된 것으로 보이며, 첩자봉사를 지지하게 된다.

11) 명종 때 유사상이 무자하여 종제의 아들 유화를 후사로 삼았으나, 유사상이 첩자를 낳자 후사한 양자를 파해줄 것을 청했다. 대신들은 『대명률』에 "계후한 후에 아들을 낳으면 친자로 하여금 제사를 받들게 하고 계후한 아들은 중자가 되어 형제와 같이한다."를 따르자 하였다. 그러나 선조 때 유사상의 첩자와 계후자가 적모의 재물을 다투게 되자 유화를 시양자라 하여 계후가 아니라고 했다.〔『조선왕조실록』 선조 13년(1580)〕 유사상이 생존했을 때 이미 부자가 되었는데, 지금 재물을 다투는 마당에 시양자로 논하는 것은 부당하니, 『대명률』에 의거 유화를 『가산을 균등하게 분배한다』와 본국의 『3세 전에 수양한 아들은 친아들과 같다』는 법에 의해 단정하였다.〔『조선왕조실록』 선조 13년(1580)〕

(1583)에는 친자식을 낳았을 경우에 친자 봉사하는 것을 정법(定法)으로 삼았다.[12] 그러나 예(禮)를 강조한 대신들은 이미 맺어진 부자간의 윤리를 강조해, 입양 후에 친자식을 낳았더라도 양자가 제사를 받들어야 한다고 임금에게 간했으나 허락받지 못했다. 대신들은 부자간은 임시로 정해지는 것이 아니며, 자기 부모에게 강복하고도 입양한 집에서 봉사를 못하면 양자는 아비 없는 사람이 된다고 주장했다. 이후 한 집안에서 양자가 중복 지명되는 경우에 후계자로 동시에 인정받는 경우도 있었으나,[13] 광해군 때의 『계후등록』에도 계후자는 양부모의 제사만 모시고 친손자가 조부모 이상의 봉사를 맡는다고 기록되어 있다.[14] 그러나 17세기 중반부터는 친동생의 아들이 아닌 양자라도 조부모의 제사까지 봉행하게 된다.[15] 다음 사례는 원친 양자가 조부의 제사를 받들 수 없게 되자, 근친 봉사자가 상소한 경우이다.

인조(仁祖) 때 판서 윤돈(尹暾)의 장자인 윤형준은 아들이 없어서 사촌 형 형언의 넷째 아들인 벌(橃)을 세워서 계후했다. 그런데 형언의 처 윤씨의 상언에 의해, 아우 형철의 아들인 지(榰)로 하여금 조부 윤돈의 제사를 받들게 하고, 형준은 계후자인 벌이 봉사해서 별종(別宗)을 이루겠다는 관허를 얻었다.[16] 그러나

12) 정2품 이상에 수의해 계후를 한 사람일지라도 친자식을 낳았을 경우에는 친자로 봉사하도록 했다.〔『조선왕조실록』 선조 16년(1583)〕

13) 중종조에 계성군이 아들이 없어 계림군 이유로 후사를 삼았는데, 유가 모함을 받고 죽자 속적에서 끊었다. 이후 명종 때 운성군 이수철로 그 제사를 받들게 했고, 수철이 죽은 후에 아들 해풍군 이기가 승중했다. 유가 복직하자 유의 적자 연양정의 처가 제사를 받들었다. 그 뒤 수철의 처 장씨가 상언하니 둘 다 후계로 하게 전교했다.〔『조선왕조실록』 선조 20년(1587)〕

14) "一曹啓目 辛膂繼後子辛有後 只奉辛膂夫妻之祀 辛家祖以上奉祀 則辛膂之子 自是親孫 依法例奉祀宜當."(『繼後謄錄』, 1618~1644)

15) 최재석(1983)은 이러한 현상이 혈연사상보다는 가계 계승 내지 종가사상이 우위에 있다는 것을 나타내는 것이라고 했으나 변화에 대한 해석은 하지 않았다.

입후한 이상, 설사 원족일지라도 조(祖) 이상의 제사를 봉사할 수 없다는 것은 이치상 맞지 않는다고 하여 지가 상소를 했다. 즉 이미 입후한 벌은 돈의 장손에 해당하고, 스스로는 지손(支孫)에 해당하는데, 장손을 두고 지손의 몸으로서 조부의 제사를 봉사하는 것은, 자기로서는 영광이지만 예(禮)에 반하는 것이므로, 감히 승조(承祖)할 수 없다고 했다.[17]

예조는 이를 기각했으나 재차 논의가 되어, 만약 형준이 입후를 하지 않고 동생 형철에 전사(傳嗣)했다고 하면 형망제급(兄亡弟及)의 예에 의할 것이지만 이미 벌이 계후한 이상 부자의 윤(倫)이 명백히 되어 있으므로, 바야흐로 조사(祖祀)를 받들어야 할 것이라 해 벌이 정당한 입후인으로 되었다.[18] 17세기 중반 이전에는 원친을 양자로 삼으면 입후만 되고 봉사가 제

16) "執義尹衡彦妻尹氏上言 據曹粘目云云 向前尹衡彦妻尹氏 亦以尹衡俊承重之子而無後之故 其女上言以己子橃爲衡俊之繼 而承尹暾之祀不當是如爲白臥乎 所窃考法典則同宗之子 雖得爲後 不得奉祖以上之祀 蓋先祖不可捨己孫而享於兄弟之孫也 尹暾旣有次子之子則似當奉其祖之祀 而衡俊則當別爲一宗.〔『法外繼後謄錄』 권1, 인조 15년(1637) 丁丑 12월 19일조〕

17) "幼學尹椿上疏節該伏以繼絕立後 是國家莫重之常典 以嫡承祀乃先聖不易之定論 而臣之承朝繼宗 有違禮法則不得不敢將急恨仰達天聽 (…) 橃只奉伯父之祀 而以臣使承祖父之祀 臣棠不知其據何禮文而然也 以臣私情言之 同奉祖禰之祀 以申如在之誠 固無所不至 而伯父以祖父之長子 旣立其後 則是卽祖父之長孫也 寧有有長孫 而以支孫 承其祖祀之理乎 臣徒以奉承祖父之祀爲幸 而含默以受 則其於國家之常典何 其於先聖定論何 莫重之宗義 自臣而廢 則不惟微臣承祖之祀 有所未安 抑亦國家繼後之典 亦有所損 伏願 殿下俯察情理 推度禮法 使長孫橃仍奉祖祀 以重宗義 則臣不勝幸甚事."〔『法外繼後謄錄』 권1, 仁祖 20년(1642) 壬午 3월 15일條〕

18) 김두헌은 이러한 결과가 "동종의 원족을 취하여 입후로 한 경우에 조(祖) 이상의 봉사를 할 수 없으므로 조(祖)는 차자의 소생인 그 직계손으로 하여금 봉사하게 하고, 소후부(所後父)는 몸소 일지(一支)를 이룬다고 하는 법규에 의한 것이다. 즉 『大典後續錄』 撰集의 때에 인정되었다고 하는 '凡嫡長子無後者 以同宗近屬立後 欲以身別爲 一宗 則雖疎屬聽'이라고 하는 조문에 의거한 것이나 이 법문의 논거는 지극히 모호하기 때문에 얼마 안 되어 법규 수정의 때에 삭제되어 『續大典』의 입후조에는 '凡嫡長子無後者 以同宗近屬 許令立後'로 되었다"고 한다.〔김두헌(1969), 285쪽〕

한되었으나 이 사건은 원친을 입후해도 따로 별종을 이룰 필요가 없이 조부모 이상의 제사를 모시게 되었으며,[19] 첩자를 포함한 친자보다 이미 입후한 양자의 지위가 확고해졌음을 보여준다. 이 사건은 예법(禮法), 종의(宗義)에 비추어서 친조카보다 촌수가 먼 원친 양자가 우위를 점하게 됨을 나타내는 것이니, 예법이 가족제도에서 어떻게 확립되어 가는지 그 실례를 보여준다. 이러한 자료로 해석한다면 양자의 부(父) 이상의 봉사는 인조 때에 실질적으로 행해졌고 후일 현종 때에 법으로 규정된 것으로 보인다.

실록을 보면 현종 때 고상(故相) 심지원의 집에서 계후자를 버리고 친자를 적자로 해 논쟁이 벌어졌다. 현종이 친자봉사론을 계속 고집하자 대신들은 명종조의 수교만 중시하고 인조조의 수교를 간과한다는 상소를 올린다.[20] 영부사 이경석은 계후한 뒤에 아들을 낳았으나 계후자로 장자를 삼은 인조 때의 최명길을 거론했고, 좌의정 원두표와 우의정 정유성 등도 양자를 장자로 삼는 것이 예경의 가르침이며 윤서(倫序)를 밝히고 적사(嫡嗣)를 중히 여기는 것이라 했다. 그러나 현종은 친자 봉사를 선호해 "가정 계축년(명종 때)의 수교에 의거하여 시행하라"고 했다.[21] 현종은 계후자가 있

19) 당시에 원칙적으로는 "以同宗近族許立後"라고 되어 있음에도 이 사건을 계기로 원족을 입후하는 습속이 빈번하게 되었다.〔김두헌(1969), 287쪽〕

20) 인후된 자를 아들로 삼는 것은 상경이요 통의입니다. 일단 그가 낳아준 부모를 백·숙부모로 삼은 이상 친자와 조금도 다를 것이 없는데도 세상에서는 보통 인정상 친자를 중히 여기는 경향이 있습니다. 그리하여 혹 계후한 뒤에 친자를 낳게 되면 결국 친자로 봉사하게 하고, 소후자는 중서로 만들어버리고 맙니다. 이는 곧 부자 관계가 임시로 맺어진 셈이 되니 윤기가 이로 말미암아 문란해진다 하겠습니다. 예관이 다시 이를 밝히도록 해 인조조에 분부를 받은 후로 이를 어긴 자가 있으면 일일이 개정하게 하소서.〔『조선왕조실록』 현종 3년(1663) 9월 13일〕

21) 구만이 아뢰기를, "계후에 관한 일을 전하께서 '靑平尉의 집과 관련이 있는 문제이기 때문에 윤허해 따르려 하지 않는 것이다' 고 합니다" 하니 상이 이르기를, "꼭 남의 가법을 어지럽힌 뒤에야 마음이 통쾌하겠는가. 인조조의 수교를 예관으로 하여금 베껴 올리도록 하라" 하였다.〔『조선왕조실록』 현종 4년(1664) 3월 26일〕; 정언 원만리가 계후자 문제에 관한 인조조 수교의 이행을 청하였다. 정언 원만리는, "계후자가 승중하는 것이야말로 대윤기(大倫紀)며 대법도로서 예경에 드러나 있습니다. 그리고 인조조에 이미 상신 최명길의 요청에 따

는데도 자기 소생으로 제사를 주관하게 하면 예제(禮制)에 어긋나는 바가 크니 친자가 출생해도 계후자가 봉사하도록 했다.[22] 결국 이것은 친자 봉사 위주로 명했던 가정계축수교(嘉靖癸丑受敎)〔명종 8년(1553)〕에서 양자 우위가 확정되는 강희기유승전(康熙己酉承傳)〔현종 10년(1669)〕으로 이어져 116년 후에 귀결을 보게 된다. 현종대의 이러한 수교 이행은 숙종조 부안 김씨의 전후구처문서(傳後區處文書)에서도 나타난다. 김번(金璠)은 예조에 일단 양자로 올린 조카를 파양시키지 않고 자신의 후처 소생을 동생 집의 양자로 보낸다.

부안 김씨 김번은 장자로서 40세가 되도록 아들이 없자 동생의 아들인 수종(守宗)을 4세 되던 해에 입양시켰으나 부인이 죽은 뒤 후처에게서 두 아들을 낳았다. 그러나 동생은 하나뿐인 아들을 형님 댁에 양자로 보낸 후 일찍 죽어서 그에게도 제사 지내줄 아들이 없었다. 김번은 이미 예조에서 입안까지 받은 양자를 다시

라 계후자로 하여금 제사를 주관케 하도록 허락하였는데, 유신 김장생이 『의례문해』 중에서 또한 그것을 인용하여 수교가 계셨다는 말을 했으니, 어찌 입증할 수 없겠습니까. 인조께서 하교하신 것은 누차 병란을 겪는 동안에 남김없이 분실되고 말았으니, 상고해 낼 수 없다고 해서 또 괴이하게 여길 것이 뭐가 있겠습니까. 사람들이 귀로 듣고 눈으로 보아 분명히 입증할 수가 있는데, 문서를 찾아낼 수 없다는 이유로 끝내 흐지부지해 버린 채 시행하지 않는다면, 어찌 선왕의 성헌을 살펴야 하는 의리에 혐의가 있지 않겠습니까."〔『조선왕조실록』 현종 4년(1664) 4월 4일〕; 계후와 관련된 간원의 논계가 이때에 이르러 정지되었다가, 계후자의 봉사(奉祀) 문제에 대한 사목을 새로 만들기로 하였다.〔『조선왕조실록』 현종 4년(1664) 6월 6일〕; 예조가 "지난 해 10월 4일 간신의 계에 따라, 지금 이후로는 인조조의 수교에 의거해서 계후한 뒤에는 친자를 낳아도 소후자가 봉사케 하고 친자는 둘째 아들로 논할 것이며 이를 어긴 자는 엄히 밝혀 금단토록 했으니, 이를 경외에 주지시켜 영원히 정식으로 삼게 하소서"라고 임금에게 청하였다.〔『조선왕조실록』 현종 4년(1664) 6월 11일〕

22) "旣有繼後者 而使己出主祀 大有乖於禮制 更爲定制釐正."(『受敎輯錄』 권3, 禮典 立後條 康熙己酉承傳). 이 하교가 예조에서 중외(中外)에 고지(告知)된 것은 현종 10년(1669) 기유 정월 초4일의 일로 이를 '康熙己酉承傳'이라고 칭하였으며 영조 20년에 편찬된 『續大典』에 "凡無子立後者 旣已呈出立案 雖或子當爲第二子 以立後子奉祀"라고 수록되어 이조 말까지 법제로 계속되었다.〔김두헌(1969), 283쪽〕

동생 집에 돌려줄 수 없어서 후처 소생인 수창을 동생의 양자로 보냈다.[23)]

이렇듯 자신의 아들과 동생의 아들을 양자로 교환한 것은 부안 김씨 집안에서 철저히 예론에 입각하여 양자를 파양시키지 않으려고 노력했음을 나타내며 예조에서 입안받은 양자는 파양하지 못한다는 현종조의 법규가 사대부가에서 17세기에 지켜지고 있음을 확인시켜 준다. 이러한 양자 봉사 원칙은 앞서의 윤지의 상소에서 보이듯이 사대부들이 원친이라도 일단 양자를 입후하면 적장자 위주로 종법적 가족 질서를 규정하고 있었음을 나타내는 것이다. 17세기 중반에 확립된 양자에 대한 대원칙은 일단 촌수가 먼 원친이라도 일단 양자로 확정되면 파양 못한다는 것이며, 이에 따라 양자는 승중자, 장자의 위치를 지킬 수 있었다.

2. 재산상속

제사상속인 봉사가 인조조에 와서 한 사람에게 모아졌고, 현종 때 양자의 봉사권이 법제화되었다. 재산상속에서의 양자의 위치도 가늠할 수 있도록 해주는 대목이다. 16세기 중종조까지도 양자는 적녀와 같이 균등상속을 받았으니,[24)] 인조조에 양자가 양부모 이상의 봉사를 할 수 있게 된 것을 보

23) "右文爲 余以累代奉祀之人 年至四十 不得生子 故不獲已 亡弟獨子守宗 呈禮曺 以爲養子 傳宗定計之後 不幸喪配 再娶未久 連得生男 事當傳宗於己子 而守宗旣爲養子 卽不可不以此爲長子是旀 亡弟無他子女奉祭無人 情勢悶迫乙仍于 以己子守昌 旣爲其養子以爲亡弟奉祀之地爲去乎."〔『扶安金氏 愚磻古文書』(1985), 213쪽〕

24) 헌부에서 새 상속법규의 제정을 건의해 계후자와 적녀는 균등상속, 3세 전에 입양한 양자녀도 같다고 했다. 1529년 중종실록에는 딸에게도 균분상속을 했고, 외손에게도 공신노비가 지급되었다.〔『조선왕조실록』 중종 24년(1529) 11월 23일〕 헌부가 외손에게 공신노비를 물려주지 말며, 양사자(養嗣子)에게 주는 것이라고 했다.〔『조선왕조실록』 중종 35년(1540)〕

면 이 시기에 선조의 봉사조를 포함한 재산이 양자에게 더 배분되었을 것임을 짐작할 수 있다. 양자도 적장자와 같은 대우를 받았는가는 17세기에 양자를 들인 양반 가문들의 재산상속 자료로 비교 · 검토해 보자.

17세기 양자의 재산상속을 나타내는 분재기로는 앞에서 언급되었던 부안 김씨 가문의 것이 있는데, 재주(財主)인 김번이 친자 위주의 상속을 해 양자인 수종의 몫이 적게 배분되었다.[25] 김번은 양자인 수종에게는 승중조와 동생의 분재 재산을, 친자인 수창에게는 동생의 봉사조와 자기 대에 마련한 재산을 주었다.[26] 김번은 문서에서 자신의 전민(田民)은 수창 형제에게 주고 죽은 동생의 전답과 노비는 수종에게 준다고 하면서 이러한 처사가 다른 집과는 다르다고 했다.[27] 바꾸어 말하면 이 시기 다른 집안의 양자들은 대부분 적장자의 지위에 걸맞게 재산상속을 받았을 가능성이 크다. 왜냐하면 승중자 우대의 재산상속은 적장자가 없는 경우에 양자나 서얼에게 적용되었을 것이며, 이것은 16세기 제사상속상의 형망제급이냐 입후냐의 논의를 거쳐 더욱 적통 위주로 된 17세기의 입후 규정에서 영향을 받은 것으로 볼 수 있다.[28] 16세기 양자의 경우와 16~17세기 승중자 우대의 재산상속, 서얼승중의 재산상속 경향을 살펴보면서 17세기 양자의 재산상속을 추정해 보자.

25) 박노욱(1987), 「16-18세기 扶安 金氏의 財産相續實態硏究」, 충남대 국사학과 석사학위논문; 이종일(1990), 「朝鮮前期의 戶口 · 家族 財産相續制 硏究」, 《국사관논총》 14.

26) 이 문서는 숙종 4년(1688)의 김수종(金守宗) 남매에 대한 전후구처문서(傳後區處文書)로 각각의 상속분은 박노욱(1987), 67쪽의 분류에 따라 보면 다음과 같다. 장자 수종 몫은 班附條를 포함하여 田 27斗落只(2卜 5束), 畓 122斗落只, 노비 47口, 차자 수창 형제 몫은 田 76斗落只, 畓 283斗落只(2結 47卜 7束), 노비 45口, 사위 송하필 몫은 田 7斗落只, 畓 102斗落只, 노비 10口, 첩자 수동 몫은 畓 28斗落只, 노비 4口, 1첩 윤(2女 1男) 몫은 田 2斗落只 畓 54斗落只, 노비 3口, 2첩 주의 몫은 田 3斗落只, 畓 27斗落只, 노비 2口이다.

27) "此區處事 雖異於他人之家."〔傳後區處文書, 숙종 14년(1688) 한국정신문화연구원(1985), 213쪽〕

28) 김용만(1985), 「조선시대 재지사족의 재산소유형태」, 《대구사학》 27.

16세기에 양자는 의부(養父)로부터 많은 재산을 물려받고 생부(生父)로부터도 받게 된다. 16세기 중반 명종 때 광산 김씨 김부필(金富必)은 아우의 아들 해(垓)를 3세 전에 수양하여 후계자로 삼고 친자와 동일하게 부모와 자기 부처의 가사(家舍), 전민(田民)을 물려주었으며, 또한 생부와 생모의 재산도 독자인 김해가 모두 상속받았다.[29] 이와 같이 16세기 중반에 양자가 적장자에 준해 상속받았던 것은 조선 초부터 『경국대전』에서도 명시하는 승중자에 대한 우대 규정[30]과, 그리고 16세기 중반부터 제사를 지내는 승중자가 더욱 중요해지면서 승중자에게 많은 재산이 상속되었던 것과 관련이 깊다.[31] 즉 제사가 중시됨에 따라 16세기 중반부터 분재기나 족보에서 승중자가 맨 앞에 기록되고, 분재기에서 봉사조가 서문 바로 뒤에 기록되면서 봉사의 중요성이 부각되었으며, 승중자에게 주는 별급도 늘어나는 경향[32]을 보이게 된다.

17세기 중반에는 16세기에 비하여 승중자에게 가는 봉사조가 더욱 늘어나는데,[33] 장자에게 가는 봉사조의 증가는 광해군 4년(1612)의 정탁(鄭琢) 가문과 광해군 13년(1621)의 권래(權來) 가문, 17세기 말의 양동 손씨 가문의 재산상속에서 두드러진다. 정탁 가문에서는 아들에게만 가사(家舍)와 전(田)을 지급했고, 봉사조는 아들이 있는 차자에게만 지급하고 아들이 없는 장자에게는 배정되지 않았다. 아들과 봉사손(奉祀孫)을 우대하고 있음

29) 이수건 엮음(1981), 『경북지방 고문서집성』, 영남대 출판부, 44쪽.

30) 『경국대전』 戶典 田宅條에서는 "立廟家舍傳於主祭子孫"이라 밝히고 있다. 이는 제전, 묘전 내지 제기 등은 모두 승중 자손에게 상속됨을 의미한다.〔김두헌(1969), 238쪽〕

31) 이종일(1990), 63쪽; 김용만(1985), 134쪽.

32) 김용만(1985), 134쪽.

33) 1650년까지 봉사조로 분급하는 재산은 적자녀 1인당 상속재산의 20~80%였다가 1650~1750년에는 적자녀 1인당 상속재산의 40~200%로 늘어난다.〔최재석(1983), 542쪽〕 김용만(1997)은 7세기 전반부터 봉사조 재산이 증가되고, 그 기록 위치가 점차 분재기서문 바로 뒤에 오게 되므로 17세기 전반을 과도기로 설정하고, 17세기 후반부터 한말까지 차등분급된 것으로 보았다.

을 보여주는 대목이다.[34] 권래의 후처인 이씨는 권래의 유서에 따라 장자에게 봉사조를 많이 주었으며, 8남매 중 적자인 세 아들에게도 별급 형식으로 재산을 많이 상속했다. 권래는 유서에 자녀균분제의 문제점과 조상에 대한 내외손의 관심의 차이를 술회했는데,[35] 그렇게 해서 나타난 서자에 대한 분재의 감소는 적서의 구별이 더 엄격해지는 적장자 우대의 재산상속을 보여준다.[36] 17세기 말 양동 손씨 가문의 손여직 남매(5남 1녀)의 『화회문기』도 장남과 삼남을 우대해 노비를 분급했으며, 장자에게는 가사 · 노비 등을 별급했다.[37]

적자가 없는 경우에는 첩자가 승중하여 제사를 받드는 경우가 있었으나 같은 승중자라 할지라도 서얼승중의 경우에는 승중자에게 더 주도록 한 『경국대전』의 법규의 혜택을 누리지 못하고 적은 재산을 상속받는 것으로 나타났다. 1619년 이시청의 얼처남인 박민이 첩자승중한 경우에서는 장녀에 비해 얼자가 노비도 적게 상속받고 있으며, 봉사조 노비를 더한 경우에도 재산이 적게 상속되고 있다.[38] 1688년의 분재기는 1661년까지 외손 봉사를 하다가 그 후 얼자를 입후해 봉사하게 한 경우인데, 상속분은 적녀보다 적었다. 이 경우에는 『경국대전』에서 정한 승중 · 천첩자 몫의 비율보다

34) 이수건 엮음(1981), 79~80쪽.

35) 1615년 2월 15일자 권래의 유서에는 이런 내용이 실려 있다. "나는 선세의 유업을 이어받아 토지나 노비가 남들보다 많으나 자녀 또한 많으므로 이것들을 균등하게 나눠서 물려주면 (노비나 토지의) 수가 충분하다고 할 수는 없다. 계성(繼姓)의 자손들이 빈궁해져 선조의 제사를 잘 치르지 못하게 되는 것이 아닐까 하는 우려도 끊이지 않는다. 남자도 여자도 모두 형기(形氣)를 부모에게서 이어받았으므로 정으로야 참을 수 없지만, 그러나 안팎으로는 크게 차이나는 부분이 있다. 그래서 나는 선군(先君)의 유지를 이어 원(元)노비 · 전답 중에서 약간만 떼어 그것을 삼등분하여 세 아들에게 나눠 주기로 한바, 이것을 별급이라 칭하기로 한다."〔이수건 엮음(1981), 28~29쪽〕

36) 미야지마(1996), 『양반 : 역사적 실체를 찾아서』, 노영구 옮김, 도서출판 강, 215쪽.

37) 사대부가의 경우 15세기 말까지는 대개 가묘(家廟)의 설치를 마치며, 그것을 통해 『주자가례』에 의한 봉사를 실시했다.〔김용만(1985), 39쪽〕

38) 김용만(1997), 228쪽.

훨씬 높은 비율의 재산을 상속받긴 하지만,[39] 규정 비율보다 높게 봉사조를 받는 적장자의 경우와 대비된다. 이는 입후 봉사자로서의 양자에도 신분 구별이 작용해 적서의 차별[40]로 나타난 것이니, 서얼은 봉사자가 되어도 천첩 자손의 신분에서 벗어나지 못하고 열악한 지위에 있었던 것으로 보인다.

그러므로 16세기에도 지속된 적장자 우대 재산상속은 17세기에 양자의 지위에 영향을 주었겠지만, 양자의 재산상속 자료인 17세기 부안 김씨의 분재기에서는 양자가 친자보다 적게 재산을 상속받는 것으로 나타났다. 만일 이것을 아들이 교환된 특수한 경우로 간주한다면, 16세기 중반부터는 제사를 지내는 승중자에게 많은 재산이 상속되었다고 할 수 있다. 그리고 16세기에 비해 17세기 중반에 승중자에게 가는 봉사조가 늘어나는 경향이 있었다는 것을 감안하면, 17세기에 들어서는 제사와 승중자가 더욱 중요해졌음을 알 수 있다.[41] 17세기 중반인 인조조에 원친 양자라도 조부모 이상의 제사를 모시게 된 것은 의무와 아울러 재산 등의 경제적 권리를 차지할 수 있게 된 것이므로 17세기 중반에도 승중자 우대의 재산상속이 계속되었을 것이다. 또한 같은 승중자라도 서얼승중보다 양자는 적장자에 더욱 근접한 상속을 받았을 것으로 추정되나 이것은 이 시기 양자의 재산상속에 관한 자료로 검증되어야 할 문제이다.

* * *

왜 17세기 중반인 인조 때 와서야 원친 양자의 일인봉사가 실제로 행해지게 되었을까? 또한 기존의 분재기 분석[42]들에 따르면 이 시기에는 장자

39) 최재석(1983), 550쪽.

40) 지두환은 첩자봉사는 종법 때문이지 적서 차별이 문제는 아니었던 것으로 본다.〔지두환(1994),『조선 전기 의례 연구』, 서울대 출판부, 59쪽〕

41) '승중자 우대'에 관하여 이 논문의 논평자는 두 가지로 나누어 언급하였다. 하나는 승중자의 봉사조와 별급을 늘리는 것으로 이것은 종법적 질서의 확립을 위한 것이며, 다른 하나는 재산 보존을 위한 불균등 상속이나 균분상속의 파기로 보고 있다.

우대 재산상속으로의 변화가 일어난다고 했으니, 17세기 중반 원친 양자의 조부모 이상 봉사와 장자 우대 상속 간에는 연관이 있을까? 결론부터 말하자면 17세기 중반 양자의 제사상속과 재산상속은 적장자 우대의 제사 · 재산상속의 완료라 할 수 있으며, 이것은 종법적 가족 질서의 확립을 보여주는 것이라고 하겠다.

17세기 중반인 인조조에 양자도 조부 이상의 봉사를 실제로 하게 된 것은 인조 때의 정치적 상황과 무관하지 않다. 인조가 반정으로 즉위했으나 당시의 민심은 이를 승복하지 않았기 때문에 서인 집권층은 광해군이 영창대군을 죽이고 인목대비를 폐비시킨 것과 그의 중립 외교를 비판하는 한편 대의명분과 강상을 강조하여 민심을 수습하려고 했다. 사상계에 숭명배청(崇明排淸)의 정통론이 대두되었으며, 예학이 정책적으로 강조되는 가운데[43] 조부의 뒤를 이어 즉위한 인조의 정통성이 종법적으로 문제시되었다. 인조를 옹호하는 세력들은 인조 13년(1635) 생부인 정원군을 추숭하여 선조-원종-인조로 종통을 정리했다.[44] 조선 왕조에서 선조 이후 서자가 왕위를 계승해 적자 계승에 오점을 남기게 되자 왕의 정통성이 문제시되고 사대부가의 종통 문제도 거론되었다.[45] 이것이 바로 이 시기에 사대부가에서 종자

42) 김용만(1983); 김용만(1985); 김용만(1997); 최재석(1983).

43) 김용만(1997), 323쪽.

44) 성리학이 본격적으로 발달하고 토착화하기 시작한 16세기부터는 예학의 수준도 향상되어서 왕실의 종통에 관련된 전례나 계승 문제에 대해 논의가 활발하게 제기되고, 17세기부터는 정치적 분쟁으로 발전하기도 했다. 특히 제기되었던 것은 광해군의 왕위 계승, 원종의 추존, 효종의 정통성 문제 등이었다. 현종은 왕위를 둘째 아들인 효종에게 물려주게 되어 현종 즉위부터 시작되는 예송논쟁의 원인을 제공하게 되었다. 예송(禮訟)은 현종 · 숙종 대에 걸쳐 효종과 효종비에 대한 조대비(인조의 계비 장렬왕후)의 복상 기간을 둘러싸고 일어난 서인과 남인 간의 논쟁을 말하며, 표면적으로 왕실의 단순한 복제(服制) 문제인 것 같지만 실상 효종의 왕위 계승에 대한 정당성을 묻는 문제였다. 조야(朝野)에서는 적자적손(嫡子嫡孫)으로 계승하는 종법에 어긋난다 해서 반대했으나 거의 왕의 독단으로 의사결정이 이루어졌다.〔이영춘(1995), 「종법의 원리와 한국 사회에서의 전통」, 『가족과 법제의 사회사』, 문학과 지성사〕

(宗子)인 양자가 조부 이상의 봉사를 할 수 있게 되면서 실제적 지위를 확립하게 해준 요인이며, 양자의 이러한 지위 변천은 종법적 사회질서의 변화를 보여주는 것이라 하겠다. 17세기 중반인 인조조에 와서 원친 양자가 조부모 이상을 봉사하는 것이 인정되었고, 이것이 현종 때 법제화된 것은 적장자 우대 상속의 확립과 완료를 보여준다고 할 수 있다. 봉사조의 증가가 17세기 중반 이후에 두드러지게 나타난 것[46]도 적장자 우대 재산상속의 결과로 보인다.

이러한 적장자 우대 상속의 확립은 조선조의 가부장권이 본격적으로 강화되는 데 이념적 · 물적 기반을 마련해 주었다. 가장은 존장권(尊長權), 친권(親權), 종자권(宗子權), 가산권(家産權) 등의 제반 권한을 대표하는데,[47] 원친에서 입후한 양자라도 조부모 이상의 제사를 모실 수 있게 된 것은 가족질서상의 종통을 계승한 양자인 가장에게 제사권이 완전히 넘어가는 것으로서, 종법적 가부장제의 이념적 확립을 의미한다고 볼 수 있다. 앞에서 살펴본 윤지의 상소에서 원친이라도 양자가 조부를 봉사해야 한다며 본인이 봉사자의 위치를 사양하는 것은 17세기 중반 인조조에 사대부들이 가족질서에서 예(禮)를 적용하는 모습을 보여주는 것이다. 종자법(宗子法) 또는 종법(宗法)에 대한 이해가 심화되면서 모든 생활에서 윤리, 법도, 윤서, 적사, 질서에 의거한 예(禮)를 통해 가족 내의 부자 관계를 규율하고자 했으며, 이러한 삼강오륜의 부자 관계는 군신 · 부부 관계의 초석이 되었다.[48] 또한 제사가 한 사람에게 집중되면서 균분상속이 깨어지고 적장자 우대의

45) 집에 전토와 장획이 있는 것은 나라에 영토와 백성이 있는 것과 같고, 집과 나라는 같으니 사대부는 집안의 임금과 같다고 했다.〔『조선왕조실록』 명종 11년(1556)〕

46) 최재석(1983), 542쪽.

47) 가장(家長)에게는 가족에 대한 공법적 통제권이 인정되었다. 결국 대내적으로 볼 때 가장은 조선 제사의 사제, 가산의 관리, 가족의 부양, 분가 또는 입양, 자녀의 혼인, 교육, 징계, 매매, 전고(典雇) 등 사법적 통제권을 인정받고 있다.〔김두헌(1969), 330쪽〕

48) 이수건(1995), 111쪽.

재산상속이 확고하게 된 것은 물적인 면에서도 가부장권이 본격적으로 강화되는 계기가 되었을 것이다. 특히 증가된 봉사조 재산은 종가에 경제적 우위를 제공하여, 종가를 중심으로 한 동성촌 형성[49]에 기여했을 것이다. 그러므로 아들이 없는 종가에서는 원친이라도 양자를 들여서 집을 영속적으로 보존하고, 지속적으로 친족 확대와 문중의 조직화를 도모해 종가를 유지할 필요가 있었을 것이다. 그리고 항렬(行列)에 맞는 동종지자를 후사로 삼기 위해 대동보가 만들어지고 문중 공유재산이 생기면서 종자(宗子)가 이를 계승하는 종자 상속 · 봉사제도가 일반화되어[50] 조선조 가부장제의 확립에 기여했을 것이다. 더욱이 적자가 없는 종가에서는 간혹 첩자가 승중해 제사를 받드는 경우가 있었으나 적첩 구별이 강해지면서 가격(家格)이 격하될까 봐 이를 점차 꺼리게 되었으므로 원친이라도 양자를 들여 제사를 받들게 하는 관행이 더욱 빨리 확산되었다.

가부장권의 강화는 한편으로는 모계친족과의 결속이 약화되는 것을 의미하니, 즉 여성이 기존에 행사하던 입후권이나 재산권 등이 축소됨을 의미한다. 조선 초기에는 먼 친족으로부터 입후하는 것을 대체로 금하다가 17세기 중반 이후에야 원친 양자를 들이게 되는데, 이는 부계친족이 점차 확대되는 것을 보여준다. 『계후등록』을 보면, 양부와 생부의 관계는 17세기 초일수록 근친자이며, 18세기 이후에는 부계친족이 원친자로 확대되는 경향을 보인다.[51] 형의 집에 아들이 없어 입후할 때에도 동생의 첫째 아들은 입후하지 않았으나 이러한 것도 왕의 특명을 받은 후 변화된다.[52] 결국

49) 하회동에는 17세기까지는 사족 7성과 기타 중인 및 양천민이 거주했다고 볼 수 있으며, 동성동본 중심의 동족부락의 본격적인 형성 시기는 성리학적 실천윤리를 기조로 하는 유교사회가 확립되고, 적장자 우위 상속제와 적장자 봉사 및 양자제가 일반화되는 17세기 후반부터라고 보아야 한다.〔이수건(1981), 57쪽〕

50) 지두환(1984), 57쪽.

51) 최재석(1983), 621쪽.

52) 인조 때 군수 윤응지가 자식이 없어 종제(從弟)의 첫째 아들을 입후하려 하자 대신들이 반대

17세기부터는 동생의 독자(獨子)를 입양시키는 경우도 나타나는데, 이는 종가의 대를 잇는 것이 더욱 중시되었음을 보여준다.[53] 이러한 입후 과정에서 입후자를 정할 수 있던 모(母)의 권한[54]은 1670년부터는 처족(妻族)이 입양 합의에 참여하는 것으로 축소되고 1710년대부터는 거의 남편 친족의 동의만으로 입후하게 된다.[55] 16세기 중반인 명종 때 예조에서는 종법을 바로잡고자 해 총부(죽은 장자의 부인)의 입후권에 대해 건의했고,[56] 그 후 임진왜란과 병자호란을 겪고 나서 양반 집단이 문중을 강화하는 과정에서 어머니의 입후 권한은 더욱 축소되었다.[57] 여성의 재산권을 보더라도 17세기 후반부터 노비는 아들과 딸에게 균분하면서 토지는 아들에게만 분급하고,[58] 양자를 포함한 적장자가 부(父) 이상의 제사를 맡고 봉사조를 많이 받게 되는데, 이는 제사 · 재산상속에서의 딸의 지분 감소를 뜻한다. 권래의 유서에서는 재산 분배에서 아들과 딸을 구별하고 있으며, 부안 김씨 분재기에서는 출가한 딸들에게는 제사를 맡기지 않으며, 재산의 3분의 1만 주도록 하고 있다.[59] 그러므로 양자 또는 계후자의 확립은 가족에서 적서 · 장유 · 남녀를 구분한 유교 이념이 현실화되는 것으로, 혼인한 딸이 친정에 머무는 기간이 점차 짧아지고, 딸이 제사에서 제외되며 출가외인으로 차별을 받게 되는 것이다.

했으나 왕의 특명으로 허락을 받았다. 이후로는 첫째 아들로 출계한 자가 많았다고 전해진다.〔『春官志』 立後條, 김두헌(1969)에서 재인용〕

53) 문화 유(柳)씨 족보에서도 16세기까지는 형이 동생의 차남 · 삼남을 입양했다.〔최재석(1983), 622쪽〕

54) "양가의 아버지가 같이 명하여 입후시킨다. 아버지가 죽었으면 어머니가 관(官)에 신고한다. 존속과 형제 및 손자의 항렬(行列)에서는 서로 입후하지 아니한다."(『경국대전』 立後條)

55) 최재석(1983), 610쪽.

56) 명종 7년(1552) 7월 16일.

57) 최재석(1983), 문중 편 참조.

58) 이수건(1981), 245, 247쪽; 김용만(1997), 332쪽; 최재석(1983), 531쪽.

59) "戊辰三月初七日 傳後區處文書: 吾家異於他家 出嫁女子 則祭祀勿爲輪行 田民亦爲三分之一給之意 旣有先代遺敎是去乎."〔『扶安 金氏 愚磻古文書』(1985), 213쪽〕

결국 인조조에 원친 양자가 조부 이상을 봉사했고, 이러한 것이 현종 때에 법제화된 것은 적장자 우대 상속이 확립되었음을 나타내는 것이니 본격적인 적장자 우대 상속은 17세기 중반에 일어났다고 추정할 수 있겠다. 이러한 양자 제사 · 재산상속을 계기로 가부장제 확립의 이념적 · 물적 토대가 마련되었으며, 이는 17세기 중반 부계 혈족의 응집력을 나타내는 동시에 약화된 모계 친족과의 결속을 보여주는 것이다. 다시 말해 입후 · 제사 · 재산상속의 측면에서 여성은 기존의 권리를 잠식당하게 된 것이다.

결론

조선 가부장제의 유교적 구조화

이 책은 조선 초기 건국이념으로 주입된 유교가 양반가(家)에 이식된 후 150-200여 년이 지난 시점인 16세기부터 17세기 중반까지의 조선 가부장제를 고찰하고 있다. 사대부가에서 행한 유교적 예식과 가족 부양에서 양자 상속으로 이어지는 역사적 사례들은 조선 중기 가부장제의 구조화 과정을 실증적으로 제시하고 있다.

먼저 조선 전기의 가족과 가산의 특징은 가족 구성원의 개별적 재산권과 다소 명목적이며 덜 강력한 가장권이라 할 수 있다. 아들과 딸, 장자와 차자, 친손과 외손 간의 차별이 비교적 덜한 혈연 중심의 친족관계는 전래적인 균분상속과 연관된 것이었다. 남귀여가혼으로 인한 처가거주는 처족, 이종들과의 긴밀한 관계를 지속시켰으며, 아들과 딸을 차별하지 않는 재산상속으로 인해 사위와 외손들이 재산과 제사를 이어받는 것은 이상한 일로 여겨지지 않았다. 그리고 고려 때부터 이어져온 여성들의 균분상속과 처가살이라는 물적 기반은 여성들의 자율적인 권한과 지위를 반영하면서 가부장권을 제한하는 요인으로도 작용했다. 그러나 남녀를 차별하지 않는 상속, 그리고 처가 · 외가와의 폭넓은 친족 유대는 성리학에 심취한 위정자들이 따르고자 한 종법적 가족과는 다소 거리가 있는 것이었다. 고려 때의 불교적 요소가 아직 잔존하는 상황에서 유교식의 혼상제례를 도입하고 강력한 가부장권을 기반으로 가부장권을 구축하는 데는 오랜 시간이 필요했던 셈이다.

한편 조선 중기에 형성된 남녀, 노소, 상하 간의 가부장적 지배구조에는 다소 유동적이고 느슨한 면이 있었다. 조선 중기의 가부장은 집안의 어른으로 가족과 친족 관계의 중심에 있으면서 노비 사역을 하고 관료 신분을 활용해 관(官)의 인적 · 물적 자원을 전유하는 등, 가산제적 경제체제를 배경으로 유교적 혼상례와 일가부양에 필요한 물자를 동원하고 경영하는 가산 관리자의 면모를 보인다. 하지만 이처럼 가족의 대소사를 책임지면서도 강력한 통제보다는 화목을 도모하는 역할을 하고 있다. 조선 중기 남성들이 이상시하던 군자와 헌헌장부의 모습은 서구 가부장의 전제적 모습과는 거리가 있는 것이었고, 종법적 가족에서의 엄격한 가장의 모습과도 달랐다. 이것은 당시 사회에 종법적 사고, 권위, 지배구조가 경직화되지 않았던 것과도 연관이 있다. 종법을 철저히 따를 수 없었던 이유는 당시 이념보다는 실리를 추구했기 때문이라고 생각된다. 부계친에 의지하기보다는 아는 이웃이나 관직을 통해 도움을 받는 경우가 대부분이다. 부계친 위주의 제사도 덜 진지하게 준수하거나 종자를 덜 철저하게 예우하는 것이 그 예이다. 천장례의 경우에 다소 철저하게 준수되고 있었던 데 비해서, 혼례는 반친영의 절충적 형태로 거행되었는데, 이는 신랑의 출세와 혼비 절약이라는 실리가 작용한 결과라 할 수 있다. 남자, 여자를 떠나서 사위도 처부모를 봉양했고 기혼 누이는 심리적 가(家)의 범위에 있었으며 이종이 처족보다 가깝게 지내고 있었다. 조선 중기 가부장제의 운영원리는 대외적 남성권에 비해 미약하게나마 존재하는 여성권을 대비함으로써 유추할 수 있다. 조선 중기 당시 부인의 권한은 가부장인 남편의 권위와 이름을 빌려서 발효되는 제한된 자율이었다. 요컨대 조선 중기 가부장제는 유교적 이념의 틀 안에서 여성 · 남성의 구분과 역할까지 규정하고 있으며, 조선 중기 여성과 남성은 이러한 틀을 서서히 내면화하고 있다. 여성들에 대한 성적 억압과 구성원들의 자발적 복종을 포함해 내외관습과 정절 이념들이 체화되었고, 가(家)를 계승하는 아들에 대한 집착이 강해지면서 종손의 역할이 점차 드러났는데, 이는 가부장적 가족이 서서히 실현되고 있었음을 보여준다.

17세기 중반에 와서는 양자의 제사상속과 재산상속이 법제화하는데, 이는 종법적 가부장제에서의 장자의 권위가 물적, 이념적으로 확립되는 것을 뜻한다. 아들이 없으면 꾸어 와서라도 가(家)를 이어가려는 사회 전반의 집착 때문에 양자들은 재산과 제사를 물려받아 법적 지위를 보장받을 수 있었다. 하지만 조선 후기에 전제 군주제의 모습이 있는 강고한 가부장제는 나타나지 않은 듯하다. 홍도정 양반가[1]의 경우를 보면, 조선 중기 양반가에서처럼 조선 후기의 가부장권은 온화한 양상을 보이고 있다. 비록 조선 후기 남성들의 성적 방종은 지속되고 있으나 부부는 서로 존중하고 위해주었다. 조선 후기에 표면적으로는 적서 차별, 서열화, 제사, 내외 관습 등이 심화되면서 가부장의 권위와 영향이 극대화되나 여성들의 권위와 역할도 커져 집안의 행사 때에 발휘되기도 한다. 부덕을 내면화한 양반 여성의 도도함은 장자 우위라는 사회적 가치가 종부에게 부여하는 서열을 확인해주는 것이라 할 수 있다.

이 책에서 중점적으로 다룬 자료들을 바탕으로 조선 사회를 살펴보면, 가부장권은 생사를 좌우할 수 있었던 로마의 가부장권이나 가산을 지배할 수 있었던 중국의 가부장권보다는 약화된 형태였다. 비록 경제체제 면에서는 서구에서 시장경제가 발달하기 전에 나타난 가산제적 경제체제의 특징

1) 박미해(1997), 「홍도정(洪道町) 종부(宗婦)의 역할: 조선 후기 여성의 지위에 관한 시론(試論)」, 《가족학논집》 9집, 한국가족학회.

인 가내제조, 주문생산, 자급자족의 형태를 보여주고 있으나 이는 다소 소규모의 가내경제였다.(이 책에서는 이를 유교적 의례와 가족 부양에 한정해서 살펴보았다.)

서구와 다른 점은 가부장적 지배구조에서의 공순이 조선 사회에서는 부모와 자녀, 상전과 노비의 관계에서 나타났으며, 때로는 공순이 농경사회에서 의리를 바탕으로 한 상호부조의 형태로 전유되고 있었다는 데 있다.[2] 이처럼 공순을 기반으로 한 조선 왕조 특유의 유교적 지배구조 및 문화변동은 서구와 다른 가부장제의 성격을 형성했으며, 이것은 치국의 수단으로 활용되었다. 즉 조선 왕조에서 유교 이념은 가(家)를 통해 구현되었는데, 이것이 양반가의 예식을 통해 구체적으로 실행됨으로써 유교와 가부장제는 친화력을 갖게 되었다. 이러한 논의를 정리해 볼 때 조선 가부장제는 이른바 유교가부장제라 할 수 있다.

유교가부장제는 가부장제의 통념적 이미지와는 다소 상반된 모습을 보여주기도 하는데 이는 유교의 이념에 의외로 평등적인 부분이 많은 데서 기인한다. 유교의 중심사상이 중(中)에서 벗어나지 않으려는 것이기도 하고, 배타적, 편파적인 것을 지양해 상호 협조적인 것을 지향하려는 것이기도 하기 때문이다. 성리학자들에게서 중용의 가치라든가 온화, 화목 등이 강조되는 것은 공동체의 생활윤리로서 유교가 각자의 역할과 수분을 강조하는 데서 기인한다고 볼 수 있다. 상하가 신분질서를 인정하면서 각자의 역할을 다하는 상대적 평등을 말하고 있는 것이다. 양반가에서 드러난 온화한 가부장권은 성적 인식은 배제하더라도 군자이기를 추구하던 유가들

2) 신영복은 베버의 체계에는 동양 사회에서 중시하는 관계에 대한 관점이 결여되어 있다고 보지만, 이 책에서는 일상생활의 인간관계에서 강조되던 공순이 유교적 의례를 통해 표출되었음을 실증적으로 제시하고 있다. 이는 동양 사회 가부장제의 성격을 규명해 베버의 논의를 보완한 것이라 볼 수 있을 것이다. 신영복(2004), 『강의: 나의 동양 고전 독법』, 돌베개, 36쪽 참조.

의 이상과 무관하지 않다. 이념적 기반인 가부장적 지배구조의 이면에는 공순을 강조하는 유교 이념이 자리 잡고 있었지만, 실제생활에서는 사람들이 공순하지 않을 수 있었던 면도 간과할 수 없다. 피지배층으로 볼 수 있는 여성, 평민, 상민, 노비들에게서 이러한 불순(不順)을 읽을 수 있었다. 조선조 사회는 이념적으로는 확실히 상하가 존재하는 신분사회였으나 실제에서는 가부장적 지배구조가 그리 경직되지 않았던 것으로 보인다.

물론 유교가부장제라는 용어가 조선조 가부장제의 성격을 온전히 담아내지는 못한다. 왜냐하면 가령 종래의 여성의 지위, 즉 역사적으로 축적되어 온 여성의 지위나 그 고유한 성향까지 다 반영한 것은 아닐 것이기 때문이다. 균분상속과 남귀여가혼은 조선조 여성의 지위와 역할을 다른 동아시아권 국가와는 다른 양상으로 부여하고 있다. 같은 유교문화권이라 하더라도 조선은 여성의 개별적인 상속권을 인정한 반면에 중국과 일본에서 여성은 확연히 차별받는 존재였다.[3] 조선 여성의 이런 독특한 성격은 여성의 전래적인 역할과 관련이 있다. 가령 성(姓)을 이어가는 매개적 역할로서의 여성의 지위, 농경사회에서의 여성을 중심으로 한 토지신에 대한 경외감, 상속과 처가거주에 관련된 여성의 지위, 그리고 조선 전기 친족의 재편 속에서도 실생활에서는 여성 쪽의 친족 교류가 있었다는 지적들[4]을 상기해

3) 박병호(1996), 『근세의 법과 법사상』, 도서출판 진원 참조. 중국의 경우 남녀균분은 찾아보기 힘들며, 동일 세대 남성을 상속 대상으로 하였고 재산은 이들의 공산(共産)으로서의 의미가 있을 뿐이었다. 여자의 경우 당대법(唐代法)에서는 공산 전부에 대해서 필요한 부양을 받을 수 있도록 규정되어 있고, 남자가 받는 재산의 2분의 1을 가자(嫁資)로 받을 수 있을 뿐만 아니라 출가(出嫁)와 동시에 공산가족으로서의 자격을 상실한다. 일본의 경우 율령법 시대의 규정을 보면 적장자가 상속하며, 나머지 반을 중자와 첩자가 균분했고, 서민들의 경우는 균분에 의해 재산을 상속했으나 이때에도 여자가 제외된 제자균분주의였던 것으로 추정된다.〔문숙자(2000), 「朝鮮前期의 財産相續」, 한국정신문화연구원 박사학위논문 참조〕

4) 이광규(1975), 『한국가족의 구조분석』, 일지사; 김용옥(1986), 『여자란 무엇인가』, 통나무; 박병호(1996) ; 김주희(2004), 「친족개념과 친족제의 성격—『조선왕조실록』의 담론분석을 통하여」, 『조선 전기 가부장제와 여성』, 아카넷.

보면, 우리 역사에서 여성들은 특이한 지위를 가지고 있었음을 알 수 있다. 비록 상속의 순위가 조선 후기에는 법제상으로 조정되기는 하지만, 먼저 출생한 딸이 족보에도 먼저 기입되고, 상속에서도 여성들이 남자 형제들과 차별받지 않았다는 사실은 조선조 여성의 지위가 특이했음을 보여준다.

현대의 신(新)처가살이 풍속과 여성의 사회 진출은 한국 사회에서 유교 가부장제의 흔적들을 점차 지워가고 있다. 이러한 탈유교화의 중심에 여성이 자리 잡고 있다. 한국 여성들은 대표가 아니라 대표권을 가진 존재로서 집안의 중심이었으며, 지금도 중심이다. 여성들은 적극적인 정절 이데올로기 대신에 알파걸의 이념들로 무장하고 남녀는 평등하다고 외치고 있다. 현대사회에서 모계친과의 밀착이나 여성들의 커져가는 자각, 그리고 그 자각에서 비롯하는 상대적 기대감의 수준 상승은 또 다른 가부장제의 존재를 부각하고 있는 것이다.

| 참고문헌 |

1차 자료 및 사전

『경국대전』 禮典 婚嫁條.

『經國大典 註解』.

『繼後謄錄』. 규12869.

『고법전용어사전』. 법제처. 1979.

『校訂 經國大典』. 조선총독부중추원. 보경문화사. 1934.

丘濬(1997). 『家禮儀節』. 叢書集成三編 24. 臺灣: 新文風出版公司.

『金海金氏三賢派譜』 卷1.

『論語』 述而.

『대동야승』 1권. 민족문화추진회. 1969.

『대전회통』. 戶典 대전회통 卷之二. 경인문화사. 1990.

『默齋日記 上 · 下』(韓國史料叢書第四十一). 국사편찬위원회. 1998.

『미암일기』(전 5권). 담양향토문화연구회. 1996.

『眉巖日記草』(전 5권). 조선사편수회 편. 1938(小和 13).

『法外繼後謄錄』 규12903.

『丙子日記』. 전형대 · 박경신 옮김. 예전사. 1991.

『扶安金氏 愚磻古文書』. 한국정신문화연구원. 1985.

『善山柳氏世譜』. 慕賢館. 1991.

『小學』. 학민문화사. 1990.

『小學集註』. 성백효 역주. 전통문화연구회. 2005.

『쇄미록』 上 · 下. 이민수 옮김. 해주오씨추탄공파종친회. 경인일보사. 1990.

『受教輯錄』.
『승정원일기』 효종 7년. 현종 15년.
『詩經』 關雎.
『우곡일기』. 국사편찬위원회. 2001.
『역주 경국대전』 주석편. 한국정신문화연구원. 1992.
『일성록』 순조 16년.
『조선왕조실록』 명종실록 21년(1566년). 21집 135면.
『조선왕조실록』 선조 · 중종 · 명종조.
『주자가례』. 임민혁 옮김. 예문서원. 1999.
標點校勘 『조선왕조실록』 영조실록 3년(1727년). 41집 656면.
표점교감 『조선왕조실록』 현종개수실록 9년(1668년). 37집 610면.
『한국민족문화대백과사전』. 한국정신문화연구원. 1991.
『한국 한자어 사전』 권1~4. 단국대학교 동양학연구소. 1992.
『漢語大詞典』 9권. 한어대사전출판사. 1994.
『漢韓大字典』. 민중서림. 2003.

국내 문헌

고영진(1995). 『조선 중기예학사상사』. 한길사.
具玩會(1985). 「朝鮮中葉 士族孼子女의 贖良과 婚姻—『眉巖日記』를 통한 사례검토」. 《慶北史學》 8.
권명아(2004). 「식민지 경험과 여성의 정체성: 파시즘 체제하의 문학, 여성, 국가」. 연세대학교 국학연구원 359회 국학연구발표회.
김경숙(2000). 「기제사와 묘제」. 『조선시대 생활사』 2. 역사비평사.
김경숙(2000). 「16세기 사대부 집안의 제사설행과 그 성격」. 《韓國學報》 98.
김경숙(2002). 「16세기의 사대부가의 喪祭禮와 廬墓生活」. 《국사관논총》 97.
김기현(1999). 「유교의 상제례에 내재된 삶과 죽음의식」. 《퇴계학보》 104.
김두헌(1969). 『한국가족제도연구』. 서울대학교 출판부.
김문식(2000). 「조선시대 가족제도의 변화양상」. 《전통과 현대》 2000년 겨울.
김문택(2000). 「상례와 시묘살이」. 『조선시대생활사 2』. 역사비평사.
김상준(2001). 「예의 사회학적 해석을 위한 이론적 단서」. 《사회와역사》 59.

김성우(2008). 「조선 중기를 바라보는 두 개의 관점—한국과 미국 역사학계의 비교」. 제1회 규장각 한국학 국제심포지엄 발표문.
김성희(2000). 「쇄미록에 나타난 16세기 가장의 역할」. 《한국가정관리학회지》 18(4).
김소은(2000). 「사대부의 가정생활」. 『조선시대생활사 2』. 역사비평사.
김소은(2001). 「16세기 양반가의 혼인과 가족관계」. 《국사관논총》 97.
김소은(2001). 「이문건가의 경제운영과 지출: 괴산입향을 관련하여」. 《고문서연구》 21. 한국고문서학회.
김영봉(2008). 「한자이음연구」. 《한국한문학연구》 41.
김용만(1983). 「조선시대 균분상속제에 관한 일 연구—그 변화요인의 역사적 성격을 중심으로」. 《대구사학》 23.
김용만(1985). 「朝鮮時代 在地士族의 財産所有形態」. 《대구사학》 27.
김용만(1997). 『朝鮮時代 私奴婢 研究』. 집문당.
김용옥(1986). 『여자란 무엇인가』. 통나무.
김일미(1969). 「朝鮮의 婚俗變遷과 그 社會的 性格」. 《이화사학연구》 4.
김진명(1990). 「가부장적 담론을 통해 본 전통적 여성의 세계: 경북 A마을의 사례를 중심으로」. 《한국문화인류학》 22.
김현영(1998). 「默齋日記 解題」. 『默齋日記 下』. 국사편찬위원회.
김현영(1999). 「조선시기 '士族支配體制論'의 새로운 전망—16세기 경상도 성주지방을 소재로 하여」. 《한국문화》 23.
김현영(2001). 「16세기 한 양반의 일상과 재지사족」. 《조선시대사학보》 18.
노명호(1979). 「산음장적을 통해 본 17세기 초 촌락의 혈연양상」. 《한국사론》 5.
노혜경(2006). 『조선 후기 수령 행정의 실제: 황윤석의 『이재난고』를 중심으로』. 혜안.
문숙자(2000). 「朝鮮前期의 財産相續」. 한국정신문화연구원 박사학위논문.
문숙자(2003). 「16세기 고문서와 경제생활」. 2003년 고문서학회 월례발표회 논문.
문숙자(2004). 「16세기 사족의 재산형성과 운영」. 『16세기 한국고문서연구』. 아카넷.
문숙자(2004). 『조선시대 재산상속과 가족』. 경인문화사.
문옥표 · 정양완 · 최제숙 · 이충구(1999). 「김표(金滮) 변충원(卞忠元)이 치른 喪事절차 조목」. 『조선시대 관혼상제(III): 상례편(2)』. 「성재집」. 한국정신문화연구원.
문옥표 · 정양완 · 최제숙 · 이충구(1999). 「증보사례편람」 개장(改葬). 『조선시대 관혼상제(II): 상례편(1)』. 한국정신문화연구원.
박노욱(1987). 「16-18세기 扶安 金氏의 財産相續實態研究」. 충남대 국사학과 석사학위논문.
박미해(1997). 「홍도정 종부의 역할: 조선 후기 여성의 지위에 관한 시론」. 《가족학논집》 9.

박미해(1999). 「17세기 양자의 제사상속과 재산상속」. 《한국사회학》 33.
박미해(2002). 「16세기 夫權과 婦權의 존재양식: 『眉巖日記』에 나타난 유희춘과 송덕봉의 사례를 중심으로」. 《한국여성학》 18권 1호.
박미해(2002). 「16세기 양반가의 가족관계와 家父長權: 柳希春의 『眉巖日記』를 중심으로」. 《고문서연구》 21.
박미해(2004). 「16세기 양반가의 혼수 · 위요 · 인척관계」. 《사회와역사》 65.
박미해(2005). 「조선 중기 이문건가의 천장례준비」. 《사회와역사》 68.
박미해(2006). 「조선 중기 천장례에서의 유교적 恭順: 이문건의 『묵재일기』를 중심으로」 《사회와 역사》 70.
박미해(2007). 「조선 중기 수령의 가족부양으로 본 長子의 역할과 家의 범위—오희문가의 평강생활(1596-1600년)을 중심으로」. 《사회와역사》 75.
박미해(2008). 「유교적 젠더 정체성의 다층적 구조: 『미암일기』, 『묵재일기』, 『쇄미록』, 『병자일기』를 중심으로」. 《사회와역사》 79.
박미해(2008). 「조선 중기 예송(例送) · 증송(贈送) · 별송(別送)으로의 처가부양—오희문의 『쇄미록(瑣尾錄)』을 중심으로」. 《한국사회학》 42집 2호.
박병호(1988). 「한국 가부장권 법제의 사적 고찰」. 『한국여성연구 1』. 청하.
박병호(1996). 『근세의 법과 법사상』. 도서출판 진원.
박성환(1992). 「한국의 가산제 지배구조와 그 문화적 의의」. 『막스 베버와 동양사회』. 나남출판사.
박성환(1999). 『막스베버의 한국사회론』. 울산대학교출판부.
박용옥(1985). 「유교적 여성관의 재조명」.《한국여성학》 창간호.
박진훈(2005). 『麗末鮮初 奴婢政策 硏究』. 연세대학교 대학원 사학과 박사학위 논문.
박혜인(1988). 『韓國의 傳統婚禮硏究: 서류부가혼속을 중심으로』. 고려대학교 민족문화연구소.
백승철(1996). 「조선 후기 상업론과 상업정책—17세기 국가재조방략과 관련하여」. 연세대학교 사학과 박사학위논문.
성병희(1982). 「상장례에 있어서의 여성의 역할」. 《여성문제연구》 11.
宋宰鏞(1996). 「여류문인 송덕봉의 생애와 문학」. 《퇴계학연구》 10.
송준호(1987). 『朝鮮社會史硏究』. 일조각.
신영복(2004). 『강의: 나의 동양고전 독법』. 돌베개.
심희기(2001). 『16세기 이문건가의 노비에 대한 체벌의 실태분석』. 《국사관논총》 97.
안병직 · 이영훈 편저(2002). 『맛질의 농민들: 한국근세촌락사』. 일조각.

안호룡(1995). 「조선 전기의 사회변동과 상속제도」. 『한국친족제도연구』. 일조각.
안호룡(1996). 「조선시대 가족형태의 변화」. 『한국의 사회제도와 사회변동』. 문학과지성사.
안호용(1988). 「朝鮮初期 喪制의 佛敎的 要素」. 『한국사회사연구회 논문집』 11. 문학과지성사.
안호용(1993). 「유교의례의 보편화와 전통사회의 구조화」. 《한국의 사회와 문화》 21.
이광규(1975). 『한국가족의 구조분석』. 일지사.
이광규(1977). 『韓國家族의 史的硏究』. 일지사.
이문열(1999). 『선택』. 민음사.
이민수(1990). 「『瑣尾錄』해제」. 해주오씨추탄공파종친회.
이배용(2000). 「조선시대 유교적 생활문화와 여성의 지위」. 《민족과 문화》 9.
이성임(1995). 「16세기 朝鮮 兩半官僚의 仕宦과 그에 따른 收入」. 《역사학보》 145.
이성임(1995). 「朝鮮中期 어느 兩班家門의 農地經營과 奴婢使喚—柳希春의『眉巖日記』를 중심으로」. 《진단학보》 80.
이성임(1998). 「조선 중기 유희춘가의 물품구매와 그 성격」. 《한국학연구》 9.
이성임(1999). 「조선 중기 오희문가의 상행위와 그 성격」. 《조선시대사학보》 8.
이성임(2001). 「16세기 이문건가의 수입과 경제생활」. 《국사관논총》 97.
이수건(1995). 「조선 전기의 사회변동과 상속제도」. 『한국친족제도연구』. 일조각.
이수건 엮음(1981). 『慶北地方 古文書集成』. 영남대학교출판부.
이숙인(2000). 「유교의 새로운 여성 이미지는 가능한가」. 《전통과 현대》 2000년 여름.
이순구(1994). 「조선 초기 종법의 수용과 여성지위의 변화」. 한국정신문화연구원 박사학위 논문.
이순구(1998). 「조선 후기 양반가 여성의 일상생활 일례 I」. 『朝鮮時代의 社會와 思想』. 조선사회연구회.
이순구 · 소현숙(2005). 「역사 속 여성의 삶」. 『새여성학 강의』. 도서출판 동녘.
이순형(2000). 『한국의 명문종가』. 서울대학교출판부.
이영춘(1995). 「宗法의 원리와 한국 사회에서의 전통」. 『가족과 법제의 사회사』(한국사회사학회 논문집 46). 문학과지성사.
이이효재(2003). 『조선조 사회와 가족』. 한울아카데미.
이종일(1990). 「朝鮮前期의 戶口 · 家族 財産相續制 硏究」. 《국사관논총》 14.
이재경(2000). 「조선 전기 혼인 규제와 성의 정치」. 《사회와역사》 58.
이혜옥(2004). 「여성의 자아실현과 의식세계」. 《동방학지》 124.
이혜옥(2005). 「고려시대의 家와 家意識」. 《동방학지》 129.

이효재(1990). 「한국가부장제의 확립과 변형」. 여성한국사회연구회 엮음. 『한국가족론』. 까치.
이훈상(2002). 「에드워드 와그너의 조선시대 연구와 이를 둘러싼 논점들」. 《역사비평》 59.
장병인(1997). 『조선 전기 혼인제와 성차별』. 일지사.
장현섭(1996). 「현대 한국인의 상례관행과 개선방안」. 《가족학논집》 8.
전경목(1996). 「일기에 나타나는 조선시대 사대부의 일상생활—오희문의 『쇄미록』을 중심으로」. 《정신문화연구》 65.
전성우(1996). 『막스 베버 역사사회학연구』. 나남출판사.
정구복(1996). 「조선조 일기의 자료적 성격」. 《정신문화연구》 65.
정긍식(1996). 『조선 초기 제사승계법제의 성립에 관한 연구』. 서울대학교 법과대학 박사학위논문.
정긍식(1997). 「16세기 첩자의 祭祀承繼에서의 지위」. 한국사회사학회 82회 연구발표논문.
정성희(2002). 「조선 후기 曆書의 간행과 반포」. 《조선시대사학보》 23.
정승모(2003). 「省齋 辛應純의 『內喪記』를 통해 본 17세기 초 喪葬禮 풍속」. 《藏書閣》 10.
정옥자 · 이순형 · 이숙인 · 함재봉(2000). 「조선 여성은 억압받았는가」. 『전통과 현대』. 전통과 현대사.
정지영(2004). 「조선 후기의 첩과 가족질서—가부장제와 여성의 위계」. 《사회와 역사》 65.
조강희(1984). 「嶺南地方의 婚班硏究」. 《民族文化論叢》 6.
조옥라(1988). 「가부장제에 관한 이론적 고찰」. 『한국여성연구』. 청하.
조은(1988). 「가부장제와 경제」. 『한국여성연구 1』. 청하
조은(1999). 「모성의 사회적 · 역사적 구성: 조선 전기 가부장적 지배구조의 형성과 '아들의 어머니'」. 《사회와역사》 55.
조은(2004). 「가부장적 질서화와 부인권의 약화」. 『조선 전기 가부장제와 여성』. 아카넷.
조현순(2005). 「여성성과 젠더 정체성」. 『새여성학 강의』. 도서출판 동녘.
조혜정(1988). 「가부장제의 변형과 극복」. 『한국여성연구』. 청하.
조흥윤(1998). 「한국신령의 체계와 성격」. 《동방학지》 101.
조희선(2004). 「유교화와 여성의 신앙생활」. 『조선 전기 가부장제와 여성』. 아카넷.
지두환(1984). 「조선 전기 종법제도의 이해과정」. 《泰同古典硏究》 창간호.
지두환(1994). 『朝鮮前期儀禮硏究』. 서울대학교출판부.
지승종(1995). 『조선전기 노비신분 연구』. 일조각.
崔承熙(1989). 『韓國古文書硏究』. 지식산업사.

최재석(1983). 『韓國家族制度史硏究』. 일지사.
최재석(1993). 「조선 중기 가족 · 친족제의 재구조화」. 《한국의 사회와 문화》 21.
최홍기(1975). 『韓國戶籍制度史硏究』. 서울대출판부.
최홍기(2004). 「친족제도의 유교화 과정」. 『조선 전기 가부장제와 여성』(대우학술총서 566). 아카넷.
하현강(1972). 『한국여성사』. 이대 출판부.
한희숙(1994). 「양반사회와 여성의 지위」. 『한국사시민강좌』 15.
한희숙(2004). 「조선 전기 장례문화와 歸厚署」. 《朝鮮時代史學報》 31.

외국 문헌

Deuchler, Martina(1992). *Confucian Transformation of Korea*. Harvard University Press.
Hartmann, Heidi(1981). "The Unhappy Marriage of Marxism and Feminism". ed. Lydia Saigent. *Women and Revolution*. Boston: South End Press.
Park, Mee Hae(2007). "Pan ch'inyŏng Wedding Rites, Residential Rules, and the Status of Women in Sixteenth-Century Chosŏn: An Analysis Based on Miam-ilgi, the Diary of Yu Hŭi-ch'un". *Korean Studies*. vol. 31. University of Hawaii Press.
Scott, Joan W.(1988). *Gender and the Politics of History*. NY: Columbia University Press.
Weber, Max[1951(1920)]. *The Religion of China: Confucian and Taoism*. trans. Hans H Gerth. NY: Fress Press.
Weber, Max(1978). *Economy and Society*. eds. Guenther Roth and Claus Wittich. University of California Press.

도이힐러, 마르티나(2003). 『한국사회의 유교적 변환』(대우학술총서 562). 이훈상 옮김. 아카넷.
미야지마 히로시(1996). 『양반: 역사적 실체를 찾아서』. 노영구 옮김. 도서출판 강.
발터, 빌리(2002). 「젠더, 성, 남성연구」. 크리스티나 폰 브라운 · 잉에 슈테판 엮음. 『젠더연구』. 탁선미 · 김륜옥 · 장춘익 · 장미영 옮김. 나남출판.
베버, 막스(1981). 『지배의 사회학』. 금종우 · 전남석 옮김. 한길사.
베버, 막스(1997). 『경제와 사회 1』. 박성환 옮김. 문학과지성사.

베버, 막스(2003). 『유교와 도교』. 이상률 옮김. 문예출판사.
스코트, 존(1998). 「젠더:역사 분석의 유용한 범주」. 이기우 편역. 『문화연구』. 한국문화사.
우에노 치즈코(1994). 『가부장제와 자본주의』. 이승희 옮김. 녹두.
피터슨, 마크(2000). 『儒教社會의 創出』. 김혜정 옮김. 일조각.

| 찾아보기 |

ㅇ

ㅊ

ㅌ

ㅍ

ㅎ

박미해
서울대학교에서 가족학을 전공으로, 사회학을 부전공으로 해 학사학위를 받았고,
미국 위스콘신-메디슨 대학에서 사회학을 공부해 석사학위와 박사학위를 받았다.
민족문화추진회(현 한국고전번역원)의 국역연수부와 국역연구부 과정,
국사편찬위원회의 고급초서과정을 마쳤으며,
연세대학교 국학연구원 연구교수와 미국 하버드 대학교 사회학과 방문학자를 지냈다.
현재 사회학, 한국학, 가족학, 여성학 등을 강의하며
서울대학교 사회과학연구원 선임연구원으로 있다.
저서로는 『사회학자들이 본 남성과 여성』, 『한국사회 50년 : 사회변동과 재구조화』(공저)가 있고,
논문으로는 「계층인식에 있어서의 여성의 기여」,
「홍도정 종부(宗婦)의 역할(役割) : 조선 후기 여성의 지위에 관한 시론(試論)」,
「한국사회의 민주화와 여성복지」 등이 있다.

유교 가부장제와 가족, 가산

1판 1쇄 펴냄 | 2010년 8월 15일
1판 2쇄 펴냄 | 2011년 10월 7일

지은이 | 박미해
펴낸이 | 김정호
펴낸곳 | 아카넷

출판등록 2000년 1월 24일(제2-3009호)
100-802 서울 중구 남대문로 5가 526 대우재단빌딩 8층
전화 6366-0511(편집) · 6366-0514(주문) | 팩시밀리 6366-0515
책임편집 | 김일수
www.acanet.co.kr

Printed in Seoul, Korea.

ISBN 978-89-5733-184-2 93910